2024年度河北省社会科学发展研究课题（202402257）
河北经贸大学长城文化经济带绿色发展研究中心资助

中国旅游产业韧性的时空演化及提升路径研究

孙振杰
　李佳颐　刘丽华
王晓静　杨　丹

著

华中科技大学出版社
http://press.hust.edu.cn
中国·武汉

内 容 提 要

　　本书对旅游产业韧性进行了多维度探索分析,从相关概念、指标体系、时空演化、障碍因素、趋势预测、提升路径等方面提出了一个较为系统的旅游产业韧性研究框架,并基于抵御能力、恢复能力、重构能力、更新能力四个维度指标体系的综合评价,揭示了我国旅游产业韧性在整体层面、省域层面,以及基于各维度视角的时空演化特征,同时,通过识别主要障碍因素并进行趋势预测,提出针对区域差异化的旅游产业韧性提升路径。

图书在版编目(CIP)数据

　　中国旅游产业韧性的时空演化及提升路径研究 / 孙振杰等著 . -- 武汉 : 华中科技大学出版社 , 2025.6. -- ISBN 978-7-5772-1852-6

　　Ⅰ. F592.3

　　中国国家版本馆CIP数据核字第2025TX0691号

中国旅游产业韧性的时空演化及提升路径研究　　　　　　　　　　孙振杰　等　著
Zhongguo Lüyou Chanye Renxing de Shikong Yanhua ji Tisheng Lujing Yanjiu

策划编辑:魏雨楠
责任编辑:聂筱琴
封面设计:廖亚萍
责任校对:谢　源
责任监印:曾　婷
出版发行:华中科技大学出版社(中国·武汉)　　　电话:(027)81321913
　　　　　武汉市东湖新技术开发区华工科技园　　邮编:430223
录　　排:孙雅丽
印　　刷:武汉市洪林印务有限公司
开　　本:710mm×1000mm　1/16
印　　张:10.5
字　　数:177千字
版　　次:2025年6月第1版第1次印刷
定　　价:69.80元

前　言

....

　　旅游产业正面临转型升级的重要机遇，同时也逐渐成为我国区域经济增长的重要引擎，将旅游产业打造成更包容、可持续且有韧性的产业，是统筹发展与安全、增进民生福祉的重要着力点，也是推动实现高质量发展目标所需。近年来，旅游产业的发展面临着许多新的变化与挑战，提升其应对风险的能力、推动高质量发展、增强旅游产业韧性，成为刻不容缓的任务，但目前学术界关于旅游产业韧性及其提升路径的研究成果仍有不足。因此，本书尝试构建中国旅游产业韧性的分析框架与评价指标体系，揭示我国省域旅游产业韧性的水平及时空演化特征，识别抑制其提升的主要因素，并基于此提出针对性的提升路径，以期拓宽旅游韧性领域的研究视野。

　　本书按照旅游产业韧性"概念理论梳理—分析框架提出—评价体系构建—水平综合测度—时空演化分析—障碍因素诊断—趋势预测分析—路径政策优化"的基本思路展开。首先，梳理相关文献资料，对韧性、经济韧性、产业韧性和旅游产业韧性等相关概念进行界定，并对基础理论进行梳理和说明。其次，在充分阅读文献的基础上，梳理中国旅游产业韧性的发展概况；基于Martin"4R"理论，讨论旅游产业韧性的影响因素，提出中国旅游产业韧性的评价及分析框架。再次，从抵御能力、恢复能力、重构能力、更新能力四个维度构建中国旅游产业韧性评价指标体系，选取2011—2021年的数据，采用熵值法确定权重，借助改进的TOPSIS模型对31个省级行政区的旅游产业韧性进行综合评价。然后，揭示中国旅游产业韧性在整体层面、省域层面，以及基于各维度视角的时序演化特征；基于自然断裂点法、趋势面分析法、Dagum基尼系数法、Kernel核密度估计法、探索性空间数据分析法以及标准差椭圆法，对各省域、各维度的测度评分进行分级聚类，并展开全局趋势面、空间异质性、空间格局演化、空间聚集性和空间方向分布特征的阐述与分析。最后，引入障碍度模型和ARIMA模型，分别从静态、动态角度出发，探查影响中国旅游产业韧性的主要障碍因素及影响各省域韧性提升的具体障碍因子，对中国旅游产业韧性未来发展趋势进行预测，而后提出基于总体的和基于抵御能力、恢复能力、重构能力、更新能力各维度的提升路径，以及产业韧性提升的政策及保障。

研究结果表明：2011—2021年中国旅游产业韧性值总体呈波动提升态势，但低韧性省域仍占较大比重，且存在一定的两极分化情况。空间上整体呈现"东强西弱、南强北弱"的分布格局，其发展水平差异主要来源于东部与其他区域间的差距，近年来差距有所缩小；分布呈空间正相关，表现出较为明显的空间聚集态势，冷热点上形成了以长三角为核心，从东南至西北方向递减，呈现"俱乐部趋同"现象；空间方向性逐渐减弱，发展水平的空间差距缩小。从障碍度均值切入，2011—2013年，按影响程度排序，恢复能力＞抵御能力＞重构能力＞更新能力，且省域在各能力中产生最大抑制作用的因子基本一致，依次为产业结构高级化指数、旅行社营业收入、外商投资企业数和专利申请受理量。此外，各区域应在总体路径导向下因地制宜，有的放矢地通过优化产业结构、释放消费潜力、激发市场主体活力、补齐基础设施短板、引进外商投资、加强人力资源培训、挖掘创新潜力、培育智力资本等针对性举措，提升旅游产业韧性，从而为相关政策制定提供参考和借鉴。

本书共分为十章，由孙振杰负责设计框架和统稿定稿，刘丽华、王晓静协助处理和校对书稿。各章撰写分工如下：第一章由李佳颐、孙振杰撰写；第二章由刘丽华、李佳颐撰写；第三章由李佳颐、孙振杰撰写；第四章由李佳颐、刘丽华撰写；第五章由李佳颐撰写；第六章由刘丽华、李佳颐撰写；第七章由杨丹撰写；第八章由李佳颐、王晓静撰写；第九章由王晓静撰写；第十章由李佳颐撰写。

本书是河北省社会科学发展研究课题的部分成果，得到河北经贸大学长城文化经济带绿色发展研究中心资助。笔者在撰写本书的过程中，力图呈现理论综合性和实践指导性，但由于研究水平有限，书中难免存在纰漏，希望得到广大专家、读者们的批评指正。书中引用和参考了大量学者的相关研究文献，在此一并表示感谢！

目　录

第一章 绪 论

第一节 研究背景

一、国家政策引导下旅游产业的发展方向

党的二十大报告指出，着力提升产业链供应链韧性和安全水平，推进城乡融合和区域协调发展，推动经济实现质的有效提升和量的合理增长。这表明新时代我国宏观政策旨在增强经济韧性，提升产业链供应链韧性和安全水平，促进各区域间协调发展。在促进旅游产业发展方面，近年来国家出台了一系列政策以引导其走向高质量发展道路。《"十四五"旅游业发展规划》明确提出，以推动旅游业高质量发展为主题，以深化旅游业供给侧结构性改革为主线，以改革创新为根本动力，以满足人民日益增长的美好生活需要为根本目的，着力推动文化和旅游深度融合，着力完善现代旅游业体系，加快旅游强国建设，努力实现旅游业更高质量、更有效率、更加公平、更可持续、更为安全的发展。金砖国家领导人也在第十四次会晤后提出，打造有韧性、可持续、包容的旅游业。

目前，我国已进入大众旅游时代，人民对多元化旅游产品的需求越来越强烈，各地采取措施发挥文化赋能、旅游带动作用，深化旅游与文化、体育、农业等产业的深度融合，丰富消费业态和场景，更好满足人民群众多样化、多层次、多方面的精神文化需求，旅游产业逐渐成为经济增长的重要引擎。但在当今全球化和充满不确定性的时代背景下，旅游产业也面临着诸多挑战，从突发的公共卫生事件到气候变化带来的影响，从地缘政治因素到市场需求的快速变化等。在这样复杂的环境中，提升旅游产业韧性成为国家政策引导下旅游产业发展的重要方向，具有深远的意义且涵盖

多方面的内涵，需要多种策略协同推进。打造高韧性的产业体系，实现旅游产业韧性发展，将对整体经济增长起到战略性推动作用。

二、多重风险冲击下旅游产业的新形势

旅游产业的综合性强、关联面广，容易受到各种风险的冲击。改革开放以来，我国旅游产业稳步快速发展；新世纪以来，消费结构转型升级也为旅游市场拓展提供了新动力，这使旅游产业在国民经济中的地位越来越重要，但其在发展过程中也经历着新的变化与挑战。全球范围内的突发公共卫生事件、自然灾害、经济波动以及地缘政治冲突等，都给旅游产业带来了巨大的挑战，使其面临着前所未有的新形势。一方面，旅游系统面临的灾害和各种不确定因素日益复杂，自然灾害、国际纷争等一系列威胁公共安全的问题频发，导致旅游市场的波动或中断，或对旅游目的地的基础设施和旅游资源造成破坏，影响游客的出行意愿，使得具有高敏感特征的旅游经济可持续发展受到严重威胁。另一方面，在技术赋能和文旅深度融合背景下，民众的旅游需求发生明显变化，旅游产业进入转型升级阶段，亟须区域中的旅游系统进行产业发展战略调整。

面对这些风险冲击，旅游企业开始拓展业务内容、提升服务水平，旅游景区加强应急管理体系建设，旅游产业不得不加快转型升级的步伐，以适应新的形势，提高应对突发事件的能力。因此，研究危机管理下旅游产业面对突发事件的韧性，从而增强旅游经济系统在不确定环境下的稳定性并推动其可持续发展，是目前学术界与市场发展亟待解决的焦点。

三、旅游产业韧性是高质量发展的必然需要

旅游产业韧性与高质量发展之间具有密切关联，投入层面的韧性能拉动旅游产业高质量发展，同时，产出层面的高质量成果也能进一步巩固旅游产业的韧性水平。要想实现旅游产业的高质量发展，不仅需要扩大产业的规模和提升产业的经济效益，还需要持续提升产业的抗风险能力和可持续发展能力。旅游产业韧性是衡量产业抗风险能力和可持续发展能力的重要指标，提升旅游产业韧性有助于增强产业的稳定性，保障旅游产业的高质量发展。旅游产业的韧性建设有助于旅游产业规模扩大、效能提升、结

构升级。因此，打造高韧性的产业体系，实现旅游产业韧性发展，是不确定性时代旅游产业高质量发展的必然要求。

具体而言，首先，旅游产业韧性能够在面对外部冲击时为高质量发展提供一定缓冲。在风险来临时，那些已经建立起较为完善的风险管理体系、拥有多元化业务结构和强大资金储备的旅游企业，能够更好地维持企业的基本运营、减少损失。对于整个旅游产业来说，这种韧性能够防止产业在危机中全面崩溃，为风险后的快速复苏奠定基础，从而保障旅游产品和服务质量的稳定提升、可持续发展理念的持续贯彻以及创新驱动发展的不断推进。其次，旅游产业韧性是提升竞争力的关键因素之一。一个具有韧性的旅游目的地能够在面对竞争对手的挑战时，迅速做出反应，突出自己的优势。韧性也体现在旅游企业的品牌建设上，一个能够在危机中保持良好口碑、稳定运营的旅游企业，其品牌形象会得到提升，从而吸引更多的游客。另外，旅游产业韧性是推动旅游产业可持续创新的动力。在面对外部冲击时，旅游产业为了实现快速恢复和可持续发展，必须不断探索新的发展模式和技术应用，这不仅有助于提升旅游产业的韧性，也符合旅游产业高质量发展的要求。在这些风险冲击下，旅游产业的发展形势发生了深刻变化，传统的旅游发展模式和经营策略面临着挑战，旅游产业的韧性成为其能否持续发展的重要因素。

第二节　研究目的及意义

一、研究目的

在推动旅游产业高质量发展、提升产业链供应链韧性和安全水平、促进区域协调发展的背景下，本研究旨在深入剖析中国旅游产业韧性的时空演化特征，明确影响旅游产业韧性的关键因素，构建科学合理的评价指标体系，对中国旅游产业韧性进行不同时间尺度和空间范围的测度和分析。通过对时空演化特征和障碍因素的探究，预测未来旅游产业韧性的发展趋势，并提出针对性强、切实可行的提升路径和政策保障措施，为旅游产业的高质量发展提供理论支持和实践指导，以促进中国旅游产业的高质量、可持续发展。

具体而言：

（1）通过梳理相关理论和研究成果，明确旅游产业韧性的概念内涵和构成维度，构建系统的分析框架。

（2）运用多种研究方法，包括数理统计模型和地理学时空分析工具，从多个角度对中国旅游产业韧性的时空演化特征进行详细分析，包括时序变化、空间格局、聚集性和方向性等方面的时空演化特征。

（3）采用障碍度模型，从静态、动态视角识别中国旅游产业韧性整体层面的主要障碍因素及省域层面的具体障碍因子，分析其静态和动态变化特征。

（4）利用科学的预测模型，对中国旅游产业韧性的发展趋势进行预测。

（5）基于研究结果，从总体导向和分维度设计两个层面，提出具有实践指导意义的旅游产业韧性提升路径和政策保障建议，为中国旅游产业韧性提升和区域内布局优化及区域间协调发展提供决策依据，明晰未来的路径方向。

二、研究意义

（一）理论意义

从理论意义来看，本研究尝试构建中国旅游产业韧性的研究框架体系与范式，阐释中国旅游产业可持续发展战略实现的理论逻辑和路径选择，丰富和完善了旅游产业韧性的相关理论。目前，虽然已有部分学者对旅游产业韧性进行了研究，但国内学术界关于旅游经济韧性的研究成果还不充分，针对提升旅游产业韧性调控机制的探讨更是明显不足。

本研究选择中国旅游产业韧性作为研究对象，通过深入探讨旅游产业韧性的概念内涵、影响因素和作用机制，进一步拓展了旅游产业韧性的研究领域，形成了具有旅游特色的产业韧性分析及评价框架；创新性地构建了更适用于当前时代背景的中国旅游产业韧性评价指标体系，分析其时空演化特征并进行预测，这有助于进一步深化对旅游产业韧性的认识，为旅游产业韧性理论的发展提供新的视角和方法。产业韧性不仅是经济韧性在中观层面的体现，还反映了企业韧性的综合特征，将旅游韧性研究视角从宏观转向中观与微观角度，有助于从长期尺度揭示区域旅游经济韧性的中观特征，为学者进一步探究相关领域提供理论层面的参考。

（二）实践意义

从实践意义来讲，本研究对中国旅游产业进行韧性评估、时空演化分析、障碍因素诊断、趋势预测分析，丰富了与产业韧性相关的实证研究，有利于充分了解旅游产业系统抵御风险、维持系统内部功能正常运作的能力，并有效统筹发展与安全，为旅游产业的高质量发展提供决策依据和参考。

在当前复杂多变的环境背景下，旅游产业面临着诸多挑战，提升产业韧性迫在眉睫。本研究深入探究了旅游产业韧性的时空演化特征和障碍因素，能够帮助政府部门和旅游企业准确把握产业发展态势，识别存在的问题和风险，针对区域旅游产业系统薄弱的环节制定正确、差异化的策略并加以实施，提升自身的抗风险能力，增强旅游产业的稳定性。本研究积极响应国家的政策部署，契合了对抗现实风险的需要，对于推动我国旅游产业协调、可持续发展，优化旅游经济系统，提升产业链供应链韧性和安全水平，以及推动区域旅游产业的转型升级和高质量发展具有重要的现实指导意义。

第三节　研究思路与方法

一、研究思路

本研究以我国31个省级行政区为研究对象，按照旅游产业韧性"概念理论梳理—分析框架提出—评价体系构建—水平综合测度—时空演化分析—障碍因素诊断—趋势预测分析—路径政策优化"的基本思路展开，技术路线图如图1-1所示。

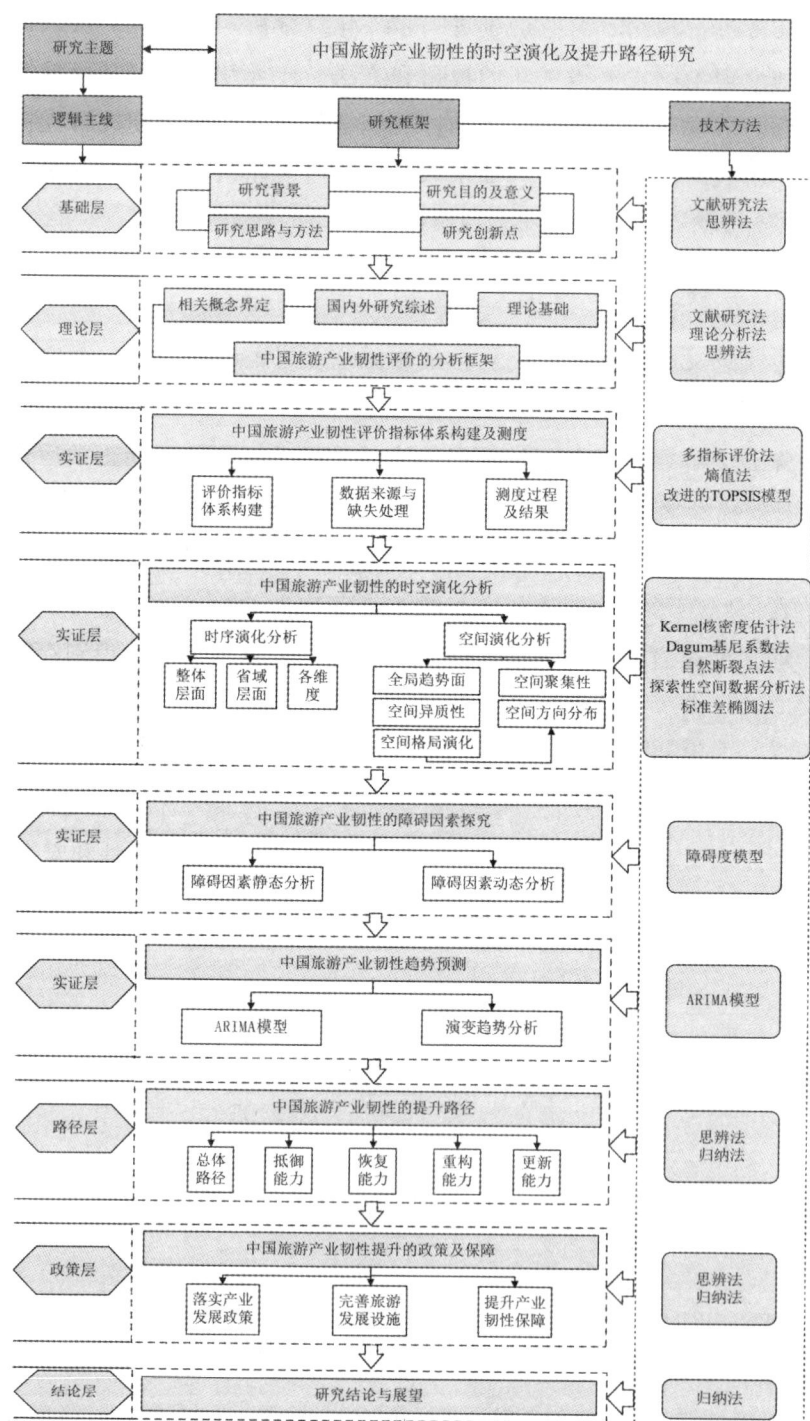

图1-1 技术路线图

二、主要内容

（一）相关概念和理论基础

本研究对涉及的韧性、经济韧性、产业韧性和旅游产业韧性等相关概念进行界定，并对适应性循环理论、脆弱性理论、区域经济韧性理论、旅游空间结构理论和路径依赖理论等基础理论进行梳理和说明，为后续的研究提供理论支撑。

（二）中国旅游产业韧性的分析及评价框架构建

本研究通过梳理相关分析评价文献，描述中国旅游产业韧性的发展概况，基于Martin经济韧性"4R"理论，探究旅游产业韧性的影响因素，并提出了中国旅游产业韧性的分析及评价框架。

（三）中国旅游产业韧性评价模型构建及测度

本研究提出评价指标体系的构建原则、内容构成，借鉴Martin的"4R"理论框架，从抵御能力、恢复能力、重构能力、更新能力四个维度构建了中国旅游产业韧性的评价指标体系；介绍数据来源，采用熵值法对数据进行预处理并确定指标体系的权重；借助改进的TOPSIS模型对31个省级行政区的旅游产业韧性进行综合评价，得出测度评分结果并进行排序。

（四）中国旅游产业韧性时空演化分析和趋势预测

本研究对中国旅游产业韧性的时空演化特征进行分析，揭示其在整体层面、省域层面，以及基于各维度视角随着时间变化而展现的特征。本研究基于趋势面分析法、自然断裂点法、Dagum基尼系数法、Kernel核密度估计法、标准差椭圆法以及探索性空间数据分析法等数理统计和地理空间分析技术方法，对中国旅游产业韧性的各省级行政区、各维度的测度评分进行分级聚类，并展开全局趋势面、空间异质性、空间聚焦性和空间方向分布特征的阐述与分析。本研究运用ARIMA模型对未来中国旅游产业韧性趋势进行预测。

（五）中国旅游产业韧性障碍因素、提升路径和政策保障

本研究通过引入障碍度模型，从整体、省域层面出发，探查影响中国不同区域旅游产业韧性的主要障碍因素及各省级行政区韧性提升的具体障碍因子，并对主要障碍因素及具体障碍因子进行时空演变特征分析。结合相关内容分析，提出中国不同区域旅游产业韧性基于抵御能力、恢复能力、重构能力、更新能力的提升路径和政策保障，为相关政策的制定提供参考和借鉴。

三、研究方法

（一）理论分析与实证研究相结合

本研究通过文献和图书检索，对国内外学者们关于韧性、经济韧性、产业韧性和旅游产业韧性的研究成果进行梳理与评述，并结合适应性循环理论、脆弱性理论、区域经济韧性理论、旅游空间结构理论和路径依赖理论等基础理论，深入剖析旅游产业韧性的内涵与特征，进行相关理论分析，构建旅游产业韧性研究的总体框架。在此基础上，本研究对中国旅游产业韧性的测度水平、时空演化特征及障碍因素进行实证研究。

（二）数理统计与空间分析相结合

一方面，本研究基于多指标综合评价法、熵值法、改进的TOPSIS模型、Dagum基尼系数法和Kernel核密度估计法对中国旅游产业韧性水平进行定量评价分析，并采用障碍度模型对其障碍因素进行诊断识别。另一方面，本研究借助ArcGIS 10.7空间分析模块，综合利用自然断裂点法、标准差椭圆法、探索性空间数据分析法等经典空间分析技术，系统研究中国旅游产业韧性的时空演化，有效拓展了旅游产业韧性研究的方法论。同时，运用ARIMA模型对未来中国旅游产业韧性的发展趋势进行预测，为旅游产业韧性的提升提供前瞻性参考。

（三）静态分析与动态分析相结合

旅游产业韧性的发展是一个动态演变的过程，本研究首先对中国旅游产业韧性水平进行静态统计分析，描述其整体发展状况；其次，运用空间

分析方法对中国旅游产业韧性时空演化特征及障碍因素进行考查，动态分析其演化过程，力求从静态与动态、横向与纵向、共时与历时等多个维度全面厘清中国旅游产业韧性的时空差异与格局演化特征。

第四节　研究创新点

一、内容创新

本研究在综合多学科交叉方法和现有理论的基础上，对旅游产业韧性展开了动态、系统的探索和多维度分析，内容涵盖了旅游产业韧性的概念界定、评价指标体系构建、时空演化分析、障碍因素探究、趋势预测分析、提升路径设计等多个方面，构建了一个较为系统的中国旅游产业韧性研究框架。

在分析框架和评价指标方面，以往研究多侧重于旅游经济韧性或旅游产业某一方面的韧性，本研究综合考虑旅游产业在面对外部冲击时的多种应对能力和发展潜力，从抵御能力、恢复能力、重构能力和更新能力四个维度，构建了适用于测度中国旅游产业韧性的、具体的、创新的评价指标体系，对旅游产业韧性的研讨更深入、更透彻，具有一定的普适性。在时空演化分析方面，本研究不仅对旅游产业韧性的时序变化和空间格局进行了常规分析，还运用多种先进的空间分析方法，如运用Dagum基尼系数法分析空间差异的来源和贡献，运用标准差椭圆法分析空间方向分布特征，深入挖掘旅游产业韧性在时空维度上的复杂演化规律，为旅游产业的进一步发展提供更全面、细致的认知。

二、实践创新

本研究对旅游产业韧性进行了深入研究，提出的旅游产业韧性提升路径和政策保障措施具有较强的实践创新性，这些措施不仅有助于提升旅游产业的韧性，还能为旅游企业和政府部门在应对风险挑战时提供具体的实践指导，具有较强的现实意义和应用价值。

在提升路径方面，本研究针对性地分析了我国不同区域、不同省级行政区旅游产业韧性的发展水平、时空演变特征及影响因素和障碍因素，从总体导向和分维度设计两个层面归纳出合理有效、极富特色的差异化提升路径。总体上强调创新驱动、协同发展和可持续发展导向；分维度上针对抵御能力、恢复能力、重构能力和更新能力，分别设计了具有针对性的路径，如加强旅游基础设施建设以提高抵御能力，推动旅游企业数字化转型以增强恢复能力等，这些路径具有较强的可操作性和实践指导意义。在政策保障方面，本研究不仅提出了落实产业发展政策和完善旅游发展设施的具体措施，还从人才保障、投入保障和信息化水平提升等方面，构建了全面的产业韧性保障体系，为旅游产业韧性的提升提供了全方位的支持，这对增强新时代中国旅游产业系统应对风险挑战的能力，提升中国旅游产业韧性，促进旅游产业高质量、可持续、健康发展具有一定的实践价值。

第二章 相关概念和理论基础

第一节 相关概念界定

一、韧性

韧性（Resilience）来自拉丁语词源"Resilire"，意为"重新恢复活力"。在数十年的研究历程中，"韧性"一词的概念内涵具备显著的发展性。韧性的概念内涵经历了从工程韧性到生态韧性，再到演化韧性或适应性韧性的演进，视角呈现从均衡论到演化论的转变。韧性起源于物理学和工程学领域，随着研究的深入，韧性的概念逐渐被引入自然生态和人类经济社会等多个领域，其内涵也被不断丰富和拓展。1973年，生态系统韧性的概念首次出现于美国学者Holling的研究中；2000年，Adger把韧性的概念引入社会科学领域，应用于对人类社会系统的研究，形成社会-生态系统韧性的概念；2002年，Reggiani等将韧性应用于空间经济系统的研究，提出经济韧性的概念。

随着应用领域的不断扩大，韧性研究在不同学科背景下被赋予了灵活多样且侧重点不同的具体释义，但学术界对此尚未形成共识。随着社会的发展和韧性相关研究的不断深入，韧性理论从最初的工程学、生态学领域开始向人文社科领域转移，基于演化论形成的韧性概念得到学者的普遍认可。一般情况下，韧性是指一个系统在面对外部冲击和内部变化时，能够保持稳定、快速恢复并实现可持续发展的能力。它强调的是系统在受到干扰后的适应能力和恢复能力，是衡量系统稳定性和可持续性的重要指标。在工程学领域，韧性被用于描述材料在受力变形时对折断的抵抗能力，即材料在断裂前吸收能量并发生塑性变形的能力，韧性越强，材料发生脆性断裂的可能性就越小。在生态学领域，韧性被定义为生态系统在受到干扰后，保持自身结构和功能稳定并恢复到原有状态的能力。在社会学领域，韧性是指群体或社区应对由社会、政治和环境变化所带来的外部压力和干扰时，能够迅速调整、恢复并持续发展的能力。2001年起，韧性研究延伸至灾害学、心理学、城市规划学等领域；2008年以来，逐步出现了在经济学、旅游学等领域的探讨。

综合各个领域的韧性概念，结合演化论思想，本研究中的韧性是指所研究的对象或系统在遭受外部冲击后能够维持自身固有的稳定状态，并从冲击中恢复、调整及转型的能力。

二、经济韧性

为了深入探究某一经济系统及经济发生波动后的恢复情况，经济学家将韧性概念引入经济学领域并展开了如火如荼的研究。2002年，Reggiani等首次提出经济韧性的概念，认为这是一个经济体抵抗经济衰退的能力。此后，经过多年的发展，经济韧性的相关研究已取得诸多成果，但从研究现状来看，学术界尚未对经济韧性的概念达成共识。当前，经济学者对经济韧性的描述大部分基于演化视角，认为经济体在面临外部冲击和内部变革时，具有能够抵御冲击、快速恢复并实现结构调整和转型升级的能力。经济韧性包含多个层面的含义，对应形成了不同的研究范式。

一些经济学者强调经济系统面对冲击扰动时抵抗、恢复和适应的能力，即当面临如金融危机、经济衰退等冲击时，经济系统能够保持相对稳定，避免出现大幅衰退或崩溃，冲击过后能够在较短时间内恢复到原有发展水平或实现新的增长的能力。以Martin的"4R"模型分析框架作为代表，将经济韧性的概念内涵解构为抵御能力（Resistance）、恢复能力（Recovery）、重构能力（Renewal）、更新能力（Reorientation）四个相互关联的维度，那些经济结构多元化、金融体系稳健的国家和地区，在面临冲击时受到的影响相对较小，会展现出较强的抵御能力，使经济重新走上发展轨道。

另一些经济学者倾向于从长期视角关注经济韧性，强调经济系统面对冲击扰动时开发新增长路径，实现结构调整和转型升级的能力，即经济系统能够通过创新、优化资源配置等方式，适应新的市场环境和发展需求，实现经济结构的优化和可持续发展。例如，Boschma、贺灿飞等持有相似观点，认为区域经济韧性是区域经济进行路径创造的长期能力。在科技不断发展和市场需求不断变化的背景下，一些传统产业通过技术创新和产业升级，成功转型为新兴产业，提升了产业的竞争力和经济韧性。

经济韧性是影响区域经济系统持续发展的关键属性。当前，学术界对经济韧性的研讨不再局限于宏观层面，而是逐渐转向微观层面。本研究以演化视角下 Martin 的观点为理论基础，探究四大能力在经济系统中的作用，具体包括抵御外部冲击，恢复经济增长，以及通过内部结构和发展方式的适当调整或彻底转型，提升经济系统的适应性和实现可持续发展。

三、产业韧性

经济韧性是一个相对宏观的概念，伴随着相关研究理论和方法的日趋完善，出现研究视角转向中微观维度的学术现象，进而展开了对产业韧性、企业韧性等的相关研究。

产业韧性是产业在面对外部冲击和内部变革时，能够保持稳定，快速调整、恢复，并实现可持续发展的能力。产业韧性可视为经济韧性研究的副产品，可以以经济韧性为底层逻辑对其进行概念界定，但目前学术界在产业韧性概念上尚未达成共识。部分学者将产业韧性描述为产业链的某些环节受到冲击时能快速实现修补和替代的能力以及产业的多元性；还有学者认为产业韧性是指产业在遭受冲击后能够维持自身稳定的状态，并能够迅速从冲击中恢复、调整及转型的能力。

在梳理学者观点的基础上，融合 Martin 对经济韧性的理解，本研究将产业韧性定义为产业系统在遭受外部风险冲击和干扰后能够维持自身稳定状态或较快从冲击中恢复，或者调整、转向新发展路径的能力。它包括产业的抵御能力、恢复能力、重构能力和更新能力等多个方面，是衡量产业竞争力和可持续发展能力的重要指标。

产业韧性这种能力源于该产业内部的结构、组织、技术、创新等方面的优势，以及该产业与其他产业之间的协同效应。从产业内部的角度来看，产业结构的优化是提升产业韧性的重要基础。一个具有较强产业韧性的产业往往具有多元化的产业结构，这能够降低产业对单一产品、市场或技术的依赖，增强产业的抗风险能力。从产业间协同的角度来看，一个具有较强产业韧性的产业往往会形成较强的产业链协同效应，即产业链的上下游企业之间能够通过信息共享、资源整合等方式，形成紧密的利益共同体，共同应对市场风险，保障产业的稳定运行。企业的创新能力也是产业韧性的关键要素。具备较强创新能力的企业能够在面临市场变化、技术革新等挑战时，及时调整经营策略，开发新产品、新技术，从而推动产业的可持续发展。

四、旅游产业韧性

（一）旅游产业韧性的概念内涵

目前，关于产业韧性的研究多集中在第一产业、第二产业领域，本研究将产业韧性引入旅游产业范围，通过分析旅游产业及其韧性的特点，界定旅游产业韧性的概念内涵，以挖掘更多细分产业的韧性情况及其影响因素。旅游产业韧性是产业韧性概念在旅游产业中的应用和表达，是旅游产业系统在面对各种外部冲击和内部变革时，能够保持稳定、快速调整恢复并实现可持续发展的能力。

旅游产业是一个综合性产业，其产业结构包括六大要素，即"吃、住、行、游、购、娱"，因此，国民经济下的餐饮业、住宿业、交通运输业、文娱业等均属于旅游产业的范畴，其具有产业关联度高、综合带动能力效应明显的特点。与其他产业相比，旅游产业受经济周期影响较小，在经济总体下行的情况下，仍能"一枝独秀"，呈现较好的发展态势、较快的发展速度，具有发展可持续性。旅游产业的无边界性，更使其展现出了融合第一、第二、第三产业的显著优势，有助于引领产业的转型升级，促进供给侧结构性改革。旅游产业属于对流动性高度依赖的行业，加之其消费具有非刚性的特点，致使该产业具有极强的敏感性，所以在突发事件的背景下，旅游产业首当其冲。与旅游产业高度不确定性并存的是旅游产业的强鲁棒性（韧性），当政策放开时，旅游产业的超强生存能力突显。相关统计数据显示，2023年"五一"期间国内旅游人次同比增长七成，恢复至2019年同期的119.09％；国内旅游收入同比增长128.90％，恢复至2019年同期水平。综上所述，具有综合性的旅游产业在遭受外部冲击后，能依靠产业系统自身特征，形成抵御冲击、迅速恢复并转型升级的能力。因此，本研究基于演化韧性思想、Martin 的经济韧性"4R"理论分析框架，结合产业韧性的概念内涵，立足于中国旅游产业的发展特点，对旅游产业韧性的概念进行界定。旅游产业韧性是指旅游产业系统在面对外部风险冲击和干扰时，依据自身资源能力与产业结构调整，能够维持或较快恢复其原有增长路径，或者调整、转向新发展路径，实现旅游产业系统升级和可持续发展的能力。

旅游产业韧性涵盖了旅游产业的多个方面，包括旅游企业、旅游目的地、旅游市场等，是衡量旅游产业竞争力和可持续发展能力的重要指标。在旅游企业层面，旅游企业的韧性体现在其应对风险的能力上。例如，旅游企业在面临客源减少、资金紧张等困境时，能够通过优化业务流程、降低运营成本、拓展线上业务等方式，维持企业的运营，并寻找新的发展机会，为企业的生存和发展开辟了新途径。从旅游目的地角度来看，旅游目的地的韧性表现为其对旅游资源的保护和利用能力，以及应对游客流量变化和旅游市场波动的能力。例如，旅游目的地在遭受自然灾害破坏后，能够迅速修复旅游基础设施，加强对旅游资源的保护和开发，恢复旅游吸引力。在旅游市场方面，旅游市场的韧性体现在其对旅游需求变化的适应能力上。旅游市场能够根据不断变化和升级的需求，及时调整产品结构和服务供给，提供更加多样化、个性化的旅游产品和服务，加大对相关产品的开发和推广力度，促进了旅游产业的发展。

（二）旅游产业韧性提升的表现

1. 旅游供给应对外部冲击的能力的提升

旅游产业的韧性首先体现在其应对外部突发冲击的能力上。一是为了提升自身的韧性，旅游目的地积极进行基础设施方面的升级，无论是内部的公共交通与旅游景点的衔接，还是旅游目的地之间的交通网络优化，都旨在为游客提供更便捷的出行体验。二是旅游目的地不断进行旅游服务方面的升级，更加注重游客的安全和健康保障，旅游服务人员的培训也更加注重应急处理能力和游客关怀能力的提升，从而提高游客的满意度。三是旅游企业为了应对危机，增加线上旅游销售、当地特色产品展销等业务，不断拓展经营业务，实现多元化发展。四是旅游企业也在不断创新经营，如很多景区除了组织传统的线下游览，还推出了线上虚拟游览项目，游客可以通过虚拟现实（VR）或增强现实（AR）技术，感受景区的美景和文化内涵。这种线上游览项目不仅在特殊时期满足了游客的游览需求，还为景区拓展了新的宣传推广渠道。

2. 旅游需求适应市场变化的灵活性的提升

市场需求是不断变化的，游客的偏好、消费能力以及旅游动机等都会随着时间的推移而改变，旅游产业韧性要求旅游产业能够适应这些变化。过去，传统的观光旅游占据主导地位，但现在，游客需求向个性化、多样化转变，越来越多的游客更加追求深度体验，倾向于体验式旅游、文化旅游、生态旅游等新兴旅游形式。当长途旅行受到限制时，人们开始更多地探索当地及周边的旅游资源，短途旅游和周边游迅速崛起。城市周边的乡村旅游、古镇游以及自然生态游等受到广大游客的欢迎。具有韧性的旅游产业能够及时捕捉这些变化，调整旅游产品的供给结构。一些城市推出的历史文化街区徒步、非物质文化遗产体验等项目，受到了文化爱好者的追捧，显示出较强的韧性。

3. 旅游产业协同性与政策支撑的增强

旅游产业是一个涉及多个行业的综合性产业，包括交通、住宿、餐饮、娱乐等众多领域。旅游产业韧性的提升需要产业链上各个环节稳定、协同发展。在面临危机时，各环节之间需要相互支持，产业链上下游企业之间通过共享资源和信息，降低经营成本，在技术创新、人才培养等方面协同合作，共同提升整个产业链的竞争力。政府在旅游产业面临挑战时也发挥着重要的支持作用，具体而言，包括根据旅游企业的实际经营状况，适时减免税收或者提供税收缓缴政策，以减轻企业的负担。同时，政府加大了对旅游产业的扶持资金投入，用于建设旅游基础设施、进行旅游市场推广，以及支持旅游企业进行技术改造和创新，鼓励企业开发新的旅游产品和服务。

4. 数字技术应用带来旅游产业韧性的提升

旅游产业在数字化转型过程中，不断创新数字化营销和游客互动方式。旅游企业和旅游目的地利用社交媒体、短视频平台等进行广泛的旅游宣传推广，建立与游客的互动机制，吸引大量游客的关注。部分旅游企业还开展线上旅游社区建设，游客可以在社区内分享旅游经验、交流旅游心得，形成了良好的旅游社交氛围，进一步增强了游客对旅游产业的黏性。基于信息技术形成的在线旅游平台新业态在旅游产业韧性提升过程中发挥着重要作用，平台的信息整合能力使其能够及时、准确地发布旅游目的地的相关政策、景区开放状态、酒店预订情况等信息，通过大数据分析，为游客提供全面的旅游资讯服务，并提供相应的解决方案，为旅游企业提供精准的市场需求预测，帮助旅游企业调整经营策略。

（三）旅游产业韧性提升的必要性

1. 旅游产业应对外部冲击的必然要求

旅游产业在许多地区的国民经济中占有重要地位，不仅能够直接创造就业机会、增加外汇收入，还能带动相关产业的发展。全球范围内，自然灾害、公共卫生事件、地缘政治不稳定等都可能是旅游产业遭受冲击的潜在因素。当旅游产业遭受冲击时，如果不能迅速恢复和提升韧性，将会对经济发展产生负面影响。如果旅游产业没有足够的韧性，就难以在短时间内恢复，从而导致游客大量流失，旅游收入锐减。具有韧性的旅游产业则能够迅速启动应急机制，一方面对受损设施进行抢修，另一方面及时调整旅游产品供给，开展旅游营销活动，吸引游客前来见证复苏过程，快速提升旅游产业的韧性，将负面影响转化为独特的旅游吸引力，旅游产业得以重新繁荣，从而保障宏观经济的稳定运行，减少经济波动带来的社会问题。

2. 促进旅游产业可持续发展的重要保障

可持续发展已经成为全球发展的共识，旅游产业也不例外，其韧性的提升对于保障当地经济可持续发展、社会可持续发展、生态可持续发展至关重要。旅游产业是许多地区的重要经济支柱，具有韧性的旅游产业能够在面临危机时保持一定的经济活力，减少对当地经济的冲击；旅游产业的韧性提升还能够带动相关产业的发展，形成相互支撑的产业生态系统，促进地区经济的稳定发展。旅游产业的发展与当地社会的发展密切相关，提升旅游产业韧性有助于保障当地居民的就业机会和生活质量，开展文化旅游项目可以让游客更好地了解当地文化，促进当地文化的传承和发展；注重社区参与的旅游发展模式，可以确保旅游收益在当地社区的合理分配，促进当地社会的可持续发展。随着人们环保意识的提高，生态可持续性成为旅游产业发展的重要考量因素，具有韧性的旅游产业能够更好地应对环境变化和保护压力。通过政策鼓励旅游企业采用环保技术、减少能源消耗和污染物排放等，可以减少旅游活动对环境的破坏；通过调整旅游产品结构，如开发生态旅游、低碳旅游等项目，可以引导游客形成环保意识，实现旅游产业与环境的和谐发展。

3. 推动旅游产业创新的动力源泉

在数字化时代，旅游产业面临着众多技术创新的机遇和挑战。一方面，提升旅游产业韧性需要不断适应新技术的发展，如人工智能、大数据、虚拟现实等。然而，技术创新也带来新的风险，如网络安全问题、数据隐私保护问题等。具有韧性的旅游产业能够在拥抱技术创新的同时，建立健全相关风险管理机制，保障旅游产业的安全稳定发展。另一方面，传统的旅游商业模式在新的市场环境下逐渐暴露出局限性，提升旅游产业韧性可以促使旅游企业探索新的商业模式，如共享经济模式在旅游住宿和交通领域的应用，为游客在旅游目的地的出行提供了便利。旅游产业还可以探索与其他产业的融合创新商业模式，以满足不同游客群体的需求，提升旅游产业的竞争力和韧性。

4. 提升国际竞争力的需要

全球旅游市场竞争日益激烈，新的旅游目的地不断涌现，旅游产品同质化现象严重，旅游产业韧性成为旅游产业国际竞争力的重要组成部分。具有较强韧性的旅游产业能够在国际旅游市场波动时，保持稳定的旅游供给，吸引更多的国际游客。旅游目的地可以在旅游基础设施建设、旅游服务质量提升、旅游品牌推广等方面发挥引导作用，从而提升旅游产业在国际上的竞争力。

第二节　国内外研究综述

一、韧性研究

（一）国外韧性研究

Toughness，意为"反韧"，在国外文献研究中被称为"Resilience"（源自拉丁语"Resilire")。国外对于韧性的研究起源较早，最早可追溯到物理学和工程学领域，主要关注材料的物理特性。20世纪70年代，这一概念被引入其他领域。1973年，生态学家Holling将工程韧性引入生态领域，将其作为一种生态学研究框架，提出生态系统韧性的概念，强调系统在受到冲击或干扰之后回到或恢复其稳定平衡状态或结构的能力，这一理论的提出开启了韧性在生态领域的研究热潮。此后，韧性概念逐渐被引入社会学、经济学、管理学等多个领域。2000年，Adger把韧性推广到社会科学领域，认为社会韧性是群体或社区应对社会、政治和环境变化造成的外部压力和干扰的能力，聚焦于人类系统、社会系统和社区韧性并开展了一系列研究。2002年，经济领域也出现了关于韧性的研讨，Aura等将其引入空间经济系统研究，认为经济韧性主要指经济系统遭遇冲击后的恢复能力。之后，韧性的相关应用领域进一步拓展，目前除了以上学科，还延伸至灾害学、心理学、城市规划学、经济地理学、旅游学等。关注较多的研究主题涉及区域经济韧性、城市韧性、生态韧性、社会生态韧性等。

韧性的概念大致经历了三个阶段的发展演变，第一阶段是工程韧性，第二阶段是生态韧性，第三阶段是演化韧性或适应性韧性。工程韧性用来描述系统从冲击扰动影响中恢复到冲击前均衡状态的能力，其假定系统是有序的、线性的且具有单一的均衡稳态，把扰动视为负面威胁。生态韧性用来阐释系统在改变其结构和功能从而进入另一个均衡状态前所能够缓冲最大冲击的能力，强调系统具有多重均衡状态，把扰动视为学习机会。演化韧性也被称为"适应性韧性"，指系统在遭遇外部压力、冲击或干扰后能迅速恢复功能所需的适应性应对能力，具有自组织和调整的能力。总体来说，工程韧性多应用于分析物理系统，生态韧性的应用常见于讨论生态系统，适应性韧性适用于探索经济系统。关于韧性的底层逻辑，研究者的思考正在从均衡论的工程韧性和生态韧性转向演化论的演化韧性或适应性韧性，关注点从侧重于提升危机应对能力转向实现可持续发展目标。

（二）国内韧性研究

国内的韧性研究起步较晚，20世纪90年代，韧性最早出现于金属材料学领域；直到进入21世纪，才在心理学、经济学和社会生态学等学科范围内展开韧性探索。以国外的研究成果为基础，国内对于韧性概念的认识也是经由工程韧性发展至生态韧性再推进到演化韧性，可以说在探讨人类复杂系统演变这一主题时，演化韧性已经成为学术界普遍认同的理论出发点，它强调区域发展的动态性，尤其是经济系统，这更加符合可持续发展的观念。汪辉等学者则通过对"Resilience"的汉语翻译的辨析得出，在社会-生态系统下，"韧性"一词是最匹配其学术概念内涵的，扬弃了对系统经干扰后恢复到平衡状态的观点，彰显了社会-生态系统并非在遭遇冲击后恢复到原点，而是会"凤凰涅槃"，变得更富有生命力。

其中，学者们主要聚焦于城市韧性、区域经济韧性和社会-生态系统韧性三个维度的研究。2010年，关于城市韧性的讨论兴起，研究主要集中于城市韧性的概念、框架体系、评估以及时空演化等方面。李彤玥系统梳理了韧性城市的概念、理论演变及其主要研究内容；张思思等对中国244个地级及以上城市的韧性水平进行了测度，研究了城市韧性在时空上的演化特征及影响因素。区域经济韧性的探索，侧重于概念、评价测度、影响机制及驱动因素等方面。贺灿飞等以区域经济韧性为主题进行研究综述与展望；李连刚等在理解新时代风险挑战与发展态势的基础上，对中国各省域的经济韧性进行了测度，并分析了影响其出现的时空差异的关键因素。社会-生态系统韧性的研究内容则聚焦于基础理论探讨，或通过列举案例地对其进行实证研究。宋爽等对受到公共池塘资源管理、韧性和治理三方面理论影响的社会-生态系统适应性治理进行了研究，梳理其进展并表述展望；朱晏君等基于DPSIR模型，运用熵权法对山西省静乐县的社会-生态系统韧性展开了测度研究，并提出了提升系统韧性的激励性政策。

二、经济韧性研究

（一）国外经济韧性研究

2002年，Reggiani等从经济地理学演化的角度出发，将韧性思维模式应用于空间经济学研究，提出了经济韧性的概念。在该领域主要有两种研究视角，产生了均衡论经济韧性观点和演化论经济韧性观点。其中，均衡论中经济韧性强调经济系统遭遇冲击后恢复原状的能力；演化论中经济韧性则强调经济系统的调整更新、转型升级与可持续发展能力，且该观点逐渐得到了学者们的广泛认同。具体来说，学者们集中在发展经济学、区域经济学和宏观经济学领域对经济韧性展开了进一步探索。

发展经济学中关于经济韧性的讨论主要围绕小国经济与贫困阶层，即宏观探析和微观探析。例如，Chaudhuri 等采用定量研究方法，通过测算印度尼西亚居民家庭致贫的脆弱性，得出居民的收入水平和受教育程度是影响家庭抵御外部经济风险干扰的能力的重要因素；Guillaumont 构建了经济脆弱性指标体系，评价了一国的经济脆弱性，发现其与经济韧性呈负相关。

国外学术界对于经济韧性的探讨多侧重于经济增长方面，经济韧性侧重于探查某一国家的经济体在遭遇外部侵扰后再次恢复至经济增长状态的能力，二者的研究重点是相通的，因此，这也为各国政府宏观调控手段的更新提供了新的思路。Aiginger 在宏观经济政策框架中引入韧性概念，Elbourne 等构建动态随机一般均衡（DSGE）模型对宏观经济韧性进行了测度。

区域经济韧性则是具有空间尺度特征的经济韧性，近年来成为经济地理学领域的研究热点，相关文献数量激增。其中，具有代表性的研究框架是 Simmie 等提出的动态性视角下区域复杂适应性系统四阶段循环模型，即开发阶段、维持阶段、释放阶段以及重组阶段，在这四个阶段之间，存在两个适应性循环。Martin 提出包括抵御能力（Resistance）、恢复能力（Recovery）、重构能力（Renewal）、更新能力（Reorientation）的四维度分析模型，并进一步对该框架进行了完善，为区域经济韧性的研究提供了重要的理论框架。目前，关于区域经济韧性的研究主要集中于两个方面，即将以工程韧性与生态韧性为代表的均衡论作为切入点，以及将以适应性韧性为代表的演化论作为切入点。该领域的研究对象是多尺度空间经济系统应对外部冲击的能力，其实证研究已经涉及大尺度的国家、区域，中尺度的城市，小尺度的社区、产业集群等，包括但不限于对其进行韧性评估和影响因素的探究。例如，Crescenzi 等认为人力资本和核心产业对区域经济韧性的影响显著，而老工业城市与资源枯竭型城市的经济韧性水平不平衡的原因主要是其差异化的适应能力和适应模式。此后，学者们运用计量经济学方法、空间分析方法等，对不同地区的经济韧性进行了实证研究，分析影响经济韧性的因素，并提出提升经济韧性的策略。

（二）国内经济韧性研究

国内关于经济领域韧性理论的研究始于 2008 年经济危机后，当前仍处于起步阶段，依托国际上的研究基础，对经济韧性的理解逐步从均衡论视角转向演化论视角，强调适应性韧性。其中，赋予空间尺度特征的区域经济韧性是学者们研讨的重点内容。当前，经济韧性的相关研究主题大致包括三个方面：一是经济韧性的理论框架；二是经济韧性的衡量；三是经济韧性的影响因素。

在经济韧性的理论框架方面，国内学者以国外相关文献为研究基础，尝试将其本土化。李连刚等在演化论视角下讨论了区域经济韧性的理论分析方法，涉及多样性、路径依赖和复杂适应系统三个层面；刘逸等借助地区嵌入全球生产网络的战略耦合模式阐释了区域经济韧性产生差异的主要原因，体现了对关系经济地理学的有效应用；俞国军等则从中观视角描述了经济韧性，在产业集群视角下，构建了基于技术、关系、市场三个维度的集群韧性"技术-关系-市场"模型。

在经济韧性的衡量方面，有定量和定性两种测度方法。在定量研究方面，丁建军等从抵抗与恢复能力、适应与调整能力、创新与转型能力三个层面构建了评价指标体系，并基于抵抗力、恢复力和演化力维度建立指标体系，进行了实证测度。还有学者利用单一指标对经济韧性进行简单刻画，依据计算公式进行评价，即敏感性指数法，代表性的核心变量主要包括：GDP、就业人数以及贸易量。同时，该领域也有一些定性研究方法的应用，运用实地调研、半结构化访谈等方法，基于具体案例探讨区域的经济韧性。例如，胡晓辉等通过实地走访调研，分析比较了山东枣庄和辽宁阜新的经济韧性表现；陈作任等将东莞樟木头与常平作为案例地，对比分析了条件相似但发展路径不同的地区在受到同一冲击时，其经济韧性的差异化表现。

在经济韧性的影响因素方面，国内学者的研究多集中于实证分析方面，更侧重于对产业结构、创新能力的讨论。例如，一些学者针对产业结构、制度环境、社会资本、文化因素对区域经济韧性的影响情况展开了一系列研究。张开等运用地理探测器方法探究了我国内地四大地区地级市在不同阶段的经济韧性影响因素，抵抗期和恢复期的最大影响因素分别是固定资产投资水平和产业结构。也有学者侧重于研究产业多样化与产业专业化发展情况对区域经济韧性产生的影响，不过并未产生一致的研究结论。例如，林耿发现产业专业化和相关性多样化发展对经济韧性的提升作用并不显著，而非相关性多样化发展对经济韧性的提升作用反而是显著的；袁丰等和蔡咏梅等则得出产业专业化、产业多样性对区域经济韧性的提升作用显著，且具有正向空间溢出效应的结论。

三、产业韧性研究

（一）国外产业韧性研究

经济韧性相对来说是一个从比较宏观的角度进行阐释的概念，其目的是考量某一经济系统的韧性水平。目前，随着用于研究的理论和方法进一步完善，一些学者出现基于适应性韧性理论、经济韧性相关文献，将研究重点转至中观、微观视角的趋势，如产业韧性、组织韧性、企业韧性等。国外学术界关于产业韧性的实证研究尚处于起步阶段，多从与工业相关的产业、供应链产业链协同、企业创新等角度分析韧性，案例中属于制造业的比较常见。Canova 等以欧洲国家为案例研究对象，通过构建计量分析模型测量了在冲击下其工业产出的响应情况，探究工业的波动和欧元区受冲击的波动是否在一定程度上同频。Junaid 等以汽车行业为切入点展开研究，发现管理供应链风险中最重要的因素是供应链韧性。在产业链协同方面，相关研究强调产业链上下游企业之间的紧密合作和协同创新，认为这有助于提升产业的整体韧性。在企业创新方面，相关研究认为企业的创新能力是提升产业韧性的关键，企业可以通过创新开发新产品、开拓新市场，增强产业的竞争力。在产业韧性研究领域，除了上述研究中提到的工业韧性，还有更多细分产业的韧性水平及影响因素有待学者研讨，相关研究认为多元化的产业结构能够降低产业对单一市场和产品的依赖，提高产业的抗风险能力。

（二）国内产业韧性研究

目前国内学术界尚未对产业韧性概念进行明确界定。结合经济韧性内涵，王永贵和高佳认为产业韧性是产业链某些环节在受到风险冲击时能快速实现产业链内部修补漏洞和替代失效品的能力，同时，也涉及产业的多元性；郑涛等认为产业韧性是指产业在遭受冲击后能够维持自身稳定的状态，并能够迅速从冲击中恢复、调整及转型的能力。纵观已有文献，国内对于产业韧性的思考处在初步探索中，以工业韧性、产业链韧性、农业韧性研究为主，通过案例分析和实证研究，探讨了产业韧性的影响因素和提升路径。工业韧性的相关文献，结合区域空间因素，通过构建评价指标体系测度长三角城市群、中国31个省级行政区的工业韧性水平，并展开时空演变分析；此外，胡志强等还提出了多样且关联的产业结构对区域工业韧性水平的提高具有正向促进作用的观点。产业链韧性的实证探讨选取制造业为样本数据，对供应链、海洋船舶产业链的韧性水平进行评价，党的二十大以来相关内容的理论研究数量也出现明显增加，开始关注产业链韧性的生成逻辑和政策方向，研究如何降低产业链对国外关键技术和零部件的依赖，保障产业链的稳定运行。关于农业韧性的研究相对不充分，集中在对韧性水平的评价、空间差异的分析及影响因素的识别等方面，例如，张明斗等从抵抗力、重构力层面构建评价指标体系，对农业经济韧性进行综合测算，并利用泰尔指数法、地理探测器模型进一步明确其空间差异特征和影响因素；宋敏等运用核心变量法测算农业韧性，并借助标准差椭圆法、双固定效应与系统GMM模型分析其时空演化特征以及数字经济对农业韧性的影响。在产业创新方面，相关研究主要探讨如何加强产学研合作，提高企业的创新能力，淘汰落后产能，培育新兴产业，推动产业的转型升级和韧性提升。

四、旅游产业韧性研究

（一）国外旅游产业韧性研究

扩大内需，保持旅游市场的活力、维持旅游产业的高质量与可持续发展成为当下的焦点议题，基于此，韧性理论在旅游产业领域的嵌入程度越来越深。旅游研究约在2007年出现关于韧性的探讨，主要集中在旅游目的地韧性和旅游企业韧性等方面。旅游目的地韧性在研究尺度上聚焦于中小尺度，主要从保护区旅游韧性、社区旅游韧性、小型目的地，以及重大灾害和危机与旅游韧性的关系等方面进行研究，提出如何通过加强旅游基础设施建设、提高旅游服务质量、优化旅游产品结构等措施，提升旅游目的地的韧性。例如，Jennifer以复原力评估原则为判断基准，探究了作为社会生态系统的保护区发展旅游产业对社区的影响；Lew以及Yang等采用旅游社区韧性测量模型，基于旅游层面测度了佛罗里达州的社区韧性；Yan探究了重大灾害和危机后旅游者的旅游动机及行为的心理机制；Cochrane通过构建旅游恢复力圈层（STR）模型，深入探究了受印度洋海啸侵害后，斯里兰卡旅游产业的恢复力状况。此外，还有学者从定性角度评估了旅游产业韧性，如Adams等和Ntounis等分别采用半结构性访谈法、调查问卷的方法获取分析所需要的数据。旅游企业韧性关注旅游企业在面临市场波动、竞争加剧等挑战时的生存和发展能力，研究如何通过创新经营模式、拓展业务领域、加强风险管理等方式，提升旅游企业的韧性。

旅游经济韧性是区域经济韧性的重要组成部分，目前关于旅游产业韧性的研究尚在起步阶段，现有研究多以旅游经济韧性为切入点展开研讨。多数研究聚焦于旅游产业恢复力对区域经济韧性的影响，Watson等以美国为研究对象展开旅游恢复力探究，认为旅游产业是一个产业关联度高、区域韧性状态更为复杂的综合性产业；Lee等发现由于旅游产业具有良好的恢复潜力，从而使区域经济韧性得以体现。少量研究关注到旅游经济韧性是一个独立的体系，认为旅游经济系统受到冲击后能展现出一定的经济恢复能力和适应能力，并实证分析了旅游经济韧性周期演变及时空差异。基于此，旅游产业韧性领域有待进一步研究。

（二）国内旅游产业韧性研究

从现有文献看，国内关于旅游韧性领域的探讨，在研究尺度上，大中尺度的数量相对不多，内容多涉及应对经济发展影响、宏观区域旅游产业适应性和发展路径，以及发展方向上旅游韧性建设顶层设计等方面；小尺度的研究主要聚焦于社区韧性、小型目的地等，致力于引入不同技术方法进行量化评估。从研究对象上看，从关注九寨沟、都江堰等旅游目的地在受到自然灾害冲击后的旅游支持度、旅游客源市场或旅游社区对危机事件的响应情况，扩展到了对基于案例地的旅游环境系统、经济系统等系统的韧性研究。近些年才引申至以城市群、省域为例，探讨城市韧性对旅游经济的空间溢出效应、旅游发展与经济韧性的耦合协调性，以促进城市旅游经济高质量发展。此外，还有学者对旅游目的地系统中的关键要素和干扰要素进行了分析，如利益主体和利益相关者等，其中，旅游企业韧性研究是尤为关键的一环，主要体现在对携程、星级饭店韧性的讨论。在研究方法上，多采用调查问卷法、系统动力学、熵值TOPSIS法、空间自相关指数、空间面板杜宾模型、地理探测器、耦合协调模型等。

当前已有研究和相关调查数据显示，旅游产业尽管受新时代新冲击的影响较大，但却具有很强的恢复潜力，随着政策的放开，旅游经济反弹速度极快，已经展现出较强的韧性。国内关于旅游经济韧性的研究尚处于萌芽阶段，以中观视角对旅游产业韧性的讨论更是鲜少。在旅游经济韧性方面，魏敏等将其描述为旅游产业应对外部干扰、抵御冲击后调整自身发展路径的能力，并在理论层面探讨了旅游经济韧性与高质量发展的关联性；杨勇等、董亚娟等、狄乾斌等分别以我国省域旅游经济韧性、中国入境旅游经济韧性、北京市旅游经济韧性为研究对象，对其进行韧性水平测度、时空异质性及影响因素探究，研究方法涉及熵权法、核心变量法、空间自相关检验和地理探测器等。在旅游产业韧性相关研究中，叶欣梁等对旅游产业韧性的研究进行了较为完整的文献梳理，厘清了其研究进展，并从宏观视角、中观视角和微观视角做出了述评。研究方法上，乔伟桐等以黄河流域为案例地，借助熵值法、空间自相关、障碍度模型以及门槛效应模型定量分析了此区域的旅游产业韧性水平、时空分异特征；方叶林等则是通过设立回归模型对中国大陆入境旅游产业演化与韧性展开了学术研究。

依据以上文献整理可知，旅游产业是区域经济系统的重要组成部分，宏观视角的旅游经济韧性、中观视角的旅游产业韧性逐渐成为经济地理学、旅游学研究的重要议题。但从成果来看，学术界在以上领域的讨论均较为缺乏，亟须在理论和实证上展开深入探索。

五、文献述评

结合以上对国内外韧性领域的文献梳理，总体来看，国外对韧性的研究起步较早，国内的探索则相对较晚，目前在灾害学、心理学、城市规划学、经济学、旅游学等方面取得了丰富的成果，但仍存在一些不足之处。在概念界定方面，韧性的概念在不同领域得到了广泛应用，不同学者从不同角度对韧性进行定义，对于其具体内涵和外延尚未形成统一的认识。在研究方法方面，目前的研究以定性分析为主，定量研究相对较少。一些学者虽然运用了计量经济学、空间分析等方法进行实证研究，但在指标选取、模型构建等方面还存在一定的局限性，研究结果的可靠性和可比性有待提升。在研究内容方面，不同领域的韧性研究相对独立，缺乏跨学科的综合研究。在2008年金融危机以后，经济韧性相关研究呈现显著增长态势，国外现处于发展和完善阶段；国内在借鉴国外文献的基础上，结合国内经济现实背景，关于经济韧性的研究于近些年也逐渐发展起来，且逐步与空间结合，区域经济韧性成为全球经济地理学学者的热点议题。随着理论基础和研究方法的逐渐成熟，产业韧性逐渐从经济韧性领域细分出来，以其独特的中观视角对经济发展情况展开研究，但尚处于萌芽阶段，文献数量鲜少。

在旅游学领域，相关研究大致始于2007年，主要讨论气候变化或重大危机下旅游产业的恢复情况。国外有关旅游产业韧性的文献数量相对较多，着重于对旅游目的地韧性的探讨，研究尺度上聚焦于中小尺度，主要从保护区旅游韧性、社区旅游韧性、小型目的地及重大灾害和危机与旅游韧性的关系等方面进行研究。旅游韧性理论体系尚未形成，但有学者利用旅游学科综合性的特点，将相邻学科的研究理论与方法引入该领域，逐渐丰富了旅游韧性研究成果。国内相关研究则正处于起步阶段，主题涉及旅游目的地韧性、旅游经济韧性、旅游社会-生态系统韧性等，还需要进一步深入探讨旅游产业韧性的各种因素之间的相互作用机制，关于旅游产业韧性的时空演化特征和规律的研究还相对较少，未来该领域仍有广阔的探索空间。

纵观现有研究，学者对韧性的研究不再局限于硬科学研究，已逐步扩展到区域经济韧性、旅游经济韧性等多个领域，但中观视角产业韧性的理论及实证研究有待进一步补充，具体到旅游产业韧性的研究更是鲜少，评价体系缺乏。在少数涉及产业韧性的文献中，多以第二产业和第三产业为研究对象，涉及细分产业的研究对象主要有汽车产业、轨道交通产业等，还有更多产业的韧性情况有待学者去挖掘。学者多从静态视角切入，从动态视角展开研讨的文章比较缺乏。此外，新时代所面临的新冲击与新挑战也使得亟须对旅游产业韧性进行新的探讨。因此，本研究将基于旅游产业韧性，从动态演化视角展开探索，在丰富产业韧性领域研究的同时，积极探讨旅游产业韧性在新时代的新表现及提升路径，这对于赋能传统旅游业态新升级，提升旅游经济系统适应性能力和持续健康发展能力，促进我国旅游产业高质量发展具有重要的意义。

第三节 理论基础

一、适应性循环理论

（一）适应性循环理论概述

适应性循环理论的思想渊源可以追溯到对生态系统稳定性和弹性的研究。早期的生态学家在研究自然生态系统时，逐渐认识到生态系统并非处于一种静态的平衡状态，而是不断地经历着变化。在此基础上，Gunderson 和 Holling 提出了适应性循环理论并应用于社会-生态系统领域，被称为阐释复杂系统，特别是生态系统以及人类与自然耦合的社会-生态系统的经典理论，是一种用于描述生态系统动态变化的理论框架。随着研究的深入，适应性循环理论不仅在生态学领域得到广泛应用，还被引入社会科学领域，用于研究人类社会与自然环境之间的相互关系。该理论通过描述社会-生态系统内部的动态演化过程，探究其如何进行自我调整以应对环境变化，为系统韧性的研讨提供了理论基石。具体来说，该理论认为社会-生态系统在开发阶段（r）、保护阶段（K）、释放阶段（Ω）和重组阶段（α）这四个阶段中不断循环。该理论认为变化并不是随机发生的，而是遵循循环反复的模式，这种具有规律性的一般趋势为干预韧性提供了可能性。

适应性循环理论主要具备三类属性特征：韧性、潜力和关联度，伴随着系统的不断循环，这三类属性特征也处在动态变化之中。韧性是指系统在遭受外部冲击和干扰后具有维持原有状态和功能的能力，韧性较强意味着该系统抵御冲击的能力和适应能力较强，不易因外界波动而产生扰乱；潜力是指系统的未来发展情况及发生改变的可能性；关联度是指系统内部各要素之间、系统内部与外界之间的相互影响程度。

（二）适应性循环系统的发展阶段

适应性循环理论将系统的发展划分为四个阶段，这有助于更好地理解生态系统在不同时期的结构、功能和稳定性的变化。

在开发阶段，系统处于快速增长和扩张时期，系统潜力值相对较低，稳定性相对较弱，随着潜力值不断增长，系统的关联度逐渐增大，受外界的影响力逐渐减小。

在保护阶段，经过自身长时间的积淀，系统的结构和功能变得更加复杂和稳定，此时，系统内部各主体间的联系增强，其潜力值达到最大，韧性相对较强，能够抵御一定程度的外部干扰，但灵活性和创新能力相对较弱。

当系统面临内部或外部的重大干扰时，如自然灾害、经济危机或社会动荡等，系统进入释放阶段，此时，系统内部的关联度较大但处于不断下降态势，外界的任何扰动都可能导致系统资源和固有联系的突然释放，这个阶段系统的原有结构和功能遭到破坏，稳定性被打破，扰沌性崩溃也随之出现，系统韧性量级较低却呈现增长趋势。

释放阶段之后是重组阶段，系统开始重新组织和构建，系统逐渐形成新的结构和功能，这个阶段系统的灵活性和创新能力得到恢复，韧性强的系统通过创造新的重构机会来支撑进一步发展，为下一个开发阶段奠定基础，系统进入新的发展循环，往复实现适应性循环。不过，也有可能出现：在重组阶段系统缺少必要的能力储备，从而脱离循环，导致系统失败。

（三）旅游产业系统的适应性循环

在旅游产业系统的发展演化中，开发阶段，即旅游产业发展刚刚起步，相关部门和供给链条发展不完善，各要素水平均较低，存在提升空间；保护阶段，随着旅游产业的快速发展，系统内各产业和部门间的联系逐渐加强，旅游者消费增加使得产业经济效益显著提升，潜力值达到最大；释放阶段，此时消耗了大量资源的旅游产业形成过饱和发展，系统内虽然关联度较大但处于不断下降态势，潜力值下降，韧性值较低，外界扰动极易造成旅游产业系统的释放和崩溃；重组阶段，旅游产业系统通过对内部产业结构和资源进行重组来实现可持续发展而再次进入开发阶段，提升潜力和韧性，往复实现适应性循环。由此可见，适应性循环理论为旅游产业的动态发展奠定了理论基础。

二、脆弱性理论

（一）脆弱性的概念

脆弱性这一概念最早于20世纪80年代出现在自然灾害研究领域，是生态系统、土地系统等系统在面对自然灾害等时遭受损害的程度和可能性，以及人类面临这些灾害时的脆弱性。21世纪以来，脆弱性则被应用于社会科学领域，多用来描述经济系统、社会发展环境以及人地耦合系统在面临外部压力和干扰时的易损性和承受冲击的能力。在《中国大百科全书（第三版）》中，脆弱性是指系统在某一扰动下发生的变化程度，以及从扰动的不利影响中恢复正常运行的能力。在生态系统中，脆弱性可能体现在物种对环境变化（如气候变化、栖息地破坏等）的适应能力上。在社会层面，脆弱性可能反映在社区或群体应对自然灾害、经济危机或者社会动荡的能力上。学术界存在一种观点，认为脆弱性已成为衡量一个国家或者地区发展程度的重要指标。脆弱性概念其实是一个与资源环境以及社会经济、政府相关政策法规相结合的概念。关于对脆弱性和韧性的理解，从概念内涵来看，二者高度相关，可以认为提升系统韧性的关键就是在危机中降低系统的脆弱性。

（二）脆弱性的构成要素

系统脆弱性的强弱取决于外来干扰的影响程度，也取决于系统对外来干扰的抵抗能力和适应能力。因此，可将脆弱性的特征要素归纳为三个方面：暴露度、敏感度和适应度，三者缺一不可。

1. 暴露度

暴露度是指系统、个体或群体暴露于外部压力源或危害的程度，这种程度反应在暴露于扰动的时间、频率和范围。暴露度主要考查承载体受到危害威胁的概率。例如，沿海地区的基础设施、居民住宅和经济活动更容易受到海平面上升所带来的海水倒灌、海岸侵蚀等危害的影响，那些靠近海平面、地势较低的区域，其暴露度就较高。在社会经济领域，依赖于特定资源或者特定市场的地区或国家，其暴露度也较高，一旦遭遇市场危机，将直接面临巨大的经济压力。暴露度越高，受到危害导致功能受损的概率越大，脆弱性也相应增强。

2. 敏感度

敏感度描述了系统、个体或群体对外部压力或干扰的响应程度，是系统对扰动的直接表现，包括干扰出现多长时间就会影响其功能，影响会严重到什么程度。生态系统中某生物可能对外界因素的微小变化非常敏感，进而影响整个生态链的稳定。在社会方面，一些弱势群体可能对社会政策的调整或者生活成本的变化更为敏感。敏感度越高，扰动产生的不利影响出现越快、越严重，脆弱性也相应增强。

3. 适应度

适应度是指系统、个体或群体应对外部压力并从不利影响中恢复的能力大小，包括对于不利影响的反应时间、反应力度等。在自然生态系统中，一些具有遗传多样性的物种往往具有较强的适应能力，它们能够通过基因变异来适应环境的变化。在社会领域，一个具有良好教育体系、完善基础设施和灵活经济结构的国家或地区，其适应能力通常较强。如果系统对不利影响的反应时间很快、反应力度大，则说明该系统适应度高，相对脆弱性弱。

脆弱性的三个特征要素之间是递次演化的逻辑关系。其中，暴露度是扰动侵袭到系统的第一个表征，然后是敏感度，适应度则是系统正常运行的最后保障。

（三）旅游产业的脆弱性

旅游活动依托于人口异地流动，其开展更是离不开相对成熟的资源、环境及配套条件。因此，旅游产业是一个复杂的产业系统，其内部各环节之间又具有高度依赖性，这使得脆弱性成为旅游产业固有的内在特征，这也是旅游产业容易受外界冲击影响的原因。脆弱性理论作为一种重要的分析框架，正逐渐在众多学科领域中崭露头角。从自然科学到社会科学，脆弱性理论为理解事物的本质、风险以及应对策略提供了全面、系统的框架和独特的视角。因此，基于脆弱性理论，将反脆弱与韧性结合起来，识别危机事件下旅游产业系统的脆弱性因素并实施良好的韧性管理，是较快恢复旅游产业供给和功能的基础，这有助于更好地认识风险、制定应对策略，从而实现旅游产业系统的可持续发展。

三、区域经济韧性理论

（一）区域经济韧性的内涵

区域经济韧性理论作为韧性理论的一个单元，主要关注的是经济可持续发展能力，尤其是遭遇外部扰动后的状态。它在理解区域经济如何应对各种冲击、维持稳定并实现可持续发展方面具有重要意义。其研究视角主要分为均衡论和演化论两种，后期基于演化论角度展开探讨逐渐成为主流趋势。区域经济韧性概念发轫于2007年，Martin提出了区域经济韧性理论的四个维度：一是抵御能力，指一个区域在面临外部冲击时抵御冲击以及维持功能运行的能力，该能力越强表明区域经济越不易受到扰乱；二是恢复能力，指遭受冲击后恢复到均衡稳定态势的能力，区域经济系统的抵御能力与恢复能力之间具有显著的相关性；三是重构能力，指区域经济在受到冲击之后能够有效整合内部资源，通过自身结构的调整以适应新环境的能力；四是更新能力，指能够在遭遇危机后去创造新的发展模式和路径以变更原有结构的能力，该能力为经济发展提供源源不断的动力。区域经济韧性的这些不同维度可能以不同的方式相互作用，产生不同的结果。

（二）区域经济韧性的影响因素

区域经济韧性是一个复杂的系统，受到多种因素的影响，包括区域的产业结构、产业关联、创新能力、人力资源、社会文化等。产业结构的多样性是影响区域经济韧性的重要因素，多样化的产业结构可以降低区域经济对单一产业波动的敏感性，增强区域经济的抗风险能力。一个产业与其他产业之间的联系越紧密，在区域经济中的带动作用就越大，提升产业之间的关联度和协同性，有助于增强区域经济韧性。创新能力是区域经济韧性的核心要素之一，具备较强创新能力的区域能够在面临外部冲击时，通过创新技术、创新产品、创新投入、创新商业模式等方式，激发企业和个人的创新积极性，调整经济结构，开拓新的市场，这不仅能够提升产业的竞争力，还增强了整个区域经济的韧性。

（三）区域旅游产业韧性

区域经济韧性理论为理解区域旅游发展提供了一个新视角。如果区域发展仅仅依赖于旅游产业，一旦发生旅游淡季延长、旅游安全事件等导致旅游需求锐减的情况，区域经济就会遭受重创。而如果在发展旅游产业的同时积极发展农业、加工制造业、文化创意产业等，就可以在旅游产业不景气时，通过其他产业的发展来维持经济的稳定。本研究以区域经济韧性理论代表观点之一的Martin"4R"理论框架为基石，从抵御能力、恢复能力、重构能力和更新能力四个相互关联的维度出发，分析旅游产业韧性的影响因素，构建旅游产业韧性的评价框架。区域经济韧性理论既为区域旅游产业应对外部风险冲击以及提升自身适应能力提供了新的理论视角，也为管理者和经营者制定发展路径提供了决策依据。

四、旅游空间结构理论

（一）旅游空间结构理论的内涵

旅游空间结构一直是旅游地理学研究的重要课题，指旅游系统内旅游资源、旅游基础设施等与旅游活动相关的各要素，在地理空间中通过相互作用与联系形成的空间分布状态及空间聚集程度。旅游空间结构理论旨在研究旅游系统中的各个要素在空间上的分布格局以及它们之间的相互联系，其本质是基于地理空间视角对区域旅游产业发展和旅游经济增长问题展开探讨。

（二）旅游空间结构理论的主要模型

旅游学者以前人经典理论为基础，将其融入旅游领域研究，建构了旅游空间结构理论，主要包括以下内容。

1.旅游增长极理论

增长极理论由法国经济学家佩鲁在1950年首次提出，是不平衡发展理论的依据之一。基于该理论，研究人员认为旅游产业也遵循增长极规律，可以培育合适的旅游增长极，在经过前期资源聚集、快速发展后，产生旅游要素扩散效应以带动周边区域旅游产业的发展。

2.旅游"核心-边缘"理论

"核心-边缘"理论发源于区域经济学，后被引入旅游空间结构研究。基于1966年费里德曼的"核心-边缘"理论，提出旅游产业中存在发展的核心区与边缘区的观点，旅游实力存在差距，而要想推动区域旅游的均衡发展则需促进核心区与边缘区的联系与合作。核心区通常是那些旅游资源丰富、开发成熟、旅游设施完善、游客流量大的区域，往往具有很强的旅游吸引力和辐射能力，能够带动周边边缘区的旅游发展。

3.旅游"点-轴"系统理论

参考1986年陆大道的"点-轴"系统理论而形成旅游"点-轴"系统理论，强调"点"和"轴"在旅游空间结构中的重要性。其中，"点"是指旅游节点，包括旅游城市、旅游景区等具有重要旅游功能的地点，旅游节点是旅游活动的集聚地，集中了旅游资源、旅游设施和旅游服务。"轴"则是连接各个旅游节点的交通线路、河流等线状要素。作为"点"的旅游城市在得到充分发展后会沿着旅游发展轴线产生扩散作用，带动周边较低级"点"的旅游产业的发展，并不断向外拓展延伸。

4.旅游中心地理论

旅游中心地理论脱胎于1933年克里斯塔勒的中心地理论。旅游中心性是指一个城镇对外旅游服务功能的大小，反映了城镇在本区域内旅游产业发展中的相对重要性。旅游中心地是指旅游中心性达到某一强度的城镇中心，即具有一定强度的对外旅游服务功能的城镇中心，能够面向城镇外区域内的旅游吸引物或城镇外旅游者提供一定强度的旅游交通、接待、信息、管理等方面的服务。旅游中心城市具备一定的旅游吸引力和辐射能力，对区域旅游发展起到引导带动作用，根据作用大小可以分为不同等级。

5.旅游网络开发理论

旅游网络开发理论于1998年由魏后凯提出，强调要通过网络化开发引导区域旅游经济的均衡化发展，缩小区域差距，实现点、线、面交织的空间结构格局。该理论强调了旅游系统中各要素之间的相互作用和依赖关系，以及这些关系如何影响旅游活动的发展和变化。

旅游空间结构理论是一个多维度、综合性的理论体系，对于深入理解旅游活动的地理空间特征、促进旅游的可持续发展具有重要意义。非均衡发展是产业在实践场景的常态化表现，旅游产业呈现的发展形态也不例外。基于旅游空间结构理论探究不同区域旅游产业发展的空间演化特征对于指导区域旅游规划、促进旅游产业空间均衡化发展、提升旅游产业的整体实力和韧性具有实践指导意义。

五、路径依赖理论

路径依赖理论在众多学科领域（如经济学、社会学、政治学等）中被广泛应用，它描述了过去的决策或者事件如何对当前及未来的选择产生持续性的影响，使得系统沿着特定的路径发展并难以轻易脱离。

在经济学领域，路径依赖强调过去的活动对经济演化的影响，具体来说，由于"自我强化"效应，系统对现行发展路径具有依赖性。该概念发轫于美国 Paul A. David 的文章中，后又被以 Brian Arthur 和 Douglas North 等为代表的学者们进行多方面、深层次的扩展。路径依赖理论具有一个重要的特征——锁定（Lock-in），强调经济系统被锁定在特定的发展轨迹上，且很难完成自我演化。根据现有研究，路径锁定可能会对经济韧性产生积极或消极的影响。一方面，一个经济系统在遭受外部冲击时依旧能够凭借锁定的发展路径来维持该系统的经济有序发展，从而说明该经济系统是具有韧性的，而该发展路径体现为一种积极的正向锁定；另一方面，锁定经济系统的发展路径，将导致其经济结构僵化，并限制了新发展路径的出现，此时该发展路径体现为一种消极的负向锁定，会削弱系统的经济韧性。

由此可见，从旅游产业韧性发展的现实层面来说，在所面对的外界环境出现变化时，旅游产业系统内部各要素之间可以通过相互交流与合作，推动结构转型升级，完成路径突破，但对原有发展路径的依赖性又会使旅游产业系统拒绝这种变化的发生，从而阻碍产业韧性水平的提升。因此，为有效抵抗外部冲击、提升旅游产业韧性，应依据具体情形规划发展路径并勇于进行路径突破。

第三章 中国旅游产业韧性的分析及评价框架

第一节 中国旅游产业韧性发展概况

一、中国旅游产业韧性的发展过程及表现

中国旅游产业的发展有着浓厚的政治经济学色彩，生动地融入我国经济腾飞、社会发展和文化繁荣等重大命题，是中国改革开放成就的缩影。从中华人民共和国成立到改革开放前，这段时期中国旅游产业发展缓慢，处于停滞状态。改革开放以来，我国旅游产业发展迅速，用20多年的时间形成了令人瞩目的经济规模，凸显了中国旅游产业强大的增长力和独特的魅力。中国旅游产业向世界展现了不同于欧美国家的中国模式，成为世界认识中国的生动窗口、讲好中国故事的重要载体以及对外友好交流的有效桥梁。

中国旅游产业不同阶段的发展特征，与不同时期的国家政策导向联系紧密。中央和地方政府对旅游产业的地位和功能的定位是不断变化的，大致分为开创阶段（1949—1977年）、初步发展阶段（1978—1991年）、三大市场逐渐推进阶段（1992—1997年）、国民经济重要产业阶段（1998—2008年）和战略性支柱产业转型阶段（2009年至今）。而在中国旅游产业的发展过程中，其韧性也呈现出一定的规律。

（一）开创阶段：产业界线不明晰，未形成旅游产业韧性

1949—1977年，中国旅游产业以事业属性为主，承担外事接待功能。计划经济体制背景下经济发展动力不足和旅游需求市场缺乏，加之政府主

导型管理模式的实行，导致中国旅游产业一直发展缓慢，仅具备基本的产业雏形，并不能完全划入产业范畴。可见，模糊的产业界线使该阶段的旅游产业尚未形成产业韧性，不具备自行抵御危机的能力，有很大的发展空间。

（二）初步发展阶段：经济依赖性强，旅游产业韧性不明显

1978—1991年，中国旅游产业处于初步发展阶段，呈现以入境旅游为主的特征。该阶段旅游产业的发展目标主要体现在两个方面：其一是推进我国外事工作，扩大对外政治影响力；其二是为国家吸取自由外汇，补充外汇短缺。随着各种鼓励政策的出台，我国旅游产业凭借丰富的自然和文化资源，吸引了大量国外游客，20世纪90年代初期入境旅游者突破3000万人次、旅游外汇收入近30亿美元。在此阶段后期，我国的旅游产业完成了由零散到初具产业形态的转变，冲破了观念枷锁，确立了旅游产业的经济产业地位。但当时由于受政府对国内旅游"不提倡、不宣传、不反对"政策的限制和优先发展入境旅游的方针影响，管理体制政企不分，旅游市场格局单一，旅游方式主要是小规模的差旅和公务活动。除此之外，改革开放初期推行时我国的国民经济基础不实，旅游相关的各项接待设施和交通设施都极为短缺，旅游产业存在亟待解决的突出矛盾。因此，这个阶段的旅游产业规模较小，基础设施和服务水平相对落后，旅游产业经济依赖性强，导致旅游产业韧性不明显，但展现出了巨大的发展潜力。

（三）三大市场逐渐推进阶段：供给需求不匹配，旅游产业韧性弱

1992—1997年，中国旅游产业逐渐形成三大市场，成为扩大内需的重要手段。该阶段政府出台了"大力发展入境旅游、积极发展国内旅游、适度发展出境旅游"的方针政策，鼓励中国公民开展国内旅游，还可适度进行自费出境旅游，中国旅游产业发展格局呈现"入境游、国内游、出境游"并存的局面。此时，经过十几年的改革开放，国民经济水平得到了较快提升，跟随国家政策导向进而产生了新一批较大的旅游需求。但新制定的旅游设施类、旅游服务类等行业管理标准的推行和实践需要时间，国家旅游局（现文化和旅游部）从政企脱钩到全面实现行业管理、中国旅游协会依

法独立运行均需要沉淀，这些导致旅游产业所具备的资源及条件并不能有效对接旅游需求，供给与需求的失衡使旅游产业难以抵御冲击和调节自身健康发展。换言之，该阶段的旅游产业自身抵御风险、维持和调整产业结构内部功能健康运转的能力较差，即产业韧性较弱，亟待进一步发展。

（四）国民经济重要产业阶段：产业附加值较低，旅游产业韧性有所提升但不足

1998—2008年，中国旅游产业的经济特征愈发凸显，逐渐成为拉动消费和融入世界经济体系的重要产业。该阶段，中央经济工作会议正式将旅游产业确定为国民经济新的增长点，这表明旅游产业实现了"反哺"经济的质的转变，彻底完成了从外交事业到经济产业再到综合性产业的跳跃。旅游产业的管理水平相较于上一阶段也得到了全方位提升，旅游基础设施不断完善，旅游产品日益丰富多样，并开始重视旅游智库的建设。旅游产业的功能呈现经济功能、社会功能齐头并进的态势，不仅在经济增长中发挥了重要作用，还在促进就业、推动文化交流等方面取得了显著成效，但受人口基数大、信息不对称等因素的影响，旅游产业在很长时间内都是供给方占主导地位，即属于卖方市场，存在大量同质化的低水平旅游产品，产品质量和特色有待改善。加之当时旅游产业处于培育期，资产回报具有的滞后性，导致人均产业附加值较低，增长幅度受限。该阶段旅游产业的发展并非一帆风顺，2003年的非典疫情、2008年的国际金融危机等都给旅游产业带来了巨大冲击。在非典疫情期间，旅游市场几乎陷入停滞，旅游企业面临着严重的经营困境。但旅游产业凭借其顽强的生命力，在疫情过后迅速恢复，展现出了一定的韧性。

综上所述，一方面，该阶段的旅游产业并未形成良性的旅游市场，产业系统自身运转链条僵化；另一方面，旅游产业在一定程度上拉动了经济增长且初步探索建设了智库，这些使得旅游产业开始独立产生一定经济效益，收获到一些专业智力资源的建言献策，产业系统在抵御风险、维持功能运行并恢复稳定状态方面的能力有所提升，但由于其发展刚刚步入正轨，各方面还需进一步推进成熟，此时的旅游产业韧性水平仍不足。

（五）战略性支柱产业转型阶段：独具生机活力，旅游产业韧性显著

2009年至今，中国旅游产业进入深化改革阶段，逐渐全面融入国家发展战略。在该阶段中，旅游产业被定位为国民经济战略性支柱产业，强调其是现代服务业的重要组成部分，更是幸福产业之首，旅游逐渐成为人们生活的重要组成部分。为进一步规范治理，国家正式出台《中华人民共和国旅游法》，对旅游者、经营者、旅游市场等进行法律约束，这标志着中国旅游产业进入依法治理阶段。该阶段，旅游需求获得了广泛关注。在我国经济进入新常态阶段后，作为新引擎的旅游产业开始融入供给侧结构性改革的浪潮，努力实现集约化、精细化、个性化的创新发展。加之，前期对旅游产业的固定资产投资使旅游基础设施和旅游产品质量在一段时间的缓冲后得到了完善和提升，结合"互联网＋""旅游＋"的背景，旅游产业的附加值快速提升且逐渐稳定至较高水平，实现了由"量"驱动向"质"驱动的转变。2020年，疫情的暴发对全球的旅游产业均造成了严重打击，国际旅游市场几乎停摆，国内旅游也受到严格限制。但只要相关政策有所缓和，中国的国内旅游市场就会展现出强劲的恢复力。其间，旅游企业积极采取应对措施，许多旅行社开展线上业务，推出云旅游、在线预订等服务；酒店加强卫生防疫措施，提供安全、舒适的住宿环境；景区利用数字化技术，实现线上游览、智能导览等功能。这些举措不仅帮助旅游企业在困境中生存，还为旅游产业的转型升级奠定了基础。因此，该阶段的旅游产业，已经具备了抵御风险和危机的能力，可在一定程度上通过产业内部的调整，逐渐趋近稳定状态，彰显恢复能力，即旅游产业韧性显著且具备进一步提升的潜力。

二、中国旅游产业韧性的演化特征

旅游产业韧性的演化特征与旅游产业的特殊性息息相关。具体来讲，其演化特征主要包含以下内容。

（一）阶段性提升与快速恢复

从时间维度来看，中国旅游产业韧性呈现出阶段性变化特征。在旅游

产业发展初期，由于产业规模较小、抗风险能力较弱，韧性水平相对较低。随着产业的不断发展壮大，基础设施不断完善，旅游产品日益丰富，旅游产业的韧性逐渐增强。基于中国庞大的人口数量以及由于生活质量提高而不断产生的旅游需求，当旅游产业具备相对稳定的发展环境后，其产业韧性将会维持在一个较高的水平。在面对自然灾害、经济波动等外部冲击时，中国旅游产业逐渐形成了较强的适应能力。旅游产业能够通过优化产品结构、提高服务质量等方式，快速调整自身发展策略，在外部冲击减弱并趋于稳定后，迅速恢复并实现新的发展。

（二）区域差异性

从空间维度来看，由于各地区经济发展水平、交通通达状况以及旅游资源禀赋等因素各异，不同地区旅游产业的结构与专业化水平存在差距，使得各地旅游产业所面对的风险冲击类型和程度也存在差异，进而导致旅游产业韧性具有明显的区域差异性。整体上，东部沿海地区经济发达，拥有丰富的旅游资源，旅游基础设施完善，旅游市场成熟，吸引了大量游客。东部地区的旅游企业在创新能力、市场开拓能力等方面也具有优势，能够更好地应对外部冲击。而中西部地区经济相对落后，旅游基础设施建设相对滞后，旅游产业韧性相对较弱。但国家逐渐重视中西部地区的发展，加大了对中西部地区旅游基础设施建设的投入，中西部地区的旅游产业韧性也在逐步提升。

（三）聚集性与溢出效应

旅游产业与其他传统产业的显著区别在于其具有高度的综合性和融合性，根据现实产业发展情况可知旅游产业的兴旺与经济、社会、文化、生态等领域多个关联产业，如住宿和餐饮业、交通运输业、娱乐业等融通发展，旅游经济系统在日趋完善后会形成显著的空间溢出效应，即旅游产业韧性强的地域能产生涓滴效应和辐射作用。例如，旅游产业韧性强的地区可在一定程度上有效带动周边区域旅游产业韧性水平的提升，进而在区域尺度方面体现出旅游产业韧性的聚集性。

（四）创新与转型能力的作用突出

在中国旅游产业发展过程中，创新与转型能力对于提升旅游产业韧性发挥突出作用。旅游产业通过产品创新、技术创新、模式创新等方式，不断提升自身的韧性。随着消费者需求的日益多样化，传统的观光旅游产品已经不能满足市场需求，创新型旅游产品如文化体验旅游、生态旅游、康养旅游等不断涌现，这些创新型产品不仅丰富了旅游市场的供给，增强了旅游产品的独特性和不可替代性，还使得旅游产业在面对不同市场需求变化时具有更强的适应性，从而增强了旅游产业在面对危机时的韧性。

信息技术、智能技术等快速发展，旅游产业在智能导游、在线预订、旅游大数据分析等技术创新方面取得了显著成果，不仅能够整合旅游产业链上的各个环节，包括交通、住宿、景点门票等，为游客提供一站式的便捷服务，提高旅游服务的效率和质量，还可以根据游客的需求和反馈及时调整服务内容，通过社交媒体、在线旅游平台等渠道进行精准营销，扩大市场覆盖面。技术创新有助于旅游产业在面临各种突发状况时能够迅速做出反应，增强了产业的韧性。

共享经济、平台经济等模式创新使旅游产业在竞争激烈的市场中更具韧性。民宿共享、汽车共享等共享经济模式在旅游产业中的应用，改变了传统的旅游商业模式，不仅可以降低游客的旅游成本，还可以提高旅游资源的利用效率，为旅游产业的发展注入了新的活力。在线旅游平台的发展整合了旅游产业链的上下游资源，为旅游企业和游客提供了更加便捷的交易和服务平台，促进了旅游产业的专业化分工和协同发展，提高了整个产业的运行效率。

推进旅游产业融合化是增强中国旅游产业韧性的重要举措。旅游产业与其他产业融合发展已经成为趋势，旅游产业与文化产业、农业、工业等产业的融合，创造出了许多新的旅游产品和业态，如乡村旅游、工业旅游、文化创意旅游等。不同产业之间可以共享资源、技术和市场，从而降低运营成本，提高产业的整体竞争力。这种融合不仅拓展了旅游产业的发展空间，使旅游产业的发展更加多元化，还增强了旅游产业的抗风险能力。

第二节　旅游产业韧性的分析及评价框架

一、旅游产业韧性的影响因素

中国旅游产业的韧性水平与该产业所处的经济市场、生态系统等外部环境条件以及产业自身具有的结构、能力等内部环境资源紧密相连。下文结合Martin的经济韧性"4R"理论分析框架，从抵御能力、恢复能力、重构能力和更新能力四个维度出发，探究旅游产业韧性的具体影响因素。

（一）抵御能力

旅游产业韧性的抵御能力与旅游产业结构、旅游产业竞争力、旅游产业发展水平等息息相关。

多样化的旅游产业结构能够分散外部冲击所带来的影响，当冲击具有特定产业指向性时，其他类型的产业受到的影响较小，能起到互补和维持经济发展的作用。因此，旅游产业结构是旅游产业韧性的核心影响因素。

人是旅游活动的主体，也是旅游市场的消费者，人口规模是旅游市场规模效益形成的基础，且人口规模大的地方往往经济更发达，居民旅游经历更丰富，对外界冲击具有更强的承受能力，相应的旅游产业系统在扰乱下具备的抵御能力越强。各地特色的旅游资源禀赋则与旅游吸引力密切相关，旅游资源越丰富，所形成的旅游吸引力越强，旅游市场规模也就越大，基于此能够形成更具优势的旅游产业竞争力。竞争力强意味着旅游产业系统在遭遇冲击时，具备缓冲能力，可发挥抵抗风险的基础性作用。

此外，随着一个地区旅游休闲边际效益的降低，熟悉该地区的部分旅游者会产生向周边地区出游的意愿，表现出旅游市场规模的正向溢出效应，这也会带来以区域旅游人数、旅游收入、旅游消费等指标为代表的整体产业发展水平的提高。同时，旅游产业的发展水平也在一定程度上决定了其抵抗危机的效果。旅游产业专业化水平，即旅游产业区位熵越高，则越容易形成规模经济效应，具有更高的经济效率，是旅游产业韧性的重要影响因素。因此，旅游产业发展所带来的旅游产业结构高级化、合理化将使得旅游产业系统内部产生减轻冲击负面影响、抵抗干扰的能力。

（二）恢复能力

旅游产业韧性恢复能力的增强离不开旅游产业基础设施的完善、旅游企业规模的扩大及旅游企业资产效益的提升。旅游市场主体的规模以及旅游关联产业提供的配套服务水平与旅游产业系统自身的恢复能力呈正向相关。基础设施是确保旅游产业系统维持自身稳定的基础，是使其恢复原状的关键指标。交通运输能力在旅游流向与流量、空间分布格局等方面起到了重要的协调、扩散与优化作用，承载力强的交通设施能保障地区出入便捷、运行畅通，可以容纳较大弹性的游客量，能更好地应对危机后激增的游客需求。旅行社、旅游景区、星级酒店等市场主体的数量越多，其住宿餐饮质量越高、交通通达度越高、配套的基础设施越完善、所处的生态环境越优越，也就越能够发挥出优质的旅游供给能力，同时也能有效满足冲击后快速膨胀的旅游需求，在此基础上，牵引带动旅游市场主体规模扩大、资产效益提升及旅游产业基础优化。也就是说，旅游产业经济基础、设施基础等越坚实，旅游产业系统在面对冲击时展现出来的恢复至原来均衡状态的能力也会越强劲。

（三）重构能力

旅游产业韧性重构能力的提高依托于旅游产业对外合作、产业间的融合，以及旅游产业的资金与人力投入。

外商投资额是衡量区域对外开放程度的关键性指标，可以反映区域经济的增长速度。区域经济增速越快，区域适应新境况所需的重构能力的驱动力越强，这意味着旅游产业系统韧性水平的提升速度越快。也有研究证实了外商投资情况与旅游产业韧性水平具有正向影响效应。

推进旅游产业与工业、农业等领域的融合与协同发展，能达到延伸产业链、创造新价值、催生新业态的效果，分散外部冲击所带来的影响，进而有效提升产业系统重构内部结构和功能以适应新境况的能力。

倾注于旅游产业的固定资产投资决定了旅游产业的起步门槛，其投资数量的增长或结构的改善均可改变旅游产业的结构和发展方向；足量足质的职工队伍则为旅游产业高质量发展奠定了必不可少的人力资源基础，这些均有利于提高旅游产业系统的重构能力。

（四）更新能力

旅游产业更新能力水平与旅游产业所处的创新环境及具备的智力资源联系紧密。

旅游产业创新环境的优劣取决于地区所能提供的创新条件，其中专利授权数量是一个得到研究者广泛认同的衡量指标，作为转变旅游产业发展方式、完善旅游产业结构的关键因素，能在一定程度上对旅游产业的创新能力进行映射，对旅游产业韧性的增强有积极影响。在数字经济浪潮下，依托人工智能、5G技术的旅游产业数字化、智能化转型也在如火如荼地进行，这在一定程度上能够促使数字化旅游产业聚集，有利于不同目的地分流，促进客流在不同区域空间发生地理置换，实现旅游资源设施跨区共享，从而分散冲击带来的负面影响，提高区域旅游产业系统对危机的预测和感知能力，从而提升对抗逆境和风险的韧性水平。

旅游产业智能化、数字化的发展离不开科研经费的支撑和高精尖人才的钻研。事实证明，旅游产业在良好的空间支持下，具备足够的智力资源，如创新型、专业型人才，能更深入推动其内部资源的重新整合，纵向延伸旅游产业链，进而助推旅游产业结构升级，实现旅游产业增长路径的转换，彰显旅游产业系统的更新能力。

综上所述，中国旅游产业韧性受多方面因素的影响。为有效提升我国旅游产业韧性的发展水平，应从以上方向出发，构建较为全面、科学、合理的分析框架，在切实增强抵御能力、恢复能力、重构能力、更新能力的基础上，提升旅游产业系统的整体韧性水平。

二、旅游产业韧性分析及评价框架提出

本研究在借鉴 Martin 经济韧性 "4R" 理论分析框架的基础上，立足于中国旅游产业韧性的影响因素，并结合旅游产业韧性的概念，发现了以下内容。

（一）旅游产业系统四大能力的主要表现

旅游产业系统的抵御能力是指在受到外部风险冲击时，系统抵抗风险的效果、维持正常运行的程度，该能力越强则旅游产业韧性水平越高。

旅游产业系统的恢复能力是指系统在面对风险干扰时自身功能是否受限、能否较快恢复到原始的均衡状态，该能力的大小与旅游产业韧性的强弱呈正相关。

旅游产业系统的重构能力体现了在危机中系统能否通过重新调整内部结构，较快适应当前的新情境，该能力越强则旅游产业的韧性水平越高。

旅游产业系统的更新能力描述了系统在遭遇风险冲击后，能否从中挖掘出新方向，进而更新产业发展路径，助推产业转型升级，该能力的增强与旅游产业韧性的提升息息相关。

（二）旅游产业系统四大能力之间的关系

抵御能力与恢复能力之间存在较大关联性，抵御能力是恢复能力的基础，恢复能力能够强化抵御能力，二者相辅相成。

恢复能力有助于开拓重构能力，重构能力能推动恢复能力的发展。恢复能力的强弱决定了旅游产业系统是否有足够的资源和能力进行产业结构的重构。

重构能力越强意味着旅游产业系统的恢复空间越大。重构能力能激发更新能力，更新能力能调整重构能力，在重构后形成适应新环境的旅游产业系统时，能进一步激发出旅游产业系统的更新能力，促使旅游产业朝新的发展路径转型，进而不断完善重构的产业结构。

更新能力有助于抵御能力的升级，抵御能力能支撑更新能力的发展。更新意味着旅游产业系统完成了一次韧性的螺旋式上升，将位于一个新的阶层，进一步夯实其抵御能力，为旅游产业韧性的进阶提升和旅游产业的高质量、创新发展提供更好的支撑。

（三）中国旅游产业韧性的分析及评价框架

在对相关文献进行梳理的基础上，本研究提出适用于中国旅游产业韧性的分析及评价框架（见图3-1），以期通过对相关指标的测度，描绘旅游产业系统的抵御能力、恢复能力、重构能力和更新能力，进而根据它们的相互作用情况，分别从哲学上的"系统"与"要素"的视角出发，对中国旅游产业韧性展开全面且具体的分析及评价。

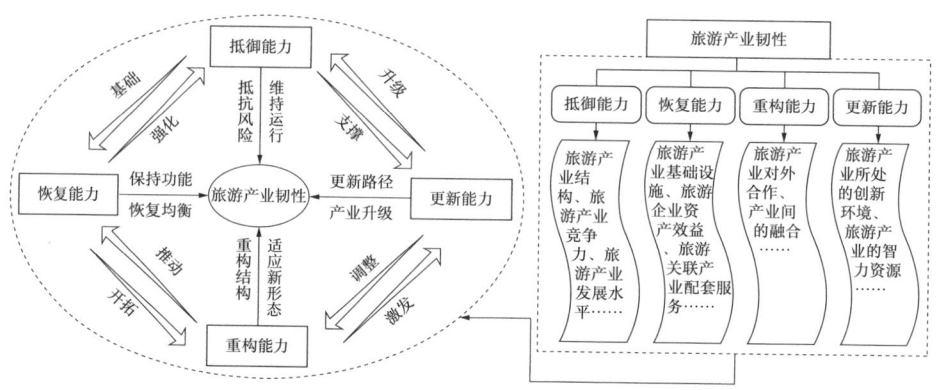

图 3-1　中国旅游产业韧性的分析及评价框架

该框架一方面基于经济韧性"4R"理论分析，把旅游产业韧性划分为抵御能力、恢复能力、重构能力和更新能力四个能力维度，并继续细分为多个不同指标内容，使得旅游产业韧性分析有据可依，能够进行对比和测算。另一方面，以"旅游产业韧性"为核心，构建了一个包含四大能力维度及其互动关系的循环体系，通过抵御能力、更新能力、重构能力、恢复能力四大能力维度，形成应对风险、维持发展的旅游产业韧性动态表述系统，具体表现为：面对风险时，抵御能力率先发挥抵抗作用，维持产业基础运行。恢复能力以"保持功能、恢复均衡"为基础，为抵御能力提供支撑，强化其抗风险强度，形成"抵御风险—修复基础"的基础保障。恢复能力助力重构能力适应产业新形态，推动产业结构优化重组，实现从"恢复均衡"到"主动变革"的进阶，构建"修复—重构"的升级链路。重构能力为更新能力提供动力，推动旅游产业升级与路径更新。更新能力则以产业升级成果反哺系统，强化抵御能力，形成"重构—更新—再强化"的循环发展。

四大能力维度通过"强化""支撑""调整""推动"等作用机制，形成闭环，共同支撑旅游产业在风险应对、结构优化、功能恢复、升级发展中的韧性体系提升，体现产业应对挑战、持续演进的动态过程，保障产业持续适应外部变化并稳定发展。

第四章 中国旅游产业韧性评价指标体系构建及测度

第一节 评价指标体系构建

一、评价指标体系的构建原则

（一）全面性与系统性原则

构建科学的评价指标体系必须遵循全面性、系统性的首要原则，从而有助于做出整体判断。本研究在构建旅游产业韧性评价指标体系时，应该对评价指标间各种逻辑关系展开全面考虑，从旅游产业的多个子系统出发，使最终指标既全面反映旅游产业韧性影响因素的各个方面，包括抵御能力、恢复能力、重构能力和更新能力各自的主要状态和特征，又能充分体现四者之间与整个旅游产业系统间的内在联系，确保评价指标体系的完整性。

（二）适用性与科学性原则

评价指标体系的构建要与研究的主题高度契合，且要科学、客观，具有一定的理论根据或者现实基础，确保评价指标的选取和权重的确定具有合理的依据。本研究中，中国旅游产业韧性评价指标体系的构建主要基于旅游产业韧性的内涵和我国旅游产业发展的现实情况，旨在有效、客观地反映旅游产业韧性水平和各个方面能力的演化趋势。

（三）可得性与典型性原则

在选取具体评价指标时，要注意将易于采集、计算方法简便易行作为确定的标准，且评价指标的选取在保证数据可得的基础上，还应考虑评价指标是否便于量化分析，确保评价过程的可行性和实用性。同时，所选的每个评价指标还需要具有一定的典型性，应从实际出发选取我国旅游产业韧性评价中极具代表性的指标，这能够更好地反映其演化过程，从而适应不同时期的研究需求。

二、评价指标体系的内容构成

根据全面性与系统性原则、适用性与科学性原则、可得性与典型性原则，基于现阶段对产业韧性、旅游经济韧性的研究逻辑，并结合旅游产业韧性的概念内涵，在充分借鉴 Martin 提出的经济韧性"4R"理论的基础上，依据前文提出的中国旅游产业韧性的分析及评价框架，本研究将从抵御能力、恢复能力、重构能力和更新能力四个相互关联的维度出发，构建中国旅游产业韧性评价指标体系。

本研究所构建的评价指标体系共包含四个层次：其一是目标层，反映整个旅游产业韧性的水平。其二是准则层，反映韧性中体现的抵御能力、恢复能力、重构能力和更新能力水平。其三是要素层，反映各能力的组成要素，参考蔡乌赶和许凤茹所整合的产业韧性评价指标体系、董亚娟和张一获研究旅游经济韧性所应用的相关评价指标以及前文梳理的旅游产业韧性影响因素，确定了10个要素层指标。其四是指标层，共计40个具体评价指标，具体见表4-1。鉴于正向评价指标数据翔实、具有代表性，评价指标体系中选取的正向评价指标占比更大，而负向评价指标占比较小。

表4-1　中国旅游产业韧性评价指标体系

目标层	准则层	要素层	指标层	指标属性
旅游产业韧性	抵御能力	产业结构	产业结构高级化指数	正向
			产业结构合理化指数	正向
			旅游产业区位熵	正向
			限额以上住宿和餐饮业国有企业数占比/（％）	正向
		产业竞争力	旅游产业资源丰度指数	正向
			旅游产业市场发育程度	正向

目标层	准则层	要素层	指标层	指标属性
旅游产业韧性	抵御能力	产业发展水平	人均国内旅游收入/元	正向
			人均旅游消费支出/元	正向
			旅游总收入占 GDP 的比重/（％）	正向
			国内旅游人数/万人次	正向
	恢复能力	产业基础	限额以上住宿和餐饮业企业资产总计/亿元	正向
			限额以上住宿和餐饮业企业负债合计/亿元	正向
			限额以上住宿和餐饮业法人企业数/个	正向
			旅行社数量/个	正向
			旅客周转量/亿人公里	正向
		产业效益	住宿和餐饮业增加值/亿元	正向
			住宿和餐饮业营业收入/亿元	正向
			旅行社营业收入/亿元	正向
			A 级景区营业收入/亿元	正向
			旅游企业全员劳动生产率/（万元/人）	正向
		产业配套	人均互联网宽带接入端口数/个	正向
			人均公园绿地面积/平方米	正向
			$PM_{2.5}$ 年平均浓度/（微克/立方米）	负向
			每万人拥有高速公路里程/公里	正向
			每万人拥有公厕数/座	正向
			每万人拥有公共汽（电）车数/标台	正向
	重构能力	产业合作	旅游产业与农业融合度	正向
			旅游产业与工业融合度	正向
			外商直接投资额/亿美元	正向
			外商投资企业数/个	正向
		产业投入	住宿和餐饮业固定资产投资/亿元	正向
			限额以上住宿和餐饮业企业年末从业人数/人	正向
			旅行社年末从业人数/人	正向
			A 级景区年末从业人数/人	正向

目标层	准则层	要素层	指标层	指标属性
旅游产业韧性	更新能力	产业创新条件	科学和教育支出占地方财政支出的比重/（%）	正向
			R&D经费支出/亿元	正向
			专利申请受理量/件	正向
		产业人才培养	旅游院校数/所	正向
			旅游高等院校学生数/人	正向
			旅游中等职业学校学生数/人	正向

（一）抵御能力评价指标

抵御能力指产业系统在抵御内外部因素扰动下维持自身结构与功能运行的能力，主要受产业结构、产业竞争力、产业发展水平等因素的影响，其水平越高则其抵御能力越强。产业结构用产业结构高级化指数、产业结构合理化指数、旅游产业区位熵、限额以上住宿和餐饮业国有企业数占比进行度量，以表征产业结构特征。产业结构高级化指数用第三产业增加值与第二产业增加值的比值表示。产业结构合理化指数则基于各省域三次产业产值、就业人员数和泰勒指数，采用干春晖等人的方法计算得到。旅游产业区位熵利用省域旅游收入占省域GDP比重与全国旅游收入占全国GDP比重之比进行测度。旅游产业是一个包罗万象的综合性产业，住宿和餐饮业则是面向游客开展旅游接待服务的主要行业，而国有企业情况将反映该行业的国家引领性和在面对危机时上下游产业链的稳定性，是保障经济平稳增长的"稳定器""压舱石"，坚守国有企业的比重底线是产业结构健康发展的前提。产业竞争力的指标层包括旅游产业资源丰度指数、旅游产业市场发育程度。旅游资源禀赋和旅游市场规模是决定旅游产业竞争力的关键因素。旅游产业资源丰度指数借鉴孙晓的为各等级A级景区赋值计算的方法，旅游产业市场发育程度用 $\sqrt{\dfrac{旅游收入}{地域面积}} \times \sqrt{\dfrac{旅游人数}{地域面积}}$ 表示。产业发展水平的指标层由人均国内旅游收入、人均旅游消费支出、旅游总收入占GDP的比重以及国内旅游人数构成，以上数据能较为全面地展现当前各省域旅游产业的发展水平。

（二）恢复能力评价指标

恢复能力指产业系统在保持结构和功能运行的情况下恢复到均衡稳定态势的能力，这与产业基础、产业效益、产业配套等因素密切相关，发展越好则恢复能力越强。产业基础的指标层包括限额以上住宿和餐饮业企业资产总计、限额以上住宿和餐饮业企业负债合计、限额以上住宿和餐饮业法人企业数、旅行社数量以及旅客周转量，以上指标能反映旅游产业系统所具备的保持运行的基础能力。产业效益的指标层包括住宿和餐饮业增加值、住宿和餐饮业营业收入、旅行社营业收入、A级景区营业收入以及旅游企业全员劳动生产率。酒店、旅行社和景区作为旅游产业的三大核心行业，其经营情况能充分显示以效益为动能的旅游产业系统的恢复能力。产业配套的指标层包括人均互联网宽带接入端口数、人均公园绿地面积、$PM_{2.5}$年平均浓度、每万人拥有高速公路里程、每万人拥有公厕数、每万人拥有公共汽（电）车数，关系到省域能提供的旅游服务水平、生态环境状况、空气质量状态及地区进出条件，这些指标与旅游行为发生的主体旅游者密切相关，会影响旅游者的出游意愿和旅游体验，旅游产业相关配套设施的完善程度与遇到冲击后恢复到平衡状态的速度呈正相关性。

（三）重构能力评价指标

重构能力指产业系统在应对外部冲击、化解内部干扰的过程中重构内部结构和功能以适应新境况的能力，产业合作、产业投入是提高该能力的关键因素，产业合作越深入、产业投入力度越大，则说明重构能力越强。旅游产业是一种开放型服务产业，这就意味着吸引外商投资并与其他产业进行融合与合作既是政策导向也是现实需要。产业合作的指标层包括旅游产业与农业融合度、旅游产业与工业融合度、外商直接投资额、外商投资企业数。旅游产业与农业融合度、旅游产业与工业融合度指标的计算借助灰色关联度公式，将旅游总收入作为参考列，将地区农业总产值和规模以上工业企业实现营业收入作为比较列。产业投入则是重构能力得以发挥的经济和人力资源支撑，其指标层包括住宿和餐饮业固定资产投资、限额以上住宿和餐饮业企业年末从业人数、旅行社年末从业人数、A级景区年末从业人数。

（四）更新能力评价指标

更新能力指产业系统通过构建新发展模式和路径以变更原有结构的能力，而创造创新条件、培养专业人才则是发挥该能力主要途径，资源越丰厚则更新能力越突出。创新是引领发展的第一动力，是促使更新能力增强的直接能源，而创新驱动需要科学技术和智力资源的根本加持，同时匹配良好的制度供给和创新环境。产业创新条件的指标层包括科学和教育支出占地方财政支出的比重、R&D经费支出、专利申请受理量，足够的科技经费投入和良好的创新环境有助于增加旅游创新产出和吸引优秀的创新人才。产业人才是创新活动的主导力量，是科技成果转化的主体。产业人才培养的指标层包括旅游院校数、旅游高等院校学生数、旅游中等职业学校学生数。

第二节　数据来源与缺失处理

一、数据来源

研究数据来源广泛，主要包括国家统计局、文化和旅游部发布的统计数据，各省级行政区的统计年鉴、旅游统计公报及相关行业数据库等。这些数据涵盖了旅游产业的多个方面，如旅游收入、游客接待量、旅游企业数量、旅游基础设施建设情况等，为构建评价指标体系和测度旅游产业韧性提供了丰富的数据支持。

本研究基于中国旅游产业韧性研究选取评价指标，将中国31个省级行政区作为研究对象，研究的时间范围为2011—2021年。选择2011年为起始年份，主要是因为2009年末国务院出台《关于加快旅游业发展的意见》，旅游业被提升为战略性支柱产业，而政策推行的成果需要一段时间后才能看到；选择2021年为期末年份，则是因为笔者在写作时，多数统计年鉴的数据只更新到2021年。涉及的数据主要来源于2012—2022年的《中国统计年鉴》《中国第三产业统计年鉴》《中国旅游统计年鉴》《中国文化文物和旅游统计年鉴》，以及各省级行政区的统计年鉴、国民经济和社会发展统计公报以及国家统计局所公布的官方数据，其他少量数据来源于社科数据共享平台。

二、缺失数据处理

在研究过程中，数据的完整性和准确性对于分析评价结果的准确性至关重要。然而，在实际的数据收集、存储和分析过程中，经常会遇到数据输入错误或缺失数据的情况。因此，在相关数据的处理过程中，本研究在保证各指标统计口径一致的基础上，对已有数据进行了筛选、核对和二次计算，以确保数据的完整性和准确性。

缺失数据是指数据集中某些观测值的部分变量的值是未知的，包括完全随机缺失、随机缺失、非随机缺失等不同类型。缺失数据如果处理不当，可能会导致分析结果的偏差、模型的不准确以及决策的失误。常见的缺失数据处理方法有列表删除法、成对删除法、均值插补、中位数插补、回归插补、期望最大化算法等。因此，掌握有效的缺失数据处理方法是非常必要的，在选择缺失数据处理方法时，需要考虑多个因素。首先是缺失数据的类型，如果是完全随机缺失，在样本量足够大的情况下，删除法可能是可行的；如果是随机缺失，插补法可能更合适；如果是非随机缺失，可能需要更复杂的模型法。其次是数据的性质，对于分类数据和数值型数据，适用的方法可能不同。例如，对于分类数据，众数插补可能比较合适，而对于数值型数据，可能需要考虑均值插补、中位数插补或者回归插补等。此外，还要考虑分析的目的和后续的分析方法，如果是进行简单的描述性统计，简单的插补方法可能就足够了；如果是进行复杂的建模分析，如建立回归模型或分类模型，就需要更谨慎地选择缺失数据处理方法，以确保模型的准确性。

在实际应用中，需要根据具体的数据情况、分析目的等多方面因素综合考虑，灵活运用各种缺失数据处理方法。本研究缺失数据较少且多为随机缺失，因此对于一些缺失数据采用插补法、线性趋势法进行填补，个别年份的缺失值则通过增长率计算获得。

第三节　测度过程及结果

一、数据标准化

由于收集到的原始数据量级可能存在较大差异，为提升其可比性，测度之前应对原始数据展开标准化处理。数据标准化是将数据转化为特定的标准格式或单位，将复杂、不规范的数据转换为简洁、规范的数据，以便于不同数据之间的比较和分析，是数据预处理技术的一种，主要用于将不同来源、格式、规格的数据进行统一处理，使其具有可比较性和可操作性。同时，数据标准化的过程也有助于发现和修正数据中的错误、缺失等问题，减少数据分析中的偏差等，提高数据分析的准确性、可靠性。

数据标准化通常需要使用一定的数学变换手段，将原始数据转换成特定的统一规格，使数据保持在一个小的区间内，如0至1或−1至1的区间内，以消除不同变量之间性质、量纲、数量级等属性特征的差异，从而转化为无量纲的标准化数值，保障各指标的数值处于同一数量级，便于指标间进行综合分析和比较。处理手段包括指标一致化处理和无量纲化处理两种。数据标准化的常见方法有极差标准化法、Z-Score标准化法、线性比例标准化法、log函数标准化法、反正切函数标准化法等，前两种最为常用。

本研究采用极差标准化法对原始数据进行标准化处理，所得指数的极大值为1，极小值为0，其余的数值均在0至1之间，具体公式如下：

$$正向指标：X_{ij} = \frac{X_{ij} - \min(x_{ij})}{\max(x_{ij}) - \min(x_{ij})} \tag{4-1}$$

$$负向指标：X_{ij} = \frac{\max(x_{ij}) - x_{ij}}{\max(x_{ij}) - \min(x_{ij})} \tag{4-2}$$

式（4-1）、式（4-2）中，X_{ij}代表第i个样本第j项指标标准化后的结果，x_{ij}为某项指标的原始数据，$\max(x_{ij})$、$\min(x_{ij})$分别为选取指标数据的最大值和最小值。

二、权重确定

本研究通过各项指标的加权测算，对2011—2021年中国旅游产业韧性水平展开综合评价。综合评价方法是将多个指标信息进行整合，从而对评价对象做出全面、客观、公正评价的手段。在综合评价中，不同的指标对评价结果的影响程度是不同的，这就需要确定各个指标的权重。权重的确定方法有主观赋权法和客观赋权法，其中主观赋权法主要依赖于专家的经验和判断，如德尔菲法，专家们根据自己的专业知识和经验，对各个指标的重要性进行打分，然后通过多轮的反馈和调整，最终确定各个指标的权重。这种方法的优点是能够充分利用专家的专业知识和经验，但缺点是主观性较强。客观赋权法则是根据数据本身的特征来确定权重，优点是客观性强，如主成分分析法、熵值法等。指标权重的确定方法种类丰富，为尽可能避免一些主观因素的影响和可能导致的偏差，本研究选用相对客观的熵值法对指标进行赋权。

熵，最初是一个物理学概念，用于描述系统的混乱程度。在信息论中，信息熵被用来衡量信息的不确定性。熵值法就是基于信息熵的概念发展起来的一种客观的多指标综合评价方法。对于一个包含多个样本和多个指标的评价体系，每个指标都包含一定的信息量。一个指标的变异程度越大，它所包含的信息量就越大；一个指标的变异程度越小，它所包含的信息量就越小。熵值法就是根据指标的变异程度，利用信息熵来计算出各指标的权重，从而实现对多个指标的综合评价。该方法的判断标准为指标的变异程度，即熵值越大，指标的变异程度越大，该指标对综合评价的影响越大，权重也越大。该方法的具体计算步骤如下。

（一）数据标准化

需要对原始数据进行标准化处理。这是因为不同指标可能具有不同的量纲和数量级，直接进行计算会影响结果的准确性。对原始数据进行极差标准化处理后会出现零值，而熵值法需要进行对数运算，因此本研究将标准化后的数据正向平移0.001个单位：

$$X'_{ij} = X_{ij} + 0.001 \qquad (4\text{-}3)$$

（二）计算第 i 个样本第 j 项指标的比重

$$Y_{ij} = \frac{x'_{ij}}{\sum_{i=1}^{m} x'_{ij}} \tag{4-4}$$

（三）计算指标信息熵

$$e_j = -k \sum_{i=1}^{m} (Y_{ij} \times \ln Y_{ij}) \tag{4-5}$$

（四）计算信息熵冗余度

$$d_j = 1 - e_j \tag{4-6}$$

（五）计算指标权重

$$w_j = \frac{d_j}{\sum_{j=1}^{n} d_j} \tag{4-7}$$

（六）计算准则层指标权重

$$w'_j = \sum_{j=1}^{s} w_j \tag{4-8}$$

式（4-3）至式（4-8）中，$k = \dfrac{1}{\ln m}$，m 为样本数量，n 为指标数量，s 为各准则层所包含的指标数。

最后，根据公式得出 4 项准则层的权重值和 40 项具体指标的权重值，具体见表 4-2。

表4-2　中国旅游产业韧性评价指标权重值

目标层	准则层	要素层	指标层	权重
旅游产业韧性	抵御能力（0.209）	A₁产业结构	A₁₁产业结构高级化指数	0.037
			A₁₂产业结构合理化指数	0.027
			A₁₃旅游产业区位熵	0.014
			A₁₄限额以上住宿和餐饮业国有企业数占比/（％）	0.027
		A₂产业竞争力	A₂₁旅游产业资源丰度指数	0.019
			A₂₂旅游产业市场发育程度	0.017

目标层	准则层	要素层	指标层	权重
旅游产业韧性	抵御能力（0.209）	A_3产业发展水平	A_{31}人均国内旅游收入/元	0.018
			A_{32}人均旅游消费支出/元	0.016
			A_{33}旅游总收入占GDP的比重/（％）	0.015
			A_{34}国内旅游人数/万人次	0.019
	恢复能力（0.376）	B_1产业基础	B_{11}限额以上住宿和餐饮业企业资产总计/亿元	0.032
			B_{12}限额以上住宿和餐饮业企业负债合计/亿元	0.032
			B_{13}限额以上住宿和餐饮业法人企业数/个	0.026
			B_{14}旅行社数量/个	0.019
			B_{15}旅客周转量/亿人公里	0.021
		B_2产业效益	B_{21}住宿和餐饮业增加值/亿元	0.023
			B_{22}住宿和餐饮业营业收入/亿元	0.015
			B_{23}旅行社营业收入/亿元	0.057
			B_{24}A级景区营业收入/亿元	0.035
			B_{25}旅游企业全员劳动生产率/（万元/人）	0.030
		B_3产业配套	B_{31}人均互联网宽带接入端口数/个	0.018
			B_{32}人均公园绿地面积/平方米	0.010
			B_{33}PM$_{2.5}$年平均浓度/（微克/立方米）	0.010
			B_{34}每万人拥有高速公路里程/公里	0.017
			B_{35}每万人拥有公厕数/座	0.016
			B_{36}每万人拥有公共汽（电）车数/标台	0.014
	重构能力（0.236）	C_1产业合作	C_{11}旅游产业与农业融合度	0.013
			C_{12}旅游产业与工业融合度	0.014
			C_{13}外商直接投资额/亿美元	0.037
			C_{14}外商投资企业数/个	0.060
	重构能力（0.236）	C_2产业投入	C_{21}住宿和餐饮业固定资产投资/亿元	0.025
			C_{22}限额以上住宿和餐饮业企业年末从业人数/人	0.031
			C_{23}旅行社年末从业人数/人	0.029
			C_{24}A级景区年末从业人数/人	0.026

目标层	准则层	要素层	指标层	权重
旅游产业韧性	更新能力（0.180）	D₁产业创新条件	D₁₁科学和教育支出占地方财政支出的比重/（%）	0.011
			D₁₂R&D经费支出/亿元	0.040
			D₁₃专利申请受理量/件	0.048
		D₂产业人才培养	D₂₁旅游院校数/所	0.021
			D₂₂旅游高等院校学生数/人	0.021
			D₂₃旅游中等职业学校学生数/人	0.039

三、综合评价模型

TOPSIS评价模型是逼近理想排序的一种组内综合评价方法，又称"优劣解距离法"。该模型统计所需评价指标的最大值、最小值，并将其定义为正、负理想解，计算出评价对象与正、负理想解之间的距离，并以此为依据评估评价对象、进行优劣排序。本研究基于熵值法计算各评价指标自身的信息熵，在得到权重数值之后，结合TOPSIS评价模型对2011—2021年中国旅游产业韧性水平进行综合评价，主要步骤如下。

（1）对各评价指标进行标准化处理，得到规范化决策矩阵 $\boldsymbol{A}_{ij}$。

（2）构造规范化加权决策矩阵 $\boldsymbol{A}_{ij}^* = W \times \boldsymbol{A}_{ij}$。

（3）计算所有评价指标的正理想方案（最优方案 A_j^+）和负理想方案（最劣方案 A_j^-）：

$$A_j^+ = \max_{1 \leqslant i \leqslant m} \boldsymbol{A}_{ij}^*, \ A_j^- = \min_{1 \leqslant i \leqslant m} \boldsymbol{A}_{ij}^* (i = 1, 2, \cdots, m; j = 1, 2, \cdots, n) \quad (4\text{-}9)$$

（4）计算第 i 个评价样本到正负理想解的欧氏距离 D_i^+ 和 D_i^-：

$$D_i^+ = \sqrt{\sum_{j=1}^{n} (\boldsymbol{A}_{ij}^* - A_j^+)^2}, D_i^- = \sqrt{\sum_{j=1}^{n} (\boldsymbol{A}_{ij}^* - A_j^-)^2} \ (i = 1, 2, \cdots, m) \quad (4\text{-}10)$$

（5）计算第 i 个评价样本的相对贴近程度 C_i：

$$C_i = \frac{D_i^-}{D_i^- + D_i^+} \ (i = 1, 2, \cdots, m) \quad (4\text{-}11)$$

式（4-9）至式（4-11）中，可以看出贴近度 C_i 越大，表示第 i 个评价样本越接近正理想方案 A_i^+，同时远离负理想方案 A_i^-。因此，根据 C_i 的大小可以对各评价对象进行排序，找出最理想方案。

四、测度结果

基于2011—2021年中国旅游产业韧性各评价指标加权处理后的数据，利用熵权TOPSIS公式，对中国31个省级行政区（以下简称"省域"）各年度旅游产业韧性水平进行测算，得到的贴近度即韧性值，其测度结果如表4-3所示。后续将基于此测度结果展开具体时空演化分析。

表4-3 中国旅游产业韧性评价值

省域	2011年	2012年	2013年	2014年	2015年	2016年	2017年	2018年	2019年	2020年	2021年	均值
北京	0.462	0.511	0.521	0.513	0.538	0.497	0.506	0.490	0.504	0.461	0.466	0.497
天津	0.237	0.255	0.244	0.269	0.271	0.243	0.241	0.222	0.258	0.304	0.315	0.260
河北	0.217	0.205	0.255	0.220	0.229	0.218	0.230	0.219	0.232	0.225	0.215	0.224
山西	0.221	0.191	0.184	0.176	0.182	0.191	0.182	0.171	0.180	0.158	0.153	0.181
内蒙古	0.183	0.164	0.205	0.181	0.199	0.204	0.189	0.189	0.177	0.175	0.154	0.184
辽宁	0.401	0.293	0.309	0.336	0.257	0.228	0.206	0.203	0.205	0.185	0.177	0.255
吉林	0.142	0.156	0.185	0.157	0.169	0.157	0.166	0.153	0.184	0.178	0.190	0.167
黑龙江	0.207	0.182	0.208	0.196	0.197	0.189	0.198	0.186	0.195	0.190	0.151	0.191
上海	0.392	0.453	0.469	0.464	0.489	0.512	0.500	0.450	0.466	0.450	0.468	0.465
江苏	0.504	0.546	0.561	0.562	0.538	0.571	0.522	0.519	0.511	0.492	0.507	0.530
浙江	0.509	0.453	0.470	0.447	0.449	0.403	0.399	0.382	0.431	0.443	0.449	0.439
安徽	0.272	0.281	0.265	0.270	0.267	0.272	0.264	0.277	0.270	0.263	0.274	0.271
福建	0.235	0.232	0.242	0.247	0.264	0.273	0.317	0.400	0.249	0.255	0.242	0.269
江西	0.204	0.209	0.219	0.254	0.258	0.272	0.266	0.283	0.276	0.296	0.310	0.259
山东	0.409	0.402	0.413	0.406	0.437	0.433	0.410	0.382	0.353	0.341	0.358	0.395
河南	0.261	0.261	0.283	0.278	0.297	0.303	0.291	0.299	0.299	0.299	0.310	0.289
湖北	0.228	0.244	0.263	0.261	0.284	0.282	0.258	0.276	0.276	0.254	0.277	0.264
湖南	0.224	0.243	0.255	0.294	0.308	0.300	0.287	0.292	0.311	0.316	0.318	0.286
广东	0.597	0.649	0.648	0.646	0.664	0.664	0.634	0.642	0.657	0.627	0.632	0.642
广西	0.175	0.187	0.209	0.182	0.169	0.183	0.190	0.200	0.208	0.220	0.231	0.196
海南	0.191	0.188	0.194	0.174	0.158	0.192	0.177	0.178	0.202	0.212	0.238	0.191

省域	2011年	2012年	2013年	2014年	2015年	2016年	2017年	2018年	2019年	2020年	2021年	均值
重庆	0.218	0.225	0.241	0.232	0.257	0.273	0.266	0.267	0.286	0.276	0.267	0.255
四川	0.367	0.384	0.342	0.331	0.321	0.347	0.335	0.352	0.361	0.368	0.370	0.353
贵州	0.188	0.192	0.172	0.180	0.193	0.211	0.236	0.242	0.245	0.244	0.233	0.212
云南	0.217	0.239	0.241	0.235	0.244	0.245	0.266	0.258	0.274	0.274	0.258	0.250
西藏	0.191	0.180	0.207	0.175	0.183	0.162	0.173	0.162	0.181	0.182	0.189	0.180
陕西	0.216	0.204	0.235	0.228	0.242	0.244	0.230	0.244	0.250	0.237	0.228	0.233
甘肃	0.111	0.130	0.134	0.137	0.175	0.155	0.143	0.151	0.162	0.153	0.153	0.146
青海	0.138	0.143	0.157	0.153	0.189	0.144	0.156	0.150	0.158	0.164	0.154	0.155
宁夏	0.117	0.118	0.122	0.132	0.119	0.102	0.106	0.124	0.127	0.129	0.107	0.118
新疆	0.159	0.189	0.204	0.199	0.195	0.201	0.188	0.188	0.199	0.185	0.180	0.190

中国旅游产业韧性的时空演化及提升路径研究

第五章 中国旅游产业韧性的
时空演化分析

第一节 时空演化分析的方法

一、Kernel核密度估计法

核密度估计（Kernel Density Estimation）是一种用于估计随机变量的概率密度函数的非参数估计方法。与传统的参数方法不同，核密度估计不利用有关数据分布的先验知识，不假设数据服从于某种特定的分布形式，而是直接基于样本数据本身来构建密度估计。这使得核密度估计在处理复杂、多峰或未知分布的数据时具有较大的灵活性和适应性，得出的结果可以体现出良好的连续性，在统计学理论和应用领域均受到高度的重视。

核密度估计法基于核函数的概念，通过将每个观测值周围一定范围内的权重分配给该观测值，来构建一种平滑的密度估计函数，从而对数据的分布进行估计，表征出样本数据的不均衡动态分布特征。核函数通常是一个关于距离的非负函数，如高斯核函数。核密度估计法的核心思想是将每个观测值周围的一小部分区域作为一个小的概率质量，然后将所有这些小区域的概率质量相加，得到最终的概率密度估计函数。

核密度估计法的实现方法可以分为两步：选择核函数和确定带宽。核函数的选择通常基于问题的特定需求，常见的核函数有高斯核函数、矩形核函数等。带宽是核密度估计法中的一个重要参数，它决定了概率密度估计函数的平滑程度。带宽过大会导致估计函数过于平滑，而带宽过小则会导致估计函数过于尖锐。通常可以使用交叉验证等方法来选择合适的带宽。

本研究采用核密度估计法来分析中国旅游产业韧性发展水平的分布动态及演进规律，假设 $f(x)$ 为旅游产业韧性水平的密度函数，具体表达如下：

$$f(x) = \frac{1}{nh} \sum_{i=1}^{n} k\left(\frac{x_i - x}{h}\right) \tag{5-1}$$

式（5-1）中，$f(x)$ 为旅游产业韧性水平概率密度估计，n 为省域个数，k 为高斯核函数，h 为带宽。

就本研究而言，核密度曲线主峰分布位置反映中国旅游产业韧性发展水平的高低；主峰峰值（高度）和峰宽变化反映空间差异大小；波峰数量刻画极化趋势。

二、趋势面分析法

趋势面分析法（Trend Surface Analysis Method）是一种以空间数据为基础，运用数理拟合的方式模拟出空间曲面的经典的统计分析方法，从整体插值角度探究地理系统要素空间分布规律和渐变趋势。它实质上是通过回归分析原理，运用最小二乘法拟合一个二维非线性函数，模拟地理要素在空间上的分布规律，建立数据点的属性值（如海拔、温度、经济指标等）与地理坐标的回归关系，从而提取数据中的系统性趋势成分，分离出局部异常或随机波动，展示地理要素在地域空间上的变化趋势。趋势面分析法适用于对具有较大空间跨度的地理数据进行半定量化研究，目前在生态学、流行病学、资源学、旅游学等诸多与空间地理位置相关的学科研究中得到了广泛应用。

趋势面是一种抽象的数学曲面，它抽象并过滤掉了一些局域随机因素的影响，使地理要素的空间分布规律明显化。通常把实际的地理曲面分解为趋势面和剩余面两部分，前者反映地理要素的宏观分布规律，属于确定性因素作用的结果；后者则对应于微观局域，是随机因素影响的结果。趋势面分析的一个基本要求，就是所选择的趋势面模型应该是剩余值最小，而趋势值最大，这样拟合度精度才能达到足够的准确性。趋势面分析，正是从地理要素分布的实际数据中分解出趋势值和剩余值，从而揭示地理要素空间分布的趋势与规律。需要注意的是，在实际应用中，往往用次数低的趋势面逼近起伏变化比较小的地理要素数据，用次数高的趋势面逼近起伏变化比较复杂的地理要素数据。次数低的趋势面使用起来比较方便，但当具体到某点时其拟合效果较差；次数较高的趋势面只在观测点附近效果较好，在外推和内插时效果较差。

本研究以中国旅游产业韧性为观测值，借助趋势面分析拟合出2011—2021年中国旅游产业韧性水平发展的三维空间可视化图。设 (x_i, y_i) 中的 i 为第 i 个省域的空间位置，$Z_i(x_i, y_i)$ 为第 i 个省域的趋势函数，其中，z 轴为中国旅游产业韧性综合评价值，x 轴和 y 轴分别表示正东和正北方向。

三、Dagum 基尼系数法

基尼系数是一种常用的不平衡或不平等度量指标，用于衡量一组数据或分布中的不平等程度，基于洛伦兹曲线的思想。Dagum基尼系数是在传统基尼系数的基础上进行改进和修正的指标。与传统基尼系数不同，Dagum基尼系数通过引入一个参数来调整基尼系数的计算，变得更具有灵活性，并能分解不平等的来源。

Dagum基尼系数由意大利经济学家 Corrado Dagum 提出，通过分解不平等来源，将总体差异分解为组内差异（各组内部的不平等程度）、组间差异（不同组之间的不平等程度）、超变密度（反映相对差距复杂性的组间交叉重叠的现象）三部分。Dagum基尼系数弥补了其他用于测度差距的方法无法解决考察数据存在交重叠现象的不足，能够更好地识别不平等差距的来源问题，适用于复杂数据分布，尤其当存在极端值或交叉现象时结果直观，便于政策制定。

本研究采用Dagum基尼系数法来探究地区间的发展差异，在测算地区总体差异的同时，将区域差距进行细化分解，从而精确了解基于不同来源的差距，进而分析不同子群对总体区域差异的贡献度。本研究对2011—2021年中国旅游产业韧性水平的地区差异进行了测算与分解，其测算结果可以反映中国旅游产业韧性发展水平的相对差异及其来源情况。相关计算公式如下：

$$G = G_w + G_{nb} + G_t \tag{5-2}$$

式（5-2）中，G 为总体基尼系数，G_w、G_{nb}、G_t 分别为区域内差异贡献、区域间差异贡献和超变密度贡献。总体差异 G 可表示为

$$G = \frac{\sum_{j=1}^{m}\sum_{h=1}^{m}\sum_{i=1}^{nj}\sum_{r=1}^{nh}\left| x_{ji} - x_{hr} \right|}{2n^2\overline{x}} \tag{5-3}$$

式（5-3）中，x_{ji}（x_{hr}）为第 j（h）个区域内省域 i（r）的旅游产业韧性综合得分，$\bar{x}$ 为中国31个省域旅游产业韧性综合得分平均值，n 为省域个数，m 为区域个数。

$$G_{jj} = \frac{\sum_{i=1}^{nj} \sum_{r=1}^{nj} \left| x_{ji} - x_{hr} \right|}{2n^2 \overline{x_j}} \tag{5-4}$$

$$G_w = \sum_{j=1}^{m} G_{jj} p_j s_j \tag{5-5}$$

式（5-4）、式（5-5）中，G_{jj} 为区域内差异，G_w 为区域内差异贡献，n_j 为第 j 个区域内省域个数，$p_j = \dfrac{n_j}{n}$，$s_j = \dfrac{n_j \overline{x_j}}{n \bar{x}}$。

$$G_{jh} = \frac{\sum_{i=1}^{nj} \left| x_{ji} - x_{hr} \right|}{n_j n_h (\overline{x_j} + \overline{x_h})} \tag{5-6}$$

$$G_{nb} = \sum_{j=2}^{m} \sum_{h=1}^{j-1} G_{jh} (p_j s_h + p_h s_j) D_{jh} \tag{5-7}$$

式（5-6）、式（5-7）中，G_{jh} 为区域间差异，G_{nb} 为区域间差异贡献，$p_h = \dfrac{n_h}{n}$，$s_h = \dfrac{n_h \overline{x_h}}{n \bar{x}}$，$D_{jh}$ 为第 j、h 个区域之间旅游产业韧性综合得分的相对影响。

$$G_t = \sum_{j=2}^{m} \sum_{h=1}^{j-1} G_{jh} (p_j s_h + p_h s_j)(1 - D_{jh}) \tag{5-8}$$

$$D_{jh} = \frac{d_{jh} - p_{jh}}{d_{jh} + p_{jh}} \tag{5-9}$$

式（5-8）、式（5-9）中，G_t 为超变密度贡献，d_{jh} 为区域间旅游产业高质量发展指数的差值，即第 j、h 个区域中所有 $y_{ji} > y_h$ 的样本值之和的期望值，p_{jh} 为超变一阶矩，即第 j、h 个区域中所有 $y_{hr} > y_{ji}$ 的样本值之和的期望值。

四、自然断裂点法

自然断裂点法（Natural Breaks Method）也称"自然断点法"，是一种基于数据统计分布特征的分类方法，旨在通过寻找数据中的自然转折点（断点），将数据集划分为若干组，使组内差异最小化、组间差异最大化。该方法认为任何数据序列之间，都存在一些统计学意义上的自然转折点和断点（非人为设定的），这些自然的断点反映了数据分布的结构性变化，用这些转折点可以把研究的对象分成性质相似的群组，因此，自然断点本身就是分级的良好界限。

自然断裂点法的核心思想与聚类一样，使每一组内部的相似性最大，而外部组与组之间的相异性最大，但是二者不一样的地方在于，聚类不会关注每一类中的要素数量和范围，而自然断裂点法会使每一组之间要素的数量和范围尽量相近。自然断裂点法基于数据按序排列，计算累积频率，绘制直方图或坡度曲线，观察数据分布特征，通过算法（如方差分析、最小平方误差等）寻找使组内方差最小、组间方差最大的断点。在地理信息系统中，经常需要对区域或点数据进行分类，并根据分类结果进行可视化展示。自然断裂点法在 ArcGIS 中广泛应用，通过 Jenks 算法能够自动寻找数据的自然分段，有助于理解地理现象的空间分布特征。

本研究根据 Jenks 的自然断裂点法对全国各省域旅游产业的韧性发展水平进行韧性等级划分、韧性冷热点分布划分，有助于更加直观地了解我国各省域旅游产业韧性发展水平的时空变化趋势。

五、探索性空间数据分析法

探索性空间数据分析（Exploratory Spatial Data Analysis，ESDA）以空间截面数据为对象，以空间关联测度为核心，通过对某事物或现象空间分布的可视化分析，发现其空间关联性和聚集性，是一种通过可视化和统计方法探索空间数据分布模式、识别空间异质性和关联性的分析框架。

探索性空间数据分析法是一系列空间数据分析方法和技术的集合，它强调从数据驱动的角度揭示潜在的空间规律，而非预先设定理论模型。具体来说，就是描述数据的空间分布并加以可视化，识别空间数据的异常值，检测社会和经济现象的空间聚集，以及展示数据的空间结构，揭示地理现象之间的空间相互作用机制。探索性空间数据分析法的核心是认识与地理位置相关的数据间的空间依赖、空间关联或空间自相关关系，涉及空间权重矩阵的构建，全局空间自相关、局部空间自相关的度量以及空间关联的识别等。

空间自相关概念源于时间自相关。在度量空间自相关时，需先定义空间对象的相互邻接关系，即空间权重矩阵。根据地理相关性定理，两个地理单元间距离越远，通常二者的空间权重越小。空间自相关又分为全局空间自相关和局部空间自相关，这也是探索性空间数据分析中较为常用的两种方法。

下文主要运用全局 Moran's I 指数、局部 Moran's I 指数及局域空间 Getis-Ord Gi* 指数来对中国旅游产业韧性发展的空间关联性展开分析，以探讨其空间聚集效应、空间溢出效应及冷热点分布特征。

（一）全局空间自相关分析

全局空间自相关主要是分析区域之间整体上的空间关联与空间差异程度。度量全局空间自相关的常用指标是全局莫兰指数（Global Moran's I）、全局盖瑞指数（Global Geary's C）和 Getis-Ord's G 指数。Moran's I 指数反映的是空间邻接或空间邻近的区域单元属性值的相似程度。本研究采用 Moran's I 指数验证我国旅游产业韧性的全局空间相关性。Moran's I 指数的计算公式如下：

$$I = \frac{n}{\sum_i \sum_j \boldsymbol{w}_{ij}} \times \frac{\sum_i \sum_j \boldsymbol{w}_{ij}(x_i - \overline{x})(x_j - \overline{x})}{\sum_i (x_i - \overline{x})^2} \qquad (5\text{-}10)$$

式（5-10）中，$\boldsymbol{w}_{ij}$ 是空间权重矩阵，取值范围为 $[-1, 1]$，Moran's $I > 0$ 表示空间正相关，值越大，越趋于空间聚集；Moran's $I < 0$ 表示空间负相关，结果反之。计算出的 Moran's I 指数值不能直接使用，需要进行 Z 值检验。

（二）局部空间自相关分析

全局空间自相关反映的是在研究区域内，相似属性的平均聚集程度；局部空间自相关则研究区域内局部空间的具体地理分布及关联性。当需要进一步识别是否存在预测值的高值或低值的局部空间聚集，探测异常值或者聚集出现的范围和位置，哪个区域单元对全局空间自相关的贡献更大，以及在多大程度上空间自相关的全局评估掩盖了反常的局部状况或小范围的局部不稳定性时，就需要采用局部空间自相关分析。每个空间位置都有自己的局部空间自相关统计量值，因此可以通过显著性图和聚集点图等图形将局部空间自相关的分析结果清楚地显示出来，这也是局部空间自相关分析的优势所在。

局部空间自相关利用 Local Moran's I 指数进行计算，并绘制 LISA 聚类图，具体公式如下：

$$I_i = \frac{n^2}{\sum_i \sum_j \boldsymbol{w}_{ij}} \times \frac{(x - \bar{x}) \sum_j \boldsymbol{w}_{ij}(x_j - \bar{x})}{\sum_j (x_j - \bar{x})^2} \tag{5-11}$$

式（5-11）中各项指标含义与式（5-10）相同。输出结果共分为四种空间聚集类型：H-H（高高聚集）、H-L（高低聚集）、L-H（低高聚集）、L-L（低低聚集）。

（三）局部空间冷热点分析

局域空间 Getis-Ord Gi^* 指数主要用于探测局部空间某一地理观测值在距离 d 范围内与其他观测值之间的空间依赖程度，以识别局部空间内的高值簇和低值簇，能揭示地理要素空间分布的冷热点区域及其分布规律。计算公式如下：

$$Gi^* = \frac{\sum_j \boldsymbol{w}_{ij}(d) \times x_j}{\sum_j x_j} \tag{5-12}$$

式（5-12）中，$\boldsymbol{w}_{ij}$ 为距离 d 以内的空间权重，如果 i 和 j 的空间单元邻接，则 $\boldsymbol{w}_{ij} = 1$，否则 $\boldsymbol{w}_{ij} = 0$。Getis-Ord Gi^* 指数在标准化后得到统计 Z 值。其中，如果是旅游产业韧性的高值热点区，则 Z 值越大；如果是旅游产业韧性的低值冷点区，则 Z 值越小；如果空间聚集特征不显著，则 Z 值趋于 0。

六、标准差椭圆法

标准差椭圆（Standard Deviation Ellipse，SDE）法是一种用于研究空间数据分布方向性特征的统计方法，用于分析点数据集的空间分布特征，包括方向性、离散程度和集中趋势，采用空间距离来度量地理数据的空间方向分布。标准差椭圆法通过计算数据点的空间分布，生成一个椭圆，椭圆几何形态反映点数据的分布方向、范围和密度差异，能够直观展示数据分布的方向性和离散程度。其中心为数据点的平均值，通过计算坐标的标准距离确定椭圆轴长，长轴表示数据在主方向上的离散程度，短轴表示数据在次方向上的离散程度，旋转角度反映数据分布的主要趋势。

本研究借助 ArcGIS 10.7 计算出标准差椭圆方位角 α、长轴（y）、短轴（x）和扁率（e）4 个主要参数，其计算公式如下：

$$x = x_i - \bar{x}, y = y_i - \bar{y} \tag{5-13}$$

$$\tan \alpha = \frac{\left(\sum_{i=1}^{n} x^2 - \sum_{i=1}^{n} y^2\right) + \sqrt{\left(\sum_{i=1}^{n} x^2 - \sum_{i=1}^{n} y^2\right)^2 + 4\left(\sum_{i=1}^{n} xy\right)^2}}{2 \sum_{i=1}^{n} xy} \tag{5-14}$$

$$SD_x = \sqrt{\frac{\sum_{i=1}^{n} (x \cos \alpha - y \sin \alpha)^2}{n}} \tag{5-15}$$

$$SD_y = \sqrt{\frac{\sum_{i=1}^{n} (x \sin \alpha - y \cos \alpha)^2}{n}} \tag{5-16}$$

$$e = \frac{SD_y}{SD_x} \tag{5-17}$$

式（5-13）至式（5-17）中，(x_i, y_i) 为要素 i 的坐标，$(\bar{x}, \bar{y})$ 为要素 i 的平均中心，α 为标准差椭圆方位角，SD_x、SD_y 分别为标准差椭圆短轴和长轴的标准差，e 为标准差椭圆的扁率，n 为省域数量。其中，椭圆的转角变动代表旅游产业韧性空间分布主方向变化，长轴和短轴分别反映旅游产业韧性空间主要分布和次要分布方向上的偏离程度，扁率代表旅游产业韧性空间方向分布显著性，扁率值越小，说明地理要素空间方向性越显著。

第二节 旅游产业韧性的时序演化分析

一、基于整体层面的时序变化特征

本研究对 2011—2021 年中国旅游产业韧性水平进行测算，得到的贴近度即韧性值，其描述性统计结果如表 5-1 所示。

表5-1 2011—2021年中国旅游产业韧性水平描述性统计结果

年份	最大值	最小值	平均值	标准差
2011年	0.5967	0.1109	0.2642	0.1257
2012年	0.6486	0.1179	0.2680	0.1323
2013年	0.6484	0.1218	0.2792	0.1298

年份	最大值	最小值	平均值	标准差
2014年	0.6461	0.1319	0.2752	0.1308
2015年	0.6639	0.1192	0.2820	0.1316
2016年	0.6640	0.1022	0.2797	0.1332
2017年	0.6339	0.1055	0.2751	0.1258
2018年	0.6415	0.1235	0.2757	0.1238
2019年	0.6567	0.1266	0.2801	0.1218
2020年	0.6273	0.1288	0.2759	0.1166
2021年	0.6315	0.1071	0.2765	0.1231

本研究通过选取各年度不同地区贴近度平均值展开整体层面的分析，观察数据可知：2011—2021年中国旅游产业韧性值的最大值、最小值、平均值总体呈现M形变化特征，最大值和平均值在2017年出现明显下降，最小值在2016年出现明显下降，2013年以后平均值均在0.275以上。除了2020年因突遭疫情韧性水平陡然下降，其余年份各值的波动大致都处于合理范围内，总体情况是波浪式提高的，且2021年在风险得到一定程度缓和后，最大值和平均值也出现小幅度回升。从标准差来看，2011—2016年中国旅游产业韧性水平标准差介于0.1257至0.1332，呈波动式上升，说明该研究期内中国旅游产业韧性水平分布不均衡，离散程度变大；2017—2020年标准差值持续下降，于2020年达到最低（0.1166），直至2021年回弹至0.1231，可解释其间，中国旅游产业韧性水平分布均衡性呈现出缓慢改善的趋势，但受到干扰冲击的负面影响，其离散程度有所回升。

本研究制作了核密度估计曲线，旨在全面揭示全国旅游产业韧性发展水平的动态演变趋势，如图5-1所示。

研究发现：其一，2011—2021年核密度曲线主峰位置向右移动，说明韧性水平具有升高趋势，这一特征与前文的评价结果相符，但观察到波峰峰值的中心始终处在曲线左侧区域，这透露出在整体韧性增强的同时，低韧性省域仍占较大比重；其二，核密度曲线由一个主峰和一个侧峰构成，主峰明显高于侧峰，呈现"低—高—低"形态，波峰的宽度趋势为"宽—窄—宽"，这意味着此间中国旅游产业韧性发展水平存在一定的两极分化情况，省域差距出现先缩小又扩大的现象。

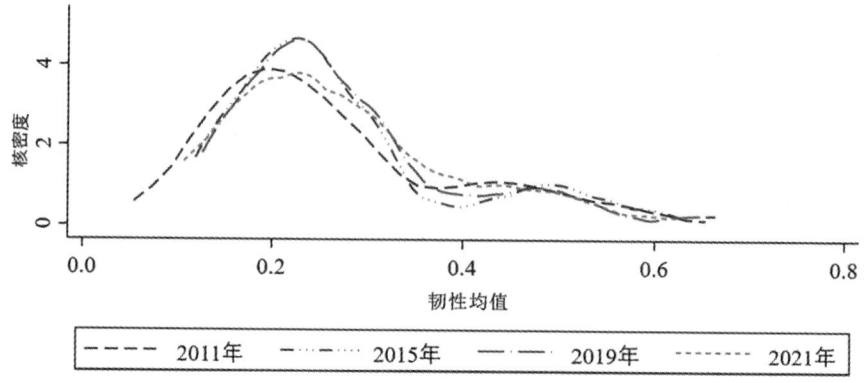

图5-1 中国旅游产业韧性水平核密度曲线

此外，表5-1的数据发展趋势显示，尽管2020年遭受严重冲击，但该年中国旅游产业韧性的平均值和最小值高于该年之前的某些年份，该年的标准差更是达到研究期内最低，加之2021年其最大值以及平均值的回升，不难得出以下结论：国家出台"转型升级、提质增效""高质量发展""区域协调发展"等相关政策，着力推进供给侧结构性改革，推动"旅游＋"、文旅深度融合与智慧旅游业态的广泛发展，使旅游产业韧性水平取得了较为长足的进步，区域旅游发展的协调性推进也呈现出一定进展。旅游产业具有恢复能力，虽然对风险冲击的敏感性较强，但危机后仍会焕发出新的生机与活力。

二、基于省域层面的时序变化特征

通过分析表4-3可得，2011—2021年中国各省域旅游产业韧性水平出现小频次振荡变化，韧性值大体呈现出于2011—2016年波动式上升，而后稍有下降的趋势，2019年达到一个新的较大值，2020年因遭遇疫情冲击出现断崖式下跌，2021年又呈现复苏态势，数值小幅度回升。研究期内，韧性值处于0—0.3的评价单元共计250个，约占73.31%；处于0.3—0.4的评价单元共计31个，约占10%，为占比最少的；高于0.4的评价单元共计60个，约占17.6%。旅游产业韧性的最大值和最小值分别定位于广东和宁夏，数值显示为0.664与0.102。这说明中国旅游产业韧性各省域间发展水平存在较大差异。整体来看，韧性值超过0.3的省域数量由7个波动增加至11个，表明各省域旅游产业韧性水平总体不断提升。

以省域旅游产业韧性评价值的均值为分析依据，筛选出排名前五的省域，分别是广东（0.642）、江苏（0.530）、北京（0.497）、上海（0.465）和浙江（0.439）。上述省域皆为我国经济发达地区，旅游供给侧结构性改革以最优状态推进，能更快形成以高社会公共服务质量、便捷交通区位条件、充实人才资源储备以及创新数智应用等为支撑的现代旅游产业，因此韧性评价值均值名列前茅。排名后五位的依次是西藏（0.180）、吉林（0.167）、青海（0.155）、甘肃（0.146）以及宁夏（0.118），这些省域处在我国西北或东北地区，自然环境舒适程度较低，经济和基础设施建设均较为落后，增强旅游产业韧性的先天条件不足，提高韧性值的阻碍较大。

从省域具体排序来看，大体上各省域旅游产业韧性水平的排列位次变化不大，广东旅游产业韧性水平始终居于首位，江苏、北京长期依次位列第二、第三位，上海、浙江、山东紧随其后，四川、河南、湖南排名也较靠前，而新疆、西藏、青海、甘肃、宁夏的排名则处在尾端。辽宁的名次下降显著，主要是产业结构调整面临着智力资源不足所导致的创新能力低下的困境，进而造成了经济走向持续低迷、市场缺乏消费活力的局面。江西、湖南、四川、贵州的排名则均有所升高，这得益于"十三五"旅游产业发展规划下以上省级行政区对需求品质化、发展全域化、产业现代化政策的积极贯彻，加之对新宣传渠道的有效运用，进一步扩大了旅游消费市场，使得研究期内的旅游产业韧性得到了一定程度提升。

三、基于各维度的时序变化特征

（一）整体演变趋势

衡量中国旅游产业韧性主要从抵御能力、恢复能力、重构能力和更新能力四个维度展开。因此，为探究各维度在2011—2021年的时序变化特征，本研究选取各年份四大能力均值绘制成折线图，如图5-2所示。

从均值变化可知，抵御能力在发展趋势上是一直向好的，且基本高于其他能力均值，数值从2011年的0.3007波动上升至2021年的0.3393，增长率约为12.84%；恢复能力的数值位居第二高，重构能力的趋势变化较为平缓，且2020年风险冲击对二者的负面影响较大，相关数值出现一定幅度下降；更新能力在2011—2014年的平均值最低，但增速较快，总增幅约为

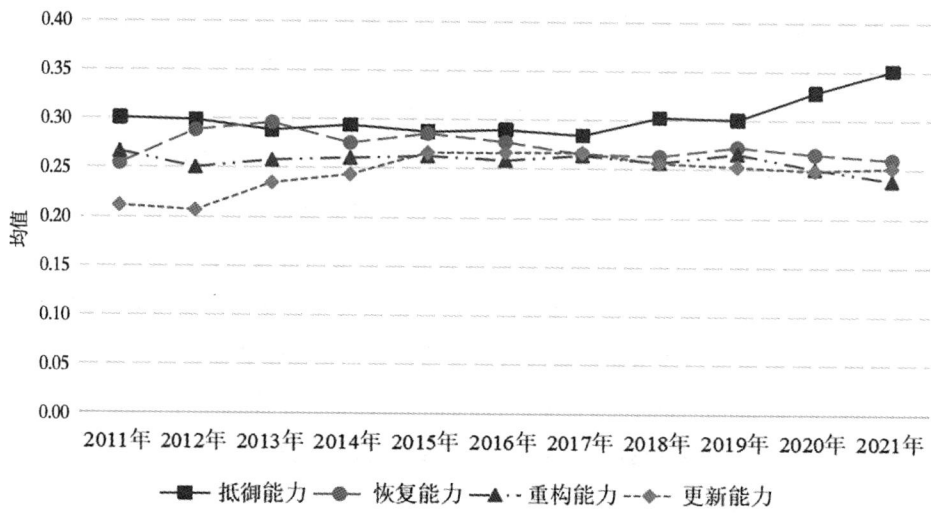

图 5-2　2011—2021年四大能力均值演变趋势图

15.18％，2015年后发展较为平稳且不再长期位于末端位置。总体上看，2011—2019年四大能力均值差距逐渐缩小，这表明四大能力在日趋协调，我国旅游产业韧性水平整体上得到了一定程度的提升；2020—2021年因疫情冲击，抵御能力为抵抗危机倒逼式发展，数值出现逆跌。

（二）省域层面的分析

本研究进一步从省域层面对中国旅游产业韧性四大能力进行分析，选取2011年、2015年、2019年以及2021年各省域抵御能力、恢复能力、重构能力和更新能力数值绘制成雷达图，如图5-3所示。

通过观察雷达图的分布形态可知，2011年、2015年、2019年以及2021年各省域得分值围合而成的图形面积大致呈向外圈扩散趋势，即数值表现出上升态势，说明各省域旅游产业韧性四大能力发展水平在不断提高；而2021年围合而成的图形面积有所缩小，可见危机给韧性发展造成了不置可否的消极影响。

1. 抵御能力维度

在抵御能力维度上，研究期内省域各点连线符合"曲折—平缓"倾向，表明各省域间该能力的差距有所缩小，具有区域协调发展的前景。其中，在2011年、2015年、2019年和2021年居于排名前五的省域中，北京是常驻

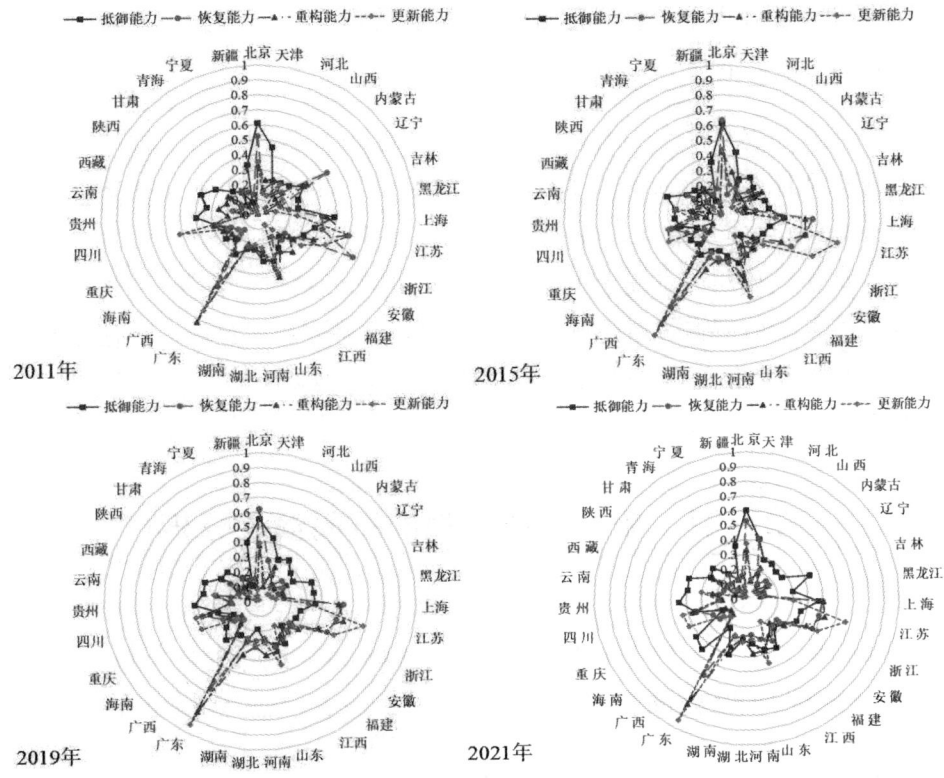

图5-3 各省域四大能力发展水平时序演变

单元，天津、贵州、西藏出现频次较高，共计3次，新疆挤进前五的概率为50%；排名末尾的省域主要有宁夏、重庆、青海、湖北等。

2. 恢复能力维度

在恢复能力维度上，广东除了2011年，均位于首位，能力较为突出，而后四位依次为北京、上海、江苏、浙江，最大值为2015年广东的0.686。排名后五位的省域按出现频率由高至低依次为甘肃、吉林、山西、广西、西藏。

3. 重构能力维度

在重构能力维度上，不同省域之间能力存在较大差异，广东的重构能力脱颖而出，最大值为2019年的0.844，约为同期数值最小的西藏的10倍，江苏、上海、浙江、北京、山东始终跟在广东后，领先于其他省域。该能力位于末端五个的省域变化较大，除了宁夏、甘肃、新疆、西藏出现次数较多，其余省域均不稳定，且青海的排位呈现明显的倒 V 形趋势，其间的最高值相比最低值翻了近40番。

4. 更新能力维度

在更新能力维度上，广东始终位列第一，并一直处于上升态势，由2011年的0.731攀升至2021年的0.942，增长率约为28.86%，其后的江苏、浙江、山东、四川、北京，在研究期内位次较为稳定，变动不大。青海、西藏、宁夏、内蒙古、新疆基本位于末尾，且各省域间该能力数值差距较大，差值最大的年份为2011年，广东几乎达到了西藏的522倍。

第三节　旅游产业韧性的空间演化分析

一、全局趋势面分析

本研究利用 ArcGIS 10.7软件平台的地统计趋势分析法，根据2011年、2015年、2019年和2021年中国旅游产业韧性水平综合评价值绘制三维空间透视图（见图5-4），用于揭示中国旅游产业韧性水平的空间整体格局和演化趋势。

图5-4中 x 轴代表正东方向，与 x 轴平行的面上的曲线为中国旅游产业韧性水平东西方向变化趋势拟合线；y 轴代表正北方向，与 y 轴平行的面上的曲线为中国旅游产业韧性水平南北方向变化趋势拟合线；z 轴表示中国旅游产业韧性水平综合评价值。

从中国旅游产业韧性水平演变趋势上看，研究期内中国旅游产业韧性水平整体呈现"东强西弱、南强北弱"的空间分布格局，东西方向上，呈现由东至西随地理距离增加而逐级递减的层级特征；南北方向上，呈曲率较小的倒 U 形分布。具体而言，图5-4中与 x 轴平行的面上的曲线上扬，表明研究期内中国旅游产业韧性水平在东西方向（x 轴）上呈现由东部地区至西部地区递减的级差化特征，即东部地区旅游产业韧性水平整体上高于西部地区。与2011年相比，2015年与 x 轴平行的面上的曲线的斜率变小，意

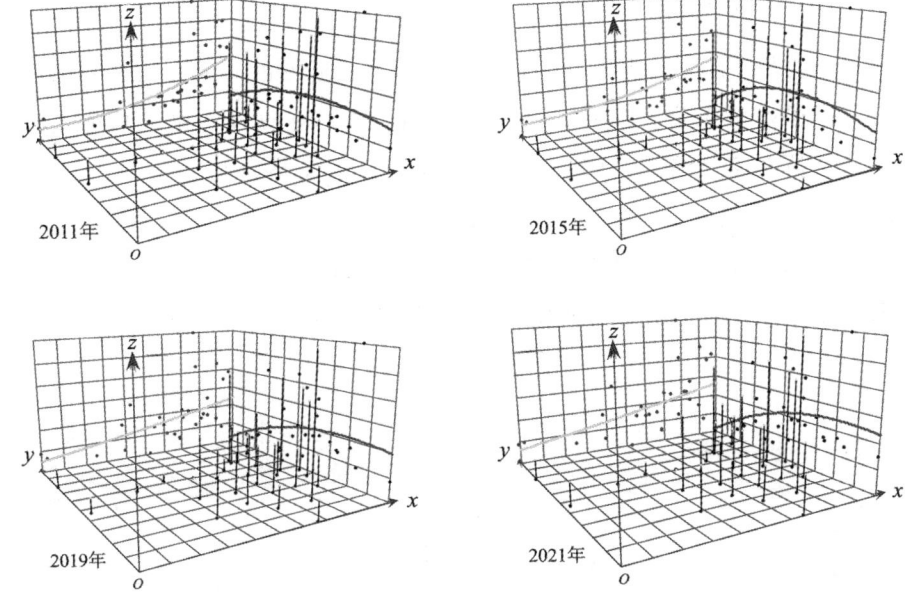

图5-4 中国旅游产业韧性水平全局趋势面分析

味着东部与西部之间的差距有所减小，区域间旅游产业韧性水平的差异得到一定程度的缩小，与y轴平行的面上的曲线由2011年的较水平状态演变为2015年的倒U形，且南端高于北端，表明南方地区旅游产业韧性评价值大于北方地区，且随着时间推移，这种空间格局愈发明显。与2011年相比，2019年与x轴平行的面上的曲线和与y轴平行的面上的曲线的位置均有一定程度的升高，说明中国旅游产业韧性水平整体上有所提升。与2019年相比，2021年与x轴平行的面上的曲线斜率增大，即东部与西部之间的差距有所扩大，与y轴平行的面上的曲线的曲度稍有增大，说明南方与北方之间的差距出现小幅度反弹。以上结论均与前文旅游产业韧性水平的时序演化分析相符。

二、空间异质性分析

下文为明晰中国旅游产业韧性水平发展的相对差异及演变趋势，决定采用Dagum基尼系数及子群分解法对其总体差异、区域内差异、区域间差异等进行分析。

（一）总体差异

图5-5描绘了我国总体及三大区域旅游产业韧性的基尼系数及其演变趋势。从全国范围来看，2011—2020年中国旅游产业韧性水平的总体差异呈波动式下降趋势，至2021年又出现反弹。我国总体基尼系数由2011年的0.2443下降到2020年的0.2208，总降幅约9.62%；2021年又上涨到0.2358，年增长率约为6.79%，可以看出中国旅游产业韧性发展水平的总体差异呈缩小趋势。符合前文旅游产业韧性水平核密度曲线分析的结果。

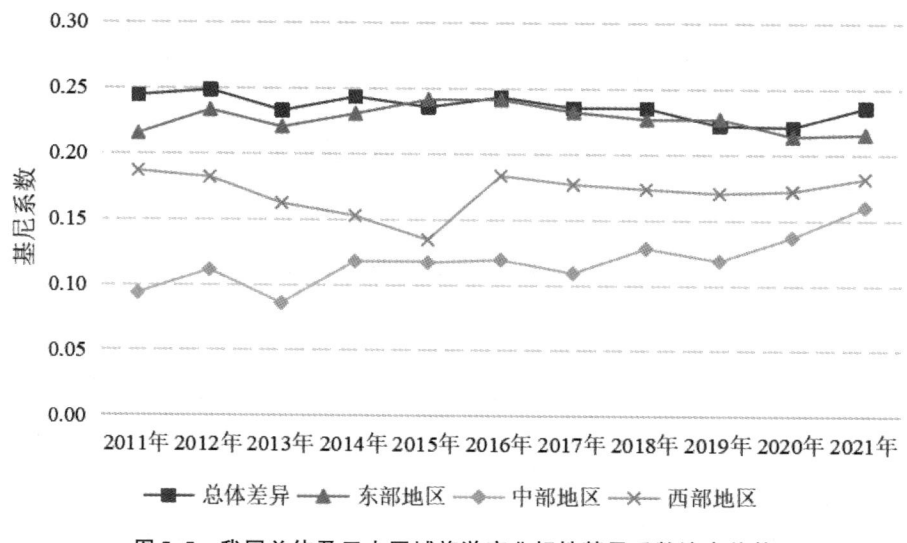

图5-5 我国总体及三大区域旅游产业韧性基尼系数演变趋势

观察图5-5可以发现，总体上，三大区域旅游产业韧性的基尼系数在2011—2019年呈波浪式变化趋势，并在2020年或2021年出现上升。

（二）区域内差异

从各区域基尼系数均值来看，东部地区（0.2270）＞西部地区（0.1705）＞中部地区（0.1180），意味着东部地区旅游产业韧性发展水平不均衡情况远超其他地区。

从各区域基尼系数演变趋势来看，东部地区的数值在小幅度上发生波动，由2011年的0.2152上升到2015年的0.2415，后又下降至2020年的0.2136，最后上涨到2021年的0.2152；中部地区变化情况较多，以2011年的0.0936为基点，先增加到2012年的0.1111，后缩小至2013年的0.0860，再攀升至 2018 年的 0.1284，2019 年降至 0.1189，最后于 2021 年上涨到 0.1598；西部地区基尼系数从 2011 年的 0.1866 剧烈下滑至 2015 年的 0.1346，降幅约 27.87%，而后陡然增加到 2016 年的 0.1833，增长率约 36.18%，2017—2019 年数值相对平稳，缓慢下降至 0.1703，最后回升到 2021 年的 0.1815。总之，三大区域旅游产业韧性水平的内部差异逐渐缩小，表明近年来各区域在推进旅游产业协调发展、解决区域内水平提升不均衡的问题方面产生了一定效果。

（三）区域间差异及演变趋势

在三大区域间旅游产业韧性水平差异方面，由图 5-6 可知，按绝对值从高到低排序依次是东部—西部、东部—中部、中部—西部。东部—西部、东部—中部、中部—西部的旅游产业韧性基尼系数均值分别为 0.3089、0.2687、0.1592。从各区域间差异演变来看，2011—2020 年，东部—西部、东部—中部旅游产业韧性基尼系数大致呈下降趋势，2021 年稍有上涨；中部—西部呈波浪式变动，未呈现出显著的趋势变化特征。具体而言，东部—西部旅游产业韧性基尼系数由 2011 年的 0.3357 降至 2020 年的 0.2749，降幅约 18.11%，后又在 2021 年涨到 0.2925；东部—中部旅游产业韧性基尼系数从 2011 年的 0.2809 跌到 2020 年的 0.2480，下降率约 11.71%，又于 2021 年攀升至 0.2632；中部—西部旅游产业韧性基尼系数在 2011—2020 年始终处于 0.1401 至 0.1694 的范围，2021 年升至 0.1871。符合前文旅游产业韧性水平全局趋势面和核密度曲线分析的结果。

综上可知，东部与西部旅游产业韧性水平相差最大，东部与中部差异居中，中部与西部则差距最小，主要原因是东部地区旅游发展基础较好、旅游市场较密集，且经济较为发达，基础设施和公共服务较为到位，研究期内旅游产业韧性水平提升，而中部、西部地区发展较缓，以致东部与中部、西部地区之间的差距大。东部—中部、东部—西部旅游产业韧性基尼系数在 2011—2019 年呈现下降趋势，说明在无异常冲击影响下，在与国同步、与国同行中，中部和西部地区的旅游产业韧性水平有所提升，在缩小与东部地区差异、推进区域协调发展的实践中取得了一定成果，但 2020 年突如其来的风险无疑也对此成果造成了一定冲击。

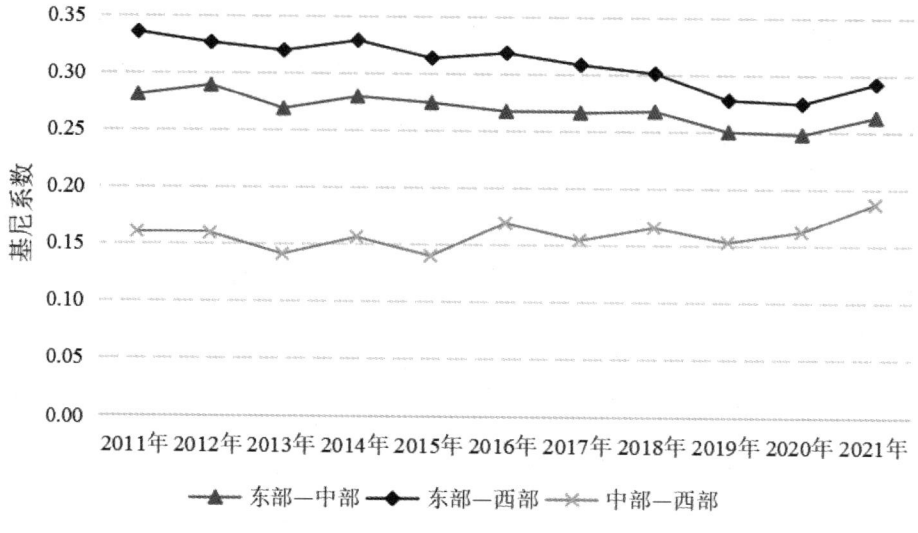

图 5-6 三大区域间旅游产业韧性基尼系数演变趋势

（四）差异来源及其贡献

2011—2021年中国旅游产业韧性发展水平差异来源及其贡献率情况详见表5-2。

表 5-2 基尼系数分解结果

年份	区域内贡献	区域内贡献率	区域间贡献	区域间贡献率	超变密度贡献	超变密度贡献率
2011年	0.0646	26.43%	0.1497	61.27%	0.0301	12.30%
2012年	0.0692	27.84%	0.1442	58.05%	0.0351	14.11%
2013年	0.0631	27.09%	0.1449	62.25%	0.0248	10.66%
2014年	0.0665	27.33%	0.1462	60.06%	0.0307	12.61%
2015年	0.0667	28.28%	0.1329	56.38%	0.0362	15.34%
2016年	0.0705	28.96%	0.1332	54.75%	0.0396	16.29%
2017年	0.0675	28.67%	0.1287	54.70%	0.0391	16.63%
2018年	0.0673	28.59%	0.1219	51.81%	0.0461	19.59%
2019年	0.0661	29.80%	0.1106	49.88%	0.0451	20.33%
2020年	0.0650	29.44%	0.1107	50.17%	0.0450	20.40%
2021年	0.0679	28.82%	0.1220	51.75%	0.0458	19.43%

结果表明，区域间差异是中国旅游产业韧性发展水平差异的主要来源，均值分别约为区域内贡献率、超变密度贡献率的1.96倍、3.44倍。符合前文旅游产业韧性水平核密度曲线分析的结果。区域内贡献率最小值为2011年的26.43%，最大值为2019年的29.80%，总体上呈倒V形变化特征。区域间贡献率的低谷值是49.88%，高峰值是62.25%，数值在三种贡献率中是位列第一的。超变密度概念衡量的是区域间的交叉重叠状况，具体来说，虽然整体上东部地区旅游产业韧性水平明显高于西部地区，但东部地区内可能存在部分旅游产业韧性水平较低的省域是低于西部地区内旅游产业韧性水平较高的省域的，如河北、海南的旅游产业韧性水平低于四川、重庆。超变密度贡献率总体上从2011年的12.30%提高到2020年的20.40%，后在2021年稍有下降，表明中国旅游产业韧性发展区域间交叉效应呈现增强态势，安徽、湖南、四川、重庆等中部或西部省域的旅游产业韧性水平高于东部地区部分省域。

三、空间格局演化特征

（一）旅游产业韧性发展空间格局演化

本研究利用ArcGIS 10.7软件下的自然断裂点聚类分组模块，将全国31个省域的旅游产业韧性发展水平划分为高韧性、较高韧性、中等韧性、较低韧性和低韧性五个等级。同时，选取2011年、2015年、2019年和2021年的韧性数据，得到我国各省域旅游产业韧性发展水平的时空变化趋势。总体上，旅游产业高韧性区和较高韧性区主要分布在京津、长三角、珠三角等东部沿海地区以及成渝双城经济圈；中部地区是中等韧性区的主要分布地；较低韧性区和低韧性区多集中在西部省域，总体上呈现出"东强西弱、南强北弱"的分布特征，符合前文旅游产业韧性水平全局趋势面分析的结果。

2011年，旅游产业高韧性区只有位于东部地区的广东、浙江、江苏3个省域，约占研究单元总数的9.68%；属于较高韧性区的包括北京、山东、上海、四川、辽宁5个省域；属于中等韧性程度的有安徽、河南、天津、福建、湖北、河北、陕西、山西、湖南、重庆、云南11个省域，且在东部、中部、西部均有分布；黑龙江、西藏、内蒙古、新疆、吉林、贵州、广西、江西8个省域位于较低韧性区；青海、宁夏、甘肃、沈阳4个省域位于低韧性区，主要集中在我国西北、东北部，数量占比约38.71%。

2015年，高韧性水平类型新增加北京、上海、山东3个省域，占比较2011年约翻了一番；湖南、河南、湖北经发展一起跨入较高韧性水平行列；江西升至中等韧性水平，辽宁降至中等韧性水平；处于较低、低韧性水平的省域数量无明显变动。

2019年，上海、浙江、山东退出高韧性圈，降至较高韧性水平，高韧性区空间范围缩减，广东、江苏、北京呈三足鼎立格局；较高韧性区的省域数量依旧为4个，但除了四川，其余皆发生变动，湖南、河南、湖北又回落至中等韧性水平，并从较低韧性区纳入了"新鲜血液"——贵州；辽宁、河北掉入较低韧性区，属于较低、低韧性水平的省域数量增加到了13个。这可能由于该时期正处在推进旅游产业综合改革的新阶段，旅游产业的升级调整迫在眉睫，旅游经济出现"结构性"减速问题，在现实层面对旅游产业韧性的提升产生了短暂性的阻碍影响。

2021年，上海、浙江又回到高韧性区；较高韧性水平行列包括四川、山东、湖南、天津、河南、江西6个省域；中等韧性区的省域数量由2019年的11个缩减为7个，具体为重庆、云南、安徽、福建、湖北、贵州、陕西；较低、低韧性区的省域数量变化不显著。究其原因，主要是受疫情的冲击，旅游活动骤减，旅游产业系统内部显著动荡，旅游产业整体韧性水平有所下降。

综上所述，中国旅游产业韧性发展水平具有明显的空间差异，大致上由东部沿海地区向中部内陆地区、西部边远地区逐级递减，且局部"马太效应"凸显。较低、低韧性省域仍占较大比重，说明我国旅游产业韧性水平仍有较大的提升空间，且与前文核密度估计分析的结论相呼应。由于具备良好的区位条件、雄厚的经济实力和优质的智力资源，东部沿海地区部分省域的旅游产业韧性水平始终位居前列；而受自然条件制约、经济条件阻碍的大部分西部省域，其韧性发展相对滞后，如新疆、西藏、青海、甘肃等。此外，从空间分布范围上看，高韧性区和低韧性区都出现收敛的趋势，2011—2019年省域之间差异总体上呈缩小趋势，说明旅游产业韧性水平不平衡现象有所缓和，但2020—2021年因受风险冲击差异再次出现扩大，这与前文旅游产业韧性水平的时序演化分析结果一致。

（二）四大准则层（能力）空间分布格局演化

在前文基础上，下文对旅游产业韧性四大能力的空间分布格局演化规律展开进一步分析。选用2011年、2015年、2019年和2021年作为4个时间节点，依据Jenks的思想将中国31个省域旅游产业韧性各能力水平划分为高水平、较高水平、中等水平、较低水平和低水平5个等级。

1. 旅游产业韧性中抵御能力的空间演化

抵御能力空间分布格局演化趋势总体表现为：2011年、2019年的高水平省域数量最多，数量为3个，约占研究区总数的9.68％；较低、低水平的省域数量呈"增加—减少—增加"的N形变化特征，最大值为2015年、2021年的15个，占比约48.39％，最小值为2011年的8个，占比约25.81％。这说明省域间抵御能力的不均衡状况在由加剧转向有所缓和后，因抵抗危机又出现一定幅度回涨。

具体而言，在高水平等级方面，北京的抵御能力在研究期内始终独占鳌头。处于高水平等级的省域2011年为东部地区的北京、上海、天津，2015年缩减至只余北京，2019年除了天津回升，还新增加了贵州，这得益于近年来其在基础设施建设、产业升级、科技创新、生态环保等方面取得的显著进展，2021年再次回到只有北京一个高水平省域的局面。

在较高水平等级方面，与2011年相比，2015年的省域数量出现骤降，从包含辽宁、山东、浙江、江苏、陕西、河南、新疆、西藏、云南、贵州10个省域，缩减至包含天津、上海、西藏、新疆4个省域，江苏、云南、山东、浙江降至中等水平，河南、陕西、辽宁甚至退至较低水平；2019年吉林、黑龙江、广西、山西、江西提升至较高水平，较高水平省域数量占比较2015年约增加了16.13个百分点；2021年较高水平省域数量大幅降低，除了接收有所降低的天津、贵州，海南进入了较高水平行列，部分省域如云南、黑龙江、西藏、新疆、湖南跌至中等水平等级。属于较高水平等级的省域主要集中在西北、西南和华北地区。

在中等水平等级方面，2011、2015年的省域数量变化不大，2011年涉及黑龙江、沈阳、内蒙古、山西、四川、安徽、湖南、江西、广东、海南10个省域，安徽、内蒙古、海南、湖南于2015年降至较低水平，云南、贵州、山东、浙江、江苏变动至中等水平；2019年省域数量出现缩减，具体为山东、河北、陕西、甘肃、四川、海南；2021年浙江、江苏、湖南上升至中等水平，江西、西藏、新疆、云南下降到中等水平，甘肃跌至较低水平等级，中等水平省域数量较2019年的6个增加至9个。中等水平省域在东部、中部、西部均有分布。

在较低、低水平等级方面，省域数量均值约占研究区总数的40.65%，2015年和2021年数量最多，均为15个，2019年以前末位主要为宁夏、青海、重庆、福建，2021年的末位主要为宁夏、重庆、广东、青海。较低、低水平省域大致聚集在中部、西部区域。

综上，研究期间旅游产业韧性抵御能力总体呈"周边高、中间低"的分布特征，抵御能力高值区在京津地区、西南地区和东部沿海地区呈聚集分布。可解释为，京津地区，以及上海、江苏、浙江等东部沿海地区无论是产业结构调整情况、企业经营规模，还是旅游产业及其市场成熟程度都优于其他地区，西南地区的成渝地区双城经济圈也具备类似的条件，加之新疆、西藏等地区旅游资源禀赋优越，且自身系统具有一定稳定性，因此，在突遇危机时具有较高的抵御能力。而中部、西部一些地区受制于落后的经济条件、不便捷的区位交通等，旅游产业韧性中的抵御能力较差。其中需要指出的是，重庆、广东的抵御能力相较于其周围的四川、云南、贵州等省域是较低的，主要存在产业结构不够协调、人口"虹吸效应"过强等方面的问题，这导致抵抗危机的成本较高，从而拉低了地区的抵御能力。

2. 旅游产业韧性中恢复能力的空间演化

恢复能力空间分布格局演化趋势具体表现为：2011年恢复能力处于较高水平及以上的省域的数量约占研究区总数的41.94%，高水平省域为辽宁、北京、山东、浙江、上海、江苏、广东，较高水平省域为河北、河南、湖北、湖南、福建、四川，空间上在华北、华中、华东地区呈现以北京、上海为双核连片分布形态，而四川则始终处于较高水平。中等、较低和低水平省域包括陕西、黑龙江、青海、宁夏、吉林、新疆、西藏、甘肃等，聚集在西北、西南和东北地区。2015年及以后，形成了广东、北京、上海、江苏和浙江5个省域常居于高水平等级的局面，且"核心—边缘"结构特征较为突出。相较于2015年，2019年较高水平省域数量由7个（山东、河南、湖北、湖南、四川、江西、福建）缩减至2个（四川、山东），河南、湖北、湖南、江西、福建降至中等水平，较低、低水平省域为内蒙古、辽宁、河北、陕西、宁夏、甘肃、新疆、西藏等16个省域，整体上以中等、较低和低水平类型的省域为主，占比约77.42％，大致呈现由东部沿海地区向西部内陆地区递减的态势。2021年，天津、江西跃升至较高水平等级，海南升至中等水平等级，山东退至中等水平等级，辽宁、西藏、广西退至低水平等级，各类型省域的数量与2019年相比变动不大。

综上，研究期间旅游产业韧性中的恢复能力呈"东高西低、中部居中"，并形成了以北京、上海为核心的空间分布特征，态势上从中心地区向外围地区递减，四川处于仅次于二者的稳定的较高水平点。主要原因是，北京和上海作为我国经济发展的两大重要增长极，其具备极为完善的营商环境和基础设施，以及便捷的区位条件、强大的游客吸引力，而四川作为成渝地区双城经济圈的主导省域之一，也具备一定的上述优势。恢复能力整体上以较低、低水平为主，高水平省域的变化不显著，这表明部分省域的恢复能力仍有较大的提升空间，亟待进一步夯实旅游产业发展基础，扶持旅游企业成长，并不断建设、完善区域内与旅游产业相关的配套基础设施。

3. 旅游产业韧性中重构能力的空间演化

重构能力空间分布格局演化趋势具体表现为：研究期内，广东始终位于高水平区，其排名居于首位，除了2011年的广东、江苏以及2015年的广东、江苏、上海，其余年份均只有广东处在高水平等级。在较高水平等级方面，相较于2011年的6个省域（辽宁、北京、山东、浙江、上海、福建），2015年省域数量有所增加，湖南、河南、四川、天津、湖北跃升至该等级，总体数量由6个增加至10个，属于较高水平区及以上的省域的数量约占研究区总数的41.94％；2019年以后较高水平省域数量相较于2015年有所减少，出现辽宁、天津、福建跌出，江苏、上海跌进，四川和湖南动态变化的现象。属于中等水平的省域数量在7—9个的范围内波动，主要代表省域为安徽、江西、河北、云南等，陕西、四川、湖北、福建在不同年份存在跌进和跌出的情况。较低、低水平的省域数量呈"先降后升"的V形变化，2015年出现数量低谷，均值约占比44.52％，2021年达到数量峰值，数量为15个，主要包括黑龙江、吉林、内蒙古、新疆、西藏、宁夏、甘肃、贵州等东北、西北和西南地区的省域。

综上，研究期间广东的重构能力优势显著；旅游产业韧性中的重构能力等级总体上出现较为明显的"东南高、西北低"的区域特征，重心向东南方向倾斜，且低水平省域数量有扩大趋势，呈现出由点扩展到线或者面的演化过程。这种情况的出现充分说明我国旅游产业韧性中的重构能力具备不小的提升空间，省域之间存在明显的差距。因此，目前共建"一带一路"已经进入高质量发展新阶段，"双循环"持续推进，中部地区、西部地区及东北地区应紧乘这股东风，畅通旅游产业对外合作发展的路径，并加大产业投入，以提升区域开放发展层次和重构能力水平。

4. 旅游产业韧性中更新能力的空间演化

更新能力空间分布格局演化趋势具体表现为：广东的表现独树一帜，始终领跑全国，并均超出第二名江苏的20%以上。相较于2011年，2015年半数省域实现了等级跨越，高水平省域在之前的江苏、广东的基础上，新增浙江、山东；重庆、上海、河南、云南、湖北跃入较高水平等级，较高水平省域总体上呈带状分布；中等水平省域数量从6个（山西、河南、湖北、湖南、重庆、上海）增至8个（辽宁、河北、天津、陕西、贵州、湖南、广西、福建）；江西、吉林由低水平升至较低水平，较低、低水平省域数量的比重下降了22.58个百分点，空间规模收缩，涉及黑龙江、海南、山西、内蒙古、新疆、甘肃、西藏、宁夏、青海等11个省域。2019年中等水平及以上省域的数量有所下降，较之2015年减少了6个，浙江、山东降至较高水平，上海、安徽、河南、云南、湖北退至中等水平；较低、低水平省域规模扩张，辽宁、河北、陕西、贵州、广西降至该水平等级，该年数量接近2011年的数量。将2021年与2019年的数据对照来看，除了山西由较低水平变为低水平，以及各等级各省域的排名稍有发生变动，规模并无显著变化，属于较高水平、高水平的省域呈散点状分布于京津、长三角、珠三角和成渝地区双城经济圈。

综上，研究期内旅游产业韧性中的更新能力总体呈现"单极多元格局、中等局部聚集、低等片状分布"的空间格局，即东部沿海地区的广东领跑，江苏、浙江、山东紧随其后，中部地区的安徽、河南、湖北、湖南等省域以中等水平局部聚集，西北、东北地区的省域处于"洼地"。究其原因，这与东部沿海地区尤其是广东的科技创新投入大、人力智力资源丰富有着紧密的关系，而西北、东北地区远离科技创新能力强的核心地域，所接收到的助推发展的辐射作用弱，导致更新能力水平提升缓慢，呈现一定的两极分化趋势。

四、空间聚集性分析

（一）全局空间自相关分析

本研究借助 ArcGIS 10.7 软件计算出 2011—2021 年中国旅游产业韧性的全局空间自相关指数（Moran's I 指数），并将结果输出，如表 5-3 所示。由结果可知，研究期内的 Moran's I 值均为正值，且除了 2011 年 $Z(I) <$ 1.96，$P > 0.05$，呈随机空间分布状态，自 2012 年开始，Moran's I 值皆通过显著性检验，$Z(I) > 1.96$，$P < 0.05$，说明 2012 年以后我国旅游产业韧性水平的空间分布呈空间正相关，表现出较为明显的空间聚集态势。

表 5-3　2011—2021 年中国旅游产业韧性的 Moran's I

年份	Moran's I	$Z(I)$	P
2011 年	0.1924	1.9478	0.0514
2012 年	0.2353	2.3482	0.0189
2013 年	0.2428	2.4167	0.0157
2014 年	0.2692	2.6431	0.0082
2015 年	0.2636	2.5995	0.0093
2016 年	0.2958	2.8858	0.0039
2017 年	0.3286	3.1613	0.0016
2018 年	0.3489	3.3414	0.0008
2019 年	0.2708	2.6885	0.0072
2020 年	0.3459	3.3251	0.0009
2021 年	0.3861	3.6500	0.0003

（二）局部空间自相关分析

为进一步明晰 2011—2021 年中国旅游产业韧性的局部空间分异特征与

空间聚集现象，下文借助 ArcGIS 10.7 软件，通过局部 Moran's I 指数展开计算，并生成 2011 年、2015 年、2019 年、2021 年的 LISA 聚集分布情况。结果显示，尽管多数年份旅游产业韧性整体上呈空间随机分布态势，但仍在局部地区存在明显的空间变异现象。

本研究将中国旅游产业韧性聚集类型及其演化情况分成以下 4 个类型进行阐述。

1. 高高(H-H)聚集区

H-H 聚集区表现为中心省域及其邻近省域的旅游产业韧性均较强，它们之间呈空间正相关。2011 年 H-H 聚集区包括上海、江苏、安徽 3 个省域；2015 年安徽高高聚集现象消失，只余上海、江苏；2019 年增加了江西；2021 年，H-H 聚集区的省域数量增加，包括上海、江苏、浙江、安徽、江西 5 个省域，占比约 16.13%。对出现该局面的原因进行分析，可以发现这些省域均聚集在我国东部沿海的泛长三角城市群，大多具备经济较发达、区位优势较明显、基础设施较完善、人力资源较充足、科技创新水平较高的特征，因此拥有较坚实的旅游产业发展条件，旅游产业韧性水平较高。同时，H-H 聚集区产生的空间溢出效应能带动周边省域旅游产业韧性水平的提升。东部地区这些省域较高的聚集程度也为基尼系数中体现的东部地区韧性水平不均衡程度最突出的现象提供了一定的解释。

2. 低高(L-H)聚集区

L-H 聚集区表现为中心省域的旅游产业韧性较弱，而其邻近省域的旅游产业韧性较强，它们之间呈空间负相关，形成旅游产业韧性发展的"洼地"。2011 年 L-H 聚集区包括江西、福建；2015 年安徽作为新成员加入，L-H 聚集区省域数量达到研究期内最大值；2019 年则只剩下福建，2021 年 L-H 聚集区未发生明显的空间变动。可见，L-H 聚集区伴随 H-H 聚集区出现，并分布在该区域周围，这种情况出现是基于这些省域大都邻近旅游发展水平较高或者经济发展较为繁荣的省域，受制于屏蔽效应，其旅游产业韧性水平大多情况下都低于邻近的实力较强的优势省域。

3. 低低(L-L)聚集区

L-L 聚集区表现为中心省域及其邻近省域的旅游产业韧性均较弱，它们之间呈空间正相关。2011 年，L-L 聚集区包括西藏、甘肃、内蒙古、宁夏；

2015年宁夏退出L-L聚集区，还剩3个省域；2019年吉林进入L-L聚集区，且宁夏又一次显著，因此该区包含西藏、甘肃、内蒙古、宁夏、吉林5个省域；2021年规模无明显变化。可以得出的结论是，所有类型的聚集区中地域面积最大、覆盖范围最广的正是L-L聚集区。综上所述，L-L聚集区在空间上连片分布，地理位置上位于东北、华北、西北地区，这说明提升我国"三北"地域范围内省域的旅游产业韧性水平还有很长一段路要走。

4. 高低(H-L)聚集区

H-L聚集区表现为中心省域的旅游产业韧性较强，而其邻近省域的旅游产业韧性较弱，它们之间呈现空间负相关。2011—2021年，黑龙江均位于该聚集区，2011年和2015年四川位于该聚集区，表明这两个省域比较稳定地处于H-L聚集区，相较于西部和东北部地区的其他省域来说，这两个省域的旅游竞争力还是较为突出的。四川的优势主要体现在作为成渝地区双城经济圈重要组成部分，其具备较强的经济实力，以及较高的旅游产业发展水平及旅游市场成熟程度；黑龙江则凭借出色的冰雪旅游资源而具有较强的旅游吸引力，因此，这二者可能对邻近地区旅游产业韧性水平的发展造成一定程度上的挤压，在空间上产生了较为明显的极化效应。

从旅游产业韧性LISA路径移动方向层面分析，研究期内，只有安徽（高高—低高）、江西（低高—高高）在高高、低高聚集区两个不同象限间发生跃迁，可以发现：我国旅游产业韧性发展演化存在一定的转移惰性和路径锁定问题，具有较为显著的空间依赖特征。

（三）局部空间冷热点分析

本研究运用ArcGIS 10.7软件中的热点分析模块，结合Jenks的自然断裂点法得到Getis-Ord $Gi*$统计值（Z Score），根据旅游产业韧性强弱对我国进行空间划分，由高到低依次为热点区、次热点区、随机分布区、次冷点区和冷点区。

我国旅游产业韧性的热点区分布在以长三角为核心的东部沿海地区；次热点区主要覆盖环渤海、南部边境地区；随机分布区和次冷点区在研究期内总体上呈带状穿插在次热点区、冷点区之间，随机分布区中重庆、河南一直存在，次冷点区中山西、西藏一直存在；冷点区则呈连片状分布，囊括东北、华北和西北地区的部分省域。总的来说，研究期内我国旅游产业韧性冷热点空间分布格局呈相对稳定状态，以长三角为核心，并沿东南—西北方向递减，空间差异特征较为显著。东部地区以热点区和次热点区为主，中部地区5种类型均有分布，西部地区主要是随机分布区、次冷点区和冷点区。

具体来看，2011年，东部沿海区域分布着较多的热点区，包括上海、江苏、浙江、安徽、福建；次热点区分布于东部的北京、天津、河北、山东，南部的广东、广西，以及中部的江西。地域跨度较广、空间上不连续是随机分布区、次冷点区的分布特点，随机分布区包括东北地区的吉林和辽宁，中部地区的河南和湖南，西部地区的重庆；次冷点区则主要有海南，中部地区的山西和湖北，西部地区的西藏、云南、贵州。冷点区集中在西北、华北、东北地区，如新疆、青海、陕西、宁夏、甘肃、内蒙古、黑龙江等，共计8个省域。

较之2011年，2015年江西进入热点区，空间分布规模进一步扩张到泛长三角城市群，次热点区加入了新成员湖南。吉林、辽宁退出随机分布区，该区域连成河南、湖北、重庆、贵州一带。东北三省均演变为次冷点区，甘肃、青海、四川由冷点区升至次冷点区，呈现次冷点区扩大、冷点区缩小的趋势。

2019年，热点区涉及江苏、浙江、上海、福建、江西5个省域，安徽退至次热点区，此时次热点区内包括北京、天津、山东、安徽、湖南、广西、广东7个省域，河北降至随机分布区，云南、海南由次冷点区演变成随机分布区，即随机分布区共计7个省域（河北、湖北、河南、重庆、贵州、云南、海南），次冷点区共计8个省域（黑龙江、吉林、辽宁、山西、陕西、四川、青海、西藏），冷点区则覆盖4个省域（内蒙古、甘肃、宁夏、新疆），分布无明显变化。

与2019年相比，2021年除了吉林由次冷点区变成冷点区、安徽从次热点区再次进入热点区，其余区域均无显著变动。也就是说，总体上，冷热点区域分布格局变化不大，且在空间上有显著的地区差异化特征表露，呈现出较为典型的"俱乐部趋同"现象。

五、空间方向分布特征

借助标准差椭圆计算模型，下文进一步展开对中国旅游产业韧性发展空间方向分布特征及其变化趋势的探析。应用ArcGIS 10.7软件进行相关空间数据处理，选取2011年、2015年、2019年、2021年的旅游产业韧性值作为权重字段，绘制以上4个时间节点的标准差椭圆，得出标准差椭圆主要参数的变化情况，具体见表5-4。

表5-4 中国旅游产业韧性发展标准差椭圆主要参数变化情况

年份	2011年	2015年	2019年	2021年
方位角(α)	45.116°	54.137°	49.156°	50.299°
短轴(x轴)	976.770千米	994.927千米	995.793千米	987.252千米
长轴(y轴)	1123.494千米	1092.564千米	1103.577千米	1092.834千米
扁率(e)	1.150	1.098	1.108	1.107

本研究通过对中国旅游产业韧性发展的空间方向分布特征及变化趋势展开分析，得出以下结论。

首先，标准差椭圆所涉及的地理范围较广、省域数量较多，北至内蒙古、河北、辽宁，南抵广东、广西，西括四川、甘肃、云南，东达上海、江苏、福建，可以说囊括了我国经济发展最繁荣的地区。中国旅游产业韧性较高值聚集区是拉动全国旅游产业韧性水平不断提升、协调发展的动力源。同时还可以发现，各省域旅游产业韧性所处的等级水平与当地经济发展的实际状况呈显著正向相关。

其次，标准差椭圆的方位角呈N形变化，从2011年的45.116°增加到了2015年的54.137°，又下降到了2019年的49.156°，最后再次增加到2021年的50.299°，可以说中国旅游产业韧性高值聚集区的省域在空间方向上呈现出东北—西南的空间分布特点，且在东西方向上产生了一定幅度的拉扯偏移。2015年以来标准差椭圆的方位角大体上保持在49°以上，即在省域空间分布上我国旅游产业韧性发展于东—西方位呈现的方向性有一定增强，表明近些年我国西部地区旅游产业韧性水平得到了一定程度的提升，符合前文旅游产业韧性水平基尼系数分析的结果。

再次，长轴方向上，标准差从2011年的1123.494千米减小到2015年的1092.564千米，然后又增加至2019年的1103.577千米，最后回落到2021年的1092.834千米，总的来说长轴标准差值小幅度下降，这说明在东北—西南方向上我国旅游产业韧性发展表现出极化态势。短轴方向上，标准差从

2011年的976.770千米增加到2019年的995.793千米,最后又减小到2021年的987.252千米,说明我国旅游产业韧性发展是呈离散趋势的,落于西北—东南方向上。

最后,从标准差椭圆扁率来看,研究期内数据呈现先下降又上升后再下降的变动局面。

整体上来说,长短轴间的差距是逐渐缩小的,形状上椭圆是越来越趋近于圆形的,这说明中国各省域旅游产业韧性发展的空间方向性呈减弱态势,发展水平的空间差异愈来愈小。

旅游产业韧性水平关系着旅游产业的高质量发展,科学探究旅游产业韧性水平的演变规律对于实现区域社会经济、生态系统的可持续发展具有重要意义。为了探究时间和空间上中国境内旅游产业韧性演变格局和动态过程,本章基于Kernel核密度估计、趋势面分析、Dagum基尼系数、ESDA和标准差椭圆五种模型分析了2011—2021年研究区旅游产业韧性水平的动态变化。结果表明:从时序变化上看,研究期内,旅游产业韧性水平发展不均衡,整体呈波动上升趋势。在省域层面,不同省域的旅游产业韧性水平存在较大差异,其中,广东、江苏、北京、上海和浙江的韧性水平较高;从不同维度来看,旅游产业韧性的四个维度间差距在逐渐缩小,抵御能力的发展趋势最为明显,其次是恢复能力。从空间变化上看,中国旅游产业韧性水平整体上呈现出"东强西弱、南强北弱"的空间分布格局。从空间异质性上看,高韧性区和较高韧性区多集中在京津、长三角、珠三角等地区,而低韧性区主要分布在西部欠发达地区,总体差异呈波动式下降趋势,其中,东部地区的不均衡性尤为明显;从空间聚集性上看,呈现明显的空间聚集态势,但仍存在局地空间变异的现象。

总的来说,研究期间,中国旅游产业韧性水平存在明显的时空分异特征,尽管区域内的聚集态势明显,但区域间差异明显,这将影响旅游产业的可持续发展。

第六章　中国旅游产业韧性的
障碍因素探究

第一节　障碍度模型概述

一、障碍度与障碍度模型

（一）障碍度

障碍度是一个在多领域广泛应用的概念，是主要用于衡量某一个或某一组因素对特定目标达成或系统正常运行所产生阻碍作用程度的量化指标。这种阻碍作用往往具有复杂的动态特性，对其进行量化分析不仅有助于识别问题所在，还能为优化资源配置和制定改进策略提供科学依据。特定目标达成或系统正常运行通常受到多种因素的影响，同时这些因素并非同等重要，某些因素可能仅带来轻微干扰，某些因素可能对目标的达成起到严重的阻碍作用。要想准确评估哪些因素是系统发展的关键瓶颈，就需要对这些因素进行量化分析，障碍度概念应运而生。

从理论角度来看，障碍度通常与目标的偏离程度相关联，当实际状态与目标状态之间的偏离越大，障碍度可能越高，对目标产生的阻碍作用越显著。从数学和统计学角度，障碍度的计算需要依赖于一套完整且合理的指标体系。指标体系应当覆盖与目标相关的各个维度，并通过科学方法将定性描述转化为定量数据，建立数学模型的过程也涉及设计目标函数、设定约束条件以及确定影响因素变量等步骤。通过建立合适的数学模型，将这些指标进行量化处理，进而计算出每个因素的障碍度，从而找出系统发展的关键障碍因素。此外，障碍度的分析还需结合实际情况进行动态调整，为制定有针对性的改进方案奠定坚实基础。

（二）障碍度模型

障碍度模型是一种综合评价方法，旨在识别并量化系统发展的主要障碍因素。模型的起源可以追溯到多学科交叉研究需求。在早期工程学领域，工程师们在评估大型工程项目时，常面临复杂的可行性问题与风险。这些潜在风险因素对项目成功的阻碍程度难以直观判断，因此催生了障碍度模型。随着社会科学和经济学的发展，该模型被应用于更广阔的领域。在研究社会现象或经济发展问题时，学者借助障碍度模型分析贫困率、教育资源分配不均、产业结构失衡等因素对区域发展的具体影响，并据此进一步确定这些因素的相对重要性。这一过程不仅提升了决策的科学性，还为政策制定提供了精准依据。

在发展过程中，障碍度模型持续得到完善和改进。最初的障碍度模型通常只是简单地基于少数几个主要因素进行分析，计算方法也相对单一，主要依赖于定性描述或简单的比例推算。随着数据收集和处理技术的发展，特别是大数据收集与处理能力的显著提升，现代障碍度模型逐渐具备了整合多维度数据的能力，不仅可以纳入更多细化指标，如微观层面的企业创新能力、宏观层面的政策连贯性以及外部环境的变化趋势，还能够通过复杂的算法实现对这些指标的精准量化。计算方法也从简单的比例计算发展到基于复杂算法的综合评估，如层次分析法、主成分分析法等在障碍度模型中的应用，使得模型的准确性和可靠性得到了极大的提升。障碍度模型以综合评价模型为基础，通过量化各指标对目标系统的阻碍程度，识别主要障碍因子，其核心是通过权重分析和指标量化，揭示制约目标实现的关键因子。模型的主要思想是将复杂的多维度影响因素分解为可计算的权重体系，通过量化各指标对整体目标的偏离程度，结合指标实际及其权重计算障碍度，评估各因素对系统发展的"负向贡献度"，识别限制系统发展的关键因素。

二、障碍度模型的意义

（一）识别关键障碍因素，为决策提供精准依据

障碍度模型能够从众多评价指标中，较为精确地识别出哪些因素是实

现系统目标的关键障碍因素，这些关键障碍因素往往是系统进一步发展的瓶颈所在，依据模型计算出的障碍度值，能够清晰地看到各因素对系统目标实现的阻碍程度，为决策者提供精准的决策依据。可以根据障碍度模型的结果，将有限的资源和精力优先投入到解决关键障碍因素上，避免资源的浪费和无效投入。

（二）优化资源配置，开展动态监测

了解各因素的障碍度后，通过识别关键障碍因素，障碍度模型可以根据障碍度的大小，合理引导分配资源，优先解决障碍度高的问题，这有助于更高效地利用有限的资源，提高资源的利用效率，从而推动系统整体性能的提升。同时，随着时间和环境的变化，各个因素的障碍度也可能发生变化。可以通过对不同时期障碍度进行计算和对比，观察障碍因素的变化趋势；可以定期对障碍度模型进行重新评估，及时发现新出现的障碍因素或原有障碍因素的变化情况，并以此为依据对系统发展状况进行动态监测和预警。

（三）深入理解系统关系，促进系统优化与改进

在运用障碍度模型的过程中，需要对各个因素进行深入分析，这有助于理解各个因素之间的相互关联。从更宏观的角度来看，这还有助于对整个系统进行把握，深入分析系统的内部结构和运行机制。无论是生态系统、社会系统还是经济系统，都可以通过分析各个因素的障碍度，了解系统的运行状态、薄弱环节以及潜在的发展方向，揭示一些潜在的、尚未显现但可能对系统未来发展产生重大影响的因素，从而发现系统中存在的不合理之处，为系统的优化和改进提供方向。

三、中国旅游产业韧性障碍因素研究的步骤

障碍度模型是对影响因子进行测算的一种数学统计模型，具体方法是通过引入因子贡献度、指标偏离度、障碍度三个指标，计算出具体的障碍度结果，以识别出各准则层、指标层中制约我国旅游产业韧性提升的关键因素，具体步骤如下。

（一）计算因子贡献度

因子贡献度通过评价指标的权重来体现，权重越大，表明该指标对旅游产业韧性的影响越大。权重的确定方法多样，本研究采用熵值法确定指标权重。熵值法依据数据自身的离散程度来客观赋予权重，避免了主观因素的干扰。

确定中国旅游产业韧性的因子贡献度（w_j），具体而言，用第 j 项指标的权重值表示 w_j。

（二）确定指标偏离度

指标偏离度是指标实际值与理想值之间的差距，差值越大，说明该指标对旅游产业韧性提升的阻碍越大。通常用最大值减去指标值来表示指标偏离度，反映指标值偏离理想状态的程度。

确定中国旅游产业韧性的指标偏离度：

$$d_{ij} = 1 - x_{ij} \tag{6-1}$$

式（6-1）中，d_{ij} 表示第 i 年第 j 项指标的指标偏离度，x_{ij} 表示第 i 年第 j 项指标的标准化值。

（三）确定障碍度

通过因子贡献度与指标偏离度的乘积来计算障碍度。障碍度数值越大，表明该指标对旅游产业韧性提升的阻碍作用越显著，越会成为制约该地区旅游产业韧性提升的关键因素。

计算单项指标对中国旅游产业韧性的障碍度的公式：

$$M_{ij} = \frac{d_{ij} w_j}{\sum_{j=1}^{n} d_{ij} w_j} \times 100\% \tag{6-2}$$

$$N_{ij} = \sum M_{ij} \tag{6-3}$$

式（6-2）、式（6-3）中，M_{ij} 表示第 i 年第 j 项指标对该年中国旅游产业韧性的障碍度，d_{ij} 表示第 i 年第 j 项指标的指标偏离度，w_j 表示第 j 项指标的权重值，N_{ij} 表示各准则层指标障碍度，n 为省域数量。

第二节　障碍因素静态分析

本研究借助障碍度模型，通过选取2011—2021年抵御能力、恢复能力、重构能力和更新能力4个准则层对中国及各省域旅游产业韧性的障碍度均值绘制图表，以便于对中国及各省域旅游产业韧性的准则层障碍因素、指标层障碍因子展开探究。

一、基于整体层面的准则层主要障碍因素诊断

本研究运用障碍度模型对2011—2021年中国旅游产业韧性水平进行分析，具体见图6-1，结果显示，不同准则层的障碍度差异明显。从均值角度切入，恢复能力的障碍度均值最大，达到了51.30％，且远远超过其他准则层的障碍度均值，是提升旅游产业韧性的关键性因素，应该予以高度重视；重构能力、抵御能力的障碍度均值次之，分别达到了20.38％和18.13％，二者之间既相互联系又相互制约，关系到旅游产业内部系统重构结构和抵抗危机以适应新境况能力的强弱，是提升旅游产业韧性的辅助性因素；更新能力的障碍度均值最低，仅为11.99％，可以理解为创新水平、智力资源能起到"锦上添花"的作用，是提升旅游产业韧性的附加性因素。

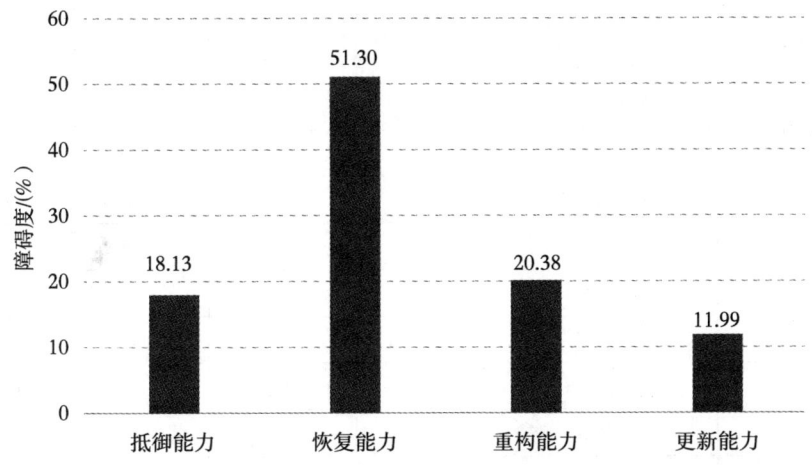

图6-1　2011—2021年中国旅游产业韧性准则层障碍度均值

综上，恢复能力是旅游产业韧性水平提升的主要障碍因素，且与前文计算的其对旅游产业韧性水平的贡献程度具有一致性。

二、基于省域层面的指标层具体障碍因子识别

对省域层面的指标层具体障碍因子进行识别，可以发现不同省域存在各自独特的障碍因子。本研究利用障碍度模型，取各省域历年障碍度均值进行由高到低的排序，得出抵御能力、恢复能力、重构能力和更新能力4个准则层数值位居首位的具体指标，以此来识别总体上影响中国各省域旅游产业韧性的指标层的主要障碍因子及障碍度均值，如表6-1所示。

表6-1　中国各省域旅游产业韧性的指标层的主要障碍因子及障碍度均值

省域	项目	抵御能力	恢复能力	重构能力	更新能力
北京	障碍因子	A_{22}	B_{24}	C_{14}	D_{23}
	障碍度均值/(%)	2.61	8.62	8.23	4.98
天津	障碍因子	A_{11}	B_{23}	C_{14}	D_{13}
	障碍度均值/(%)	2.95	8.60	5.97	3.57
河北	障碍因子	A_{11}	B_{23}	C_{14}	D_{13}
	障碍度均值/(%)	3.40	9.74	6.31	3.77
山西	障碍因子	A_{11}	B_{23}	C_{14}	D_{13}
	障碍度均值/(%)	3.32	9.01	6.16	3.77
内蒙古	障碍因子	A_{11}	B_{23}	C_{14}	D_{13}
	障碍度均值/(%)	3.17	9.44	6.20	3.85
辽宁	障碍因子	A_{11}	B_{23}	C_{14}	D_{13}
	障碍度均值/(%)	3.46	9.37	6.05	3.96
吉林	障碍因子	A_{11}	B_{23}	C_{14}	D_{13}
	障碍度均值/(%)	2.84	9.16	5.96	3.68
黑龙江	障碍因子	A_{11}	B_{23}	C_{14}	D_{13}
	障碍度均值/(%)	2.96	9.27	6.07	3.67
上海	障碍因子	A_{11}	B_{24}	C_{14}	D_{13}
	障碍度均值/(%)	3.13	7.79	3.73	4.52
江苏	障碍因子	A_{11}	B_{23}	C_{14}	D_{23}

省域	项目	抵御能力	恢复能力	重构能力	更新能力
江苏	障碍度均值/(%)	5.73	8.07	6.29	3.37
浙江	障碍因子	A_{11}	B_{23}	C_{14}	D_{13}
	障碍度均值/(%)	4.77	9.60	6.92	2.46
安徽	障碍因子	A_{11}	B_{23}	C_{14}	D_{13}
	障碍度均值/(%)	3.64	9.69	6.80	3.40
福建	障碍因子	A_{11}	B_{23}	C_{14}	D_{13}
	障碍度均值/(%)	3.13	7.57	5.80	3.77
江西	障碍因子	A_{11}	B_{23}	C_{14}	D_{13}
	障碍度均值/(%)	3.71	9.91	6.59	3.93
山东	障碍因子	A_{11}	B_{23}	C_{14}	D_{13}
	障碍度均值/(%)	4.43	10.68	6.76	3.56
河南	障碍因子	A_{11}	B_{23}	C_{14}	D_{13}
	障碍度均值/(%)	3.85	10.57	6.77	3.81
湖北	障碍因子	A_{11}	B_{23}	C_{14}	D_{13}
	障碍度均值/(%)	3.64	9.19	6.67	3.77
湖南	障碍因子	A_{11}	B_{23}	C_{14}	D_{13}
	障碍度均值/(%)	3.66	9.04	6.98	4.03
广东	障碍因子	A_{11}	B_{24}	C_{24}	D_{13}
	障碍度均值/(%)	7.89	10.83	2.88	1.97
广西	障碍因子	A_{11}	B_{23}	C_{14}	D_{13}
	障碍度均值/(%)	3.02	9.05	6.21	3.73
海南	障碍因子	A_{12}	B_{23}	C_{14}	D_{13}
	障碍度均值/(%)	2.38	8.79	6.18	3.87
重庆	障碍因子	A_{11}	B_{23}	C_{14}	D_{13}
	障碍度均值/(%)	3.37	8.30	6.57	3.78
四川	障碍因子	A_{11}	B_{23}	C_{14}	D_{13}
	障碍度均值/(%)	3.99	10.98	7.39	4.01
贵州	障碍因子	A_{11}	B_{23}	C_{14}	D_{13}
	障碍度均值/(%)	3.08	9.51	6.42	3.83

省域	项目	抵御能力	恢复能力	重构能力	更新能力
云南	障碍因子	A_{11}	B_{23}	C_{14}	D_{13}
	障碍度均值/(%)	3.19	9.06	6.65	4.08
西藏	障碍因子	A_{11}	B_{23}	C_{14}	D_{13}
	障碍度均值/(%)	2.46	8.82	5.86	3.61
陕西	障碍因子	A_{11}	B_{23}	C_{14}	D_{13}
	障碍度均值/(%)	3.70	9.52	6.61	3.76
甘肃	障碍因子	A_{11}	B_{23}	C_{14}	D_{13}
	障碍度均值/(%)	2.83	9.00	5.96	3.62
青海	障碍因子	A_{11}	B_{23}	C_{14}	D_{13}
	障碍度均值/(%)	2.82	8.90	5.92	3.64
宁夏	障碍因子	A_{11}	B_{23}	C_{14}	D_{13}
	障碍度均值/(%)	2.90	8.64	5.72	3.51
新疆	障碍因子	A_{11}	B_{23}	C_{14}	D_{13}
	障碍度均值/(%)	3.01	9.13	6.11	3.73

从障碍度均值来看，除了个别省域，大多数省域在抵御能力、恢复能力、重构能力和更新能力4个准则层中产生最大影响的主要障碍因子基本一致，主要表现为抵御能力中的产业结构高级化指数（A_{11}）、恢复能力中的旅行社营业收入（B_{23}）、重构能力中的外商投资企业数（C_{14}）以及更新能力中的专利申请受理量（D_{13}），出现频次分别为29、28、30和29，障碍度均值最大值达到10.98%。这说明提高产业结构高级化水平、改善旅行社营业模式和服务质量、获取更多外商投资以及提升科技创新和智力资源水平是大部分省域为提升旅游产业韧性所需要采取的普遍性手段。

出现差异的主要是北京、上海、江苏、广东和海南5个东部地区省域，下面进行差异性具体分析。

（一）北京的主要障碍因子分析

北京的主要障碍因子表现为抵御能力中的旅游产业市场发育程度（A_{22}）、恢复能力中的A级景区营业收入（B_{24}）、重构能力中的外商投资企业数（C_{14}）以及更新能力中的旅游中等职业学校学生数（D_{23}），障碍度均值分别为2.61％、8.62％、8.23％、4.98％，对该地旅游产业韧性影响排名前二的障碍因子是A级景区营业收入（B_{24}）、外商投资企业数（C_{14}）。这种情况的出现可能是因为，虽然北京的旅游发展水平在全国范围内来看已属于第一阶梯，但在其发展过程中仍存在痛点问题，且与产业系统内其他发展相对成熟的因素相比，旅游景区在产品供给、人员服务方面的问题更为凸显，门票预约困难、景区内部拥堵以及"二次收费"等现象使得旅游服务体验达不到消费者的期望，需要更专业化的人才为游客谋划并提供更高品质的旅游服务，使得旅游市场进一步成熟化。同时，积极吸引外商投资企业，不断深化旅游产业改革和高水平对外开放，推动更多区域合作的达成，这些也是提升旅游产业韧性的关键举措。

（二）上海的主要障碍因子分析

上海的主要障碍因子表现为抵御能力中的产业结构高级化指数（A_{11}）、恢复能力中的A级景区营业收入（B_{24}）、重构能力中的外商投资企业数（C_{14}）以及更新能力中的专利申请受理量（D_{13}），障碍度均值分别为3.13％、7.79％、3.73％、4.52％，A级景区营业收入（B_{24}）依旧是对该地旅游产业韧性影响最大的障碍因子。这与北京的一些情况是较为类似的，不过对于上海来讲，更新能力的提升主要受制于产业创新条件。

（三）江苏的主要障碍因子分析

江苏的主要障碍因子表现为抵御能力中的产业结构高级化指数（A_{11}）、恢复能力中的旅行社营业收入（B_{23}）、重构能力中的外商投资企业数（C_{14}）以及更新能力中的旅游中等职业学校学生数（D_{23}），障碍度均值分别为5.73％、8.07％、6.29％、3.37％，对该地旅游产业韧性影响较大的障碍因子是旅行社营业收入（B_{23}）、外商投资企业数（C_{14}）。旅行社是旅游产业发展中的重要一环，对旅游产业韧性的影响不容小觑。在江苏受理的旅游投诉案件中对旅行社的投诉占绝大比重，说明着力提升旅行社服务质量、整治未经许可经营的旅行社业务以解决旅游纠纷是必由之路。在此基础上，积极吸引外商投资企业也是提升该地旅游产业韧性的有效措施。

（四）广东的主要障碍因子分析

广东的主要障碍因子表现为抵御能力中的产业结构高级化指数（A_{11}）、

恢复能力中的A级景区营业收入（B_{24}）、重构能力中的A级景区年末从业人数（C_{24}）以及更新能力中的专利申请受理量（D_{13}），障碍度均值分别为7.89％、10.83％、2.88％、1.97％，A级景区营业收入（B_{24}）、产业结构高级化指数（A_{11}）成为对该地旅游产业韧性的影响排名前二的障碍因子。这与北京出现的一些现象是较为一致的，但是相较于北京，广东对产业结构高级化的需要更为急切，应通过调整产业结构增大第三产业增加值与第二产业增加值的比值，提高区域产业结构的服务化水平。

（五）海南的主要障碍因子分析

海南的主要障碍因子表现为抵御能力中的产业结构合理化指数（A_{12}）、恢复能力中的旅行社营业收入（B_{23}）、重构能力中的外商投资企业数（C_{14}）以及更新能力中的专利申请受理量（D_{13}），障碍度均值分别为2.38％、8.79％、6.18％、3.87％，对该地旅游产业韧性的影响排名前二的障碍因子是旅行社营业收入（B_{23}）、外商投资企业数（C_{14}）。

北京、上海、江苏、广东均是我国旅游产业韧性水平名列前茅的省域，海南的排名则处于中等偏下的位置，因此海南面临的情况可能更为严峻，面对越发激烈的市场竞争，旅行社应在政府政策的支持下借助互联网和数字技术不断提高服务质量、创新产品，或通过提升品牌形象和加强营销推广，来开拓新的市场空间；还可以探索多元化的业务模式，如与景区合作开发旅游项目等，以增加营收来源。此外，积极吸引投资企业也是提升该地旅游产业韧性的可行方法。

第三节　障碍因素动态变化特征

为进一步明晰各年份、各省域影响旅游产业韧性的障碍因素的动态变化特征，本节借助障碍度模型，通过绘制相应图表，选取2011—2021年各年份障碍度均值以及2011和2021年各省域的具体指标障碍因子展开分析。

一、基于整体层面准则层主要障碍因素的变化特征

选取2011—2021年各年份抵御能力、恢复能力、重构能力和更新能力的障碍度均值绘制成如图6-2所示的变化趋势折线图。根据图6-2可知，按障碍因素对我国旅游产业韧性的影响程度，研究期大致可以分成两个阶段：阶段一是2011—2013年，此时4个准则层的障碍度均值由高到低排列为"恢复能力＞抵御能力＞重构能力＞更新能力"；阶段二是2014—2021年，这时抵御能力和重构能力之间发生了显著变化，障碍度均值由高到低呈"恢复能力＞重构能力＞抵御能力＞更新能力"排列。总体上，恢复能力始终为制约中国旅游产业韧性提升的主要因素，而更新能力的影响程度最低。

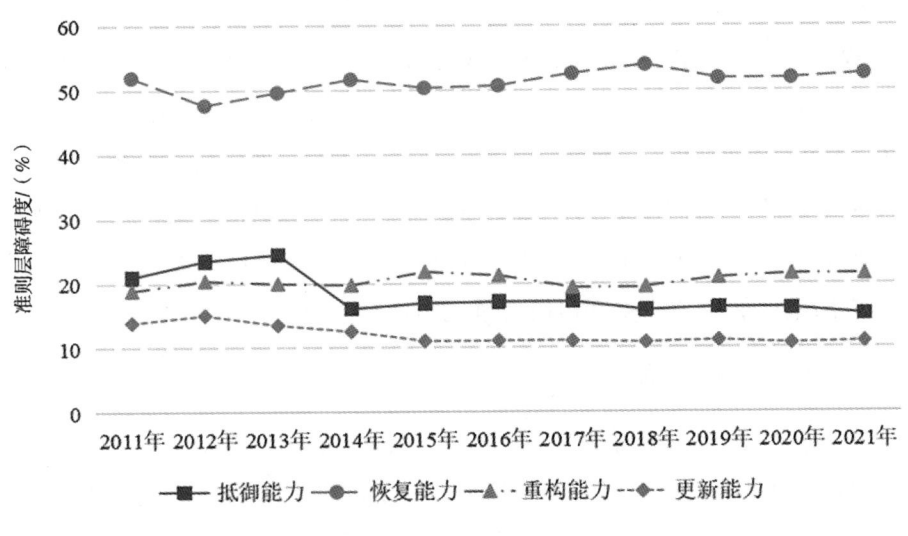

图6-2　2011—2021年准则层障碍度均值的变化趋势

（一）抵御能力方面

2011—2021年抵御能力的障碍度均值表现出一定的"先升后降"态势，呈倒 V 形变动特征，在 2013 年达到峰值 24.45％后骤降至 2014 年的 16.06％，降幅约 34.31％，之后则较为平缓地下降到 2021 年的 15.19％。究其原因，自"十二五""十三五"旅游业发展规划不断推进以来，旅游产业获得了稳中有进的长足发展，其供给侧结构性改革的实施和全域旅游的创新推动，在一定程度上提高了产业结构高级化、合理化水平，增强了旅游

产业的竞争力，在繁荣发展大众旅游中进一步拉动了旅游收入，这使得旅游产业系统自身抵抗危机的能力有所提升。

（二）恢复能力方面

恢复能力的障碍度均值变动是波浪式的，且一直保持在较高水平，即在47.65%至53.86%之间波动。这说明如果旅游产业基础、旅游产业效益和旅游产业相关配套设施的发展水平较差，将导致旅游产业系统较难通过自身努力恢复至冲击前的均衡状态，会在较大程度上阻碍旅游产业韧性的提升。近年来，我国虽在以上三个方面取得一定进展，但研究结论显示仍具有很大的提升空间。

（三）重构能力方面

重构能力的障碍度均值大致可描述为"上升—下降—上升"的N形变化趋势，在达到2015年21.74%的最大值后下降至2017年的19.31%后又上升到2021年的21.37%。在国家政策推动下，旅游产业越来越重视与其他产业的跨界融合、协同发展，进而促使新业态不断涌现，但旅游产业尚处在发展期，一些动荡的出现是正常且难以避免的，因此由产业合作、产业投入构成的重构能力的障碍度均值会呈现出此种变化。

（四）更新能力方面

更新能力方面，其障碍度均值最低，整体变化态势较为平缓且趋于下降，自2011年的13.90%上升到2012年的15.06%再下降至2015年的11.05%后，幅度变化极小。随着国家科技创新水平的不断提高和互联网技术的日趋成熟，数字赋能旅游产业的发展趋势愈来愈明朗，这就需要产业系统自身具备产业创新的条件和人才资源储备，在新时代新趋势下，增强更新能力或将在提升旅游产业韧性中发挥无可比拟的作用。

二、基于省域层面指标层具体障碍因子的变化特征

（一）具体障碍因子的排序与分布

由于旅游产业韧性评价指标体系的障碍因子数量较多，本研究将其进

行排序，选取障碍度排名前5位的指标作为韧性提升的主要障碍因子。同时，由于样本量较大，本研究选取2011年、2021年数据作为样本，以便对比研究期始末主要障碍因子及其障碍度的变化，具体见表6-2。

表6-2 2011年、2021年各省域旅游产业韧性指标层主要障碍因子及其障碍度排序

省域	项目	2011年					2021年				
		指标排序					指标排序				
		1	2	3	4	5	1	2	3	4	5
北京	障碍因子	B_{24}	C_{14}	D_{23}	D_{13}	C_{13}	B_{24}	C_{14}	B_{25}	B_{34}	B_{21}
	障碍度/（%）	17.42	6.70	6.12	5.62	5.14	8.80	8.12	7.14	5.39	5.16
天津	障碍因子	B_{24}	B_{23}	C_{14}	B_{12}	B_{11}	B_{24}	C_{14}	B_{12}	B_{11}	B_{23}
	障碍度/（%）	11.06	7.62	4.81	4.72	4.66	6.95	6.78	5.37	5.28	4.92
河北	障碍因子	B_{24}	B_{23}	C_{14}	B_{12}	B_{11}	B_{23}	B_{25}	C_{14}	B_{24}	B_{12}
	障碍度/（%）	9.92	7.67	5.09	4.43	4.35	9.45	7.44	6.48	6.46	4.63
山西	障碍因子	B_{24}	B_{23}	C_{14}	B_{12}	B_{11}	B_{23}	B_{25}	C_{14}	B_{24}	B_{12}
	障碍度/（%）	10.40	7.46	5.17	4.48	4.41	8.88	6.83	6.28	5.81	4.70
内蒙古	障碍因子	B_{24}	B_{23}	C_{14}	B_{12}	B_{11}	B_{23}	B_{25}	C_{14}	B_{24}	B_{12}
	障碍度/（%）	10.80	7.44	5.09	4.60	4.43	8.96	6.89	6.25	6.17	4.94
辽宁	障碍因子	B_{23}	C_{14}	B_{12}	D_{13}	B_{11}	B_{23}	B_{25}	B_{24}	C_{14}	B_{12}
	障碍度/（%）	8.66	5.52	4.97	4.83	4.82	9.01	6.95	6.22	6.03	4.73
吉林	障碍因子	B_{24}	B_{23}	C_{14}	B_{12}	B_{11}	B_{23}	B_{25}	C_{14}	B_{24}	B_{12}
	障碍度/（%）	9.83	7.19	4.78	4.67	4.52	9.03	7.03	6.30	6.22	5.06
黑龙江	障碍因子	B_{24}	B_{23}	C_{14}	B_{12}	B_{11}	B_{23}	B_{25}	C_{14}	B_{24}	B_{12}
	障碍度/（%）	10.99	7.58	5.09	5.04	4.90	8.73	6.82	6.04	5.95	5.02
上海	障碍因子	B_{24}	D_{23}	D_{13}	B_{15}	B_{12}	B_{24}	B_{25}	B_{34}	B_{21}	C_{14}

省域	项目	2011年 指标排序					2021年 指标排序				
		1	2	3	4	5	1	2	3	4	5
上海	障碍度/(%)	14.63	5.14	4.34	4.28	3.75	8.48	5.69	5.26	4.94	4.45
江苏	障碍因子	B₂₄	B₂₃	D₂₃	C₁₄	A₁₁	B₂₅	B₂₄	C₁₄	B₂₃	B₃₄
	障碍度/(%)	16.65	6.50	5.86	3.99	3.87	9.56	8.76	7.28	6.33	5.99
浙江	障碍因子	C₁₄	B₂₃	D₂₃	C₁₃	A₁₁	B₂₅	C₁₄	B₂₃	B₂₄	B₃₄
	障碍度/(%)	6.24	6.21	4.43	4.12	3.88	8.73	7.59	6.98	6.47	5.20
安徽	障碍因子	B₂₄	B₂₃	C₁₄	B₁₂	B₁₁	B₂₃	B₂₅	C₁₄	B₂₄	B₁₂
	障碍度/(%)	10.16	7.52	5.48	4.66	4.51	8.97	7.63	7.08	5.45	5.28
福建	障碍因子	B₂₄	B₂₃	B₁₂	C₁₄	D₂₃	B₂₃	B₂₅	B₂₄	C₁₄	B₁₂
	障碍度/(%)	11.78	6.47	4.57	4.39	4.22	9.10	7.19	6.75	6.10	4.58
江西	障碍因子	B₂₄	B₂₃	C₁₄	B₁₂	B₁₁	B₂₃	B₂₅	C₁₄	B₁₂	B₁₁
	障碍度/(%)	9.56	7.20	5.02	4.87	4.67	10.04	7.38	7.36	5.70	5.45
山东	障碍因子	B₂₄	B₂₃	C₁₄	D₂₃	B₃₅	B₂₃	B₂₅	C₁₄	B₂₄	B₁₂
	障碍度/(%)	10.51	7.95	5.35	5.07	4.32	10.39	8.69	6.66	6.40	4.87
河南	障碍因子	B₂₄	B₂₃	C₁₄	B₁₂	B₁₁	B₂₃	B₂₅	C₁₄	B₂₄	B₁₂
	障碍度/(%)	11.63	8.07	5.29	4.66	4.44	10.17	8.07	7.14	6.66	5.39
湖北	障碍因子	B₂₄	B₂₃	C₁₄	B₁₂	B₁₁	B₂₃	C₁₄	B₂₅	B₂₄	B₁₂
	障碍度/(%)	9.56	7.03	5.26	4.45	4.29	8.74	7.07	6.97	6.38	5.36
湖南	障碍因子	B₂₄	B₂₃	C₁₄	B₁₂	B₁₁	B₂₃	B₂₅	C₁₄	B₁₂	B₁₁
	障碍度/(%)	11.01	5.87	5.31	4.32	4.12	9.19	8.28	7.44	5.56	5.24
广东	障碍因子	B₂₄	B₃₅	A₁₁	A₃₁	A₁₄	B₂₅	B₂₄	B₃₄	A₁₂	A₁₁

省域	项目	2011年					2021年				
		指标排序					指标排序				
		1	2	3	4	5	1	2	3	4	5
广东	障碍度/(%)	23.61	7.19	5.37	5.28	5.11	14.11	12.68	7.90	6.29	5.94
广西	障碍因子	B_{24}	B_{23}	C_{14}	B_{12}	B_{11}	B_{23}	B_{25}	C_{14}	B_{24}	B_{12}
	障碍度/(%)	10.84	6.94	4.98	4.59	4.49	9.19	7.16	6.68	6.04	5.06
海南	障碍因子	B_{24}	B_{23}	C_{14}	D_{13}	B_{12}	B_{23}	C_{14}	B_{24}	B_{25}	B_{13}
	障碍度/(%)	10.82	7.05	5.13	4.19	4.03	8.11	6.78	6.54	6.26	4.88
重庆	障碍因子	B_{24}	B_{23}	C_{14}	B_{12}	B_{11}	C_{14}	B_{23}	B_{25}	B_{24}	B_{12}
	障碍度/(%)	10.96	6.70	5.26	4.61	4.48	6.83	6.58	6.39	6.00	5.16
四川	障碍因子	B_{24}	B_{23}	C_{14}	D_{13}	B_{12}	B_{23}	B_{25}	C_{14}	C_{13}	B_{12}
	障碍度/(%)	11.54	8.07	5.82	4.42	4.24	11.29	8.28	7.96	5.18	4.63
贵州	障碍因子	B_{24}	B_{23}	C_{14}	B_{12}	B_{11}	B_{23}	C_{14}	B_{25}	B_{24}	B_{12}
	障碍度/(%)	10.44	7.25	5.01	4.86	4.74	9.45	6.90	6.79	6.10	5.15
云南	障碍因子	B_{24}	B_{23}	C_{14}	B_{12}	B_{11}	B_{23}	B_{25}	C_{14}	B_{24}	B_{12}
	障碍度/(%)	10.73	6.40	5.27	4.72	4.46	9.44	7.35	6.97	6.33	5.23
西藏	障碍因子	B_{24}	B_{23}	C_{14}	B_{12}	B_{11}	B_{23}	C_{14}	B_{25}	B_{24}	B_{12}
	障碍度/(%)	10.10	7.13	4.88	4.84	4.72	8.71	6.24	6.20	6.14	5.17
陕西	障碍因子	B_{24}	B_{23}	C_{14}	B_{12}	B_{11}	B_{23}	B_{25}	C_{14}	B_{24}	B_{12}
	障碍度/(%)	11.33	7.41	5.31	4.53	4.38	8.72	6.90	6.87	6.07	4.67
甘肃	障碍因子	B_{24}	B_{23}	C_{14}	B_{12}	B_{11}	B_{23}	B_{25}	C_{14}	B_{24}	B_{12}
	障碍度/(%)	9.75	6.89	4.70	4.56	4.43	8.68	6.53	6.34	5.78	5.02
青海	障碍因子	B_{24}	B_{23}	C_{14}	B_{12}	B_{11}	B_{23}	B_{25}	C_{14}	B_{24}	B_{12}

省域	项目	2011年					2021年				
		指标排序					指标排序				
		1	2	3	4	5	1	2	3	4	5
青海	障碍度/(%)	9.97	7.01	4.79	4.75	4.63	8.59	6.50	6.16	5.78	5.08
宁夏	障碍因子	B_{24}	B_{23}	C_{14}	B_{12}	B_{11}	B_{23}	B_{25}	C_{14}	B_{24}	B_{12}
	障碍度/(%)	9.87	6.94	4.76	4.62	4.54	8.33	5.98	5.91	5.76	4.89
新疆	障碍因子	B_{24}	B_{23}	C_{14}	B_{12}	B_{11}	B_{23}	B_{25}	C_{14}	B_{24}	B_{12}
	障碍度/(%)	9.76	7.05	4.94	4.69	4.57	8.95	6.50	6.30	5.51	4.92

本研究统计以上主要障碍因子在各省域出现的频数，制作 2011 年和 2021 年主要障碍因子的频数分布图，如图 6-3 所示。

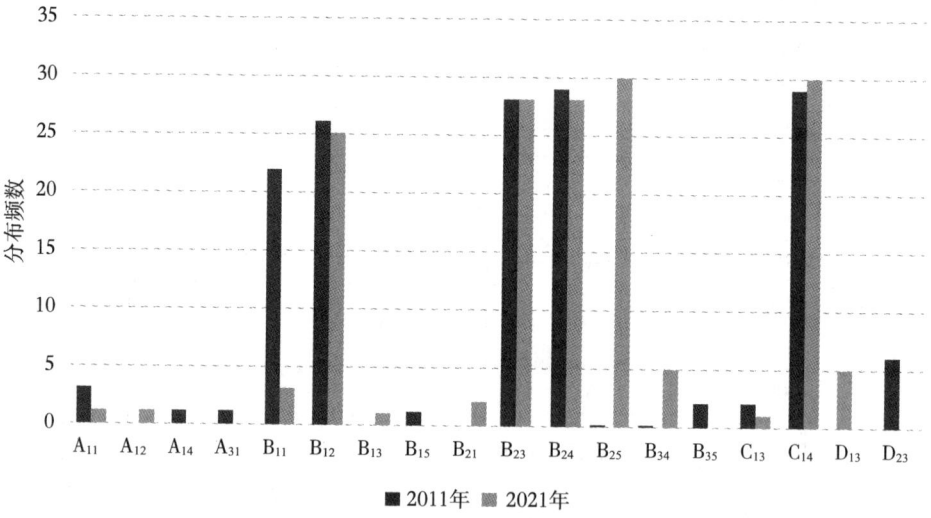

图 6-3　2011 年、2021 年旅游产业韧性主要障碍因子在各省域的分布频数

（二）障碍因子的特征

2011 年、2021 年各省域的主要障碍因子集中分布在恢复能力、重构能力中，出现在恢复能力中的障碍因子占比达到 55.56%，共计频次为 230，这与上述恢复能力整体障碍度偏高的分析结果相吻合。其中，障碍度最大

值为23.61％，最小值是3.75％。地域差异上，各省旅游产业韧性主要障碍因子整体差别不大。2011年主要是A级景区营业收入（B_{24}）、旅行社营业收入（B_{23}）、外商投资企业数（C_{14}）、限额以上住宿和餐饮业企业负债合计（B_{12}）以及限额以上住宿和餐饮业企业资产总计（B_{11}），频次均在22以上，最大达到29；2021年则集中在旅行社营业收入（B_{23}）、旅游企业全员劳动生产率（B_{25}）、外商投资企业数（C_{14}）、A级景区营业收入（B_{24}）以及限额以上住宿和餐饮业企业负债合计（B_{12}），分布频数最小为25，最大是30。两年对比来看，除了限额以上住宿和餐饮业企业资产总计（B_{11}）和旅游企业全员劳动生产率（B_{25}）呈现显著变动，主要障碍因子变化不大，排序稍有变化。这表明整体上各省域旅游产业韧性的提升依赖于作为现代旅游业的三大支柱的景区、旅行社、酒店的营业收入、资产规模和劳动生产率的提升，以及所能吸引的外商投资、产业开放程度的提高。

根据各指标作为主要障碍因子出现的频次，2011年和2021年中国旅游产业韧性省域层面存在18种障碍因子，分别为产业结构高级化指数（A_{11}）、产业结构合理化指数（A_{12}）、限额以上住宿和餐饮业国有企业数占比（A_{14}）、人均国内旅游收入（A_{31}）、限额以上住宿和餐饮业企业资产总计（B_{11}）、限额以上住宿和餐饮业企业负债合计（B_{12}）、限额以上住宿和餐饮业法人企业数（B_{13}）、旅客周转量（B_{15}）、住宿和餐饮业增加值（B_{21}）、旅行社营业收入（B_{23}）、A级景区营业收入（B_{24}）、旅游企业全员劳动生产率（B_{25}）、每万人拥有高速公路里程（B_{34}）、每万人拥有公厕数（B_{35}）、外商直接投资额（C_{13}）、外商投资企业数（C_{14}）、专利申请受理量（D_{13}）、旅游中等职业学校学生数（D_{23}），障碍度均在3％以上，但不同时期这些障碍因子的"活跃度"有所不同。其中，限额以上住宿和餐饮业企业负债合计（B_{12}）、旅行社营业收入（B_{23}）、A级景区营业收入（B_{24}）、外商投资企业数（C_{14}）分布频数较高、频次变化不明显，均在25至30之间变动；限额以上住宿和餐饮业国有企业数占比（A_{14}）、人均国内旅游收入（A_{31}）、旅客周转量（B_{15}）只在2011年出现了一次，产业结构合理化指数（A_{12}）、限额以上住宿和餐饮业法人企业数（B_{13}）只在2021年出现了1次，频数极小；限额以上住宿和餐饮业企业资产总计（B_{11}）和旅游企业全员劳动生产率（B_{25}）是变动幅度最剧烈的，前者频次从22缩减到3，后者由0增加至30。限额以上住宿和餐饮业国有企业数占比（A_{14}）、人均国内旅游收入（A_{31}）、旅客周转量（B_{15}）、每万人拥有公厕数（B_{35}）、专利申请受理量（D_{13}）、旅游中等职业学校学生数（D_{23}）只在2011年排名前5的障碍因子中出现过5次左右，在2021年退出前5，这说明研究期内科技创新水平有所提高，且推进旅游业综合性改革、促进旅游投资和消费在一定程度上改善了旅游基础设施及旅游消费环境，进一步推动了旅游专业人才队伍建设，旅游产业表现出"国有化"趋势。2021年，出现新指标障碍度升至前5，包括产业结构合理化指数（A_{12}）、限额以上住宿和餐饮业法人企业数（B_{13}）、住宿和餐饮业增加值（B_{21}）、旅游企业全员劳动生产率（B_{25}）和每万人拥有高速公路里程（B_{34}），出现这种现象的主要原因是2020年我国旅游产业遭遇了突发的疫情冲击，致使旅游市场受到沉重打击，主要体现在联系紧密的住宿和餐饮业、交通运输业等行业以及酒店、旅行社等核心企业陷入困境，亟需出台相应的旅游企业扶持政策，结合数字技术在推动旅游企业升级转型的基础上，拉动旅游市场经济恢复并培育新的旅游消费热点，促进"旅游＋"产业融合发展。

2011年和2021年各省域制约旅游产业韧性提升的主要因子排名及其障碍度变化情况具体表现为：相较于2011年，2021年旅行社营业收入（B_{23}）障碍指标排名提升，代替A级景区营业收入（B_{24}）成为位居首位的主要障碍因子，但最大障碍度均值由2011年的10.91％下降至2021年的8.07％，降幅达26.03％；旅游企业全员劳动生产率（B_{25}）的障碍度均值显著增大，横空出现并排在第二位；外商直接投资额（C_{13}）位次无明显变动，仍排在中游位置，障碍度均值上升了1.55个百分点；A级景区营业收入（B_{24}）排名降至第四位，障碍度均值也呈现显著缩小，由10.91％降至6.30％，缩减至2011年的五分之三；限额以上住宿和餐饮业企业资产总计（B_{11}）掉出前五，限额以上住宿和餐饮业企业负债合计（B_{12}）成为位居第五的障碍指标，障碍度均值稍有上升，由4.17％增长至4.66％。各省域排名第一的障碍因子，其障碍度均值呈显著下降趋势，主要障碍指标之间的障碍度均值差异展现出缩小态势，说明在研究期内各项指标的发展均取得一定程度的进步，所推行的《国务院办公厅关于进一步促进旅游投资和消费的若干意见》《国务院关于印发"十三五"旅游业发展规划的通知》等政策文件有所落实并收获成效。其中，较为特殊的省域多分布于东部地区的京津、长三角、珠三角地带，其由于经济性、人流密集性较为突出。相较于其他省域，北京、上海、江苏、浙江、福建的旅游产业韧性的提升会受到以旅游中等职业学校学生数（D_{23}）为代表的旅游人力资本的制约以及每万人拥有高速公路里程（B_{34}）有待增加而导致的交通拥堵的限制，广东则面临产业结构高级化指数（A_{11}）、产业结构合理化指数（A_{12}）需要进一步提高的困境。

总而言之，各省域应针对阻碍当地旅游产业韧性增强的主要因子，抓住"牛鼻子"，因地制宜、分类施策，转变旅游发展思路，更新旅游发展策略，采取精准化措施，从而降低障碍产生的负面影响。

旅游产业韧性的高脆弱性和高敏感性的特征使其在快速发展的同时，面临着多方面的威胁和挑战。高水平的旅游产业韧性对维持竞争优势、抵御外来风险以及推动区域旅游产业的高质量发展具有重要意义。本章基于因子贡献度、指标偏离度等指标计算得到障碍度，以识别出各准则层、指标层中制约我国旅游产业韧性提升的关键因素。结果表明：从静态分析来看，不同准则层的障碍度均值表现出来的差异明显，恢复能力的障碍度均值最高，抵御能力、重构能力次之，更新能力最低，通过调整或改善产业结构高级化指数、旅行社营业收入、外商投资企业数和专利申请受理量等，可有效提升各省域旅游产业的韧性水平。从动态变化来看，各省域旅游产业韧性主要障碍因子整体差别不大，2011—2013年，4个准则层的障碍度均值表现为恢复能力＞抵御能力＞重构能力＞更新能力，2014—2021年，则转变为恢复能力＞重构能力＞抵御能力＞更新能力。总的来看，各省域间影响旅游产业韧性水平的障碍因子大致相同，应切实转变发展思路，出台相应扶持政策，因地制宜采取有效措施，推动旅游产业的融合发展，从而弱化障碍因子的负面影响。

第七章　中国旅游产业韧性趋势预测

第一节　ARIMA模型

一、预测模型选择

20世纪70年代，英国学者Box和Jenkins构建了差分整合移动平均自回归（Auto-Regressive Integrated Moving Average，ARIMA）模型，又称"B-J"模型，是一种通过变化规律对未来进行预测的计量经济学模型，具有模拟精度较高、灵活性强的特点，已广泛应用于经济发展的预测研究中，尤其在时间序列分析领域占据着重要的地位。该模型认为：以时间为节点的序列，通过数据分析，可将某一节点的数据转变为在特定范围内变换的序列。ARIMA模型的基本构成主要包括以下三个参数。

（一）自回归项

自回归项，即AR（p），是基于序列自身的历史数据进行回归建模，表示当前值与前期某时间点的值之间的某种线性关系，反映了时间序列的惯性或者记忆性，即过去的数值对当前的数值有着一定的影响。通常使用自相关函数（ACF）来识别和确定这种关系。对于一个AR（p）模型（p为自回归阶数），时间序列的当前值可以表示为过去p个时间点观测值的线性组合加上一个随机误差项。这种关系反映了时间序列的惯性或者记忆性，即过去的数值对当前数值有着一定的影响。

（二）移动平均项

移动平均项，即MA（q），是用过去的预测误差来预测当前值，表示当前值与前期某时间点的值的误差之间的线性关系。通常使用偏自相关函数（PACF）来识别和确定这种关系。MA（q）模型中，通过对过去q个时间点的随机误差项进行加权平均来构建模型，q表示滑动平均的阶数，它反映了外部随机冲击对时间序列的影响在时间上的持续性。移动平均项有助于捕捉时间序列中的短期波动，这些波动可能是由一些短期的、不可预测的因素引起的。

（三）积分项

积分项（I），主要针对非平稳时间序列进行差分操作，以消除非平稳性，其用于将非平稳的时间序列转换为平稳的时间序列。如果一个时间序列具有趋势或者季节性等非平稳特性，直接使用AR和MA部分可能无法很好地拟合数据，通过差分（通常是一阶或多阶差分）操作可以消除这些非平稳因素，使得后续的模型拟合更加准确。通常情况下，一阶差分可以消除线性趋势，二阶差分可以消除二次趋势等，阶数（差分次数）表示需要对时间序列进行多少次差分才能达到平稳性。

旅游产业韧性的发展受到多种因素的综合影响，其时间序列呈现出复杂的变化特征，而ARIMA模型是中短期预测最有效的工具，能够有效地处理具有趋势性、季节性和随机性的时间序列数据，捕捉到数据中的潜在规律和趋势，规避突发事件带来的冲击和干扰，较为准确地模拟时间序列的演变趋势，并通过内在趋势与实际表现的对比反映序列变化的弹性特征。其原理是利用微分法消除季节效应，将多因素的综合效应整合到时间序列变量中，以准确模拟和预测实际问题的动态。因此，基于前文研究结果，为使测量结果更加稳定，本研究将ARIMA模型作为中国旅游产业韧性未来演变趋势的预测工具。通过合理确定模型的参数p（自回归阶数）、d（差分阶数）和q（移动平均阶数），可以构建出能够较好拟合旅游产业韧性时间序列数据的模型。模型由AR（p）和MA（q）共同组成ARMA（p, q），对其进行差分处理得到的ARIMA（p, d, q）。其中，自回归部分考虑了时间序列的历史值对当前值的影响，差分部分用于消除数据的非平稳性，移动平均部分则考虑了随机干扰项对当前值的影响。具体公式如下：

$$Y_t = \alpha_1 Y_{t-1} + \alpha_2 Y_{t-2} + \cdots + \alpha_p Y_{t-p} + \varepsilon\alpha_t + \beta_2\varepsilon_{t-2} + \cdots + \beta_q\varepsilon_{t-q} + c$$

$$(7\text{-}1)$$

式（7-1）中，Y为因变量；t为时刻；α_1、β_1为回归系数；ε为白噪声过程；p为自回归系数；q为移动平均系数；c为常数。模型一般通过差分法将非平稳序列转变为平稳序列，通常用ARIMA（p, d, q）表示，其中d为差分阶数。

二、ARIMA模型的建立过程

（一）数据的预处理

在建立ARIMA模型之前，首先要观察时间序列数据的季节性与平稳性特征，对其进行平稳性检验，确定其是否平稳。常用的检验方法有ADF（Augmented Dickey-Fuller）检验等。如果数据是非平稳的，就需要根据数据的特点进行差分操作使其平稳，得到去周期性平稳序列及（季节性）差分阶数 d。

（二）模型定阶

确定ARIMA模型中的 p、d、q 三个参数是建立模型的关键步骤。通常可以通过绘制时间序列的自相关函数和偏自相关函数图，观察自相关函数（ACF）和偏自相关函数（PACF）的图像来初步确定ARIMA模型的自回归阶数 p 与移动平均阶数 q 的值。也可以使用一些信息准则，如AIC（赤池信息准则）和BIC（贝叶斯信息准则）来选择最优的参数组合。

（三）模型估计

本研究使用选定的参数对ARIMA模型进行估计，使用最小二乘法等估计方法来估计模型的系数，选择最优模型，参考表7-1。

表7-1　ARIMA模型识别

模型	自相关函数	偏自相关函数
AR	拖尾	截尾
MA	截尾	拖尾
ARMA	拖尾	拖尾

（注：表中"拖尾"指函数呈现指数衰减或震荡趋势；"截尾"指呈现 p 或 q 阶截尾趋势。）

（四）模型检验与应用

对建立好的模型进行检验，检查模型的残差是否满足白噪声假设。如果残差不是白噪声，说明模型可能存在问题，需要重新调整模型的结构或者参数。然后，基于最优模型，结合时间序列数据进行计量分析，以预测未来趋势。

第二节　旅游产业韧性演变趋势分析

一、整体层面

　　基于前文得到的2011—2021年中国旅游产业韧性数据，对其进行平稳化处理后采用ARIMA模型，经多次检验后确定ARIMA（1，2，1）模型为最优模型，从而得到2022—2031年旅游产业韧性变化轨迹（见图7-1）。由图7-1可知，2022—2031年，在现有条件不变的前提下，中国旅游产业韧性将延续前期趋势继续波动上升，但其波动幅度有所减缓，基本呈U形变动，即先下降后上升态势，且转折点将发生在2025年（旅游产业韧性为0.27）。就增速而言，与前期（2011—2021年）相比，2022—2031年中国旅游产业韧性增速稍有增加，且存在持续增长的潜在趋势，预计在2031年达到峰值（0.29），约为2011年的1.1倍。表明，尽管在2020—2023年受疫情影响，旅游韧性有所降低，但随着政策调整以及人们生活方式和需求的改变，中国旅游产业韧性水平未来将有所回升。

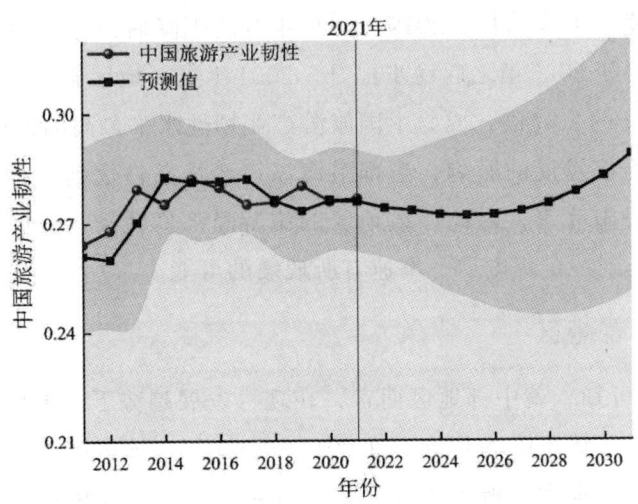

图7-1　中国旅游产业韧性趋势预测

　　就我国中长期的发展来看，旅游产业作为我国的战略性支柱产业，其仍面临着实现高质量转型和提升产业竞争力的挑战。面对各种不确定的危机和动荡，如何适应外部环境变化、应对风险因素的干扰并进一步释放产业活力，逐渐成为高质量、可持续发展进程中急需解决的关键问题。

二、地域层面

为进一步分析不同地域旅游产业韧性变化趋势，下文在对第五章的研究结果进行平稳化处理后，得到去周期性平稳序列及差分阶数，并确定了模型的自回归阶数与移动平均阶数（见表7-2），进而得到2022—2031年我国东部、中部和西部旅游产业韧性水平的演变趋势。

表7-2　地域层面模型构建

地域	模型
东部	ARIMA(2,2,1)
中部	ARIMA(2,2,1)
西部	ARIMA(2,2,2)

（一）东部地区

由图7-2可知，在现有内外部条件不变的情况下，东部地区旅游产业韧性水平将呈稳步上升趋势，2019—2020年有所下降后，在2021—2024年有所提升，并将于2025年之后稳步提升。2031年东部地区旅游产业韧性水平将达到2011年的2.37倍，成为中国旅游产业韧性水平最高的区域，达0.85，这可能是受经济发展的影响，东部沿海城市经济条件优越、科学技术水平较高、交通设施完善，因此，该地区的旅游经济韧性较强，但仍存在当其韧性水平提升到一定程度后，增速有所放缓的可能。

（二）中部地区

由图7-3可知，就中部地区而言，在现行发展趋势下，中部旅游产业的韧性水平将呈缓慢下降的趋势。在2011—2021年，该地区旅游产业韧性水平呈上升趋势，但波动幅度较大，且上升幅度不大。经模型预测得到，未来中部地区旅游产业韧性水平稍有下降，且在研究期间韧性水平的最高值发生在2016年，达0.24，2031年较2011年将降低5.78％。该结果一方面反映了该地区旅游产业的韧性水平可能在空间上存在非均衡性的分布特征；

另一方面，受百年未有之大变局等宏观环境的影响，该地区在承接东部产业转移的同时，旅游产业作为高敏感性和高脆弱性产业，其产业结构转型受到了内外部环境的不稳定性和不确定性的较大干扰。但不可否认的是，随着向高质量发展的转型，典型旅游城市的正向空间溢出效应逐渐增强，该地区的旅游产业韧性水平极有可能在后续发展中由降转升，进而促进旅游产业的提质增效。

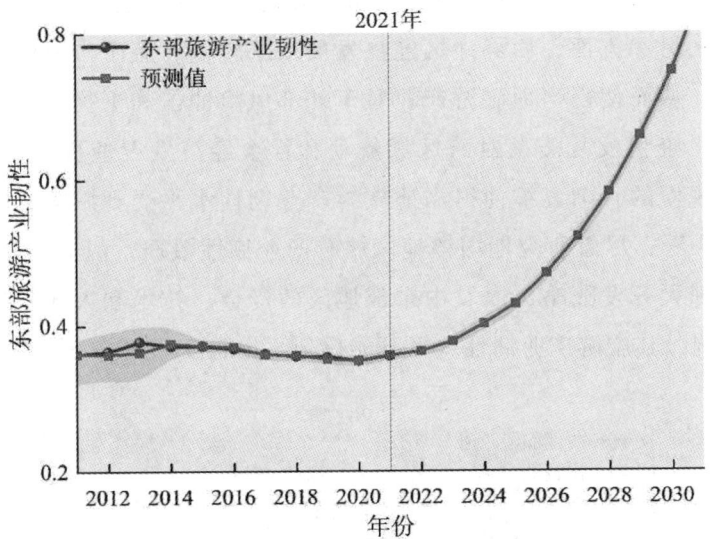

图7-2　东部旅游产业韧性水平发展趋势

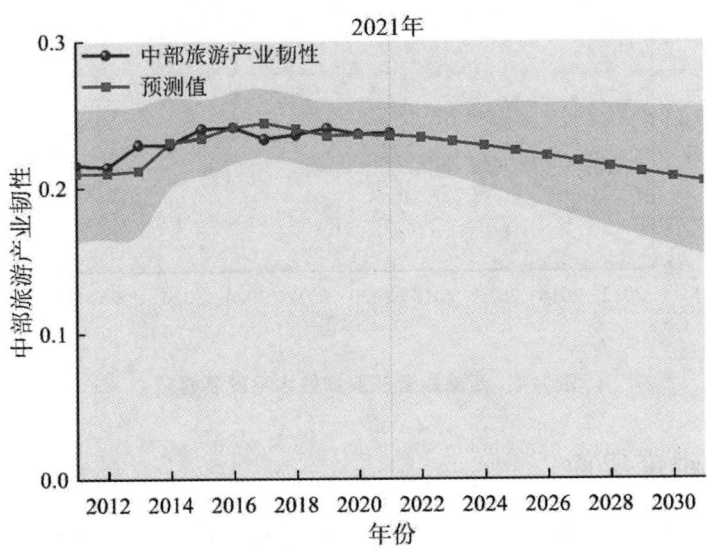

图7-3　中部旅游产业韧性水平发展趋势

（三）西部地区

由图7-4可知，西部地区不同于东部和中部地区，在现有条件下，该地区旅游产业韧性水平将处于0.04至0.22之间，呈倒U形趋势发展。峰值发生于2019年，达0.22。其中，2011—2019年，韧性水平增速为16.83%，呈波动上升趋势；之后，将持续下降。该结果一方面反映了受区位影响，相比于中部、东部地区，西部地区地理环境较为恶劣，交通可达性不及中部、东部地区；另一方面，西部地区经济发展水平较低，旅游产业的基础设施暂未完善，从而使得当地旅游产业对于外部风险冲击和干扰的反应能力较弱。同时，疫情反复震荡对跨区域流动和社会经济发展造成了广泛影响，旅游消费规模的日渐萎缩使得当地旅游产业韧性水平受到影响。从长远发展的角度来看，尽管研究期内该地区旅游产业韧性最弱，但受"一带一路"倡议、西部大开发战略，以及中东部地区的资金、技术和人才引进等方面政策的影响，其旅游产业韧性水平可能得到一定程度的提升。

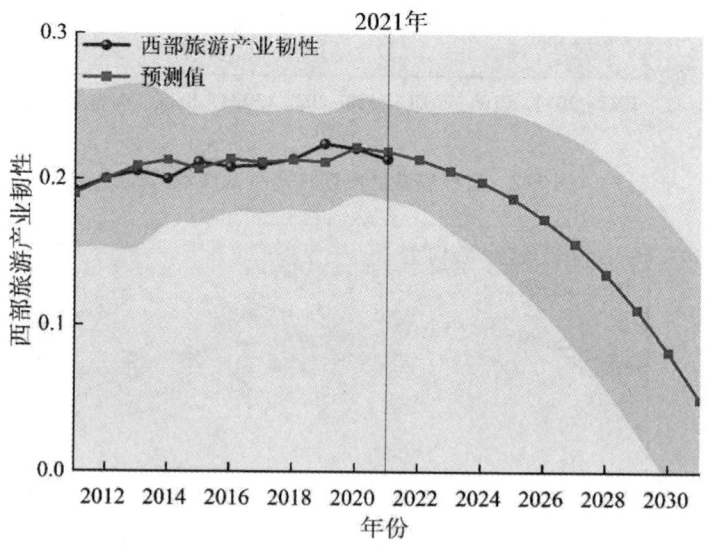

图7-4 西部旅游产业韧性水平发展趋势

三、维度层面

旅游产业的抵御能力、更新能力、恢复能力和重构能力是旅游产业面临不确定挑战时保持稳定性、适应性和创新性的基本保障。以下进一步探究旅游产业韧性水平在不同维度的演变趋势。

　　基于前期研究结果，经多次检验后建立不同维度的 ARIMA 模型（见表 7-3）。

表 7-3　维度层面模型构建

维度	模型
抵御能力	ARIMA(1,1,1)
更新能力	ARIMA(1,1,2)
恢复能力	ARIMA(2,2,0)
重构能力	ARIMA(2,1,2)

　　由图 7-5 可知，整体来看，旅游产业韧性水平的抵御能力和恢复能力将呈上升趋势，更新能力和重构能力将呈下降趋势。

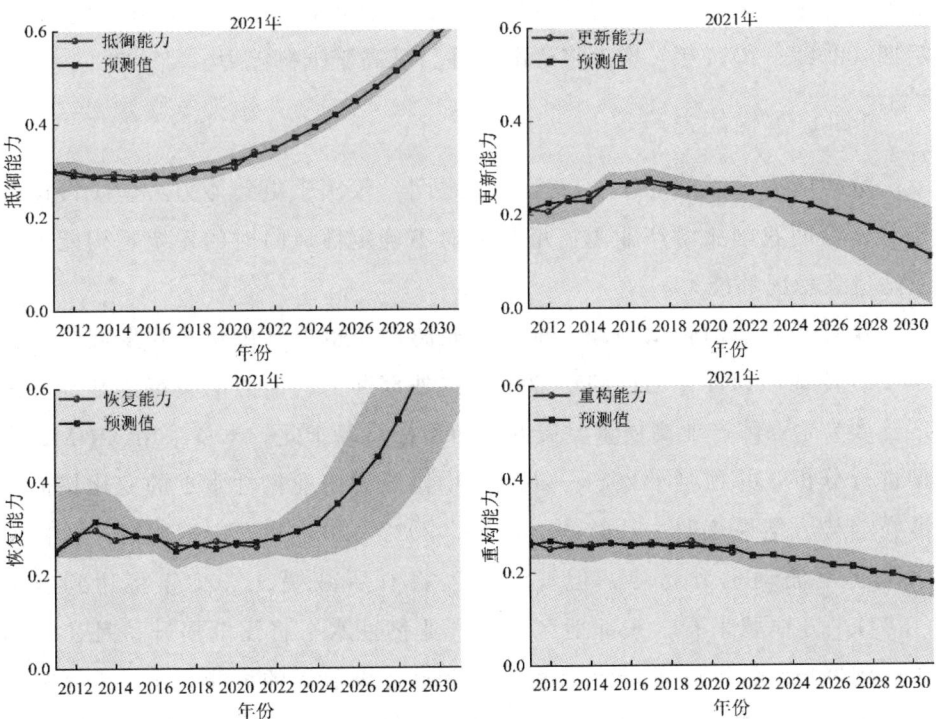

图 7-5　旅游产业韧性在不同维度的发展趋势

（一）抵御能力

抵御能力预测值处于 0.28 至 0.63 之间，在现有条件不变的假设下，与研究期间相比，2022—2031 年增速明显提升，由 2011 年的 0.30 提升至 2031 年的 0.63，且将在短时间内继续增强。

（二）更新能力

更新能力预测值处于 0.11 至 0.27 之间，在四种维度中最低，且呈先增后降的趋势，在 2017 年达到峰值，为 0.27。与研究期间相比，2022—2031 年将持续下降，减速达 56.18％，2031 年将降至 0.11。

（三）恢复能力

恢复能力预测值处于 0.28 至 0.86 之间，在四种维度中最高，2011—2021 年呈波动上升趋势，之后将持续增加，最低值发生在 2011 年，为 0.25，后期（2022—2031 年）增速将逐渐增强，且高于抵御能力。

（四）重构能力

重构能力预测值处于 0.18 至 0.27 之间，仅次于更新能力，呈缓慢递减趋势，表明我国旅游产业亟需增强应对不确定性风险时的系统重构能力以及适应新境况的能力。

随着产业结构转型的深入推进，旅游产业也逐渐由粗放式发展向可持续发展转型。韧性作为反映产业应对内外部冲击的能力的关键属性，已被广泛认为是保障产业高质量发展的正向指标。基于此，本章采用 ARIMA 模型进行分析，并预测了 2011—2031 年中国旅游产业韧性水平的变化特征与潜在趋势。结果表明，从整体上来看，2022—2031 年，中国旅游产业韧性水平将呈波动上升趋势，但波动幅度将有所减缓，2025 年将达到峰值（0.27）。分地域来看，东部地区旅游产业韧性水平将逐渐提升，且在 2031 年达到峰值（0.85），但未来将存在饱和后逐渐放缓的可能；中部地区将呈缓慢下降的趋势，峰值发生于 2016 年（0.24），但受产业转型升级的影响，仍然存在进一步提升的潜力；西部地区将呈倒 U 形发展趋势，其韧性水平为三个地区中最低。分维度来看，抵御能力和恢复能力将持续提升，而更新能力和重构能力逐渐下降。总的来看，在未来发展中，应有效增强东部地区旅游产业韧性的空间溢出效应，着力提高中西部旅游产业系统结构，进一步完善旅游产业基础设施建设体系，促进部分旅游产业与头部企业融合发展，增强产业的更新能力和重构能力，进而有效缩小区域间的差距，打造高韧性的旅游产业体系，实现旅游产业的韧性发展。

第八章 中国旅游产业韧性的提升路径

第一节 旅游产业韧性的总体提升路径导向

大变局下，国际环境严峻性、复杂性、不确定性问题凸显，全球旅游产业该"何去何从"是学界、业界探讨的热门话题。国内发展环境也处在深刻变化中，旅游产业韧性整体水平仍具有很大提升空间，其发展不平衡不充分的问题较为显著，旅游业供给侧结构性改革任务依然艰巨，冲击下的抵御能力、恢复能力、重构能力和更新能力需进一步提高。本章将基于前文对中国旅游产业韧性水平评价、时空演化分析及障碍因素诊断的实证研究结论，结合《"十四五"旅游业发展规划》《关于释放旅游消费潜力推动旅游业高质量发展的若干措施》等政策文件，依据中国旅游产业韧性发展的实际情况，提出促进总体及各维度层面旅游产业韧性提升的路径。

针对中国旅游产业韧性水平的空间差异特征及两极化发展趋势问题，亟须贯彻落实区域协调发展战略、"十四五"规划重点任务，通过整合资源要素推动区域协调联动发展，形成高韧性旅游产业体系；构建旅游产业韧性空间发展新格局，健全京津冀协同发展、长三角及珠三角一体化建设、成渝地区双城经济圈构建等区域重大战略旅游协调机制，推进跨区域旅游协同发展及旅游产业韧性提升。

各区域应因地制宜，中央政府、地方政府、企业等多元主体应共同发力，有的放矢地增强旅游产业韧性抵御能力、恢复能力、重构能力和更新能力，特别是障碍程度最显著的恢复能力。东部地区应加快推进旅游现代化建设和旅游产业转型升级，建立完善的休闲旅游度假体系，在缓解景区人流量、交通压力的基础上，提升消费者的旅游体验，继续增强区域旅游核心竞争力。中部地区应加快完善旅游产业体系建设，加大跨省域的旅游资源整合力度，推动旅游产业发展较好的地区的旅游品牌的创新升级以及旅游产业发展还有待提升的地区的旅游吸引力的显著提升。西部地区应发挥各省域在自然生态禀赋、特色边境风光、民族民俗风情等方面的资源优势，注重加强在旅游基础设施和公共服务体系方面的建设，大力发展特色旅游，持续推动区域旅游及产业韧性水平的协调发展。

第二节 旅游产业韧性的分维度提升路径设计

一、基于抵御能力的路径设计

（一）优化产业结构，充分发挥旅游产业的带动作用

在旅游产业韧性抵御能力障碍因子的实证研究中，产业结构高级化、合理化的发展水平是关键障碍指标。换言之，产业结构高级化、合理化水平越高，旅游产业韧性的抵御能力越强。同时，旅游产业又是促进产业结构优化升级的重要推动力，旅游产业的高质量发展是推动我国经济提质增效的重要举措。因此，产业结构的高级化、合理化程度与旅游产业的韧性水平是相辅相成、相得益彰的。这就要求各省域政府应积极发展以旅游产业为代表的第三产业，将其作为主导产业、支柱产业、先导产业，放在优先发展的战略位置，充分发挥旅游产业的带动作用；推动旅游行政管理体制改革，增强制度韧性，为旅游产业的发展营造优质的营商环境和有序的竞争环境。此外，应在保证旅游产业领域国有资本具有一定控制力、能在冲击后发挥稳定作用的情况下，优化产业生态，培育多元市场主体，增强企业的多样性。

（二）释放消费潜力，持续提升旅游市场发育程度

研究显示，旅游产业市场发育程度也是影响旅游产业韧性抵御能力增强的重要因素。基于此，要想释放旅游消费潜力，优化旅游消费环境是亟需思考的问题，应形成与民众旅游消费需求更加匹配的新局面。各省域可参考以下几点建议：一是丰富旅游消费场景，政府、企业应持续推进各地

区在文体商旅等领域的深入融合，围绕研学、演出、体育等主题，推出一系列富有吸引力的旅游消费项目。二是打造智慧旅游、沉浸式体验旅游新空间，企业应推出更多旅游新场景、新产品、新玩法以供游客选择。三是加强消费平台载体建设，企业应积极培育新产业形态和创造新型消费模式，以主客共享文化为主题构建旅游消费新空间，通过研发、生产特色化的定制产品，迎合市场个性化的需求，促进文化和旅游消费提质升级、文旅产业转型提档增效。四是在国内创新性地开展"旅游中国·美好生活"宣传推广活动，政府应引导各地区的游客积极推荐并介绍自己家乡的资源，以特色化供给刺激新需求，用细分需求拉动新供给，形成消费态势。

二、基于恢复能力的路径设计

（一）激发市场主体活力，提高旅游企业经济效益

阻碍旅游产业韧性恢复能力提升的主要因素之一是旅游企业的营业收入，因而提高作为现代旅游业三大支柱的景区、旅行社、酒店的经济效益就成为重中之重。加之，遭受疫情剧烈冲击后的旅游企业急切需要相关政策纾困解难、"输血补气"，从而激发出市场主体的新活力。各省域政府、旅游企业可根据实际情况采取以下对策：一是做好惠企政策的宣传和贯彻落实工作，推动减税降费等措施在旅游领域的切实推行；促进政策精准化推送和细节化解读，让针对旅游企业的帮扶政策真正用在企业身上、落到实处。二是为旅游企业制订培育计划并督促实施，优化旅游企业的资源配置，扎实推进它们在经营过程中不断规模化、品牌化、网络化，在发展方向上不断专业化、特色化、创新化，着力提高服务质量水平。三是增加旅游市场主体的弹性供给，在旅游旺季，各地景区应结合自身承载能力，合理实施预约、限流、错峰机制；畅通预约渠道，简化预约流程，提供更为便捷的服务。

（二）补齐基础设施短板，完善旅游基础设施网络

加强旅游配套基础设施的公共服务能力，是提升旅游产业韧性恢复能力的关键环节。各省域政府、企业应大力支持旅游基础设施建设，进一步补齐各方面短板。首先，政府应强化交通网"快进慢游"功能，完善"快

进"交通网建设，增强旅游地可进入性，鼓励为旅游者提供定制化旅游运输服务。其次，企业应优化旅游公共服务设施布局，实现旅游景区内停车场、交通干道、厕所、垃圾桶、标识标牌等的科学规划和建设。最后，企业应推进以"互联网＋"为代表的旅游场景化建设，提高旅游景区5G网络覆盖率，并结合大数据、区块链、云计算和人工智能技术，打造智能化旅游景区，让旅游者获得更加沉浸式的体验，提高人与物的交互性。同时，还需加强对旅游地的生态监测，组织建设必要的、重要的监测预警设施。应进一步推动生态旅游在可持续发展之路上行稳致远，注重打造以运动、健康等为主题的生态旅游产品和旅游线路，迎合大众对环境、产品、服务生态化的新需求。

三、基于重构能力的路径设计

（一）积极引进外商投资，深化旅游国际合作

研究发现，外商投资水平对增强旅游产业韧性重构能力的作用显著。接受外商投资是我国目前利用外资的重要方式。外资的利用规模扩大，表征着国际收支状况出现明显改善，表明国家经济增长的前景逐渐向好，从而能更有力地推动国民经济水平的提升。外资流入会在一定程度上刺激社会总需求增长，进而牵引市场主体增加供给，使经济增长出现提速。因此，中央政府、地方政府以及企业应提高旅游产业领域的对外开放程度，合理缩减外资准入负面清单，持续推动旅游国际合作向纵深发展，与周边国家在旅游市场、产品、服务标准等方面互通有无，积极引进外商投资，适度扩大外资企业规模。

（二）加强人力资源培训，推动工作队伍专业化

旅游相关从业人员的素质水平与旅游产业韧性重构能力的增强密切相关。各省域政府、企业应加强职称评定和职业技能评价，完善高技能人才培养体系，建设旅游技能人才提升基地。企业应大力推广现代学徒制度；应将提高导游队伍专业化水平作为总抓手，采取具体措施加强导游队伍建设和管理，如进一步推进导游等级考评机制的改革，不断拓宽导游执业渠道。政府、企业应鼓励并引导专业人员、退休人员、在校学生等各方人才

走进各景区担任志愿讲解员；应完善旅游地工作人员的培训流程，加大对旅游业领军人员、一线服务人员的培养力度，努力打造出一支高标准、高素质、高水平的旅游从业人员队伍，着力提升旅游服务质量。

四、基于更新能力的路径设计

（一）深入挖掘创新潜力，科技赋能旅游智慧发展

科技创新是旅游产业高质量发展的核心动力引擎，也将成为提升旅游产业韧性水平的驱动因素。从上文的分析中可知，打通科技发展的梗阻是增强中国旅游产业韧性更新能力的重要举措。因此，各省域政府、企业在发展旅游产业的过程中，应该重视科技赋能，强调智慧转型和协同创新，推动产业新形态深入转型发展，打造上中下游越来越完整的旅游全链条。同时，要充分利用数字化、网络化、智能化的科学技术形成创新成果，以数字化创新赋能旅游产业的发展和管理，并积极探索新技术在实际应用场景下的新模式，创新产品和服务方式。在此基础上，结合市场机制、市场需求以及旅游地的特色资源优势，努力建成具有生命力、可持续的旅游数字化发展新业态、新模式。

（二）积极培育智力资本，夯实旅游创新人才支撑

培养旅游高质量人才，对旅游产业智力资本进行积极管理和控制，是增强旅游产业韧性更新能力的有效途径。各省域政府应鼓励并支持旅游院所发展科研能力，推动建设旅游行业智库，对旅游科学年会等学术会议善加利用，畅通旅游学界研究成果的交流渠道。旅游院校应注重学科建设，优化相关课程设计，提高旅游管理类专业教学质量水平，促进旅游职业教育、旅游管理硕士专业学位研究生教育高质量发展。利用新兴数字技术，构建数字化课程体系，并推动课程资源广泛共享。助推"产学研"合作，将企业、院校、研究所等的相关资源进行整合，鼓励各主体间开展创新合作，构建协同创新网络。各省域应不断完善旅游专业型人才、创新型人才的培养、引进体系。

随着信息网络和科学技术的不断进步，旅游产业发展迅速，被普遍视为有利于经济和社区福祉的重要产业。但是，如果只强调旅游发展的经济

属性，大众旅游的无节制发展将导致旅游资源在短时间内持续开发，旅游的脆弱性将更加突出，很可能因目的地资源和景点的枯竭而产生不可逆的衰退。随着时代的进步，旅游产业因顺应了国家潮流和公众对体验的共同需求而迅速发展。然而，中国旅游产业的快速发展也带来了许多问题，如生态环境的破坏、文化遗产的流失和区域经济的失衡等。旅游产业韧性不仅强调应对外部冲击和干扰并维持或较快恢复其原有的增长路径的能力，更强调动态适应、创新发展的能力。为应对时代发展的不确定性，构建高韧性水平的旅游产业体系成为旅游产业高质量发展的关键。因此，本章在前文分析的基础上，分别从抵御能力、恢复能力、重构能力和更新能力四个维度提出了提升中国旅游产业韧性水平的路径，以期为解决我国旅游发展问题、提升旅游目的地发展效率和质量提供参考。

第九章 中国旅游产业韧性提升的政策及保障

2024年5月17日，习近平总书记对旅游产业的发展发表了重要指示，强调了旅游产业对于国家发展的重要性及其在经济、社会和文化方面的作用。改革开放以来，特别是党的十八大之后，中国的旅游产业实现了迅猛增长，不仅成为全球最大的国内旅游市场，还在国际旅游领域扮演着重要的角色，中国成为国际旅游最大的客源国和主要目的地。

习近平总书记在重要指示中指出，旅游产业"日益成为新兴的战略性支柱产业和具有显著时代特征的民生产业、幸福产业，成功走出了一条独具特色的中国旅游发展之路"。为推动旅游产业高质量发展，习近平总书记提出了一系列具体要求和目标。这些要求和目标是为了完善旅游产业现代体系，加快建设旅游强国，保障旅游产业持续健康发展。这些指示凸显了旅游产业在促进国家经济增长、满足人民美好生活需要、树立国家形象方面的重要作用。

为了实现这些目标，本研究提出了包括但不限于以下三个方面的措施：落实产业发展政策，完善旅游发展设施，以及提升产业韧性的保障。这些措施的实施，可以确保旅游产业在国家发展中发挥更大的作用，同时为人民提供更加丰富和高质量的旅游体验。

第一节 落实产业发展政策

一、创新发展理念

创新是推动旅游产业发展的关键因素。它不仅关系到产业的持续繁荣，而且直接影响游客体验、环境保护、文化传承和经济效益。创新理念强调创新是旅游产业实现高质量发展的基石，为转变发展动力、解决发展问题、积累发展优势提供科学指导。在旅游产业中，创新发挥着至关重要的作用，不仅可以促进产业转型升级，而且可以增强产业可持续发展能力和竞争力。

创新催生了多元化的旅游产品和服务，以满足游客不断变化的需求。从传统的观光旅游，到休闲度假、文化旅游、生态旅游、健康旅游、红色旅游等旅游新业态，都是创新的产物。这些新产品和服务丰富了旅游市场，提高了游客的满意度和忠诚度。技术与应用的创新，科技进步特别是信息技术的发展给旅游产业带来了革命性的变化。大数据、云计算、人工智能、物联网等技术的应用，使旅游产业实现精准营销、个性化服务、智慧旅游管理，提高了运营效率，降低了成本，为游客提供了更加便捷的服务。商业模式创新是旅游产业适应市场变化、实现跨越式发展的关键。共享经济、平台经济、线上线下融合等新业态模式的应用，打破了传统旅游的界限，推动了产业链上下游的深度融合，为旅游产业注入了新的活力。

在过去的几年中，旅游产业逐渐显现其重要性，已经变成了中国国民经济结构中不可或缺的核心部分。旅游产业作为一种特殊产业，它不仅能够满足人们对精神文化生活的需求，还能促进地区经济增长。创新成为推动旅游产业朝着可持续发展方向前进的核心动力。旅游产业与环境保护密不可分，环境保护不仅关系到旅游活动本身对生态环境造成的影响，而且也直接决定了人类社会是否能够继续生存下去。旅游产业通过融入绿色、低碳和生态旅游的理念，不仅可以在保护自然环境、传承和弘扬文化遗产方面发挥积极的作用，还有助于促进社会利益、经济利益与环境利益间的和谐统一，实现可持续发展的目标。旅游产业不仅为大众提供了放松、娱乐和获得独特体验的场所，还极大地推动了餐饮、住宿、交通和文化活动等相关领域的迅速发展。旅游产业作为全球众多国家和地区经济发展的核心支柱产业，既展现出强大的活力，也具备通过创新推进其自身转型与现代化进程的独特能力，从而吸引着越来越多的游客纷至沓来，感受其独特的魅力与价值。在政策引导下，我国旅游产业正迈向高质量发展阶段，依托丰富多样的自然与文化旅游资源，展现出独特的区域魅力和产业活力，为增强产业韧性和推动区域协调发展提供了坚实基础。

总体而言，创新在旅游产业发展中起到了不可替代的作用，它是推动该产业朝着高质量方向发展的核心要素。我国始终将推动旅游产业朝着高质量方向发展视为关键任务。随着全球经济的快速融合和科技的持续发展，旅游产业正迎来前所未有的转型和扩张浪潮。旅游产业的整合特性越来越突出，依赖科技和以服务为中心的创新已经成为新时代旅游产业发展的主要方向和趋势。创新发展成为推动旅游产业现代化进程和实现高质量发展的核心途径。以创新为驱动力的旅游产业发展策略拥有巨大的应用潜力。目前，我国在创新驱动型发展模式的研究方面还处于起步阶段，缺乏全面而系统的理论基础和实践指导。随着科技的不断进步和人们消费观念的持续升级，旅游产业将面临更多新的发展机遇和挑战。因此，在旅游产业数字化转型、区域协同发展和可持续实践等领域，进一步推广技术创新与管理创新至关重要，以提升产业韧性和区域协调发展能力。

二、完善现代旅游业体系

完善现代旅游业体系不仅是构建现代产业结构的核心部分，还是确保旅游产业高质量发展的关键路径。当前，我国正处于由旅游大国向旅游强国转变的重要时期，迫切需要建立一套完整、系统的现代化旅游管理体系。现代的旅游产业结构体现了与时代同步发展的观念，它带有明显的时代印记，强调相对性以及不断地动态演变。世界上一些发达国家和发展中国家都已形成了较为完备的现代旅游业体系，并取得了显著成效。现代旅游业体系在不同的国家和地区会因历史背景、经济构成、政策氛围、资源状况以及产业基础等多种因素的不同而呈现出明显的差异性。随着科技的不断发展、产业分工的细化，以及产业要素、结构、组织和功能的持续优化，现代旅游业体系也在不断地演变和发展。

《"十四五"旅游业发展规划》以满足人民美好生活需要为目的，着力推动文化和旅游深度融合，着力完善现代旅游业体系，加快旅游强国建设，努力实现旅游业更高质量、更有效率、更加公平、更可持续、更为安全的发展。这是对新时代我国旅游产业发展作出的顶层设计。2024年5月，习近平总书记在其关于旅游业务的指导意见中，特别强调了"坚守正道、创新、提高质量、促进融合发展"的核心理念。

在推动旅游产业走向现代化的过程中，政策扶持、市场拓展以及基础设施建设都是促进旅游产业高质量发展的核心要素。政治的支持构成了旅游产业持续发展的稳固基础。改革开放以来，中国经济持续快速健康发展，人民生活水平显著提高，对旅游产品需求也日益增加，这一切都离不开国家政策的扶持。为了支持旅游产业的现代化进程，政府出台了一系列政策，这不仅有助于调整旅游产业的结构，还能促进旅游产业的创新与转型。随着国家经济水平不断提高，人们的旅游产品需求日益多元化，这就要求我国政府制定更加符合时代发展需要的旅游产业政策。

对于旅游产业来说，市场拓展对提升市场的国际竞争力起着至关重要的作用。目前世界范围内许多国家都把旅游产业作为支柱产业来培育和发展，并通过制定相关政策促进旅游产业持续稳定地增长。为了在全球旅游市场中获得更有利的位置，我国正在努力拓展国内外的旅游产业市场，并通过国际合作与制定实施市场策略来吸引更多的游客。旅游产业的发展同时还依赖于作为其物质支撑的基础设施的建设。通过加强旅游基础设施的建设，如交通、住宿和信息服务等方面，能够为游客带来更为便捷和舒适的旅行体验。随着我国经济进入新常态，旅游产业的发展面临着巨大挑战，也迎来了前所未有的机遇。《"十四五"旅游业发展规划》强调推动停车场、旅游集散中心、度假区内部引导标识系统等数字化、智能化改造升级；科学布局并配套完善旅游休闲功能区域，优先保障区域旅游休闲重大项目，做好交通衔接和服务配套；因地制宜推动乡村旅游差异化、特色化发展，推进多元功能聚合，营造宜居宜业宜游的休闲新空间，以提升旅游服务的整体能力。

通过实施政策扶持、拓展市场和加强基础设施建设，我们能够有力地推动旅游产业向现代化转型，并确保其实现高质量的可持续发展。

三、提高产业发展水平

旅游产业的韧性与其产业构成、市场竞争能力以及成熟度有着紧密的联系。旅游产业的专业化程度，可利用其区位熵进行评估，对该产业的灵活性产生了显著的影响。旅游产业具有明显的区域聚集效应。高区位熵代表着旅游产业更有可能实现规模经济，进而提升其经济效益，这也是提升旅游产业韧性的核心因素。与此同时，产业结构的多样性在分散外界冲击方面起着至关重要的作用。在面对特定行业的外部冲击时，多样化的产业布局能够通过其相互补充的作用，降低外部冲击对其他行业的负面影响，从而确保经济的稳健增长。因此，对于旅游产业而言，产业结构调整和优化必须与区域结构相协调。这构成了旅游产业韧性的关键组成部分。此外，旅游产业具有较强的聚集性，能够促进区域内相关企业和机构间进行资源交换。旅游市场的大小同样是决定旅游产业竞争实力的关键要素。庞大的市场潜力为旅游产业创造了新的增长机会，从而增强了其市场竞争力。旅游产业的进步程度也会对其应对危机的能力产生影响，一个更高的发展阶段代表着更出色的适应性和韧性。

从宏观的视角来看，旅游产业的韧性不仅与其专业化和多元化的产业布局密切相关，还与其市场规模和整体发展水平有着密切的联系。这些元素之间的紧密联系共同塑造了旅游产业对于各种问题的反应能力和恢复能力。因此，要想提高整个产业的标准，我们可以从以下三方面着手。

其一，加强旅游产业的专业化和多元化发展。旅游产业的专业性和多元性是提升旅游产业韧性的核心要素。专业化发展在提升旅游产业的效率和质量方面起到了关键性的作用。在美国和日本等发达国家，专业化发展已成为旅游产业可持续发展的重要保障。这包括培训行业专才、引入尖端技术以及积累管理方面的实践经验。多元化有助于分散风险，提高产业适应市场变化的能力，并增强产业对市场波动的适应性。目前国内许多城市都在进行旅游产业的转型升级，以提升旅游产业的综合竞争力。我们鼓励对多元化的旅游产品和服务进行创新，推出如生态旅游、文化旅游和康养旅游等多种旅游产品，以满足消费者的多样化需求。

其二，进一步扩大旅游产业的市场覆盖面。通过扩大市场的规模，可以为旅游产业创造更多的成长机会和更大的市场影响力。要想进一步扩大市场份额，旅游产业可以实施如下策略：加强旅游宣传，提升服务品质，调整产品线，吸引众多的国内和国际游客。因此，我国应加快建设世界知名的旅游城市、国家中心城市和国际都市，并积极开拓海外客源。根据《2023年中国旅游市场分析报告》，2023年的国内旅游市场呈现了显著的复苏趋势，游客数量和旅游收益分别达到了2019年的81.38％和85.69％。通过深化与国际旅游组织的合作关系，能够推动我国在旅游方面的国际化战略，从而提升我国旅游市场在全球旅游市场中的份额。例如，参与国际旅游展览和推广活动，不仅有助于提高目的地在国际上的声誉，也能为旅游产业的持续增长带来新的生机。

其三，努力提高旅游产业的总体发展质量。随着我国经济社会的整体进步，旅游产业将获得更强的适应能力和面对各种挑战时迅速恢复的实力。对交通、住宿和信息服务等方面的基础设施进行完善，能够为旅游产业的进一步发展提供稳固的物质支撑。随着国内经济持续稳定地增长，人民生活水平不断提升，我国旅游市场规模将不断扩大。依照《"十四五"旅游业发展规划》的指引，预测到 2025 年，我国旅游基础设施将会经历全面的现代化和智能化升级。政府级别的扶持政策对于旅游产业的兴旺发展起着至关重要的作用。随着经济全球化和区域一体化进程加快，我国在全球范围内拥有越来越多的游客市场，这将给我国旅游产业的发展带来新的机遇与挑战。诸如免税、税务补助和财政援助等多种政策措施，都是推动旅游产业向前发展的核心要素。《"十四五"旅游业发展规划》中明确列出了一系列旨在促进旅游业高质量发展的政策和措施，这为旅游业的持续发展提供了有力支持。

第二节　完善旅游发展设施

在增强旅游产业的适应性和恢复力方面，完善旅游发展设施是关键因素。本研究将讨论如何制定和执行有效的政策，以增强旅游目的地面对风险的抵御能力。这些政策建议旨在为应对经济波动、自然灾害的破坏性影响，以及全球性健康危机等提供必要的支持和指导。

一、加强旅游设施建设

（一）基础设施建设

在讨论旅游产业的韧性问题时，必须清楚认识到，完善基础设施对于促进旅游产业的稳定增长和发展是非常重要的。基础设施不仅是旅游产业成长的物质支柱，也是其发展的先决条件，其完善度将直接决定旅游产业的服务水平和游客的旅游体验。因此，为了显著提高旅游产业的服务水平，必须对基础设施进行全面的升级和完善，这涉及交通、水电、通信等核心领域的资金投入和技术创新。

为了提升旅游产业的韧性，交通系统的完善显得尤为关键。高效且便捷的交通系统不仅可以保证游客的流动性，还可以为旅游产业应对突发情况提供迅速响应和灵活调整的能力。交通基础设施建设的投入以及与之相关的管理措施都能帮助旅游产业实现可持续发展。通过优化道路交通设施、扩展公共交通网络覆盖范围以及提高航空和铁路的服务质量，我们能够提高旅游目的地的可达性，并吸引更多游客前来参观。另外，交通系统的高容量和便捷性也为游客带来了舒适的旅行体验，有助于旅游产业在受到冲击时迅速恢复游客流量。

持续稳定的水资源和能源供应是保障旅游产业持续发展的核心基础。随着旅游产业规模不断扩大和游客数量不断增加，旅游目的地的用水需求也在迅速增长。对于旅游目的地来说，水资源的持续稳定供应对旅游目的地居民的日常生活和旅游业务的正常运转具有至关重要的影响。因此，提高供水系统的安全性、稳定性和经济性具有重要意义。稳定的能源供应确保了旅游目的地的商务活动以及旅游服务能够持续稳定地进行。通过增强供水系统的稳定性和推广清洁能源应用，旅游目的地能够更好地适应环境的变动和突发状况。

信息通信技术是提升旅游产业竞争力的关键驱动力。当前，我国旅游产业已经进入了智慧化发展阶段。新一代的信息通信基础设施，如5G网络和千兆光纤网络等的普及，能够提升旅游目的地的智能化程度，为游客提供更为高效、便捷的信息服务。借助大数据和云计算等先进的信息技术，旅游产业能够更为有效地监控游客流量，对旅游市场进行深入分析，为游客提供个性化的旅游服务，进而提升运营效益和游客满意度。

（二）服务设施建设

提供多样化的住宿选择是提升旅游产业韧性的关键因素之一。高档酒店凭借其豪华的住宿体验吸引了大量的商务游客和度假者，已经成为旅游产业的重要支柱之一。经济型酒店则以高性价比优势，满足大众游客需求，进一步扩大了旅游市场的覆盖面。特色民宿通过融入地方文化与生活方式，为游客带来了独特的住宿体验，这不仅丰富了游客的旅行体验，还带动了当地的经济发展。此外，露营地的出现为那些热衷于自然和户外活动的游客带来了极大的便利，这种与自然更为亲近的住宿方式正在逐步成为旅游产业新的发展方向。

多样化的餐饮选项是旅游产业吸引力的关键构成因素。提供具有当地特色的美食不仅可以让游客体验到真正的风味，增强旅游体验的真实性，还可以推动当地餐饮业的发展，从而促进相关产业链的繁荣。引进国际美食不仅满足了来自不同国家的游客的口味偏好，还展现了旅游产业的全球化和包容性特点。随着越来越多的游客开始重视健康的生活方式，健康餐饮的选择也需要相应地增加，这体现了旅游产业对于市场需求变动的迅速反应力和适应力。

多元化的娱乐活动是提升旅游产业吸引力的重要因素。建设主题公园不仅为游客带来了刺激的娱乐体验，还有潜力成为该地区的代表性旅游景点，吸引众多的观光客。文化表演中心不仅是展示当地艺术和文化的窗口，还能提升游客的文化体验，并为当地艺术家提供展示才艺的舞台。此外，引入以体育运动为主的项目，如足球、篮球等，能吸引更多的体育爱好者，从而提升旅游目的地的活力及差异化竞争优势。

未来旅游产业的发展方向将主要集中在创新和智能旅游上。在新常态下，我国经济发展进入转型升级阶段，传统旅游产业受到了前所未有的挑战。借助现代科技手段，如人工智能和虚拟现实等，开发创新的旅游产品和服务，从而提升旅游产业的智能化程度，这被认为是提升旅游产业韧性的一种有效手段。智慧旅游作为一种全新的旅游形态，在全球范围内得到了快速发展，并成为世界各国旅游产业共同关注的热点之一。智慧旅游不仅可以增强游客的旅游体验，还有助于提升旅游产业的管理水平和服务品质，从而提升旅游产业的市场竞争力。

综合来看，在加强旅游设施建设方面，需要通过提供多样化的住宿选择，提供丰富的餐饮选项，组织各种娱乐活动，以及推动创新和智慧旅游等，来实现旅游产业的可持续发展。

二、促进旅游产业融合发展

为了真正增强旅游目的地的创新性与适配性，在旅游业务发展策略方面，应该激励旅游产业与文化、体育和农业等领域的深度结合。多元化的发展策略有助于降低对单一旅游市场的依存度，进而更有效地提升产业结构和重构职能，以适应新的社会和经济需求。

（一）加强顶层设计，明确融合发展方向

要想确保各类产业与旅游产业能够紧密地合作，关键在于进行全面的顶层规划，并明确各方的发展目标。政府需扮演领导角色，规划产业的综合整合策略，明晰其成长路径、策略目的和执行程序，以确保项目的连续进行。具体而言，为了实现资源整合，打破行业障碍并推动旅游产业与其他行业的深度集成，构建跨多个部门和各个行业的协作机制显得尤为关键。这对于实现资源的共享、发挥各取所需的优势、推进各方之间的协调发展、扩大各个行业的影响力以及确保旅游产业的可持续健康发展都是有益的。政府还应当推动市场参与者更多地参与产业融合，激励企业在旅游产品和服务上进行创新，并将其他旅游领域的优点成功地整合进个人旅游体验中。旅游产业可以借助市场运作方式，更好地满足游客的多样化需求，提升游客的旅行体验，为相关产业带来全新的活力和机遇。

（二）提供政策激励

为了激励旅游业企业与相关产业合作，并推出更多新颖的旅游产品与服务，政府可以实施一系列的刺激性措施。政府可以通过实施税务减免措施，降低企业的运营开销，进一步鼓励企业为新产品的研究与市场宣传投入更多的经费。政府可以通过实施财政补贴，有效地减少企业研发开销，降低企业在市场中的风险。这种补贴对中小企业格外关键，因为中小企业常常面临着缺乏大型企业所具备的资产和资本的问题。为中小企业提供特定的帮助，不仅可以鼓励中小企业进行创新，还可以提升旅游产业在市场上的竞争地位和生机。为了支援这些企业的创新活动，政府还可以设立专项经费，或在与旅游产业的合作中提供附加的财政援助。经济资助同样可以作为加强合作的有力工具。政府可以采用如低利率借贷、风险资金支持和天使资本投入等多种途径，给予旅游企业和相关的工业企业经济支援。政府还可以通过搭建合作平台并组织行业交流活动来促进旅游产业的进步。

（三）创新融合模式，拓展旅游产业链

在旅游产业的融合增长过程中，采纳创新的合作手段是极其关键的，这将帮助旅游产业与其他行业形成更为紧密的联结。借助多行业间的协同合作和资源的共享合作，可以更好地扩展旅游产业链，并提供更多样化的旅游资源选择。例如，旅游产业与教育、科技和体育等众多不同的行业进行合作，可以创造出多种多样的观光体验，并满足游客对个性化服务日益增长的期望。除此之外，借助互联网、大数据等信息技术手段，还有望提升旅游服务的智能化程度和个性化设计水平。应用这些创新技术，不仅能提升游客的体验感、满足感和忠诚度，还能提升旅游服务水平，为旅游产业挖掘更大的增长潜力。

（四）强化市场营销，提升旅游目的地形象

营销活动在旅游产业与其他行业的深度融合中起到了决定性的角色。有关机构可以通过设计精确的市场推广计划，增加推广活动或者提升旅游集成项目在知名度和吸引力方面的表现来达成这一战略目的。这不仅涉及使用新型媒体和社交平台进行线上推广，还包括利用各种节日、展览等来进行旅游产品的线下营销推广。增强与国内外旅行社的合作与交流不仅能帮助拓展潜在的客户市场，还能吸引更多的游客深入体验旅游整合所带来的特殊益处。采纳这套战略能够显著提升旅游综合项目在市场上的竞争地位，进一步吸引游客前来，从而推动旅游产业可持续发展。

（五）注重生态环境保护，实现可持续发展

相关组织和机构在努力将旅游业务与其他领域结合时，应当始终遵循生态环境保护与可持续发展的策略。在制订旅游发展规划时，应将生态环境保护放在首位，合理地调整和控制旅游活动的规模和方式，以确保旅游产业能与生态环境和谐发展。环保型旅行以及低碳旅游的理念，并不局限于旅游活动的组织执行方面，还涉及对游客行为进行合适的引导。通过开展教育和推广活动，引导游客形成更为环保且文明的出行习惯，如减少对一次性物资的消费或参与生态保护实践等。通过这些方法，不仅能够推动旅游产业的持续性增长，还能维护和优化生态环境，从而实现旅游产业与自然生态之间的长时间和谐共生。采用这个发展策略不仅可以满足旅游产业的可持续发展需求，同时也能提升旅游目的地的整体形象和吸引力。

三、建立应急系统

制定明确的策略和规划有助于旅游目的地识别潜在风险并建立应对机制。采取多元化的手段和战略，能够协助旅游目的地在短期内有效应对各种危机和困境，更能够在长远的时间范围内提升旅游产业的整体竞争力及可持续发展水平。

应急系统的设计目的在于提供多元化的服务，不仅要提供有关历史和当前状况的数据，还需对可能到来的灾难及其可能引发的后果进行评估，同时分析必要的干预手段、应急策略和预期救援活动的成效。另外，应急系统应配备完善的监测与预警功能，能够准确地识别潜在危险并发出预警。该系统应具备动态地设定和完善事故应对方案以及资源分配方法的功能，能为后续的决策和管理提供坚实的基础。

应急系统应具备预估灾害走势的功能。通过对过去的灾害资料进行解读，进而洞察灾害产生的时间周期及其各种影响要素。应急系统应基于相关数据建立评估模型，用以预测未来可能出现的灾害风险，并根据这些评估，为不同地区制定具体的风险减少策略和应急响应计划。这也涵盖了精准分析对人身安全、财物及环境造成的损害的潜在影响。此评估可向决策层提供核心资料，助其设计出行之有效的应急方案，并降低灾害造成的不良影响。在对可能的灾害影响进行评估之后，应急系统会基于这些评估成果制定适当的干预方案。以上措施涵盖建立预警体系，进一步优化应急预案，以及提高景区的抗灾能力等多个方面。

要想确保以上建议能够迅速执行，并确保在灾难到来之前做好充分的准备，建立并健全应急系统至关重要，具体包括：在出现紧急状况时，立即做出决策并为管理团队提供决策支持；对灾害的现状进行评估，规划灾害应对策略，同时明确资源的分配顺序；对收集到的数据进行洞察，并提供建议，协助管理团队迅速做出明智的策略选择，以高效地应对各类灾害并降低损害；救援工作结束之后，评定救助活动的成效，这不仅体现了对救援活动的全面回溯，还涉及对救援成效的定量评估；通过数据收集、救援效率及其影响的分析，总结出有价值的经验并找出需要优化的部分，这种类型的评价将有助于完善未来的救援方案，进而提升救援行动的效率和实际成效；构建全方位的监控体系，以迅速识别出潜在的危险因素，这意味着这个系统需要覆盖各个核心区域，并能够依据多种数据源进行风险分析，借助持续的监控及自动报警策略，在风险即将来临时提前发出警报。

加强事故处理的预案制定。实时的数据支持，可以使得故障应对策略更为高效和灵活。应通过持续性地监控和解析事故发生地点的现场信息，适时地优化应对措施，以确保资源得到合理分配以及救援操作能够有序地实施。这种动态调节方法不仅能够提升对事故的应对效果，还能降低可能的损害。面对不可预见的突发事件，合理地配置资源是资源配置策略的核心所在。

四、形成信息共享机制

构建有效的信息共享机制是增强旅游部门的恢复能力的有效途径。利用这一策略，旅游企业能够以更高的效率策划和组织旅游活动。旅游企业与旅游目的地的紧密合作将有助于更加精细地调整旅游线路，并最大限度地利用这些资源。这有助于整合分散的信息资源，避免资源的浪费和重复，进而提升整个产业的工作效益。在遇到紧急状况时，信息共享机制有助于旅游产业迅速做出反应和进行战略性调整，从而降低负面影响并加速产业重新焕发活力。此机制还能够加强相关部门与企业之间的交流与协作，进而获得协同的效果，提升服务的品质与工作效益。

要想提升旅游产业的韧性，可以考虑构建跨部门的沟通和协调平台，建立有效的信息共享机制，使旅游部门与交通部门、气象部门和安全部门等多个相关部门能够实时共享重要数据。在出现紧急状况时，信息共享机制能确保所有相关方迅速获取所需的资料，迅速采取措施并响应。可以借助大数据、云计算等多种技术手段，构建智能化的旅游平台。这个平台应具备对旅游资讯进行即时的刷新和分享的能力，从而有效地提升旅游服务品质和效益。这一平台应能够整合旅游部门、交通部门、气象部门等多个部门的重要数据资源，以保证数据的流畅链接和不断更新。通过运用这一平台，旅游者可以及时地获取气候的波动、交通动态以及旅游热门地点的核心数据，从而做出更为精准的决策。

促进旅游产业的标准化操作，即建立统一的数据准则及接口标准，是提升信息共享的效率与品质的核心步骤。这意味着，不同来源的数据或是不同类型的数据，都可以进行无缝整合和连接。利用标准化的数据管理手段，能确保信息的统一和精准，从而增强决策过程的可信度。此措施还为旅游企业提供了一个更稳定、更高效的信息交流平台，使旅游企业能更迅速地适应市场波动，从而提升服务品质。

为了推动旅游产业的全方位发展，还应该鼓励旅游企业与当地社群积极参与信息共享机制的构建。这样的参与行为能有效推动资源的共享与信息的互相传递，从而催生出推动旅游产业发展的有力力量。旅游企业可以通过信息分享，获取更多关于市场走势、游客购买趋势和竞争者动态的数据，从而做出更为明智的商业决策。当地社群同样有机会通过这一策略获取关于旅游产业最新发展趋势的信息，并参与到旅游规划和决策过程中，以保证旅游事业和社区利益之间达到和谐一致。另外，信息共享机制有助于旅游企业与当地社群之间建立更为紧密的合作伙伴关系。这种合作模式不仅有助于资源的理性分配与高效使用，还能提升旅游服务的总体水平与工作效率。

强化政治以及监管方面的支持力度。通过制定并严格执行相应的政策和法规，能够为数据和信息的共享奠定坚实的法律基础。政策和法规应该清晰地界定信息分享的具体范畴、各项责任以及具体义务，同时还要确保信息交流过程的合法性和数据的安全性。应通过法律途径，捍卫个人隐私，避免数据的不当利用，并保障各方能在公正并透明的背景下开展合作。制定的政策还应激励并推进信息共享机制的创新与发展。可以通过给予税务激励、金融援助或其他激励手段来缓解旅游企业与当地社群在信息分享方面的阻碍。

信息共享机制不仅能提高旅游产业对突发事件的预警能力，还能加快对突发事件的响应速度。在紧急状况出现之后，相关部门和企业有能力迅速获取核心数据，整合资源，并采取必要的应急措施，以保障游客的安全与旅游活动的正常开展。信息共享机制还有助于加强部门间的合作，确保突发事件中各方保持高效联动。这种协同效应可显著降低突发事件对旅游产业的负面影响，促进产业快速恢复。

第三节　提升旅游产业韧性的保障

提升旅游产业韧性的核心是建立综合支持机制，这涉及人才保障、投入保障以及信息化水平三个方面。确保人才的稳定是旅游产业可持续发展的坚实基础，保障投资安全为其提供物质支撑，提升信息技术标准则是增强旅游产业竞争力的核心。

一、人才保障

旅游产业的持续增长取决于稳定的人才供给。构建多角度、多维度的人力资源培训体系，是保障专业技术人员持续被行业吸引和培育的关键所在。该体系不仅能满足旅游产业对高级专业人员的迫切需要，还可以通过加大对在职员工的持续教育和职业发展培训的力度，提升在职员工的职业技能和服务标准。这些措施旨在帮助行业工作者适应旅游产业在快速发展中所产生的需求。

（一）建立多层次人才培养体系

在全球化和数字化的时代背景下，旅游产业对人才的需求正在飞速朝更加多元化和专业化的方向进行转变。高级教育机构是培训旅游产业人才的主要场所。目前，旅游产业对专业人才的需求并不局限于传统知识储备方面，更强调创新思维和国际视野。因此，高等学院需要根据旅游产业的实际需求，对旅游管理、酒店运营、旅游策划等专业课程进行适当的调整和完善。具体而言，一方面，要加强实践教学环节，提升学生的实务操作技巧；另一方面，应高度重视培养学生的创新思维，引导他们利用批判性思维解决实际问题。

在旅游产业人才培养体系中，职业培训发挥着举足轻重的作用。职业培训机构应与旅游企业保持紧密合作关系，提供定制化培训课程和现代学徒制项目，以满足旅游产业对优秀人才的紧迫需求。这种产教融合的培养模式为学生提供了在真实工作环境中不断学习与成长的机会，从而为学生的职业发展打下坚实基础。对在职人员的培训同样是提高旅游产业人才质量的重要途径。政府可以通过购买培训服务、鼓励企业自主培训等多种方式，加强对旅游行业从业人员的继续教育。这不仅可以有效提升旅游行业从业人员的业务技能和服务水平，还可以进一步推动旅游产业服务质量的整体跃升。

培育拥有国际视野的人才对于增强旅游产业竞争力而言是非常关键的。鼓励学生与在职人员前往海外学习，不仅有助于引入国际上先进的旅游教育观念和实践经验，还有助于培育在全球市场上具有竞争力的优秀人才。这批人才有可能成为旅游产业未来的珍贵资产，并进一步促进该产业的持续繁荣发展。为了构建能够满足旅游产业发展需求的人才培训体系，高等教育、职业教育、实地培训以及国际化的人才培育之间需要协同发展。这些措施有助于培养兼具旅游专业知识、创新精神和国际视野的复合型人才，为旅游产业的持续增长提供坚强的人力支撑。

（二）加强继续教育和职业培训

营造和谐的教育氛围、推动终身学习体系建设对于旅游产业的长远发展至关重要。旅游产业的快速发展对从业人员提出了更高的要求，他们需要不断更新知识和技能，以适应行业的变化。应激励和支持旅游行业从业人员接受高等教育，以提高他们的学历层次和专业能力。继续教育不仅体现了终身学习的理念，是旅游行业从业人员不断学习进步的重要途径。得益于终身学习的理念，旅游行业从业人员可以通过积极参与继续教育，培养积极的心态，提升工作能力和专业素养。旅游产业的持续繁荣与旅游行业从业人员的不断学习和成长息息相关。通过继续教育和培训，旅游行业从业人员可以及时更新知识库，提高专业技能，为旅游产业的持续繁荣做出贡献。

旅游产业的迅速发展对员工的职业成长提出了更为严格的新标准。为了进一步加强员工的技术能力，应实施多元化的学习策略，包括升级常规的内部培训手段和积极地参与外界的学术交流与讨论。企业的内部培训策略应当从单一的授课模式转为任务导向，以讨论、团队协同工作为主导，以提高员工的学习兴趣。此外，应当激励员工积极参与各种行业研讨会和会议，以积累更多的新知识与经验。教育技术的进步为旅游产业带来各种工具，如在线教学课程和学习软件，增强了学习的灵活性，迎合了学习者的个性化需求。旅游业务需要融合传统和现代的教育模式，持续地创新，以培养出杰出的人才，进一步推动产业的可持续发展。

二、投入保障

在促进旅游产业的成长与繁荣时，资金的注入和基础设施的建设是核心要素。

（一）增加财政投入

对于扩大旅游产业的资金、优化其运作效益，以及确保整个产业朝着健康可持续方向发展而言，政府的经济支持发挥着重要作用。政府需要加强对旅游产业的经济支持，尤其在基础设施建设、市场推广和人才提升等关键领域。旅游产业之所以繁荣发展，很大程度上归功于基础设施的建设。政府需要加强对旅游产业中的交通、信息技术服务和接待相关设备的资金支持，从而提升旅游产业的服务和接待效率。例如，优化交通网络，可以使游客便捷地抵达所有旅游目的地；创建相关信息服务网络，有助于游客获得精准和即时的旅游资讯；不断优化酒店、餐厅和娱乐设施，可以满足游客多样化的需求；构建并改进旅游产业的公共服务体系，可以提升游客的体验。

政府需注入财务援助，建设旅游中心、旅游资讯平台等公共服务中心，从而为游客提供专业咨询、游览体验、紧急救助等多种服务，确保每位游客的安全和旅游的便利性。营销手段是提升旅游目的地的知名度与吸引力的重要手段。为了鼓励游客前来旅游，政府应该为旅游目的地的市场推广和品牌建设设立专门的经费，通过广告推广、公共服务、社交媒体等各种方式和渠道，向国内外的游客宣传这些旅游目的地的独特优势和丰富的旅游内容。

（二）鼓励私营资本投入

为了更好地发掘旅游产业的潜在机会，政府可以制定多种策略，进一步鼓励私营资本的介入，以确保旅游产业可持续、健康发展。为了吸引私营资金投入旅游产业，税收优惠是行之有效的措施。为提升旅游企业的盈利能力，政府可以通过税务减免和政府贴息来减轻他们的经济压力。举例来说，针对新成立的旅游企业，政府可以选择提供一定时期的税务减免，或者为某一特定的旅游项目提供税收优惠，这有助于减轻其税务压力。为了吸引民间资本投资旅游产业，税务补助政策也具有不可忽视的重要性。为了鼓励投资者，政府可以为那些满足条件的旅游项目提供一系列财政支持，这些项目涵盖基础设施建设、旅游产品开发和市场营销等多个环节，这样能有效降低投资者的初始投资成本，进而激发投资热情。

对于向经济较不发达地区的旅游项目投入的民间资本，政府可以提供额外的财政支持，从而助推这些地区的经济增长。政府可通过提供贷款便利设施、下调贷款利率和延长贷款期限等手段，对旅游项目实施财务支持。政府还可以实施贷款利息补贴的制度，给予旅游活动一定比重的贷款利息减免，这有助于进一步减轻投资者的资金压力。

三、信息化水平

随着全球一体化的推进和信息技术的日益进步，旅游产业正经历前所未有的变革。信息技术的广泛应用和持续创新，不仅为旅游产业注入了全新活力，还为旅游产业开辟了广阔的发展空间。与此同时，在大数据规模呈指数级增长、个人数据被广泛采集的背景下，如何确保数据的安全性和维护个人的隐私权成为旅游产业面临的重要课题。

（一）利用现代信息技术

智慧旅游的出现，意味着旅游产业进入新的发展阶段。旅游产业应努力构建智能旅游目的地及配套住宿设施，运用大数据、云计算等前沿技术，深度剖析游客的行为模式，为他们提供个性化服务。例如，基于对游客偏好的精准分析，智慧旅游系统可智能推荐符合游客需求的旅行线路与住宿方案，这不仅能显著提升游客的体验，还能推动旅游服务向智能化升级。此外，在线预订与电子支付等高效服务的普及，使旅游企业能够为游客提供更便捷、更高品质的体验。这样的服务模式既减轻了游客的出行负担，也提高了旅行社的运营效率。运用社交媒体成为旅游产业扩大其影响的核心手段。借助社交媒体平台，旅游企业能够展开高效的产品营销和推广活动，进而吸引潜在客户。

（二） 加强数据安全和隐私保护

随着旅游产业的数字化进程的推进，确保数据的安全性和维护个人隐私权显得尤为重要。旅游活动数字化过程中，个人资料、付款信息和行程计划等各类敏感信息被广泛采集、存储，这明显提高了数据泄露或滥用的风险。为了维护游客的权益，并确保旅游产业的持续健康增长，强化数据安全防护和完善隐私保障机制是至关重要的。

健全相关法律和法规是构建高效数据安全保障体系的重要基础。政府部门应当牵头制定并持续完善数据保护相关法规，明确规范数据的采集、处理、存储及共享等环节，同时设立专门监管机构，确保旅游企业和服务供应商严格依法运营。除此之外，应加大对违法违规行为的惩处力度，形成有效的法律威慑。技术创新是保障数据安全的核心支撑。旅游企业及服务供应商应当采用数据加密、访问控制、实时监控等先进技术手段，确保数据在传输和存储的全流程中的安全性。同时要建立定期安全审计和风险评估机制，及时发现并消除安全隐患，有效防范数据泄露和非法访问风险。提升公众安全意识是数据保护的重要环节。可通过宣传教育提升游客的隐私保护意识，指导其安全使用在线旅游服务，识别并防范网络诈骗等风险。同时，要引导用户主动采取定期更换密码、双重认证等防护措施，筑牢数据安全防线。

第十章 结论与展望

第一节 研究结论

本研究在研究国内外经济韧性和产业韧性相关文献、基础理论以及评价指标体系的基础上，结合Martin经济韧性"4R"理论框架，初步构建了我国旅游产业韧性评价指标体系；选取2011—2021年旅游产业相关数据，运用数理统计和地理空间分析的技术方法，从时间和空间的角度分析中国旅游产业韧性于各省域、各维度的测度评分及时空演化特征，并进行了障碍因素分析，最终提出针对性的提升路径。主要结论如下：

一、分析中国旅游产业韧性的时序演化特征

（一）整体层面的时序演化

从整体层面看，2011—2021年中国旅游产业韧性值的最大值、最小值、平均值总体呈现上升—下降—上升—下降趋势，属于波浪式提高，但与此同时低韧性省域仍占较大比重，且存在一定的两极分化情况。

（二）省域层面的时序演化

从省域层面看，中国各省域旅游产业韧性水平出现小频次振荡变化，旅游产业韧性水平总体不断提升，且省域排名变化不大，广东、江苏、北京、上海和浙江始终位居前五，东部、中部、西部地区间的韧性发展水平差异显著。

（三）准则层面的时序演化

从准则层面看，2011—2019年抵御能力、恢复能力、重构能力和更新

144

能力均值差距呈缩小趋势，发展日趋协调，我国旅游产业韧性水平整体上得到了一定程度提升；2020—2021年因遭受冲击，抵御能力为抵抗危机倒逼式发展，数值出现逆跌。

二、探索中国旅游产业韧性的空间演化特征

（一）空间演化的总体特征

从中国旅游产业韧性水平演变总体趋势上看，2011—2021年中国旅游产业韧性水平整体呈现"东强西弱、南强北弱"的空间分布格局。

（二）演化的空间异质性

从空间异质性上看，2011—2020年中国旅游产业韧性水平的总体差异呈波动式下降趋势，至2021年又出现反弹；从各区域基尼系数均值来看，旅游产业韧性的区域内差异为东部地区＞西部地区＞中部地区，差异主要源于区域间差异，其中，东部与西部地区间旅游产业韧性水平相差最大。

（三）演化的空间格局

从空间格局演化上看，旅游产业高韧性区和较高韧性区主要分布在京津、长三角、珠三角等地以及成渝地区双城经济圈，大致呈现出"东强西弱、南强北弱"的梯度结构特征。

（四）演化的空间聚集

从空间聚集上看，2012年以后我国旅游产业韧性表现出较为明显的空间聚集态势；多数年份旅游产业韧性整体上呈空间随机分布态势，但在局部地区存在明显的空间异质现象，整体的空间依赖特征显著；空间分布格局相对稳定，形成了以长三角为核心，并呈东南—西北方向递减趋势，空间差异显著。

（五）演化的空间方向分布

从空间方向分布上看，标准差椭圆方位角具有上升—下降—上升的发展趋势，中国省域旅游产业韧性高值在发展空间方向表现出东北—西南的空间分布格局；长轴方向上旅游产业韧性发展在东北—西南方向上呈现极

化趋势，短轴方向上在西北—东南方向上具有一定的离散趋势。从标准差椭圆扁率上看，经历了下降—上升—下降的变化过程，中国省域旅游产业韧性发展空间方向性逐渐减弱，发展水平的空间差异缩小。

三、揭示中国旅游产业韧性的主要障碍因素

（一）静态障碍因素

静态上，不同准则层的障碍度差异明显，恢复能力的障碍度均值最高，是提升旅游产业韧性的关键性因素；抵御能力、重构能力的障碍度均值次之，是辅助性因素；更新能力的障碍度均值最低，是附加性因素。除了北京、上海、江苏、广东和海南，各省域在抵御能力、恢复能力、重构能力和更新能力中产生影响最大的主要障碍因子基本一致，依次为产业结构高级化指数、旅行社营业收入、外商投资企业数和专利申请受理量。

（二）动态障碍因素

动态上，恢复能力始终为制约中国旅游产业韧性提升的主要因素，更新能力相较来说是影响程度最低的，抵御能力、重构能力则位于中间位置。具体障碍因子上，2011年主要是A级景区营业收入、旅行社营业收入、外商投资企业数、限额以上住宿和餐饮业企业负债合计以及限额以上住宿和餐饮业企业资产总计；2021年限额以上住宿和餐饮业企业资产总计退出障碍度前五，而旅游企业全员劳动生产率抑制作用显著。

四、模拟中国旅游产业韧性水平的演化趋势

（一）整体层面的演化趋势

在整体层面上，中国旅游产业韧性水平基本呈U形趋势变动，且2022—2031年的增速将较2011—2021年有所提升。

（二）地域层面的演化趋势

在地域层面上，东部地区旅游产业韧性水平呈先降后升的演变趋势，是我国旅游产业韧性水平最高的地区；中部地区旅游产业韧性水平将由前

期的波动式上升发展为缓慢下降趋势，在空间上存在非均衡性分布的可能，且2016年的韧性水平最高；西部地区旅游产业韧性水平将呈倒U形趋势发展，峰值在2019年出现，为0.22。

（三）维度层面的演化趋势

在维度层面上，抵御能力和恢复能力将呈上升趋势，更新能力和重构能力将呈下降趋势，且恢复能力在四个维度中最高，而更新能力最低。

五、提升中国省域旅游产业韧性的路径设计

通过前文对中国旅游产业韧性时空演化及障碍因素的实证研究，从整体层面以及抵御能力、恢复能力、重构能力、更新能力四个维度层面针对性展开提升中国省域旅游产业韧性的路径设计，并提出落实产业发展政策、完善旅游发展设施以及提升产业韧性保障的政策建议。

第二节　研究展望

旅游产业尽管被认为是高度脆弱的，但其可以适应环境中的意外和持续变化，因此有能力从各种危机中恢复过来。尽管如此，一系列不可抗的灾难对旅游产业的影响是深远而持续的。由于不同地区旅游产业的发展基础、环境与政策存在差异，其韧性水平的变化可对城市系统产生级联效应，甚至存在破坏的风险。因此，全面揭示旅游产业韧性水平的时空演变特征及其影响因素，对于全方位提升旅游产业的韧性水平与现代化水平、促进旅游产业的高质量发展具有实际意义。

一、旅游产业韧性评价的框架构建研究

旅游产业的韧性水平决定了其应对内外部风险的能力，且将对区域的经济、社会和环境产生显著影响。总的来说，旅游产业作为综合性产业，是拉动经济发展的重要动力，本研究基于省域层面数据，构建了中国旅游

产业韧性评价指标体系（共计40个指标），涉及跨年度面板数据，数据量较庞大，并分别从旅游产业韧性的时序演化、空间演化以及障碍因素等方面，对中国旅游产业韧性水平进行了分析，并进一步提出了优化路径。这些研究对于提升我国旅游产业韧性水平以及促进旅游产业的高质量发展具有一定的借鉴意义。

由于旅游产业及"旅游＋"产业融合发展是多维因素共同作用的结果，除了受产业自身发展要素、发展效应等内部因子的影响，还受外部因子的制约。目前有关旅游产业韧性统计体系不完善，可参考的文献数量不多，因此在指标选择和评价模型构建上还存在一些不足。今后，旅游韧性研究领域的学者应进一步完善并拓展旅游产业韧性评价指标体系，持续增强其专业性、针对性。

二、旅游产业韧性评价的尺度效应研究

近年来，我国旅游产业呈现加快恢复、提质增速的良好态势，已逐渐成为经济社会发展的亮点，对于带动局地、区域乃至全国经济的复苏成效显著。基于此，为准确剖析旅游产业韧性的演变规律，本研究分别从整体层面、省域层面和不同维度三种尺度揭示了中国旅游产业韧性的时空演变趋势，并从静态和动态视角揭示了影响旅游产业韧性的障碍因素，相关研究成果具有一定的创新性。

三、不足与展望

基于时间尺度，因为统计数据受限，本研究只选择了2011—2021年这一时间段作为样本考察期，未来在相关数据更新后，可进一步延长研究样本的时间序列，从更长考察期入手对我国旅游产业韧性时序演化特征展开更深层次的分析。基于空间尺度，旅游产业韧性研究可以分为宏观、中观及微观三个层次。由于旅游产业在城市与县域层面的部分有效数据缺失量较大，因此，本研究应用的是较为宏观的省域层面的数据，未涉及相对中观、微观尺度的地区，如城市或乡镇等，研究深度和精度还有待提高。在后续研究中可将研究尺度细化到中观和微观层面，围绕更小尺度的具体旅游目的地展开更为细致的研究，推动旅游产业韧性领域的研究更深入、更典型、更可行。

主要参考文献

[1] Filimonau V，Coteau D D. Tourism Resilience in the Context of Integrated Destination and Disaster Management (DM2)[J]. International Journal of Tourism Research，2020（2）.

[2] Traskevich A，Fontanari M. Mental Wellness in Resilient Destinations [J]. International Journal of Spa and Wellness，2019（7）.

[3] 魏敏,魏海湘,黄海玉.疫情下旅游经济韧性与高质量发展[J].旅游学刊，2022（9）.

[4] Holling C S. Resilience and Stability of Ecological Systems[J]. Annual Review of Ecology and Systematics，1973（1）.

[5] Adger W N. Social and Ecological Resilience: Are They Related?[J]. Progress in Human Geography，2000（3）.

[6] Reggiani A，De Graaff T，Nijkamp P. Resilience: An Evolutionary Approach to Spatial Economic Systems[J]. Networks and Spatial Economics，2002.

[7] 叶欣梁，何一，孙瑞红.脆弱与反脆弱:旅游业韧性研究进展与述评 [J].旅游学刊，2023（10）.

[8] Martin R. Regional Economic Resilience，Hysteresis and Recessionary Shocks[J]. Journal of Economic Geography，2012（1）.

[9] Boschma R. Towards an Evolutionary Perspective on Regional Resilience[J]. Regional Studies，2015（5）.

[10] 贺灿飞，夏昕鸣，黎明.中国出口贸易韧性空间差异性研究[J].地理科学进展，2019（10）.

[11] 栾浩.演化经济地理学视角下东部地区经济韧性时空差异研究[D].济南:山东师范大学，2022.

[12] 曾国军，蔡建东.中国旅游产业对国民经济的贡献研究[J].旅游学刊，2012（5）.

[13] 林耿，徐昕，杨帆.佛山市产业专业化、多样化与经济韧性的关系研

究[J].地理科学，2020（9）.

[14] Bruneau M，Chang S E，Eguchi R T，et al. A Framework to Quantitatively Assess and Enhance the Seismic Resilience of Communities[J]. Earthquake Spectra，2003（4）.

[15] 吴必虎，聂委光.文旅产业的韧性与创新[M].北京:中国旅游出版社，2020.

[16] Gunderson L H，Holling C S. Panarchy: Understanding Transformations in Human and Natural Systems [M]. Washington，DC: Island Press，2003.

[17] 李鹤，张平宇，程叶青.脆弱性的概念及其评价方法[J].地理科学进展，2008（2）.

[18] Modica M，Reggiani A. Spatial Economic Resilience: Overview and Perspectives[J]. Networks and Spatial Economics，2015（2）.

[19] Christian H，Linus H. The Role of National Settings in the Economic Resilience of Regions—Evidence from Recessionary Shocks in Europe from 1990 to 2014[J]. Growth and Change，2020（1）.

[20] Motesharrei S，Rivas J，Kalnay E，et al. Modeling Sustainability: Population，Inequality，Consumption，and Bidirectional Coupling of the Earth and Human Systems[J]. National Science Review，2016（4）.

[21] Milner A M，Picken J L，Klaar M J，et al. River Ecosystem Resilience to Extreme Flood Events[J]. Ecology and Evolution，2018（16）.

[22] Farley J，Voinov A. Economics，Socio‐Ecological Resilience and Ecosystem Services[J]. Journal of Environmental Management，2016（2）.

[23] Catherine B，Carole D，Ben B. Socio‐Ecological Resilience and the Law: Exploring the Adaptive Capacity of the BBNJ Agreement[J]. Marine Policy，2019（10）.

[24] Afriyanie D，Akbar R，Suroso D S A. Socio-Ecological Resilience for Urban Green Space Allocation[J]. IOP Conference Series: Earth and

Environmental Science，2018（1）.

[25] Holling C S. Engineering Resilience versus Ecological Resilience[J]. Engineering within Ecological Constraints，1996.

[26] Masten A S，Best K M，Garmezy N. Resilience and Development: Contributions from the Study of Children Who Overcome Adversity[J]. Development and Psychopathology，1990（4）.

[27] Davoudi S. Resilience: A Bridging Concept or a Dead End?[J]. Planning Theory & Practice，2012.

[28] 贺灿飞，盛涵天.区域经济韧性：研究综述与展望[J].人文地理，2023（1）.

[29] 汪辉，徐蕴雪，卢思琪，等.恢复力、弹性或韧性？——社会-生态系统及其相关研究领域中"Resilience"一词翻译之辨析[J].国际城市规划，2017（4）.

[30] 李彤玥.韧性城市研究新进展[J].国际城市规划，2017（5）.

[31] 张思思，马晓钰，崔琪.中国城市韧性的时空动态演变及影响因素分析[J].统计与决策，2023（3）.

[32] 李连刚，胡晓辉.新冠肺炎疫情下中国区域经济韧性时空格局与影响因素分析[J].世界地理研究，2023（3）.

[33] 宋爽，王帅，傅伯杰，等.社会-生态系统适应性治理研究进展与展望[J].地理学报，2019（11）.

[34] 朱晏君，李红波，胡晓亮，等.欠发达地区县域乡村社会-生态系统韧性研究——以山西省静乐县为例[J].湖南师范大学自然科学学报，2022（1）.

[35] 陈梦远.国际区域经济韧性研究进展——基于演化论的理论分析框架介绍[J].地理科学进展，2017（11）.

[36] Chaudhuri S，Jalan J，Suryahadi A. Assessing Household Vulnerability to Poverty from Cross-Sectional Data: A Methodology and Estimates from Indonesia[J]. Discussion Papers，2002.

[37] Guillaumont P. An Economic Vulnerability Index: Its Design and Use for International Development Policy[J]. Oxford Development Studies，2009（3）.

[38] Hill E, Clair T S, Wial H, et al. Economic Shocks and Regional Economic Resilience[J]. Urban and Regional Policy and Its Effects, 2012.

[39] Aiginger K. Strengthening the Resilience of an Economy: Enlarging the Menu of Stabilisation Policy to Prevent Another Crisis[J]. Intereconomics, 2009 (5).

[40] Elbourne A, Lanser D, Smid B, et al. Macroeconomic Resilience in a DSGE Model[J]. CPB Discussion Paper, 2008.

[41] Simmie J, Martin R. The Economic Resilience of Regions: Towards an Evolutionary Approach[J]. Cambridge Journal of Regions, Economy and Society, 2010 (1).

[42] Hassink R. Regional Resilience: A Promising Concept to Explain Differences in Regional Economic Adaptability?[J]. Cambridge Journal of Regions, Economy and Society, 2010 (1).

[43] Pike A, Dawley S, Tomaney J. Resilience, Adaptation and Adaptability[J]. Social Science Electronic Publishing, 2010.

[44] Crescenzi R, Luca D, Milio S. The Geography of the Economic Crisis in Europe: National Macroeconomic Conditions, Regional Structural Factors and Short-Term Economic Performance[J]. Cambridge Journal of Regions, Economy and Society, 2016 (1).

[45] Cappelli R, Montobbio F, Morrison A. Unemployment Resistance Across EU Regions: The Role of Technological and Human Capital[J]. Journal of Evolutionary Economics, 2021 (1).

[46] Dijkstra L, Garcilazo E, Mccann P. The Effects of the Global Financial Crisis on European Regions and Cities[J]. Journal of Economic Geography, 2015 (5).

[47] Behrens K, Boualam B, Martin J. Are Clusters Resilient? Evidence from Canadian Textile Industries[J]. Journal of Economic Geography, 2020 (1).

[48] Hu X, Hassink R. Exploring Adaptation and Adaptability in Uneven Economic Resilience: A Tale of Two Chinese Mining Regions[J].

Cambridge Journal of Regions，Economy and Society，2017（3）.

[49] Tan J，Lo K，Qiu F，et al. Regional Economic Resilience of Resource-Based Cities and Influential Factors During Economic Crises in China[J]. Growth and Change，2020（1）.

[50] 李连刚，张平宇，谭俊涛，等.韧性概念演变与区域经济韧性研究进展[J].人文地理，2019（2）.

[51] 刘逸，纪捷韩，张一帆，等.粤港澳大湾区经济韧性的特征与空间差异研究[J].地理研究，2020（9）.

[52] 俞国军，贺灿飞，朱晟君.产业集群韧性：技术创新、关系治理与市场多元化[J].地理研究，2020（6）.

[53] 丁建军，王璋，柳艳红，等.中国连片特困区经济韧性测度及影响因素分析[J].地理科学进展，2020（6）.

[54] 蔡咏梅，李新英，孟令伟.基于正态云模型的区域经济韧性评价与实证[J].统计与决策，2022（6）.

[55] 陈奕玮，丁关良.中国地级市城市经济韧性的测度[J].统计与决策，2020（21）.

[56] 李连刚，张平宇，谭俊涛，等.区域经济弹性视角下辽宁老工业基地经济振兴过程分析[J].地理科学，2019（1）.

[57] 冯苑，聂长飞，张东.中国城市群经济韧性的测度与分析——基于经济韧性的shift-share分解[J].上海经济研究，2020（5）.

[58] 杜志威，金利霞，刘秋华.产业多样化、创新与经济韧性——基于后危机时期珠三角的实证[J].热带地理，2019（2）.

[59] 魏峰，殷文星，胡本田.新冠肺炎疫情冲击下长三角经济韧性及影响因素分析[J].工业技术经济，2023（1）.

[60] 贺灿飞，陈韬.外部需求冲击、相关多样化与出口韧性[J].中国工业经济，2019（7）.

[61] 胡晓辉，张文忠.制度演化与区域经济弹性——两个资源枯竭型城市的比较[J].地理研究，2018（7）.

[62] 陈作任，李郇.经济韧性视角下城镇产业演化的路径依赖与路径创造——基于东莞市樟木头、常平镇的对比分析[J].人文地理，2018（4）.

[63]　孙久文，孙翔宇.区域经济韧性研究进展和在中国应用的探索[J].经济地理，2017（10）.

[64]　张振，赵儒煜，杨守云.东北地区产业结构对区域经济韧性的空间溢出效应研究[J].科技进步与对策，2020（5）.

[65]　张开，陈琦.中国城市经济韧性的区域差异及影响因素分析[J].贵州社会科学，2022（12）.

[66]　袁丰，熊雪蕾，徐紫腾，等.长江经济带经济韧性空间分异与驱动因素[J].地理科学进展，2023（2）.

[67]　蔡咏梅，李新英，孟令伟.中国产业多样性、空间溢出与经济韧性[J].技术经济与管理研究，2022（11）.

[68]　郑涛，杨如雪.高技术制造业的技术创新、产业升级与产业韧性[J].技术经济，2022（2）.

[69]　Soni U，Jain V，Kumar S. Measuring Supply Chain Resilience Using a Deterministic Modeling Approach[J]. Computers ＆ Industrial Engineering，2014.

[70]　Kontolemis Z，Canova F，Coutinho L. Measuring the Macroeconomic Resilience of Industrial Sectors in the EU and Assessing the Role of Product Market Regulations[J]. Occasional Papers European Commission，2012.

[71]　Junaid M，Xue Y，Syed M W，et al. A Neutrosophic AHP and TOPSIS Framework for Supply Chain Risk Assessment in Automotive Industry of Pakistan[J]. Sustainability，2020（1）.

[72]　王永贵，高佳.新冠疫情冲击、经济韧性与中国高质量发展[J].经济管理，2020（5）.

[73]　鲁飞宇，殷为华，刘楠楠.长三角城市群工业韧性的时空演变及影响因素研究[J].世界地理研究，2021（3）.

[74]　蔡乌赶，许凤茹.中国工业韧性的测度及时空演变特征研究[J].经济体制改革，2022（6）.

[75]　胡志强，苗长虹，熊雪蕾，等.产业集聚对黄河流域工业韧性的影响研究[J].地理科学，2021（5）.

[76]　刘家国，周粤湘，卢斌，等.基于突发事件风险的供应链脆弱性削减

机制[J].系统工程理论与实践，2015（3）.

[77] 王泽宇，唐云清，韩增林，等.中国沿海省份海洋船舶产业链韧性测度及其影响因素[J].经济地理，2022（7）.

[78] 肖兴志，李少林.大变局下的产业链韧性：生成逻辑、实践关切与政策取向[J].改革，2022（11）.

[79] 高洪玮.中国式现代化与产业链韧性：历史逻辑、理论基础与对策建议[J].当代经济管理，2023（4）.

[80] 张明斗，惠利伟.中国农业经济韧性的空间差异与影响因素识别[J].世界农业，2022（1）.

[81] 宋敏，刘欣雨.数字经济赋能农业韧性机制研究——基于人力资本的中介效应分析[J].江苏社会科学，2023（1）.

[82] Strickland‐Munro J K, Allison H E, Moore S A. Using Resilience Concepts to Investigate the Impacts of Protected Area Tourism on Communities[J]. Annals of Tourism Research, 2010（2）.

[83] Lew A A. Scale, Change and Resilience in Community Tourism Planning[J]. Tourism Geographies, 2014（1）.

[84] Yang E, Kim J, Pennington‐Gray L, et al. Does Tourism Matter in Measuring Community Resilience? [J]. Annals of Tourism Research, 2021.

[85] Yan B J, Zhang J, Zhang H L, et al. Investigating the Motivation‐Experience Relationship in a Dark Tourism Space: A Case Study of the Beichuan Earthquake Relics, China[J]. Tourism Management, 2016.

[86] Cochrane J. The Sphere of Tourism Resilience[J]. Tourism Recreation Research, 2015（2）.

[87] Adams K M, Choe J, Mostafanezhad M, et al.（Post‐）Pandemic Tourism Resiliency: Southeast Asian Lives and Livelihoods in Limbo[J]. Tourism Geographies, 2021（4）.

[88] 杨勇，邹永广，李媛，等.疫情冲击下我国省域旅游经济韧性空间差异与组态影响研究[J].地理与地理信息科学，2022（5）.

[89] Watson P, Deller S. Tourism and Economic Resilience[J]. Tourism Economics, 2022（5）.

[90] Lee Y J A, Kim J, Jang S, et al. Tourism and Economic Resilience [J]. Annals of Tourism Research, 2021.

[91] Cui W, Chen J, Xue T, et al. The Economic Resilience Cycle Evolution and Spatial‐Temporal Difference of Tourism Industry in Guangdong-Hong Kong-Macao Greater Bay Area from 2000 to 2019[J]. Sustainability, 2021（21）.

[92] 王群, 银马华, 杨兴柱, 等. 大别山贫困区旅游地社会-生态系统脆弱性时空演变与影响机理[J]. 地理学报, 2019（8）.

[93] 苏飞, 莫潇杭, 童磊, 等. 旅游地社会-生态系统适应性研究进展[J]. 地理科学, 2020（2）.

[94] 谢朝武, 赖菲菲, 黄锐. 疫情危机下旅游韧性体系建设与旅游高质量发展[J]. 旅游学刊, 2022（9）.

[95] 郭永锐, 张捷, 张玉玲. 旅游社区恢复力研究：源起、现状与展望[J]. 旅游学刊, 2015（5）.

[96] 朱媛媛, 汪紫薇, 乔花芳, 等. 大别山革命老区旅游地"乡土-生态"系统韧性演化规律及影响机制[J]. 自然资源学报, 2022（7）.

[97] 郑春晖, 张捷. 自然灾难地居民风险知觉与旅游支持度的关系研究——以汶川大地震重灾区北川和都江堰为例[J]. 旅游导刊, 2020（6）.

[98] 李宜聪, 张捷, 刘泽华, 等. 自然灾害型危机事件后国内旅游客源市场恢复研究——以九寨沟景区为例[J]. 旅游学刊, 2016（6）.

[99] 年四锋, 张捷, 张宏磊, 等. 基于危机响应的旅游地社区参与研究——以汶川地震后大九寨环线区域为例[J]. 地理科学进展, 2019（8）.

[100] 杨秀平, 贾云婷, 翁钢民, 等. 城市旅游环境系统韧性的系统动力学研究——以兰州市为例[J]. 旅游科学, 2020（2）.

[101] 王倩, 赵林, 于伟, 等. 中国旅游经济系统韧性的时空变化特征与影响因素分析[J]. 地理与地理信息科学, 2020（6）.

[102] 方叶林, 苏雪晴, 黄震方, 等. 城市韧性对旅游经济的空间溢出效应研究——以长三角城市群为例[J]. 地理科学进展, 2022（2）.

[103] 甘畅, 王凯. 湖南省旅游发展与经济韧性的耦合协调性研究[J]. 地理

与地理信息科学，2022（2）.

[104] 汤澜.疫情重塑旅游企业——疫情3年携程的探索与实践[J].旅游学刊，2023（2）.

[105] 王庆伟，梅林，姜洪强，等.中国旅游城市星级饭店韧性时空分异及影响因素[J].地理科学，2022（8）.

[106] 麻学锋，胡双林.旅游城市韧性与居民幸福水平时空适配特征及影响因素——以张家界为例[J].资源科学，2022（11）.

[107] 邹建琴，明庆忠，韦俊峰，等.社会-生态耦合视角下城市旅游系统韧性时空演化及其影响因素[J].资源开发与市场，2023（3）.

[108] 董亚娟，张一获.中国入境旅游经济韧性、效率提升与恢复性增长[J].陕西师范大学学报（自然科学版），2023（2）.

[109] 狄乾斌，陈科其，陈小龙.疫情冲击下北京市旅游业经济韧性测度及其影响因素[J].经济地理，2023（1）.

[110] 乔伟桐，高楠，张新成.黄河流域旅游产业韧性的时空分异特征及门槛效应分析[J].统计与决策，2023（2）.

[111] 方叶林，吴燕妮，黄震方，等.中国大陆入境旅游产业演化与韧性研究[J].经济地理，2023（1）.

[112] 杨芮.长江经济带入境旅游经济韧性时空演化特征及提升策略[D].南昌：江西财经大学，2022.

[113] 王瑞琪.城市旅游韧性评估研究——以辽宁省沿海城市为例[D].大连：辽宁师范大学，2022.

[114] 段盈盈.成渝地区双城经济圈旅游空间结构研究[D].成都：四川大学，2022.

[115] 徐一帆，张宏磊，田原，等.交通系统对旅游空间结构影响研究进展与展望[J].旅游科学，2020（3）.

[116] 翁瑾，杨开忠.旅游系统的空间结构：一个具有不对称特点的垄断竞争的空间模型[J].系统工程理论与实践，2007（2）.

[117] 赵磊，方成.中国旅游发展空间非均衡与极化研究[J].中国人口·资源与环境，2014（6）.

[118] 邵强，李友俊，田庆旺.综合评价指标体系构建方法[J].大庆石油学院学报，2004（3）.

[119] 干春晖，郑若谷，余典范.中国产业结构变迁对经济增长和波动的影响[J].经济研究，2011（5）.

[120] 王凯，杨亚萍，张淑文，等.中国旅游产业集聚与碳排放空间关联性[J].资源科学，2019（2）.

[121] 吴儒练.旅游业高质量发展与乡村振兴耦合协调测度、演化及空间效应研究[D].南昌：江西财经大学，2022.

[122] 孙晓.黑龙江省旅游业发展的空间错位研究[J].西北师范大学学报（自然科学版），2017（4）.

[123] 蔡超岳，唐健雄，何庆.中国旅游经济韧性与旅游发展质量的关系研究[J].湖南师范大学自然科学学报，2024（1）.

[124] 庞冬彦，赵林，于伟，等.山东省旅游经济系统的韧性测度与障碍因素分析[J].资源与产业，2021（3）.

[125] 熊书华，刘逸，陈兵.危机事件影响下的区域旅游经济韧性时空分异研究——以新疆为例[J].湖南师范大学自然科学学报，2023（4）.

[126] 王兆峰，张先甜.黄河流域旅游经济系统韧性的时空差异特征及其影响因素[J].地理与地理信息科学，2023（3）.

[127] 生延超，谭左思，李倩，等.数字经济能否促进黄河流域旅游经济韧性提升？[J].干旱区地理，2023（10）.

[128] 王新越，郭利贞.中国省域入境旅游经济韧性时空特征与组态机制[J].经济地理，2023（5）.

[129] 方叶林，王秋月，黄震方，等.中国旅游经济韧性的时空演化及影响机理研究[J].地理科学进展，2023（3）.

[130] 郜攀峰.技术进步、产业结构升级与城市经济韧性[J].中国流通经济，2023（9）.

[131] 郭田田，吴文钧，胡芬.生态旅游对经济增长影响的空间溢出效应研究——基于中国60个重点旅游城市数据[J].生态经济，2024（9）.

[132] 杜钟婧，丁正山，穆学青，等.旅游地社会-生态系统韧性的时空跃迁特征与驱动因素——以长三角城市群为例[J].地理与地理信息科学，2023（6）.

[133] 刘庆，陈转青.基于熵权TOPSIS法的数字乡村测度模型研究[J].模糊系统与数学，2023（4）.

[134] 徐晔，赵金凤.中国创新要素配置与经济高质量耦合发展的测度[J].数量经济技术经济研究，2021（10）.

[135] 师博，何璐.黄河流域城市高质量发展的动态演进与区域分化[J].经济与管理评论，2021（6）.

[136] Gajić T，Đoković F，Blešić I，et al. Pandemic Boosts Prospects for Recovery of Rural Tourism in Serbia[J]. Land，2023（3）.

[137] Zhu Y，Wang Y，Liu T，et al. Assessing Macroeconomic Recovery after a Natural Hazard Based on ARIMA—A Case Study of the 2008 Wenchuan Earthquake in China[J]. Natural Hazards，2018.

[138] 宋瑞，杨晓琰.数字经济促进现代旅游业体系建设：内在逻辑与对策建议[J].价格理论与实践，2024（5）.

[139] 边媛.我国旅游服务贸易存在的问题及对策研究[J].商业经济，2024（9）.

[140] 曹頔，谢振妍，王安妮，等.中国产业基础高级化发展研究[J].合作经济与科技，2022（22）.

[141] 杜艾嘉.海南东坡文化与旅游产业融合发展的机制研究[J].商展经济，2024（17）.

[142] 徐凤华，宋韬.数智时代下的智慧景区应急系统建设[J].中国安防，2023（9）.

[143] 邓小华.国企职工继续教育的动机与激励对策[J].现代企业文化，2018（2）.

[144] 仲涛，马萍.浅析文旅融合背景下多层次旅游人才的培养与衔接[J].教育现代化，2019（96）.

花了大半天时间，终于照葫芦画瓢，把个烘筐编成了。老板只瞅了一眼，手都不碰那筐一下，好像摸一下就降低了他的手技，刘大头心里没底。老板说，饭在店铺前台上，我们先去吃饭。刘大头捏上筷子，才知道手指手心里扎了不少竹刺，怎么捏筷子都捏不住。老板说，竹刺扎多了就不痛，活计干多了竹刺就不肯扎你。刘大头一咬牙，还是捏住了筷子，装作没事人一样夹菜扒饭。等他放下筷子，老板说，就按你说的办，编筐换口饭。你这活真不咋的，但你没见过烘筐，居然也能摸索出个大概，有学手艺的脑筋，扎了满手的竹刺能忍下，算是吃得了苦中苦的人。

原来这烘筐，其实是个烘罩，山民们把山里的竹笋挖了，怕一时运不到山外，就架上火炉，用烘罩把嫩笋烘干，烘成干笋，保存期就长多了。这烘筐几乎家家山民都需要，战乱岁月，山民该咋过还是咋过，老板的生意受影响还算不大。

几天下来，刘大头的技艺长进，他编的烘筐粗一看与老板的产品分不出高下了。老板娘高兴，给了他一身老板的旧单衣。他洗过澡，换了单衣，老板用剪刀替他剪了发，用篾刀替他刮了胡子，刘大头往店面一站，成了一个精神抖擞的小伙计。

站住了脚跟，刘大头还是想找到小姐。刘大头得空就站在集中营大门的远处，关押的囚犯不可能出来，刘大头发现了有个人常从那门大摇大摆进出，没穿制服没拿枪，挑一对箩筐，空筐出，满筐进。刘大头看明白了，这人是集中营食堂买菜的伙夫长。他起得早，刘大头比他起得还早，在菜市上等着他，没话找话与他搭讪。伙夫长听说他是篾匠店新招的伙计，说话一口外乡人腔调，说，我看你不像伙计，倒像新四军。刘大头吓出一身冷汗，说，长官可别冤枉人，我这腿是残了，但它没挨枪子和炸弹，是我在山崖上摔断了骨头。刘大头把裤管撸到大腿，在他眼前绕了一圈，说，您看，我这腿外面看是囫囵的，只是骨头摔断了，郎中接骨时错开了榫头。伙夫长说，我就是跟你小子开个玩笑。刘大头抢着帮伙夫长挑菜筐，沿着山路一直送到集中营门口才撒肩。刘大头说，别看我腿瘸，但挑担子的力气在腰上，腿不碍事。时间长了，伙夫长也看透了他，说，小子，打开天窗说亮话吧，是不是有事求我？刘大头说，我就知道瞒不过您，我不是新四军，我姐是，我听说被抓的新四军都关在这里，也不知道我姐是死是活，我只是想讨个确切消息带回老家，求长官帮帮我。刘大头在腰间摸索了一会儿，将一块银圆塞进伙夫长手心。伙夫长也不推辞，说，你是个懂规矩的人，我会试着打听的。刘大头说，我姐叫刘书琴，短发，瘦高个，念过书。伙夫长说，问题不大，这里面就一间屋子关的女犯，统共不到三十人，我能打听到。第二天一早，刘大头就在路口迎他，伙夫长说，问过了，女犯中没你姐。刘大头心里凉了半截，说，您都问仔细了？伙夫长说，就那么几个女犯，看守们天天评头论足，这个洋气那个俊，恨不得把她们一个个撕扯着吞了，不会弄错，没有女犯叫刘书琴。刘大头心里凉透了。伙夫长说，你要是不相信我的话，对面这座山岗，岗上有棵挺高的松树，天气好的时候，爬上去能看到监房里女囚住的草屋，九点钟她们出来放风，你可以自己去寻找你姐。

　　第二天是个晴天，九点不到，刘大头已经早早爬上了松树。他感觉到了那条瘸腿的不争气，但这不算个事，刘大头也算是在圩乡长大，出门不靠腿，靠的是胳膊上的力气，划船进划船出，早练就了一身好臂力，仅用两只胳膊上树，也不会输给别人。何况这天他心里焦急。可恶的是那些松针，他想往更高处攀，站得越高，看得越远，可更高处的树枝越来越细，哆嗦得厉害，那些松针就挤着抢着往他身上脸上扎，最重要的是会阻挡他的视线。

　　这个集中营看上去不像个监狱，那些监房是征用了几个小村子的民房改建的。山区的房子稀稀拉拉，不像圩区的房子挤在一起，有一处砖瓦房，像是个祠堂，其余的都是土坯茅屋。刘大头睁着眼睛盯紧了近处的两间茅屋。时间一到，一间茅屋的木门打开了，几个看守拿着枪守在门外，男囚排着长队鱼贯而出，他们大多穿着新四军发的衬衣，不过已经肮脏得看不出原来的颜色。这样一间小屋，居然关押了二三十个人，战友们受的罪大了。另一间屋子的木门打开，出来的是女囚。她们几乎所有人，首先用手遮着额头，抬头看一眼天上的太阳，然后三三两两在草坡上散开。与男囚们不同的是，有好几位都戴着眼镜，镜片一晃，刘大头的眼睛就被刺得睁不开。

不过，刘大头有的是耐心，他一遍遍打量，真的没有刘书琴。小姐的身影他熟悉，哪怕只在他眼前一闪，他也能认出来。这就是说，刘书琴没有被俘。如果把希望分成三份，一份是突围，一份是牺牲，一份是被俘，那么刘书琴只剩三分之一的希望，随部队突围出去了。而刘家驹，怕也同是这个命数，作为一匹马，它的命运或许更糟糕。

老板发现，刘大头编筐的技术没有长进，甚至有些退步了。老板说，气馁了？不想等你姐一起回家了？刘大头说，竹篮打水一场空，我把身上仅有的一个银圆送人，换来的消息是我姐没在这里边。老板说，那你真是赔了夫人又折兵。刘大头恼怒，咬着老板的词儿不放，说，什么夫人，她是我姐！老板笑了，说，你敢说她是你亲姐？刘大头偶尔会与老板聊老家的事，也不知哪里露出破绽，让老板看出了端倪。也是，一个是千金小姐，一个是东家收留的乞儿，一个主，一个仆，要是站在一起，真有天壤之别，怎么看也不是一家人。老板故意激他，说，癞蛤蟆也敢想着吃天鹅肉，娶东家的小姐做老婆没你想的难，东家招伙计入赘，我听说的多了去了。刘大头只有涨红着脸不理他，强词夺理是这老板的长项，他那条舌头就像他手中的篾条子，伸缩自如，刘大头不是对手。

刘大头有些迷茫。刘书琴如果活着，一定还在新四军的队伍，他现在去哪里才能找到新四军的队伍？他打算先回丹阳圩，刘家驹没了，老爷给的三个银圆只剩了两个，他见了老爷没法交账。最后，他拿定主意，先回丹阳湖见老爷，挨打挨骂都认下。他向老板辞行，老板说我早看出苗头，你的心系在你姐那里。我也拿不出什么送你，给你准备了一个凉席，天当帐篷地当床，有个凉席垫着总比没有好，再送你一只竹箩，倘若有了吃食可以存放。老板其实是个好人，好歹收留了他一个多月，刘大头连连作揖，说，老板的大恩，我这辈子不忘。

刘大头背着凉席，拎着竹箩，离开了茅家岭。他沿原路返回，又在十几天的乞讨后回到了皖南。他找到了云岭村，然后凭自己的记忆，沿着山路进了山。山还是那些山，林子却不像原来的林子。那些山树突然间变得高大繁茂，春天一到，万物生长，树叶遮盖了天空，也遮盖了很多老鸹窝。

他好不容易找到几处老鸹窝，可无论他在老鸹窝下面的草地怎么挖，都没见到他埋的那几件宝贝的影子。几乎每一次他都觉得就是这棵楝树，就是这个老鸹窝，挖下去的结果总是给他一记狠狠的耳光。这山中有多少楝树，有多少老鸹窝啊，大山尽情地戏弄这个湖水边长大的圩民，刘大头恨自己愚蠢，怎么就只记下这两个标志，简直是大海捞针。

刘大头最心疼的是那两块银圆，早知道这样，还不如走时都放在裤腰带里。绝望之后，他只能继续上路，暂且回到丹阳湖。站在丹阳圩的圩堤上，他始终没有勇气面对老爷。他没敢进村，而是解开湖岸边一只小船，划进了芦苇荡。

六

秋风渐凉，固城县高中到了开学的日子。固城县高中只有十几位老师，二百出头的学生，但开学那天的排场让张东鲁大开眼界。这二百个学生，除了来自本县，还有部分来自相邻三县。那年代，能让子女读到高中的都家境不错，从湖边码头上来报到的学生大多带着家佣，学生在前面空手走路，碰到久违的同学欢呼雀跃，家佣在后面肩挑手提，气喘吁吁。学校有男生女生宿舍，有三人间，有两人间，也有单间，房间不多，张东鲁担心住不下那么多学生，却原来住校的学生并不多。学校的后面有一个村庄，叫黄村，离学校很近，整个村庄都听得见县高中的上课下课铃声。很多学生穿过学校直奔黄村，据说黄村的房子一大半租赁给了县高中的学生，租金成了黄村村民一笔可观的收入。学生有的还是黄口小子，有的女生却已经怀抱婴儿，为人之母。大一点的小孩都放在家中，但吃奶的小孩只能带着上学，有时下课铃响，有女生直奔教室门外，原来家佣怀抱婴儿早立于门廊，小儿嗷嗷待哺。张东鲁那天在教室办理学生报到手续，有一高个子女生，蓄一个女学生头，肤白，看上去很是清秀。她的边上挨着个大脑袋小伙子，嘴里不停地嘟囔，姐，不是说好了不住学校住家屋的吗？女生说，说好了？那是你们说好了，我没说。大脑袋说，伙计都把家屋打扫干净了，家屋大，人手多，我们服侍你也方便。女生不理他，任他啰嗦，办好手续，才转过身对他说，你再不去搬行李，那就让刘家驹捎回去算了。张东鲁看了一眼女生姓名——刘书琴。大脑袋讨好地朝张东鲁笑笑，说，先生，我们老家在月亮圩，但老爷在街边置有房产，三进三间，她偏要住学校，让我回去没办法跟老爷交代啊。刘书琴杏眼一瞪，说，老师面前，有你说话的份儿？大脑袋缩到她身后，噤声。

麻雀虽小，五脏俱全。县高中设三个年级，开设国文、英语、算术、物理、生物、历史、地理等学科，张东鲁教二年级国文。第一次走进课堂，张东鲁就发现，刘书琴正是他所教班级的学生。

学校食堂已经开张，张东鲁的一日三餐有了着落。可是米校长有事没事还是招呼他，咱俩有几天没喝酒了，走。张东鲁这天爽快地答应了。米震东是个受过新式教育的人，他身上有一些张东鲁感兴趣的东西。比如他坚持在县高中开设了一门公民教育课，他亲自上课。张东鲁旁听过一次，米老师慷慨激昂，义愤满腔，倘若有汉奸告密，他那颗脑袋可能不保。动情处，他潸然泪下；激动时，他引吭高歌。这位校长的课很受学生欢迎，给张东鲁留下了深刻的印象。当时张东鲁在固城县，共产党月亮湖党支部已遭敌人破坏，他一个人单打独斗成不了事，上级希望他能发展新同志，在固城县建立新的党支部。而米震东，当时正是他想考察的人选。

他俩喝酒都是在靠窗的那个包间，既可看街景，又在僻静处。这包间是真正的包间，少东家一个人专属的包间。平时，饭店生意再好，伙计也不敢把包间让给顾客，这少东家说来就来，说走就走，一发脾气把桌子掀了也没奈何。开始上菜了，米震东对伙计说，今天你们除了老四样，再加两道时鲜菜。伙计诺诺而去，一会儿，添了一盆清蒸湖刀，一盆鸡头米。湖刀是湖中出产的刀鱼，没有长江刀鱼名气大，但长得几乎一个模样，肉味也一样鲜美。鸡头米是本地百姓的叫法，从形貌，学名叫芡实。鸡头米外形若鸡头，剥开外壳，里面的籽粒雪白如玉。外地人吃到的都是干货，本地人吃的鸡头米新鲜脆嫩，刚剥出的鸡头米做冷盆，比用花生米下酒更受固城人欢迎。一杯酒下肚，米震东说，开学一个多礼拜，东鲁兄适应否？

张东鲁说，适者生存，要生存必得适应。要说张老师不能适应的地方，那就是教室的课桌椅，一个堂堂的县高中，居然是学生自带课桌椅。教室里摆的桌椅五花八门，大小不一，长短不齐。有红木镂雕案桌，有白玉石板茶几，简朴一点的，是上面一张白皮木板做桌面，下面两垛青砖做桌腿，学生一不小心压塌了，教室里瞬间闹成一团。米震东说，见笑见笑，东鲁兄毕业于苏州高中，哪是我这穷乡僻壤的学校能比的。不过，我已将桌椅置产列入校务规划，一步步来，争取未来一两年内将课桌椅规范统一。

米震东说，固城县本来有两所中学，初中设在东坝镇，高中设在固城镇。日本人第一次入侵固城县，两所中学都遭到了轰炸，校舍坍塌，桌椅损毁，初中停办。高中重建不久，又遭遇日本人二次入侵，这次日本人驻扎在县高中，天寒，日本兵士将桌椅堆放操场，焚火取暖，复学后还没来得及新置。

米震东说，国共合作后，中央军和新四军都曾经活跃在固城县，别看沦陷后伪政权神气活现，但固城民间都相信他们是兔子的尾巴长不了。1938年，新四军第一支队东征苏皖，部队就驻扎在固城镇一带。司令员陈毅夜渡固城湖，写下了一首诗《东征初抵高淳》。米震东抿一口酒，吟道：波光荡漾水纹平，河汊沟渠纵复横。扁舟容与人如画，抗战军中味太平。堤柳低垂晚照斜，农家夜饭话桑麻。兵船初过群疑寇，及见亲人笑语哗……芦苇丛中任我行，星星渔火水中明。步哨呼觉征人起，欣然夜半到高淳。高淳是固城县的别称，诗歌这么长，米震东居然一口气背诵出来，张东鲁没有谈论诗歌，只是赞叹米震东惊人的记忆力。米震东并不谦虚，说，国民党县政府在东平殿广场召开四千多人与会的抗日救国民众大会，陈毅应邀发表了三个多小时的演讲，我受命担任记录员。米震东往嘴里扔了一颗鸡头米说，你知道亚伟汉字速记法吗？用符号代替文字，我就是用速记法记录了陈司令员的全部演讲。共产党里有人才，陈司令员演讲过后，年轻人踊跃从军，一批小伙子追随新四军去了茅山根据地，可惜老爷子百般阻拦，我落下了。亚伟汉字速记法张东鲁没学过，但听说过。这米震东多才多艺，难得佩服谁，他叹服陈司令员，似乎是英雄相见恨晚。

张东鲁转换话题说，刘书琴这个女生是我班上的学生，你有印象吗？

米震东说，凡是漂亮女生，我都有印象。怎么，张老师有想法？

张东鲁说，我一个外乡人，哪里敢有什么想法？

米震东说，她家老爷子与家父算是朋友，都是固城商界有点影响的人。不过，刘老爷子基本不出月亮圩，田产和生意都交给下人打理。

米震东忽然一顿，说，我明白了，你还是想去月亮湖找亲戚。

张东鲁既不承认也不否认，他端起酒杯，说，别光顾着说话，喝酒，喝一个。

刘书琴这个女生要说有多漂亮也谈不上，只是她有些与众不同，站在女生堆里一眼就能被认出来。张东鲁让她做了国文课代表，课前课后有了接触的机会，但不知是端着千金小姐的架子，还是在年轻国文老师面前有些腼腆，刘书琴同学与张老师交谈不多。一日三餐，刘书琴午餐在学校食堂吃，早晚两餐就由那个大脑袋小伙子送到宿舍。那个大脑袋拎一个竹制菜匣子，桐油涂得锃亮，一层叠一层，早晚装着不同的饭菜。他逢人就露出傻笑，笑过之后直奔刘书琴宿舍门口等候，天冷，还会把菜匣子塞进大袄捂着。有一天，张东鲁听见校门外吵闹，循声音过去，发现竟是大脑袋在与一卖菜的摊主争吵，大脑袋左手牵着一匹枣红大马，右手拎着那个菜匣子，想走却走不脱。原来，大脑袋进县高中送饭菜时，系在石桩上的大红马啃了摊主的蔬菜，摊主坚持要大脑袋道歉，大脑袋不肯，说，我们家刘家驹从来不会吃别人的东西，塞到嘴边它也不会咬一口。围观的人听了好一会儿才明白，大红马叫刘家驹，大脑袋认为摊主是诬陷刘家驹，赔钱事小，侮辱性极大。张东鲁出面打了个圆场，摊主才放那一人一马离开。下次遇见，大脑袋老远就向张东鲁鞠躬，张东鲁说，你是刘书琴的弟弟吧？大脑袋点头，说，老师您还认得我？正是，我家小姐是您的学生，我叫刘大头。张东鲁一乐，这名字倒形象，大脑袋不就是大头？

从刘大头嘴里得知，刘书琴是她爸的发妻所生，她母亲命短，在她四五岁时患病撒手而去。后来她爸先续了一房，又续了一房，先后得了两个儿子。在上上下下的人们眼里，小姐的地位不断下降。其实，在老爷的心里，小姐是他的掌上明珠，倒不是刘老爷思想新潮讲什么男女平等，主要是他心慈，心疼女儿打小没了娘。小姐心性高，老爷由着她。要养马，就有了刘家驹；要读洋学堂，就读完东坝初中再读县高中。小姐越长越大，小姐的脾气也越长越大，刘老爷偏袒她，两位后妈也不敢招惹她。只有刘大头和刘家驹，小姐待他俩是最亲的人。

张老师和刘大头热络起来，有时刘大头路过，张东鲁还喊他进自己的办公室喝茶聊天，还会弯腰替刘大头点旱烟。一个是教她的先生，一个是她的家仆，这俩人凑在一起有点莫名其妙，但凭女性的敏感，刘书琴也意识到张老师是项庄舞剑意在沛公。终于有一次，在刘大头的热情邀请下，张老师走进了他的国文课代表刘书琴同学的宿舍。刘书琴要的是单间，中间挂着隔帘，后半间是床，前半间摆着一张书桌，布置得很简朴，不像有的女生，把宿舍也布置成小姐的闺房。书桌上摆着的几本书引起了张老师的注意，是西人的小说，有《简·爱》《名利场》《小妇人》等等，张老师找到了可以与课代表交谈的话题。张东鲁就读于东吴大学中文系，东吴大学是教会学校，是中国第一所西制大学，学生中盛行读西人小说，张东鲁也是爱好者之一。张老师在课堂上讲课属于偏理性的风格，不像米校长讲课总是风生水起波澜起伏，但他与刘书琴讲到小说，娓娓道来意趣盎然，让刘书琴大有收益，听得欲罢不能。一师一生都在心中暗自惊喜，想不到这样一个人，心中是一腔浪漫主义情怀。

张老师也成了女生宿舍的常客，只不过，他目标专一。

有一次张老师直截了当地说，书琴同学，听说你老家是月亮湖，名字好听，风景也好看，什么时候带我去看风景？

刘书琴说，不瞒您说，我讨厌回老家，看到那一大家子我就不爽快，能不见尽量不见。再说，我要带一个年轻书生回村子，别人还不知道会怎么想呢。

张老师说，我想去月亮圩找一个远亲，名叫刘丰田，外号刘麻子。

刘书琴说，我知道，丹阳圩的人都知道，那人是共产党。莫非，老师您也是共产党？

刘书琴的话像是半开玩笑。张老师说，哈哈，别人以为我是谁我就是那谁，你要说我是共产党我就是那共产党，你怕了吗？

刘书琴说，我不怕。

张东鲁和刘书琴去丹阳圩，坐的不是船，是大红马拉的马车。刘大头在村头喝住刘家驹，一村的老少都过来看热闹，刘家小姐带了个白面郎回来，轰动了全村。刘老爷更是喜不自禁，女儿回来了，来的还不是她一个人。张东鲁递上绳扎的纸包点心，女儿介绍说是她县高中的老师，但刘老爷心里还是把他看成了未来的女婿。小伙子眉清目秀，且知书达礼，刘老爷觉得他是值得女儿依靠的人。刘家上下忙碌起来，天已入秋，月亮湖里有菱有藕，芦苇荡里有野鸭有锦鸡，刘家派出三四条船进湖，各路人手准备食材。这白面郎是城里人，也想进湖看风景，老爷就让刘大头驾一条小船，载着他和小姐，去湖面上玩个尽兴。

本地有灌醉新女婿的习俗，尽管小姐一再声明，他只是她的老师，但刘家族亲们哪里听得进。一轮敬酒下来，白面郎变成了赤面猴，两位少爷喊他姐夫，他也敢应，羞得小姐恨不得钻地缝。小姐坚持下午要走，明天一早有课，张老师上马车时已经不知东西。将新亲灌趴下，是一村人的胜利，是一村人的光荣，月亮村一村刘姓，往上几代都是一家人。全村人都围观这张老师，其中有位老人觉得他面熟，记得这位县高中的先生来找过远亲。

一个礼拜后的深夜，有人敲开了张东鲁的宿舍门，来人揭下笠帽，灯光下的一张脸坑坑洼洼。来人说，我就是你要找的远亲刘丰田。张东鲁说，我终于见到你了。

刘丰田带伤逃进了芦苇荡，在芦苇墩上，有芦根可挖，有菱母和菱角可捞，还有鸟蛋可捡，月亮湖饿不死月亮圩人。等伤势减轻，他弄到船上了湖中岛。现在他的枪伤已基本痊愈，接到了张东鲁第二次发出的信号，他才确定张东鲁是自己人。

一个月后，固城县再一次成立了中国共产党党支部，书记为刘丰田，副书记为张东鲁，支委是米震东和刘书琴。成立地点就在米家酒楼上少东家的专属包间。仪式庄重而简单，墙上贴着一张红纸，红纸上是张东鲁描上去的镰刀斧头。自此，固城县高中的毕业生一批批参加了新四军，投身抗日前线，其中就有女生刘书琴。

七

刘大头划走的是公船，所谓的公船是村里的公产，拴在岸边，谁要进湖或者去湖对岸，可直接上船划桨出发。相当于很多年后的共享单车，只不过不需要刷卡付费。船使用过后泊回原处，也有人划走船之后一去不返，人与船皆无踪影。村里的老人说，这类人要不就是落了难，要不就是会遇难，愿老天保佑他们。过几天，一条新的公船又会填补那缺位。

在月亮湖与丹阳湖的交界处，是望不到边的芦苇荡。冬季，西风一吹，湖水向东，月亮湖半个湖底就呈现在人们眼前，只有深沟中尚有湖水，供小船进出。春天一到，湖底肥沃的淤泥中长出郁郁葱葱的青草，乍一看，仿佛来到了大草原上。而高出湖底一截的土墩子，上面长的不是青草，而是奋发向上的芦苇苗。它们在夏季的山水到来之前，必须完成自己的身条发育，否则，就会像那些青草一样被水淹没，成为水中鱼虾的腹中物。到了夏天，水涨，芦苇也长，它们在湖面上长成了一座迷宫。每年都有渔民或者猎户葬身芦苇荡中，有人说是迷了水道，遭遇了"鬼打墙"，有人说是芦苇荡中有一条巨蟒，水蟒过处，芦苇倒伏，湖水劈浪，那巨蟒一口能吞下一整个人。传说越传越恐怖，只有月亮村的人当笑话听，该捕鱼的捕鱼，该打猎的打猎，生死由天命，要死鸟朝天。湖中有一个奇怪的现象，水中死的女人浑身朝下，水中死的男人仰面朝天，既然连"鸟朝天"都不怕，月亮村的男人们又怎会害怕传说中的湖中鬼怪？

刘大头进了芦苇荡，桨就变得不太好使，磕磕碰碰。他在芦苇中穿梭，划了好久，发现自己只是绕了一个圈，不久前被他的桨砸断的芦苇又出现在船头。正迷惑着，前面传来一声枪响，一群绿嘴野鸭在芦苇丛中腾飞，刘大头听出那是三八大盖的枪声，鬼子使的家什，排里的战友手中有两杆，是从鬼子手中缴获的，射程远，响声脆。刘大头不敢有动静，停止划桨，自己也在船上趴下。他能听到湖面上一只受伤的野鸭在扑腾。猎户打野鸭，使的是喷砂枪，一枪能罩住两三米范围，中枪的野鸭不止一只。有船滑过去，野鸭惨叫一声后，传来砰的一声钝响，那是野鸭被扭断脖子扔到了舱底。刘大头从芦秆的空隙看去，船上那两人没穿鬼子的军装，这么说，是老百姓捡了鬼子的三八大盖？但是用那么珍贵的子弹打野鸭，一枪一鸭，也太奢侈了。刘大头从船尾悄悄滑下水，踩水推着船跟在后面。从前面看，船上没有一个人，船却左冲右突，避开芦苇和暗墩，灵活前进。船民吓唬外地人是"鬼推船"，本地人都明白，鬼就是船尾推船的人。刘大头主要担心那两人发现他跟踪后，反手一枪，说不定就要了他的命。藏在船尾的水中，多一分安全。

那条船七绕八绕居然到了湖心岛，刘大头不敢贸然跟上去，他摸不清那两人的底细。早些时候，湖心岛上有湖匪，一般不扰民，主要是抢劫来往的商船，安徽的官兵剿匪，他们躲到江苏境内，江苏的官兵剿匪，他们躲到安徽境内，从来没有被剿灭过。日本人占领了苏皖边界，刘麻子的游击队随之崛起。这刘麻子也不知有什么手段，他带人占下了湖心岛，湖匪有的逃散，有的归顺。但是"五人半事件"后，刘麻子的队伍早已溃散。不是湖匪，那就是游击队在湖心岛东山再起。刘大头正胡思乱想，忽然间双脚被什么东西死死拽住，身体被拖往湖水深处。刘大头只来得及念头一闪，糟了，遇上水獭了。传说湖中的水獭在岸上斗不过鸡鸭，但在水中凶猛无比，力大无穷。水獭喜食人的内脏，它把人拖下水，叼住人的肛门，先是掏出人的肠子，然后掏出肚子里别的脏器，尸体浮出水面，空腹填满了水，看上去像个完整的尸身。刘大头醒来的时候，发现自己双手反缚着，被扔在草地上。他往下够了够，裤子还在屁股上，屁眼那里还很完整。他想说话，一张口，嘴里喷出一股水，这一回他喝水喝得够呛。有人将他踢翻，又在他背上猛踩几脚，每一脚下去，他嘴中就喷出一股清水。那人说，刘大头，都说你贪了你家老爷的马和银圆远走高飞，原来却是做了日本人的走狗，是日本人让你摸进来的？刘大头甩着脑袋，说，不，不是。刘大头从草叶中看到了那个站着的人。他戴着斗笠，脸上罩着一块土布，只露一双眼睛。那双眼睛居高临下瞪着刘大头。人们传说刘麻子脸上都罩一块土布，不让别人看清他的麻脸。刘大头心里有了底气，说，刘麻子，老子投靠的是共产党，我和刘家驹遇见了刘书琴，我们仨都是新四军。那人将信将疑，摘了脸上的土布，果然是一脸大麻子。刘大头说，我是一纵队的，司令员叫傅秋涛。刘麻子说，你怎么现在才来找我们？不提也罢，一提这事，刘大头想起那些人不人鬼不鬼的日子，委屈得哇哇大哭起来。

确认刘大头是新四军战士的人，是李代胜，那位在云岭山区遇见过的李连长。皖南事变后，参与事变的国民党第四十师进驻固城，继续追捕和杀害新四军突围人员。固城共产党党支部奉命营救，新四军已重新组建，陈毅同志任军长，大旗不倒，失散的战士通过各种途径归队。湖心岛上有十几名新四军战士，大多带了伤，李连长是其中的一位，党组织安排他们在湖心岛养伤，痊愈后再伺机归队。

湖心岛其实就是一块不到二亩的礁地，刘麻子他们在上面搭了一间芦棚，一二十号人在棚子中挤地铺，夜里出去小解，一不小心就会踩着别人。芦棚外的水边挖了个土灶，架了一口大锅，芦棚低矮，怕一不小心火苗蹿上棚顶，引发火灾。在这里生活，吃喝都不成问题，湖里有丰富的水产。刘大头捉鱼摸虾是一把好手，他捡到了渔民丢弃的破渔网，每天都有不错的渔获。鱼吃厌了，刘大头带几个战士借着月光，抓晒月亮的大闸蟹和老鳖。打野禽刘大头也有办法，把破渔网系在杆之间，大的有灰雁绿嘴鸭，小的有鱼老鸹白头雀，再也用不着用浪费子弹。用子弹打野禽，碰上炸子儿，一只飞鸟就只剩一堆羽毛和碎骨头。天气转凉，芦苇泛黄，刘大头割了一堆芦苇，找不到石碌碡压扁，他只能铺在一块石头上踩踏。芦苇没有竹片皮实，编出席来没有竹席光洁，总比睡在一堆芦秆上强。刘大头一气编了四五张芦席，把芦棚的地面铺满了，芦棚里瞬间有了新气象。李连长说，自从刘大头到了湖心岛，我们就过上了幸福的生活。这天，刘大头捕鱼归来，刘麻子招手让他过去，说有个重要任务，去防洪堤取东西，就在距村口大约一里地的水杨树下，免得离村口近了人多嘴杂，你拿到东西就赶紧回来。刘大头水路熟，又是本地人，上岸执行任务责无旁贷。刘麻子说，大头，过来。刘麻子解下自己的土布面罩，替刘大头系上。原来这块土布有讲究，两角是搭扣，扣在耳朵上，下端是细麻绳，系在颈子上，任风吹雨打，这土布都不会飞走。刘大头心里有些嫌弃，你刘麻子是麻脸，我刘大头又不是，但他也没敢把嫌弃表现出来，毕竟人家也是为他好，月亮村人人都能认出他刘大头。

水杨树下站着一个人，穿一袭长衫，脸上戴着一只医生才戴的白口罩。刘大头已很久没见到张东鲁，但他还是一眼认出了张老师，张老师也认出了刘大头。刘大头递上用芦秆穿着的两条草鱼，这是约定的方式。岸上有人贪新鲜和便宜，常招手让渔船靠岸买鱼。张老师说，大头同志，你也参加革命了，真好。张老师嘱咐，这包袱里有玻璃瓶装的药水，千万别磕碰。刘大头刚掉转船头，又拨了回去。刘大头说，张老师，有我姐的消息吗？皖南事变后，我再也打听不到她的消息。张老师说，我也打听很久了，没有音信。张老师说完，转身朝防洪坝上走去。秋风萧萧，张老师拎着两条鱼上坡，鱼肥人瘦，他更显得瘦削。这位苏州小白脸，本以为会做老爷家的乘龙快婿，会做他的姐夫，想不到他是个共产党，更想不到有一天，他刘大头也做了共产党。风吹过，枯黄的杨树叶纷纷落下，落在水中的随波漂浮，落在船上的几分凄苦。刘大头有一桨没一桨地朝湖中划去，心中默念：书琴姐，你究竟在哪里呢？

冬去春来，芦苇荡青黄复青黄，伤员们基本恢复了元气，一个个生龙活虎，急于回归新四军大部队。可是，日本人和国民党的封锁线没有半点松懈。这天晚上，刘大头接到新的任务，与李连长带人去东坝镇木船厂买船，具体地说，是买一条龙舟。买龙舟做什么？莫非我们也要参加端午节龙舟赛？刘大头懂得纪律，不便打听。刘大头和李代胜将小船泊在东坝码头，不急着上岸，等一个人上他们的船。那人摘下笠帽，居然是米震东。米震东没认出刘大头，刘大头当然认识米校长，米校长在全校师生大会上训话，刘大头在操场边上听过几回哩。米震东说，是月亮圩刘家来买龙舟的吗？刘大头答，我们只买米家船厂的发舟，龙头凤舵，十八桨。暗号对上了，米校长从皮包中掏出一卷裹好的银圆，用手一指，说，往东一百米就是船厂。原来船厂真是米震东家开的，那船厂经理一听说付现钱，当即把一条别家预定的龙舟卖给了他们。当经理一块块验收银圆时，刘大头差点笑出了声，这家伙还以为赚了一笔，他哪里知道，这是用米家的银圆买米家的船，蜻蜓咬尾巴，自己吃自己。

刘书琴上的这所学校，有共产党员当校长，有共产党员当老师，刘书琴不当共产党才是怪事呢。

这天刘丰田和李代胜代表月亮湖临时党支部正式找刘大头谈话，说组织通过对刘大头近期的考察，认为他具备了加入共产党的条件。刘大头说，我早就是共产党，我加入的新四军就是共产党的队伍。李连长说，那不是一回事，共产党员是新四军中的优秀分子，你想一想，连里指导员开会时是不是会漏了你？刘大头想一想，有过，不止漏过他一个人，不止漏过他一回。参了军，敢情他还不是个共产党。刘大头说，我参军才不到三个月，时间短，让领导见笑了。李连长说，不迟不迟，现在还来得及，你愿意加入共产党吗？刘大头说，愿意，既然革命了，当不当共产党员被敌人抓住都得杀头，还不如做个名正言顺的共产党员。刘麻子说，刘大头，你这是什么狗屁觉悟？李连长说，刘大头同志有朴素的革命觉悟，会一步步提高。我代表党支部正式通知你，你已经成为一名共产党候补党员。刘大头觉得委屈，他不知道自己错在哪里，要是他不多说那两句话，说不定就能一下成为正式党员了，候补候补，他现在还是块补丁，得好好努力才能成为正料。

端午的龙舟赛是月亮湖的一件盛事，两省三县的百姓纷纷组队参加，因为战乱，曾停办了两年，伪县政府为了粉饰太平，今年允许龙舟赛复活。月亮湖自从修筑月亮圩后，湖面变窄，风小浪低，成了龙舟赛最好的赛场。月亮湖的一端连着丹阳湖，另一端通着水阳江，水阳江向东，就是长江。在月亮湖与水阳江的汇合处，日本人一直有支水警队把守，只有在龙舟赛期间，水警队才会撤去湖面上的木栅栏放行。陈毅领导的新四军活跃在苏北，进入长江就能顺江而下找到新四军。

刘大头找到李连长，要求随他们东进。李连长说，你现在一条腿已瘸，行军打仗都不方便。作为一名本地的同志，你更适合留下来配合刘丰田同志开展工作。刘大头沉吟了一会儿，说，李连长，我想回大部队，回了大部队我才能知道我姐还在不在。李连长说，你放心，我找到新四军一定替你打听刘书琴同志，一有消息我就托人捎给你。

龙舟赛开始那天，龙舟分成上下午两组，上午是十八桨，下午是三十六桨，一桨即一选手，除了桨手，还有鼓手和舵手。每只龙舟都披红挂绿，讲究的龙舟更是雕龙画凤，船首都有一只高昂的龙头，龙头的后面，是一面大鼓，鼓手掌握着划桨的节奏，舵手把握着龙舟的方向。刘大头发现，他们龙舟上的鼓手竟然是张东鲁。鼓手和舵手一般都选择瘦子，目的是减轻船的载重，张东鲁做鼓手不会让人生疑。这条龙舟与众不同，别的龙舟队员都穿背心短裤，而这龙舟上的队员都着长袖套头衫长裤，只不过衣裤都染成肉色，从湖岸上远远看去，并不十分明显。刘大头明白，这是为了遮掩战友们胳膊和腿上的伤疤。比赛开始了，这只龙舟一直落在后面，等到夺冠的龙舟达线，岸上放起的鞭炮在湖面上硝烟弥漫，庆祝的锣鼓几乎要掀翻天空，它才滑过终点线。不过它没有停顿，一路向前，进入了水阳江。谁都没有把目光投放在这只落败的龙舟上。

张东鲁完成了在固城县重建党支部的任务，奉命撤回新四军总部。新四军整编成中国人民解放军，他成了人民解放军军官，一路从北打到南，立下赫赫战功，这是后话。

八

抗战的形势越来越好，刘丰田的月亮湖游击队不断壮大，伪县政府的警队甚至不敢轻易到月亮圩征粮征税。刘大头成了刘丰田的得力助手，但是刘大头有块心病，那就是怕遇见刘老爷。刘老爷虽然是财主，却积极支持游击队的抗日活动，经常给刘丰田捐钱捐物。刘大头从不进月亮村，即使上岸，也在脸上罩一块土布，以至于老百姓认为刘麻子有三头六臂，会分身术。奇怪的是，刘麻子有时瘸了一条腿，有时健步如飞。抗日战争终于到了胜利的那一天，伪县政府的官员逃的逃，散的散，一直躲藏在山区的国民党县政府锣鼓喧天地重回县衙门，普天同庆。月亮湖游击队并没有什么动静，刘大头说，怎么抗战胜利了，热闹是他们的，我们什么也没有？刘丰田说，慌什么，我们耐心等待上级的指示。

刘大头等不及，他急着去一趟皖南。日本人已经投降，大家终于等来了太平日子。刘大头惦记他埋在楝树下的宝贝，那里有刘老爷的两块银圆，他拿到那两块银圆，见了刘老爷才能给他一个说法。

固城距泾县并不远，刘大头坐船到了宣城，又走了两天陆路，到了云岭村。当年的新四军军部大院还在，里面热热闹闹住着一大家子。正是皖南的晒秋季节，大大小小的竹匾盛着红辣椒黄玉米，高的在屋顶，低的随意放在青石板路边。那震耳欲聋的枪炮声，那血肉横飞的战斗，已经成了遥远的过去。刘大头爬到村口的碌磴上，目测了山路入口的方位，心里想，这次可不敢走错路。不知道是好久不走山路，还是瘸了腿的缘故，刘大头登上山头就气喘吁吁，他掏出匕首，砍了一根树枝做拐杖。在月亮湖，刘大头从来不使拐杖，秃子怕人说"光"，瘸子怕人提"拐"，刘大头还是个没娶老婆的小伙子，忌讳拐杖。但在这山林里，刘大头见不到一个熟人，能嘲笑他的也就只有战友们的亡灵。倘若那些亡灵愿意笑话他，他也心甘情愿，毕竟他还留下了性命，等到了抗战胜利的这一天。秋风阵阵，将黄叶吹落，在山路上铺了厚厚的一层。刘大头抬头看树梢，一只只鸟窝若隐若现。这次他没有为此分心，他坚持沿山路朝前走，一直走到一棵楝树下，看到枝头悬挂的一串串金色楝树果，看到那只老鸹窝，他确信，就在这里。他掏出匕首，瞄准了位置，用力朝下挖。他先是看到了帆布枪背带，他用手一拎，那背带就断了。接着挖，他的老套筒八八式步枪就出现了，他抠去枪身上的泥巴，拉了拉枪栓，拉不开，早已锈死。再朝下挖，他看到了那个油纸包，油纸包烂了，连同他的士兵证，成了一块块碎片，好在那两块银圆囫囵，细麻绳粘在银圆上，刘大头轻轻地捧出银圆，连同那一截截细麻绳放进随身带来的布袋子。这些烂麻绳能够证明，这就是当年老爷给他的三块银圆中的两块。

老套筒是没用了，士兵证也捡不起来了。刘大头坐在地上抽了一袋旱烟，他的计划中还有两件事，一是去三排战友牺牲的地坪烧三炷香，一是去看望当年收留他的恩人夫妻。他先去看望战友，营地已经倒塌，野草丛生，当年的操场已被矮树林占领。他从布袋子里掏出香柱点上，嘴中念念有词：排长，兄弟们，日本人被赶走了。有些话他不知道该怎么说，战友们是死在国民党军队手里，如果说冤有头债有主，那得找国民党军队算账。刘大头说，你们都知道我脑子笨，我也说不清这形势，反正，打败了日本人是喜事，你们先高兴一回。他回头赶到簸匠大哥屋前时，太阳已经西斜。木门用一把长锁锁着，他从门缝里看见，屋里已长久没住人了，屋顶漏出的阳光下结满了蜘蛛网，看来大哥耐不得山里的清苦，下山去过老婆孩子热炕头的小日子去了。刘大头准备了一包烟丝两瓶烧酒做见面礼，现在看来又得重新背回去。忽然听得灶屋门吱呀一响，出来一团黑影，刘大头以为那是一头山牲口，定睛看，却是一个半截人，双手各撑着一块木头，双腿尾巴一样拖着，头发又脏又长，遮住了整个脸孔。那半截人说，你找谁？这屋里早不住人了。刘大头弄不清这活物是人是鬼，手攥住了匕首柄，但一听她开口的声音，竟然耳熟。他不相信这是真的，他说，你是，你是我姐？那半截人声音依然冷静，说，大头，我是刘书琴，我这副样子，你认不出姐了。

事变发生的第五天夜里，刘书琴随服务队突围，在山的北坡遭到阻击，一发炮弹在刘书琴身边爆炸，把她掀到了山下。等她醒来，她的小腹和脊椎都扎进了弹片，卧不能卧，躺不能躺，是一位药农救了她。他把她背进了山洞，替她拔出弹片，清理伤口，用草药替她敷伤，等她伤口结疤，她的双腿却再也不能动弹。药农当然不会白白地救她，等她稍能动弹，他就强奸了她，并声明，救她就是为了娶她做老婆。但是，一年后她的双腿还是不能站立，而且没能生育。那家伙就抛弃了她，把她扔在这处废弃的灶屋里。

刘大头一边哭，一边说，姐，我一定要杀了他。

刘书琴说，不能杀他，毕竟他救了我，没有把我交给搜捕的国民党军队，即使把我扔在这里，他还隔三岔五地给我带些吃食，这些年了，没有让我饿死。

刘大头说，姐，我们回月亮湖，抗战胜利了，我再也不会离开你，再也不能让你受这样的苦难。

刘书琴凄然一笑，说，我这模样，还有什么颜面回老家？我活着，就是为了等到抗战胜利的消息。终于等到了这一天，还见到了你，我心满意足了。

刘大头不管刘书琴同意不同意，他抓住她的身子抱在怀里，说，姐，你就是想死也不能死在这里，死在这里就是一个孤魂野鬼。你想死，咱们回月亮湖，要死咱们死在一块。

刘书琴在他的怀里嘤嘤地哭起来。

刘书琴说，你放下我，咱们两个人一条腿，怎么能翻得过大山？

刘大头说，那你听我的话，趴在我背上，我驮着你上山轻松些。

刘书琴乖乖依了他。刘大头毕竟瘸了，一不小心就摔跟头。每次摔倒之前，他都用胳膊护着刘书琴。每摔倒一次，刘书琴替他计一个数，总共摔了二十四次。等到云岭村响起第一声鸡鸣时，姐弟俩终于到了云岭村村口。

刘大头和刘书琴回到月亮湖边时，刘书琴已经变回了模样。她剪了发，在旅店洗过澡，换上了干净衣裳。当然，有些东西是再也变不回去了，比如她的两条腿。她那么瘦小，趴在刘大头的背后，看上去像是趴着个十一二岁的小姑娘。刘大头不累，但心痛，痛比累更会让人流泪，刘大头悄悄用衣袖抹去，不让刘书琴察觉。刘大头来泾县从来不宿旅店，都是找桥洞或者廊檐过夜。这一路回去，刘大头带着刘书琴吃饭店，住旅店，俨然是小老板的做派。到了丹阳圩堤埂，刘大头说，姐，我们还是回村子吧，老爷见了你，不知道该高兴成什么模样。刘书琴说，你要硬背我回家里，还不如让我一头撞进湖里淹死，别废话，直接上湖心岛。刘大头说，湖心岛上条件艰苦，如果遇见敌人偷袭，你行动不便，我担心来不及转移。刘书琴说，刘大头同志，我也是共产党员，而且不是候补的，死在湖心岛，比死在皖南山林子里的死法强。

刘大头说，姐，我不是告诉过你，后来我补上正式的了吗？

刘书琴笑了，她是故意逗他急呢。刘大头看不见她的笑容，但他心里比她更欢乐，书琴姐有了第一次笑容，将来就会有更多的笑容。走过青草滩，上了小船，刘大头把书琴姐放进船舱，划着桨奔芦苇荡而去。刘书琴忍不住用手捞一捞船舷边的湖水，耸了耸鼻翼，说，大头，真想不到我又能闻到月亮湖湖水的味道了。谢谢你，我还以为只有下辈子才能见到月亮湖。

没到湖心岛，刘大头就闻到了一股焦煳味，刘大头觉得情况不对，他将船停了，潜水上了岛。岛上已经是一片焦土，芦棚成了一堆灰烬，秋燥，一点火苗就能燎成一片，连附近芦墩上的芦苇也烧得所剩无几。莫非是谁做饭时引发了火灾？但刘大头很快就否定了这个猜测，他在系船桩的水岸发现了三具游击队战友的尸体，枪伤，子弹击中了致命部位。刘大头狠狠打了自己一个嘴巴，这些年湖心岛从来没遭到敌人偷袭，怎么今天刚假设了一下敌人偷袭，偷袭就真的发生了？但显然，偷袭不是今天才发生的，草地上那些皮靴的脚印已经不清晰，被夜霜和晨雾浸淫过。

刘大头返回小船，将情况告诉了刘书琴。书琴姐说，我们还是上岛，既然有敌人偷袭过了，短期之内他们不会再来。

刘大头先是挖了三个坑，将三位战友埋下。这都是在岛上共一口大锅吃饭的兄弟，音容笑貌宛在，说没就没了。刘大头这些年干革命，死人的事见得多了，心肠也变得坚硬，刘大头对着坟头说，干革命，都得把脑袋拎在手里，兄弟们先走一步，在前边等着我。游击队的小船都不见了，不知是游击队员们撤离划走了，还是被敌人掳走了。刘书琴说，从这三人牺牲的位置看，应该是掩护船只撤退时中枪，至少有一部分人冲出去了。

刘大头重新在岛上搭芦棚，他用匕首斩断芦秆，削去枝叶，又找来线婆婆藤。线婆婆藤是芦苇荡里的蔓生植物，它们攀挂在芦苇间，连绵可十几米。线婆婆结的果实看上去像是棉果，打开来也类似棉絮一朵一朵的，却比棉絮有更亮的光泽，它可以用来止血，刘大头每到挂果季都采集起来贮存。秋天的线婆婆藤，枯叶落尽，缠绕在芦苇之间，只细细的一根线，却比麻绳还坚韧。刘大头割下来，绕成一个线圈，用它来捆扎芦苇，编成芦棚的屋帏和顶披。刘大头手脚麻利，刘书琴在一旁看着，说，你看，我就是一个废人，一点活也干不了。刘大头说，姐，你在边上看着，哪怕有一百个人想来帮我我也不让，有你在，干什么都有使不完的劲。芦棚落成，刘大头说，这就是我们的家了。他拍拍手，又从船上搬来一捆芦苇，芦苇上是几只鸟窝，鸟窝里是鸟蛋和雏鸟。刘大头将芦苇铺在芦棚里，捧着鸟窝说，这就是我们的晚饭了。将鸟蛋和雏鸟烤熟，雏鸟变成了黑乎乎的一团，刘大头将其中一只递给刘书琴，说，姐，你敢吃不？刘书琴咬了一口，嘴角上糊了一片黑。刘书琴说，我还有什么不敢吃？在山里，我烤过老鼠吃。

刘大头说，这日本人都投降了，还有谁会来袭击我们游击队？

刘书琴说，这还用得着想？肯定是国民党的军队。抗战胜利了，天下未必就太平。

刘大头说，姐，你夜里一个人待在这里不会害怕吧？我得上固城镇，与组织联系，弄清楚究竟发生了什么事。

刘书琴说，你放心去吧，这里可比山里强多了，在山里我遇见狼，遇见野猪，都没怕过。不过，我回来的事，你暂且不要告诉任何人。

刘大头说，行。

九

刘大头到了县城，他找的人就是米震东，地点就在米家酒楼。酒店已经打烊，但临街的那个包间还亮着灯，现在的伙计是自己人，他引刘大头到了包间，米校长正在独自喝酒。

你当时没在湖心岛？米校长说，幸亏没在。

偷袭湖心岛是驻守在固城镇的国民党四十师一团的官兵干的，游击队内部出了叛徒，除了牺牲的三位同志，还被敌人抓走了十四个人，其中就有刘丰田，刘丰田在途中跳水逃跑，被敌人乱枪打死。米震东说，真想不到，刘麻子这样一位好汉，没死在日本鬼子手里，却死在国民党军队的枪下。刘大头说，也就是说国民党已和我们撕破脸皮了？米震东说，国共两党谈判失败，我们党组织的活动将再次转入地下。突围的游击队员已秘密奔赴大别山根据地，加入大部队。刘丰田牺牲后，我已向上级申请，增派新的同志来固城，领导我们固城党支部。刘大头说，那我的任务是什么？米震东说，现在关键是要保护好自己，目前情况不明，你每个星期来一趟酒楼，兜售鱼虾等水产，如果有任务，自会有人联系你。

刘大头做了一个渔民。月亮湖里有专门以捕鱼为生的渔民，他们往往以几条十几条渔船组成一个团队，一起张网，一起卖鱼，互相照应，相当于一个合作社。渔民多是贫困户，没有田亩，不愿做佃户，他们挣下钱后首先置田产，弃船上岸。刘大头接了一位上岸渔民的家什，但是他不合群，一个人单干。刘大头像一只勤快的水鸟，在湖心岛把自己的小窝筑得越来越好。刘书琴身体弱，畏湿气，刘大头购置了木板床。刘书琴不能每天坐在芦棚里傻挨时辰，刘大头买来一船毛竹，火烤火燎，制作了一辆有轮子的座椅。在湖心岛的四周，刘大头每隔十几米插上一根毛竹，毛竹之间系着粗麻绳，刘书琴想出来散心，只需拽着麻绳，就能坐竹轮椅巡视一圈。刘书琴提的唯一要求是，刘大头每次上固城镇卖鱼，给她买一张报纸。刘书琴能把一张报纸翻来覆去看几遍，看完了还不让刘大头用来生火。读书人就是比一般人毛病多。

有一天，刘大头的船载回一只采菱盆。这种木盆盆沿低，摘菱摘鸡头米比蹲在船上方便，一到夏天，女人们都划着采菱盆在湖里转悠，傍晚满载而归。刘书琴高兴得大叫，这下子，这下子我可以泡热水澡了。老爷家的小姐想到的当然不会是劳作，其实刘大头买这只木盆的目的，正是给书琴姐做澡盆。刘书琴打小爱干净，上了湖心岛后，没条件泡澡，她总是关上门，用热水擦身子。用渔民的说法，这叫洗"老鸹澡"，沾沾水而已。刘大头烧了两大锅热水，第一锅倒进水桶，用晒干的荷叶盖住，怕热气跑散。等到第二锅水烧开，倒进另一只水桶，拎进了屋。将两桶热水倒进木盆，刘大头就慌张地逃避，刘书琴说，回来。刘大头站住，刘书琴说，不加冷水，你想烫死姐呀。刘大头拎来一桶湖水，倒进去半桶，用手试了试水温，将水瓢放进水桶说，嫌烫你自己兑冷水。刘大头拔腿又走，刘书琴又说，回来，我要你替我兑冷水，还要你替我擦背。

刘书琴脱了衣服，说，帮姐一把。刘大头把她抱进了木盆。刘大头抱过书琴姐多少次了，都是隔着衣服，第一次抱着女人光溜溜的身子，刘大头不敢睁开眼睛。刘书琴说，大头，姐就丑得让你不想睁眼睛看吗？刘大头说，不，不是。刘大头站在刘书琴的背后，他听着水波滑过她的脸，滑过她的颈，滑过她的胸，滑过她的小腹。刘书琴说，替姐擦背吧，平时擦身，总是够不着。刘大头接过澡巾。经过这些日子的调养，刘书琴的背膀已经丰腴，雪白的皮肤上长着金黄色的绒毛，刘大头的呼吸变得粗重，那些细小的绒毛麦浪般起伏。刘大头手中的澡巾捏不住了，掉进了澡盆。刘大头说，对不住了。他弯腰一抱，把湿漉漉的刘书琴放到了木板床上。

事毕，刘书琴说，你刚才说"对不住了"，你觉得对不住我？

刘大头说，不是，我刚才想说的是对不住老爷。

刘书琴用手指点了一下他的额头说，革命这么多年，你还这么糊涂。我的身子不属于别人，只属于我。自由平等是每个人的权利。

刘书琴说，我们革命的目的是什么？就是推翻一个阶级对另一个阶级的压迫，就是追求众生平等。用我俩的事打比方，就是财主家的长工有权利娶财主的女儿。

刘书琴说，当然，前提是彼此乐意。我一个废人，又不能替你传宗接代，谁娶我都添了一个累赘。你如果嫌弃我，我也能接受。

刘大头抱住她，泪水哗哗地流淌，说，姐，我做梦都不敢想有这么一天，有了你，我这辈子什么都不稀罕。

日子一天天过去，冬去春来，月亮湖的湖滩上又长出了半人高的青草，湖心岛周围的芦墩有的也冒出水面，露出芦苇浸在水中的根须。刘书琴半夜摇醒大头，说，我梦见刘家驹了。

刘大头说，我也梦见过他，怕你伤心，不敢跟你说。

刘书琴小时候常说，我们仨才是一家人。早年的月亮湖，每到春夏之交，总有一支骑兵在这里放养军马，也弄不清是哪个军阀的队伍。刘书琴的母亲去世后，她一个人常到湖滩上看那些军马，士兵们也喜欢这个小女孩，逗她玩耍。刘书琴迷上了其中一匹小红马，那是一头活蹦乱跳的小马驹，刘书琴常常偷厨房的黄豆，偷牛棚里的菜籽饼，给小马驹当点心。山水下来之前，骑兵们会离开这里，湖滩将被湖水淹没，马匹们无草可食。刘书琴那天回到家，伤心地大哭。刘老爷问她，是不是挨了谁的欺负？刘书琴说，小红马要走了，我要小红马。圩区人家，行路靠船，养牛可耕地，养马不实用，尽管月亮湖水草丰茂，传说三国时代这里曾做过周瑜的军马场，但老百姓没有养马的习惯。但刘老爷见了女儿的眼泪心软，没了娘的孩子，也没别的玩伴，老爷说，明天咱把它买下来。第二天，刘老爷花五块银圆把小红马买了回来。为这事，没少落后娘们的埋怨。

马儿比牛难伺候，大小姐刘书琴牵着马在村里招摇过市，甚至敢骑着马在圩堤上奔跑，被长辈们斥为不成体统，刘老爷却睁只眼闭只眼。刘家没有马厩，只有牛棚，孤单的小红马免不了受牛们的欺负，大小姐常因此生气。有一天黄昏，大小姐去看小红马，发现有一个男孩站在小红马身边，挥着树枝替小红马驱赶蚊蝇，小红马似乎对他很亲。刘书琴说，你是谁？是不是想偷走我的马？看小男孩的模样，衣衫不整，脚下有一棍一木碗，是个要饭的小叫花子。小男孩说，我只是借你家牛棚睡一宿，我在老家替人放过马，只是喜欢这匹小红马，没别的意思。刘书琴说，你真的喂过马？小男孩点点头，小红马也点点头，打了个很响的响鼻。刘书琴带着小叫花子去找爹，说他养过马，要留下他做马夫。刘老爷想，就算给女儿添个玩伴吧，便把小叫花子留下了。

小叫花子就是刘大头，他记不清老家在什么地方，只记得老家有大片的草场，有成群的马匹。他的父母，在一场大火中丧生，他小小年纪以乞讨为生。在那以后的日子里，两个孩子和小红马形影不离，共同成长。刘书琴读东坝初中，读县高中，刘大头和刘家驹都是忠心的追随者，竭诚为小姐服务。当然，这一切都是听命于刘老爷的安排。

小姐失踪后，刘大头成了老爷家的杂工。那年的秋天，老爷让他去一趟泾县，购买桐油。泾县多桐树，桐油是一种植物油，用桐树果压榨而成，不能食用，却是防水的好涂料，一直到洋漆出现后，它才在市场不占主流。一年一次，木船都必须上岸，补漏，涂一遍桐油。老爷家大大小小有四条船，老爷给了他三块银圆，皖南战乱，老爷嘱他骑上枣红马，快去快回。正逢一场秋雨，他遇到一支行军的队伍，他想快速超过去，却被一军官模样的人喊住，当兵的有枪，子弹比马跑得快，他只得勒住马。当官的说话很和气，请求用他的马帮个忙，他们的一辆板车滑到路边水沟里去了，想借他的马把板车拉上来。这事不难，很快，那辆满载的板车就拉上了路面。刘家驹也很得意，咴咴地长啸，在道路上高昂起脑袋。就在这时，那位推板车的女兵突然大喊，刘家驹！刘大头！那女兵竟然是小姐，是刘书琴。刘大头几乎不敢相信自己的眼睛。

想不到这三口之家在这里团聚了。

刘大头说，姐，你走之后，老爷常常独自流泪。

刘书琴说，我参加革命，就是要与旧的家庭决裂，与他们一刀两断。

刘书琴说，大头，这大红马本来就是我的，现在服务队缺人马，我把他征用了。

刘大头慌了，说，小姐，这怎么行，我回去怎么跟老爷交代？

刘书琴说，那就不交代了，干脆，你也加入新四军，我们一起打败日本人，建设新中国。

没有小姐就没有大红马，没有大红马就没有刘大头。刘大头捋了捋，想弄清自己究竟是老爷那一头的，还是小姐这一头的。结论是他属于小姐这一头。如果用大红马，加上三块银圆，换回小姐的消息，老爷会不会觉得值？刘大头替老爷做了一回主，值。刘书琴替刘大头与刘家驹做主，参加新四军，成为革命战士，值。

刘大头做了渔民的消息一定传到了刘老爷的耳朵里，月亮圩的很多人都遇见过刘大头。刘大头头一低，装作不认识。月亮圩的人认为，刘大头没脸见人，骑着东家的大马，揣着东家的银圆，跑路了，在外面混不下去，居然还好意思重回月亮湖。刘大头存够八块银圆时，想过见刘老爷，后来一算账，除了他带走三块银圆，还有五块是老爷买马的钱，可当时买的是小红马，他骑走的是大红马，大红马至少不止五个银圆了。等到他手里有了整数，口袋被十块银圆坠得歪了嘴时，刘大头敲开了老东家的大门。

刘大头向老爷一五一十地讲述了他参加新四军和寻找小姐的过程。刘老爷说，这么说，刘书琴在皖南事变中没了？刘大头撒了个谎，说，我后来听说，小姐没死，她跑出去了，回到了新四军。刘老爷不相信刘大头的话，刘大头说这句话时眼睛看着地面。刘老爷说，你听谁说的？刘大头说，刘麻子，刘丰田。刘老爷说，刘麻子不是死了吗？他怎么从没跟我说过？刘大头说，他活着时跟我说的，共产党有共产党的纪律。

刘老爷用手指捻着那几截细麻绳，细麻绳变成了粉末。刘老爷说，你当时替我做的主没错，这钱就不用还我了。当年支持刘麻子的抗日游击队，我掏的钱不在少数。

刘大头说，这是两回事，这钱是我该赔你的，你得收。

刘老爷说，你们共产党打胜了，要打土豪，分田地，这钱还得回到你们兜里。

刘大头说，这是两回事，你该收回时收，该掏出时掏。

刘大头没敢告诉刘书琴他见老爷的事，她事先知道了绝不会允许。刘大头当着老爷的面撒了一回谎，没办法，说刘书琴死了，也是谎话，刘书琴没死，还做了他的女人，他不能如实告诉老爷，只能说刘书琴还在新四军，给这当爹的留一线希望。

十

刘大头再见到刘老爷的时候，已经是1948年的冬天。

淮海战役胜利后，固城县党支部接到任务，为迎接大军渡江做好准备工作，米校长带领进步学生根据《大公报》刊载的《三大纪律八项注意》和《中国人民解放军宣言》部分内容，秘密刻印传单，在县城大街小巷张贴。而刘大头的具体任务，是为过江部队提前预借军粮。其实没有地下党人的宣传，国民党军队的败势也掩饰不住。败兵们南下，刘老爷在圩堤上摆下大锅，煮菜煮饭，供给他们吃喝，目的是阻止他们进村作恶。

刘大头走进刘府，刘老爷十分欣喜，说，是不是刘书琴他们要解放江南了？刘大头说，老爷是聪明人，猜得没错。刘老爷说，贵党有什么要求，大头您不必客气。刘大头注意到，老爷称他为"您"了。刘大头说，我这次见老爷，是想向老爷借粮食。刘老爷说，说什么借不借，要多少您说个数目，我就当是刘书琴的陪嫁。刘老爷这样说，仿佛他已经知道什么，让刘大头心虚。刘大头说，我们计划向你家借一百担稻子，不知老爷粮仓里有没有？刘老爷说，有，有，没有我也会筹备，放心。什么时候装走？刘大头说，我们只是预借，暂时不会提走。等大军过了江，该付钱付钱，该还粮还粮，大军有大军的章程。

刘大头挑着两筐芦花鞋，走村入巷吆喝。芦花鞋是刘书琴制作的，用稻草和芦花编成的棉鞋，冬天穿上去柔软且暖和。刘大头忙活一个多月，预借军粮五百多担，出色地完成了任务。

湖心岛已经建设得有模有样，芦棚已经拆掉，换成了土坯草屋，草屋前栽上了一垄垄蔬菜，菜叶除了人吃，还喂养着一群鸡。而水岸边，栖息着鸭和鹅。为了防止水獭和水老鼠上岸偷袭鸡鸭鹅，刘大头养了两只狗，两只狗后来变成了六七只狗，它们奔跑在湖心岛，任何一个角落有风吹草动，狗们都勇敢地冲在第一线。这让刘大头在离开湖心岛的时间段，心里踏实了不少。

刘书琴说，胜利的一天终于要来了。

刘大头说，胜利了，我们就可以一心一意过日子了。

解放军进驻固城县城时，县城的国民党官兵早已逃得干净。米校长组织老百姓沿街夹道欢迎，彩旗飞舞，锣鼓喧天。新的县政府成立，开第一次见面会时，刘大头认出来，县长是李连长，李代胜。新县长当然也认出了刘大头，紧紧地握了握刘大头的手。人民政府给刘大头封了一个官，丹阳区区长，下辖三个乡，区政府就在丹阳圩的一所旧院子里，配有一副区长，一通讯员。刘大头回来后与刘书琴商量，这个官做还是不做？刘书琴说，我们打江山为了谁，就是为了让人民当家做主，要让老百姓过上好日子，路还长着呢。你一个共产党员，应该奋斗终生。晚上歇下，刘书琴又说，你现在当了干部，公务繁忙，不能每天都往湖心岛跑了。还有，你现在是英雄，是很多县高中女生羡慕的人，你可以让米校长帮你介绍一个，组成革命家庭。我这身子，再下去会拖你后腿，不如还是退回去做姐。

刘大头说，你怎么能这样想？我到哪里也不会丢下你，我做的一切都是为了让你过上好日子。

刘书琴说，我稀罕过好日子吗？我要是想过富足的日子，只需要做乖乖女，做另一户财主家的媳妇。我们参加革命，抛头颅，洒热血，不是为了自己过好日子，是要让天下劳苦大众过上好日子。你想一下，当年我们新四军的战士，很多人都是东南亚一带的富家子女，他们凭什么抛弃偌大的家业奔赴战场？

刘大头与刘书琴谈话，永远不是刘书琴的对手。刘大头说，反正你说干什么我就干什么，就是不准你离开我。

刘区长没有文化，刘书琴曾经教他识字，县政府也曾组织干部办了识字班，可是刘大头看到了文字就头大，他说，这是捉个女子割鸟，难为人。刘大头只认识自己的名字，也能歪歪斜斜写出"刘大头"三个字。刘大头说，幸亏这三个字笔画少，要不，照葫芦画瓢，我描也描不成。李县长说，只要能签自己的姓名，这区长你就能做。刘区长的通讯员是高中生，每次上级的文件都是通讯员读给他听，有文件需要签字，他就签字。后来还是嫌麻烦，刘区长让通讯员给他刻了个名字章，就省了签字的痛苦。刘区长在区政府大院里做什么呢？他每天准时上班，抹桌子，烧开水，打扫院子。他的腰里揣着两颗章，一颗是区人民政府的章，一颗是他的私章。通讯员喊，区长，盖章了，他就进办公室在通讯员指定的位置盖章。刘区长在区政府有宿舍，但他基本不住，从区政府到湖心岛，有五里旱路五里水路，一早一晚，人们都在圩埂上看到急匆匆赶路的刘区长，两只肩膀一高一低，却比正常人走得还快。

李县长有次会后留下了刘大头，说，你这腿，可以办个军人伤残证，将来会有津贴。李县长摇了摇他的左肩，肩膀下面空荡荡的，他的左胳膊在战场上被敌人的炮弹削掉了。李县长说，我就有伤残证。刘大头说，我不要。李县长说，这是光荣的事，不丑。刘大头说，我这腿丑，我是做小偷被人家打断的腿。李县长说，那也是因为革命，如果不是因为皖南事变，你也不会偷吃人家的剩饭。刘大头说，偷就是偷，我这腿不配。李县长拿他没办法，只得作罢。

有一回，李县长把刘区长喊去大骂了一通，刘区长莫名其妙，原来他签了一份他不该签字的申请。两个乡的乡民为湖滩的分割打官司，都认为湖滩的大部分属于自己这边。湖滩并非良田，可以种稻种麦，也就是冬春期间，湖滩上的青草，割了可以喂牛羊，晒干了可以做柴草。公说公有理，婆说婆有理，已经不是青草的问题，是两乡乡民赌上了气。佛争一炷香，人争一口气，两边乡民群情鼎沸，向乡政府施加压力。其中一个乡的乡长让人拟了一个地界分割申请，当然偏向本乡，而刘区长的通讯员，老家正是这个乡，他让刘区长签字盖了章，纸上有区长签字盖章，等于是有了区政府撑腰。结果惹恼了另一个乡的乡民，乡民们不服，两乡的乡民在湖滩上发生了械斗，双方各有五六人受伤，官司直接打到了县政府。

李县长把刘区长骂得狗血喷头，又吹胡子又瞪眼，一条空袖子跟着挥来挥去，赶热闹似的。刘区长越想越觉得冤，他每天早出晚归，在院子里忙东忙西，由衷地想做好一个人民公仆。看来他一辈子也玩不过识文断字的人，这区长当下去，还不知道要背多少次黑锅。他掏出佩枪，掏出腰间的两颗章，想了想又取回一颗，对县长嚷道，这狗屁区长，老子还不当了。

刘大头回到湖心岛，刘书琴被他气鼓鼓的样子逗笑了，说，你也不是当干部的料，占着茅厕不拉屎，不如把位置让给别人。我们当年干革命图什么？图的是不受人欺负，老百姓能太太平平过日子，现在，咱就安安稳稳做过日子的老百姓。

刘老爷被划为开明地主，政府没有为难他，但是他一直没有等到刘书琴的消息，终于卧病不起。刘大头得到消息，劝说刘书琴，你还是回去看一看你爹，说不定看到你，他的病就好了。刘书琴的眼圈红了，但是她坚决摇头，说，不去，去了后他看到我的模样，只会更伤心。

刘书琴说，如果你上回跟他说我已经死了，长痛不如短痛，过去了就过去了，也不会让他心里存下这块心病。

这个小家，错都是刘大头的，刘大头也只能诺诺。

月亮湖又多了一个渔民，独来独往，上了岸人们看出他是个瘸子，走近了发现，这人就是传说中一怒辞官挂印的刘区长。传说他是为了娶一个地主的女儿，连区长也不干了。

十一

很多年后，副省长张东鲁到固城县检查工作时，想看望两位老朋友。一位是米震东，据说他还在做县高中的校长，他不出仕的理由是，我就只会教书，教书也是革命工作的一部分，为革命培养接班人。李县长说，找米校长容易，米家酒楼已经是国营饭店，但米校长还是喜欢在酒楼上喝小酒。张副省长说，你还记得刘书琴吗？有她的消息没有？米校长一笑，说，难得张副省长还惦记你的女学生，要得到消息，你得去找刘大头，就是刘书琴家的那位长工。张副省长说，记得记得，大脑袋，刘大头。

刘大头在哪里？李县长心里清楚，月亮湖的渔民都清楚。但是，似乎所有人都揣着明白装糊涂，没有人愿意惊扰湖心岛，没有人去打扰岛上的人。

张副省长坚持要见刘大头，李县长带队，出了四条船，护送张副省长去湖心岛。船还没靠近，岛上就传来一片狗吠。前面引路的人站在船头上说，有人吗？有人出来拦一拦狗。刘大头手提喷砂枪，说，什么人？那人说，省里的张副省长，原来县高中的张老师，他想上岛看望你。刘大头不拦狗，转身走回屋。刘书琴说，我都听见了，赶他们走。刘大头对芦苇丛中的船只喊，我不认识什么张老师，走，再不走我就开枪了。说完，抬起枪口就是轰的一枪，打断了一片芦苇。船上人护住副省长，有人喊，刘大头，反了你不成？信不信老子一枪毙了你？张副省长火了，说，你以为你是谁，刘大头提着脑袋干革命的时候，你什么也不是。张副省长说，撤，人家不见咱，撤回去。

李县长说，李大头就是这样一个货，张副省长大人大量。

从此以后，再没有人敢上湖心岛。湖心岛成了月亮湖的传说，有的说，岛上能听到阵阵枪声，鬼哭狼嚎；有的说，岛上生活着两位老人，还有一匹吃草的大红马，就像月亮上生活着吴刚和嫦娥，还有一只玉兔。

原载《清明》2022 年第 1 期

杨知寒

美味佳药

1

喉咙里憋着东西，我确定有什么一定憋在那儿，憋住的东西不会顺利往下滑，始终停在一个位置上，掉不下，上不来。这种情况出现次数太多，小时候我奶认定我是真被什么给卡住了，带去医院，无果，大夫举着刚照完的片子，言语不乏暗示，即大人别对孩子说的话太往心上放。往后再说憋得慌，就没人信，只有我妈，还会帮我揉肚子，但哪能对症。我渐渐习惯了，状况一来，喝上一大口可乐，像给下水管里倒溶解剂一样，往死里给自己疏通。疏通了十来年，还是去照片子，大夫这回告诉的人是我爸，你儿，骨头快碎成渣了，怪不得现在走道费劲。我爸说，不能，他那是胖，压的。又过了几年，我在南方上完大学，再回来，家人们围住看我，只觉得惊奇。我瘦得像变成另一个人，虽然还是腿脚不好，一瘸一拐，腿上几个关节总不敢使劲用，用就嘎嘣响。但既然能从胖瘸子变成瘦瘸子，毛病就还是骨头脆的事。毕竟一直我也没停了拿喝可乐当喝解药用的办法。渐渐地别说打嗝，就连呼吸都能闻见自己腔子里的酸。所幸我也不怎么说话，我嫌累。

始终觉得，别人不喜欢我，不怪我自己，怪始终没碰上那些注定和我去将就的人。时间早晚问题，早晚能有结果，如此笃定，原因在眼前我这群家人身上。从小我就没停了研究他们，研究都在内心，但成果颇丰，也形成一套理论：就这些人里，没一个是招人喜欢的。可他们该结婚也结婚，该生子也生子，该有工作也去上班，像我爷和我奶，也能走到相濡以沫，白头偕老。如今他俩坐在桌首，两张老脸往那儿一搁，看着都银发银丝，笑意慈祥，跟礼品店里卖的老夫妻娃娃似的，摇晃着拨浪鼓一样的胖脑袋，在头上飘着"一生一世"这样的艺术字祝福语。我爸打三十岁上开始谢顶，坚挺十来年后，终于决心剃了秃瓢。此刻他锃光瓦亮地起身，脚在桌下碰我的坏腿，一块儿往起站。我站了，他祝酒，我附和最后一句，每每如此，感谢二老养育之恩。感谢是得感谢，我一杯捅了，谁也不敢劝一句，他们都有点儿怕我。这种态度打什么时候开始，记不清了，许就是在我咕嘟咕嘟边灌可乐边脸红脖子粗的时候，齐齐，我姑的女儿上来要抢，被我一巴掌扇飞开始。这事我记得，当时，我妹哭，我爷骂，我爸指着我鼻子喊犊子，喝完最后一点儿可乐底儿后，我像大力水手刚吃完菠菜，上去给了他个电炮。我发现声音居然随后神奇地集体消失，家人也都丧失了表情。我爷曾在背后，不止一次，小声指着我不利索的腿脚说，纯纯讨债来的。我装没听见，怕再一转头，给他还能活动的那半边身子，也吓瘫痪了。我不怕他瘫痪，怕我奶更不好料理。毕竟她看着傻，实际也真傻，从不真担事。

　　我现在自己住在南马路上一套小屋里，带电梯，十一楼。说是小屋，就一个屋，带个厕所。每次回来我奶家这幢小楼，都看不出这里一点儿变化。屋里没一套现成家具，全是在我爷我奶结婚前，我爷托厂里打的，每寸木纹都见包浆，摸着溜滑。客厅餐厅功能两用，灯照永远不亮，一到晚上看得人眼睛发酸。上厕所且得加小心，两三平方米的小方形里，进去还得迈两层门槛。人坐在马桶上，会觉得棚顶特别矮。好在小时候用的深粉色卫生纸，如今再也见不着，那纸磨屁股，给我爷我爸，磨出两代痔疮来。在用纸上省的钱，不抵俩人手术费，让我爷懊丧了许久。除去客厅，一个两人并肩就磨不开身的厨房外，还有俩屋，难为怎么设计盖的。每屋都站不能超过四人，就这还分出了大小。大屋进门一步是床，小屋床沿靠门脚，东西都往床下搁。过去爸妈带我住大屋，墙上挂着一张海滩风景画，作为屋里唯一的装饰，盯着它，我度过了整个童年。从脱色，看到没了色，再看就跟黑白画似的，海不见蓝，沙不见金。我爷我奶住的那屋更局促，常年通风不畅，充斥着一股废品站的味。全因我爷爱攒东西，听说八几年的报纸都留了两捆。当年不扔，现今认定有历史价值，更死活不肯扔，连留不留给我爸，都在心里掂量了几十年。

今天这顿，在一年前张罗下来，当时我还在南方，听我爸在电话里嘱咐，务必赶回，庆祝我奶七十大寿。我姑和齐齐要坐晚上的飞机到，目前她们生活在上海。我姑刚被上海某大学聘为副教授，出息大到连我姑父的工作、妹妹的上学，也一块儿都给解决掉。最牛的，是住房也安排了一套，虽说没产权，也算是在最繁华的城市里落了脚。我妈还透露给我说，你姑已在备孕了，要生二胎。今晚我妈来不来，我心里没准儿。她和我爸，在我上大学后头一年，悄悄离婚，看样子是想瞒我。想起这些，会觉得我妈有意思。她总以为我看似冷漠，内心其实软和得兔子一样，常对我抱诸多不切实际的希望。都说知儿莫若母，可她知道我，就跟我知道宇宙多大、人类打哪儿起源似的，似有个见解，其实隔岸观火，只看个大概。快六点钟时，桌全摆上，菜色都黑漆漆的，打眼就知道，今天这顿，由我奶出品，除了一道黑白菜，是我做的。老姑一家终于敲门了，带进来冰天雪地的白哈气，站在门口俩人这顿跺脚。我那不到十五岁体重已达一百六十斤的妹妹，跺得尤其地动山摇。看她一眼，她不动了，装作看不见我，高傲写在她们母女脑门上。六点过半时，我知道我妈不会来了。她会在每天的六点十五下班，她伺候的那家人，每到六点回来人。

杯一齐举到我奶下巴上时，她热泪盈眶，咧一口假牙，手不忘捋上根根白的短头发，准备说生日感言。在每个合家团聚的日子里，她都不忘发表感言，常是像现在这样，对一桌饭，模仿电视里人的口气，说她今天如何感动，如何知足。她还会说下面这句，在我第一次看到外国电影里别人家一桌吃饭时，就联想到她这句话。我奶几乎在进行餐前祷告，充满感恩，又出于国人的朴实，不感谢神，她感谢饭。感动又感谢，我奶抖着手里的酒杯说，能吃上这么一桌丰盛的美味佳药。她不知道"肴"念几声，谁也没纠正她。我妹嗫嚅想笑，被我斜瞪一眼，咋不药死你呢。

2

我揣着手在小区门口站着，周围有几个摊。卖冰棍的哗啦啦摆了一地，远看跟书摊似的，冰棍都放得相当板正，十个一排，共有五排。左边蹲着个大姐，手边一侧一个桶，往里看看，装着两桶冻梨。此刻大姐正跟一对老头老太太砍价，从十个十块，砍到十个八块，十个七块五了，我终于听见头顶有人喊：赵乾老师，五楼，把左！喊完，人头迅速从窗里消失，窗关得也快，跟就他知道外边冷似的。我不清楚喊我名的是等会儿要教的学生，还是学生家长，走过那老两口身后，没忍住也喊出一个价，七块拿着了。说完我拐腿跑进楼群。

来之前我妈说，这个朱叔，人特别好，先前在单位时，很帮衬她。现在人家有需要，咱互相帮助，还能给我解决工作问题，何乐而不为？我没好意思点破，她上那两天班的地方，算不上正经单位，是在我高中食堂里，台北炸鸡柳的铺位后头，给人炸鸡柳，调色素奶茶。朱叔也不过是个承包了两年食堂的过路贩子，第三年就被我们学校开了。毕竟再不开他，直接影响一茬学生的发育，男孩愣拔不上个儿，女孩都胸部奇大，没给他判两年就算不错，还帮？我妈在电话里说，他儿子，和你以前的情况挺像的，不爱说话，但认学，听话。他爸跟我说，他儿子志向可高了。我问，多高？我妈说，和你一边儿高。我在小屋里睡了快一白天，醒来看见地上都是可乐瓶和外卖吃完没扔的塑料盒，胃里直犯恶心。窗帘整日想不起拉开，人也是等尿憋急了，才起身去回厕所。冷不防看见自己镜子里的脸，总感到陌生，就这么睡，还是挂上了一双黑眼圈，在鼻梁上冒出好几个粉刺头儿。不挤，都自由培育吧。挂了电话后，我在床沿上干坐，想打开电脑，玩会儿游戏，更想就这么睡死过去。可我睡不死。手机里除了我妈刚打的电话，整日一点儿响动也没有，眼前的情形，在我从南方回来前，都已考虑过了。同学们都该上班了吧。学文科的男孩，按说也好找工作，可我就是不想工作，想像狗一样万事不忧，先混一阵，解解心乏。学习、上进、立业这些事，我从六岁到十八岁，为之努力，吃过足够多的苦头了，结果证明，学好学赖，对我并无意义。它们毕竟也没让别人许诺给我的梦境，哪怕照射一点儿进现实。

朱叔家也不大，但比我家亮堂、体面得多。我进门时，朱叔已穿上外套，准备出去，一手抓着黑手包，一手给我递了双拖鞋。小赵，你可来了。他一笑，我跟着笑，我会挤出相当难看的弧度来，我知道。同寝室的室友四年下来都没适应得了我的笑，说我一笑就让他们感觉瘆得慌。朱叔愣了下，转身走向卧室，跟老师开完会回来，拍自己班教室门似的，口气带着恫吓，出来，见人。一个看不出年龄的人挪出身体，我看他，他低头，顿时我一点儿不自卑了。他扁肥的脚掌踩在一双粉色棉拖鞋里，两手背在腰后，声音沉稳，像唱美声。男孩说，我叫朱怀玉，可以叫我怀玉，请问老师怎么称呼？我说，叫我老师。朱叔拍了我肩膀一下说，一会儿就该熟悉了。小赵，帮我给他补补历史地理两门。他们老师说，这孩子吧，数学英语上想再有个冲刺，费劲了。现在离高考不剩多长时间，抓紧补补能死记硬背的东西，分数抓点儿是点儿。我这边先走，有事来电话。费用嘛，咱两个礼拜一结。朱叔又从冰箱里给我掏出瓶矿泉水，在朱怀玉耳边说了几句话，后者一概应承，点着肥大的脑袋，头也不抬一下，声音闷闷的。我喝着水，跟朱怀玉往里屋走，听到身后朱叔把门带上，防盗门嗞啦一声响。朱怀玉默默引路，他屋里窗帘也没全开，一股烟在头顶缭绕，熏得呛鼻子。反正他爸也走了，我问他，你抽什么牌子的烟？挺香啊。

他说，老师开玩笑了，我不吸烟。我说，那这啥意思？他说，刚上完香。说完他世故地点头，就差跟我双手合十，或作个揖了。朱怀玉坐在学习桌前，旁边给我留好一个座位，我四下看，发现他屋里还有菩萨，有个龛。拿红布罩三面，龛前放香炉、水果、几串佛珠，地上有蒲团，铺了块蓝布，留两个膝盖坑印儿在上头。一张毛笔字贴在前方墙上，写道：知止不殆。

除此之外，桌上就没几本书，看着书页也极新。我端详他，朱怀玉侧脸对我，视线正对桌上一本摊开的练习册，神态如对佛经。桌上还有只大录音机，当下我毫不怀疑，按开了，放的绝不会是英语听力，得是大悲咒之类的曲子。他问我，老师，咱怎么开始呢？我回回神儿说，先确认下情况。你这几模，考多些分？朱怀玉嘶了口气，没怎么刮过的小胡子杂乱黢黑，长在两张厚嘴唇上。他脸也是黑黢黢的，和朱叔脸型一致，看年龄也直赶他爸。他想了半天说，不好意思，有点儿惭愧。这小子是真能整景儿，我追问，到底多少？他说，怎么说呢，进步还是容易进步的。我问，空间挺大？他点头，挺大。问他，到四百了吗？朱怀玉摸着嘴上的黑毛，羞愧一笑，快到了，两百六十七。

后面课上，我尽量不问他问题，晃着手里的练习册，我抿嘴笑，张嘴笑，突然对这份工作充满热情和宽容。像是能第一次站在个不一样的台阶上，去看待这世界上比我还弱的人，想观瞧他是如何生存的。可以想象，像朱怀玉这样的人，绝不会只在学习一件事上不如意。在学校，他会受到从同学到老师的全方位欺凌，等被扔进社会——我都迫不及待，想看到他那时是怎么哭的，情景将会比看到游戏里的怪物剩一丝残血、坠入深渊时，来得更有趣味。从他家出来时，天还没黑，我在北风里走，兴致高昂，敞怀迈瘸步，绕远道回小屋，路上连打几个滑刺溜。

晚上我在游戏里虐怪时，我妈电话没到，我爸电话来了，劈头问我，上回是啥时候搓的澡？搁平时，我早撂电话了，今天还认真想了想，俩月得有。他在电话那头一样热情迸发，鼓动我，现在来澡堂呗，经理不在，客人也不多，爸给你好好搓一回，奶，酒，都给你拍上，再去大厅看会儿节目，都免费。我咧嘴笑，鼠标又点几下，说，今天我上班了。他不太信，啥工作，这么快？我说，给人补习。他说，行吧，先干着。干好了来爸台里接班，跟你说那个普通话考试，得放在心上，抓紧考。我乐得更厉害，电话挂了，还没忍住笑。其实，每当我想起我爸白天在广播里念"我是记者赵博"，晚上再到雾气熏腾的澡堂子里给人搓泥灰时，就想乐，比看什么搞笑节目都管用。据我所知，我爸在电台，多年来靠一月两千的工资生存，苟活不见亮儿，不是说不说得好普通话的问题，是他根本就口吃。每回在广播里，除了他第一句说的，我是记者赵博，再没整句子能念完。这也许是他干上十来年都转不了正式编的原因，也许还有深的理由。初学给人搓澡时，他一脸忍辱负重，当晚我奶给他烧了一桌菜，望着儿子的秃瓢，她满含深情与悲壮。儿，美味佳药，你啥时吃，啥时有。妈活一天，经管你一天。啊，儿？给人好好搓。记着，出来进去都戴口罩，别被人认出，你是记者赵博。说罢母子垂泪，当时就给我看得拍桌狂笑。一个四线广播里的编外记者，认啥？认碴巴啊。

<h1 style="text-align:center">3</h1>

我给朱怀玉当补习老师，已经当了一个月。学校会在过年期间放十天假，作为高考前最后一个长假期。那十天，我们将朝夕相处。朱叔告诉我，他要回外县老家过年，想把朱怀玉留下补习，让我最好搬来住下，说有我看着，他放心些。我觉得搬不搬不重要，重要的是给他看儿子，钱要再加。搬来后第一晚，我在朱怀玉床上睡着，床边放着我带来的行李包，里头装了两套衣服，一套牙具，几双袜子，几条内裤，再就是一本书。在我睡着前，他还在挑灯夜读，我醒来后，却看见朱怀玉站在床头正翻我行李，被我突然睁眼，吓了个好死。不知半夜几点了，我俩僵看对方一阵，终于听清刚才的响动，不是哪个疯子外头燃的炮仗，而是一屋之外，有人咣咣砸门。我问朱怀玉怎么回事，他兴奋异常，居然小跑着去开门，语气温柔体恤，没冻着吧，姐？我有些无措，抓过被朱怀玉翻出来的那本《牛虻》，半扣在脸上，装着在睡觉。

一个穿白羽绒服、戴绒球帽子的女孩走进来，边脱外套，边说她没带钥匙，又打听我是什么人。原以为我是她弟弟的同学，等朱怀玉说是老师时，女孩半天没动静。我听着周围的声音，女孩突然把书拿走，我俩对视。她挑着细眉毛说，嗯，老师睡眠不好。哪儿来的老师啊？看着还没我大。她拿走书，在手里翻翻，举给朱怀玉，就教你这个？我摩挲把脸，靠在床背上，也问朱怀玉，这是什么人？他说，姐，我亲姐姐。我不太信，朱叔怎么从没提起，也没见她来过？女孩把书扔下，抱膀朝我乐，就你，还审上人了。我说，是朱叔托付我这十天照看朱怀玉，我算他十天里的监护人。咋的？她说，不咋，你可以下岗了。接着她脱下毛衣上两只套袖，转身去厕所，放水洗脸，朱怀玉跟随其后拿毛巾，递水杯。我坐在床上，看窗外夜色深沉，周遭楼群里一个个黑洞洞的窗户眼，有点儿恍惚，没全从睡眠中清醒，不知自己身在何地。我在朱怀玉房间衣柜里翻找还有没有别的被子，打算搬到外头沙发上睡。女孩洗漱好后，嘴里咬着发圈，腾手给披散了的头发重新束好，瞪了我一眼说，还没走？我说，工钱不是你给我开的，你没资格赶。要么你现在给朱叔去电话，他让我回家我就回。大半夜的，哪儿还有车。女孩说，真赖。我说，明早八点，还要给你弟上课，你少废话，我要睡了。女孩气得走进另一个始终屋门紧闭的房间里，我从没进去，也没见有人从里面出来过，原来是她的房间。朱怀玉捧一床被子给我送到客厅，解释说，我姐脾气不好，赵老师，别往心里去。我说，你也别废话了。还有，别再动我的东西。书可以看，不许折页，不许画线，不许舔唾沫。

　　早上我被鞭炮轰醒，耳边还有其他动静，阵势不小，像刀枪剑戟齐着舞动，厨房里热火朝天，看表，还不到六点。我裹着被子坐起来，又一次思考自己在什么地方。显然，这不是我成长中有过的场景，否则我会怀疑仍在梦中，是梦见了过去的片段。我不记得自己具体多少年没吃过热腾腾的早饭，常是一瓶牛奶，加半袋吐司面包，揣在校服袖子里。冬天，用身体焐热，站在人挤人的公交车厢中，随着摇晃吃完。经过厨房，看见女孩手拿笊篱，在沸水里掭来掭去，我闻见了面味。那么她是起早就包了一锅饺子，空气中还有韭菜香，应是韭菜鸡蛋馅。我没吱声，女孩听见我起身，也只将侧脸露出来，没个问候。进了厕所，我拿凉水拍了拍脸，洗漱好后，路过朱怀玉卧室，见门还关着，细听，里头呼噜都没一个。若是他能每天早起一个点儿来背文科，在这节骨眼上，成绩还能蹿一截，毕竟人清晨记忆力是最好的。他没这么做，也没人提醒他，按说我有这个义务，可我又只想做好自己分内的事。

女孩在厅里支起一张折叠桌，在朱叔布置出的一堂红木家具中，这张桌子显得不伦不类，上了岁数。我不好意思，想动手帮她干点儿，又想自己未必能做好。我问她要不要叫朱怀玉起床，女孩说不用。她动作干练，神情冷漠，兀自端一盘饺子，半瓶老醋，一碟萝卜干咸菜上桌，看我一眼说，厨房还有凳子，想吃自己搬。我搬来凳子在桌边坐下，盯着一盘里二十来个饺子，寻思锅里可能还有，是家里没盘子了？她今天穿了件淡蓝色的高领毛衣，牛仔裤，皮肤倒白，脸上细看却有雀斑，身材很瘦，发育一般。她见我愣着，将筷子横在碗上，说，没承想你也能这么早起。我得早走，饺子就下了一盘，剩下的在屉上，给我弟留的。你要想吃，可以吃俩，但不敢说管饱。我笑了，你家就是这么招待人的？她说，谁说我要招待你了，你又算我什么人？我索性不吃，有点儿憋气，准备看会儿电视，刚按开，她就给我关了，说怕吵她弟弟睡觉。合着她刚才在厨房里上演全武行，客厅没安门，就为了吵我。我盯着她，她正有滋有味地给自己夹饺子，蘸醋，韭菜香从被咬破了的饺子肚里逸散出来。她边嚼也边看我，好像我就是台无声的电视节目，让她看得很有意思。我问，你是不有点儿毛病啊？她说，我要是你，醒了就该卷包滚了。我爸就是脑子不好，遗传得我弟都有点儿脑子不好，看人没眼光。雇你要是有用，打开始就别让朱怀玉上学，念私塾多好。我又问，你在哪儿上班？她说，五院。你想咋的？我不信她是大夫，当护士还差不多，还得是那种从不给你宽心，添堵才是一绝，扎针一针扎不定，要连戳三四个眼儿，还埋怨你血管长得不好的一类护士。想想，有点儿同情她，但凡有些本事的年轻人，哪有留在这儿的？我是自愿变废，不算。她算自愿在了哪儿呢？越细看，越得承认，朱怀玉他姐有点儿姿色。我便说不想咋的，单纯想认识认识你。

在寒流暖流、德国鲁尔区和南北回归线间回到现实，是正午刚过，我和朱怀玉前后离开书桌。补课不能补一天，他不休息，我也得享受生活。我告诉他厨房有饺子，他跟着我出来，看着我穿鞋说，我姐是真好。我没接茬儿。外头有点儿飘雪，开门能闻见楼道里也有一股火药味，除了每年至此的一点儿鞭炮响，你都不能信，其他时间里城市中还藏着这么多的人，各猫在各的屋子里存活。瞧见朱怀玉浓黑的小胡子，我问他怎么也不想着刮一刮。他又低头，说他不会。也刮过，刮出许多道口子。想到过年朱叔也没把他带回老家，又想到他还有个不知打哪儿冒出来的姐姐，我心里生出不少疑团。可估计朱怀玉不会告诉我。这点他和他姐倒像，说话从不走正常神经，一个架着火炮砰砰发射，一个抱着书本闷闷不吭。到我走的时候，朱怀玉还低着头，似送别好大一团空气。

又一个年到来了。今天除夕，约定好，晚上都在我奶家见面。下午我回家打会儿游戏，睡了一觉，再看外头，已点亮不少红灯。沿着结了冰的湖面往我奶家走，一路棉鞋踩得雪地咯吱响，路上过往的人，无不行色匆匆，各有各着急赶赴的地方。落座后，是千秋惯例，我爸祝酒，我奶提杯。今年我姑一家没赶回来，除了我爷我奶，桌上就我们一家三口。饭是我妈下午过来做好的，一道酱烧鱼，炖好后放在我边儿上。他们絮絮谈话，我则一筷头一筷头地分解鱼肉，看电视里无声的春晚表演，花团锦簇，一团下去，一团上来。烟雾和酒味渐渐在桌上缭绕，年年如旧，哭声会埋伏在最后，像颗几乎要被遗忘了的哑弹。我妈开始拿纸巾，点上她两只肿眼泡周围的眼泪。一张小圆脸上，四十来年中，浮现出的永远是低眉顺眼和委屈巴巴，我都看厌了。我爸更是，搡她说，乐意哭，下桌哭去。我奶不说话，有冷眼旁观的意思。待我妈又哭一阵，我那坐在轮椅上的瘫爷爷干脆把半杯白酒泼过去。我还置身于电视节目里，精神被花团锦簇包围着，看一团下去，一团上来，眼花缭乱，感到平静。

我不断抽烟，烟灰掸到脚面上一片灰迹。我爸自己下楼去放炮仗，和十来户从没交集的邻居站在一块儿。从窗内看，他的秃瓢很好认，他一人放鞭的架势，也很好认。毕竟别人家都三五成群，有大人，有老人。老人嘱咐小孩别离太近，小孩则不断跑在鞭炮周围，连他们帽子上的绒球，也跟着一跳一跳。这让我想到女孩帽子上也带绒球，粉色的，想到她白色的长款羽绒服，粉白的脖子和手臂。散桌时，不到九点，我走到我爷我奶面前，三人都无话。还是我爷先破题，看啥？你都工作了。我奶劝我，大孙，有句祝福就行，奶奶早包好包儿了。我只说，新年快乐。我爷恼怒地挥手，走，走。我等我妈跟我一块儿出楼道，我俩将在出小区后的岔路口分离。我不知道她现在住在哪儿，但她说有地方住，我也就没细问。烟花在离我俩头顶不远处爆裂开，我瘸着腿在前，半天不见她跟上，回头看，我妈原地仰头，傻看着烟花，两手交叉，都塞进她两只套袖里。她薄薄两瓣紫嘴唇全咧开，跟孩子似的，包不住一口四环素牙。临别前，我妈从一只套袖中掏出封红包来。我接了，听她带着哭腔说，妈还是希望，你能快乐。

4

我没想到自己今晚会登上这些台阶，来到别人家门口，理由仅是，在这个年与年交割的夜里，不想再独自睡去。门很快开了，开门的是朱怀玉的姐姐，张手拉我进，态度与昨晚和今早相比，像变了一人，毫不察觉我此刻心上是多火辣辣的。毕竟，这是有生以来，头回有同龄异性亲热待我。她脸上红霞一片，招呼朱怀玉快再添个杯，老师来了，得尊师重道。她还喜滋滋地给我展示姐弟俩今晚的伙食，早上剩的饺子，加晚上炖的一条鱼，就算家人团聚，大年三十儿了。朱怀玉呆瞧着我，他杯里是茶水，他颤巍巍地给我递上一根烟，被他姐劈手夺去。离近时，闻得见她身上酒味浓烈，再看桌下，绿瓶子跟保龄球似的列成几行，桌上还剩半瓶白的，便知这姑娘酒量在我之上，一时不敢跟她碰杯。见我矜持，她巴掌拍上我肩膀，震得我杯里的酒洒了一半。她说，没想到啊没想到，风雪之夜还有客人。怎么称呼啊，贵客？我说，赵乾，乾隆的乾。她说，什么破名，听着追名逐利的样儿。我请问她芳名是怎么脱俗的，女孩双手撑在脸下，摆出个葵花向阳的模样，笑嘻嘻地说，秀秀，朱秀秀，基本秀色可餐，基本秀外慧中。朱怀玉目不转睛地看着他姐，让我怀疑，自我进门前，现场就是这么个现场，在木讷的朱怀玉跟前，朱秀秀一人就包揽了春晚上所有的节目，从相声到小品，如今又祸祸到歌舞身上。厅里不足十平方米的面积，成就她扭着秧歌步，一颦一笑，一扭一摇，一手君妃，一手塔山，仿佛登台在维也纳歌剧院，身段看不出咋好，嗓门十足亮堂，像在屋里就炸开了几挂鞭。

喝到深夜，我和朱秀秀已亲热地脸贴脸，抱在了一起。朱怀玉始终警惕，留神时间，不知是到几点，他默默捡走桌上的碗筷，把酒留下，一人到厨房里刷碗。我不敢放掉朱秀秀，放掉这个脱离孤单的机会，虽然理智仍存一线，在和自己说，你并不太中意她，但手还是不受控制，往她细瘦的腰身上上移下探。她总能在我以为她要醉倒的时刻，如回光返照，给我一个不算羞辱的嘴巴子。她抽到五个还是六个的时候，我恍惚听见，朱怀玉回到自己房间里，放起佛乐，从他屋里又飘出那股熏眼睛的紫烟袅袅。朱秀秀突然问，你觉得我爸人咋样？我弟人咋样？我说，对你爸不了解，对你弟，好奇占比更大。没见过像他这样的小孩，说他什么都怕吧，他好像什么都不在乎；说他什么都不在乎吧，他好像什么都揣着点儿担心。担心和怕是两码事。因为他信佛嘛。你爸也信？朱秀秀摇头说，不信。她说这是朱怀玉做过的唯一勇敢的事。他只在这件事上一如既往地反抗我爸，以此做交换，别的他什么都听我爸的。朱秀秀又笑，说她其实很清楚，自己这一家，在外人眼里，要更为可笑。她说，朱怀玉不会在学业上有什么能耐的，他很能坐得住凳子，却是空坐。空空如也地坐着，站着，活着，这些他都会做得很好，吸收知识就不行了。我想朱秀秀说的是打坐，可难道打坐不用理解教义？朱秀秀告诉我，朱怀玉不是在打坐，也不会念什么经。他每天按点回屋，在蒲团上跪下，念的是阿弥陀佛，对不起。念一遍佛，就像跟佛打了个招呼，再说对不起，是说自己的心里话。他是为我俩的妈，去和佛说对不起。见朱秀秀忧伤起来，我劝她喝酒，轻声问，对不起什么？她说，朱怀玉信，我妈这辈子过得苦，死得早，人生到最后几年成了疯子，都是命里的业债。他希望她下辈子能活得好。他还信，自己这辈子让人瞧不上，是上辈子欠下了业。这事要怪我妈。我弟从小在她身边长大，那时她就已经疯了。她告诉朱怀玉，自己身上有债主，他身上也有。我当然都劝过，没什么用，最没办法的时候跟我爸一起，绑过她几回，想把她送进医院。但这种病治不好。她最后几年里一个人被丢在老家，我爸把朱怀玉也从她身边带走了，带到市里念书，可带不走朱怀玉已经接受了的童年教育。我还记得啊，有年回到老家，看到他们娘俩儿的背影，双双跪在菩萨前，低眉，弯背，被紫烟笼罩，看起来那么荒唐，可他俩眼里的彼此，又那么相爱。我妈是朱怀玉唯一的知己，哪怕她是疯的。她一走，朱怀玉的魂儿也跟着去了，变成个彻底的傻小子，可以被任何人随意指挥，做我爸最忠诚的孝子、接班人。我啊？我爸眼里从来没我。当他后来发现一个他好些年不管不顾的姑娘，长成了大姑娘，和他在同一座城市里狭路相逢时，这老王八蛋简直吓坏了。

朱秀秀贴在我耳朵根下，又突然说句话，让我感到喉咙里再度不上不下，卡了个枣核，卡了个原子弹。我咳嗽不止，跑到冰箱前，想找碳酸汽水喝。幸运的是，还真有瓶大雪碧。不幸的则是，在看到我憋成紫色的脸，逐渐被灌进去的汽水拯救，恢复常态后，朱秀秀也恢复常态，再也不跟我提关于睡不睡的事。她看看我的瘸腿，又看看我的脸，说，原来你的毛病不止这点儿，基本是个废人吧？回到桌上，我杵着自己的脑袋，费劲抬头，看清眼前的朱秀秀，是以怎样的眼光看待我。她言下之意，我太过熟悉，和多数人一样，是抱有稍纵即逝的同情，和将长久伴随的印象，即这样一个人，活着没多大价值，活着拖累旁人。不一样的，是朱秀秀眼神里还有另一层内容，让我感到恐惧，更后知后觉，体会到比睡一睡这件事，深刻得多的兴奋。今晚她给予了我很多第一次，让我终于亲耳听到有人对我说出那句等待已久的话：你到底预备在什么时候，把仇恨全给放出来？我们都笑得不行，一屋之外，烟花沸腾，每到年节，总有那个被释放到夜空去的时刻，花团锦簇，一团上，一团下。我抓住朱秀秀的手，告诉她，咱俩都有不小的仇恨。有关我的，具体的一切，还没计划好。但如果能有同伙，哪怕拉对方下水，我内心也全无愧疚。你可以当我是个自私透顶的人，这点从一开始我就没打算隐藏。你呢？你其实也是。要不，你不会今晚和我说这些。

当晚躺在朱怀玉家的沙发上，我什么也没盖，屋里很热乎。朱秀秀睡了一会儿自己起身回房间，带上了门。世界归于安静，我眼前再度出现，出现了无数次的设想，我爷、我奶、我爸、我妈、我小姑、我妹妹，包括我小姑即将来到人间的第二个孩子，都会和这夜晚一样，集体安静，灵魂出窍。所有人的世界都会在相聚时刻，在一张团圆餐桌上，走入终结。那将他们召集在今生、结为家人的缘故，也会送他们出今生，到下一站地。他们将在站台上整齐地继续等待。到那时刻，我们都是等车来的陌生人了，因为客气，对待彼此，反倒生出许多今生没有的温柔来。

5

我是赵乾，冬天到了，我准备写遗书了。

其实我一直有写点儿什么的习惯，没让别人看过，多是闲愁杂绪，也写过小说，讲一个生来两只眼睛都呈金色的少年英雄，是如何独步武林的。写到最后，英雄茕茕孑立，众叛亲离，脚踏一片寂静江湖，两眼都生了翳。在去南方上学的前一天夜里，我在屋里生了个火盆，把它们全烧了。父母闻见自我屋里散出的浓烟，想确认我是不是抽了一条塔山。是离家前的愁绪吧，大概他们这么安慰彼此，毕竟那一晚，都没人来敲我的门。还记得的，是那晚面对屋里飞烟，我的喉咙从没那么痛快过，是有什么被短暂地给浇灭了活气。说回写遗书的事，此刻坐在电脑前，我用脚拨拉开地上的外卖盒，以及半空的可乐瓶，踌躇了好几个点儿，还踌躇在一个开头上。记得上学时老师讲作文，强调说开头就要把人拿住，能用排比用排比，给人往蒙了排，阅卷老师一蒙，就容易喜欢。我最终写下的是：生活是一盏灯，我把它灭了，因为它从来就不怎么亮；生活是一盘菜，我把它撤了，因为它从来就不怎么香；生活是一把刀，我把它抽了，因为它扎得从来就不深；生活是一堵墙，我把它推了，因为它立得从来就不稳。

思绪飘回过去家中自己住的屋里。家里头婆媳战争进展到我上初中时，父母终于取得阶段性胜利，从奶奶家搬出去住了，十四岁，我拥有了第一个属于自己的房间，一个可以不用跟任何人解释，想哭就哭、想笑就笑的窝。我屋里只摆着从奶奶家带过来的一张乌木床，一个爷爷打的铁皮柜子，当柜子，也当桌，弄把椅子来，就能在上面完成我的学习任务，再搁下所有沉甸甸、养人又埋人的练习册。我一直记得那个屋子里的所有细节。它的上一家住户是对老夫妻，铜包的窗框，早长满了锈，每块地板之间，都生有半指宽的缝儿，有块地板上恰好有个圆孔，我在里头塞了一颗围棋黑子，十分合适，再也拿不出。屋里有水暖气片，床摆在它旁边，半夜冻醒来，我总会摸摸它微温的铁片，就像小时候，和爸妈挤在一张床上睡觉时，摸见的不知属于谁的一寸皮肤。屋里墙皮脱落的地方，被我贴上了几张圣斗士星矢的海报，看着它们，我会做拯救世界的美梦。梦里快意恩仇，我能用手臂传出光束，一甩开去，就能消灭学校里所有嘲笑我是瘸子和胖子的声音。我还能用治疗术让妈妈重获新生，长出她在嫁给我爸前，留在照片上的相貌。我更能在我爸每次深夜醉酒归来时，扫他的臭嘴，将他震到百里开外的地方。在那儿，唯一陪伴他的将是我爷爷。他们会被流放到一座鸟不拉屎的岛，致力于收集所有的生活素材——废纸废布废木头，最终无事可做，除了看守他们无用的财宝，幻想他俩是他们世界里的王。

至于我奶，我的设想是，隔一周放她去岛上看望爷俩，给他们做一桌黑漆漆的美味佳药。我爷将吃一口吐一口，吐一口打她一拳；我爸也跟着打，他边打，我奶边哭。三人循环往复，哭声将他们团结在一起。无数个孤单凄惨的夜晚，我靠幻想活着，靠仇恨教给自己做人的道理，还靠可乐维持生存，说着说着，我已对排比信手拈来。我意识到不能轻易写下去，陈诉痛苦过于容易，而容易不属于我复仇的一环。我已蛰伏其中二十三年，因此我决计写下一篇最好的悼文，让它流传后世，让它出现在每一台教育青年人心理健康的晚会的屏幕上，再复印成册，辗转到每一个少年犯手里。当他们读到我写下的遗书时，会在冰冷的看守所里瑟瑟发抖，热泪奔流，为所有做过和没做过的恶行，给自己下跪，祈祷他们各自的明天。

除夕过去，到年初五，朱秀秀基本没出现，回来了也和我没几句话。但我知道，那晚我们说过的一切，都已刻进彼此的记忆，不容忘却。有次上完课朱怀玉突然问我，能否和我聊聊那本我带来的《牛虻》。我说，行。看完了？他说，没看完，看到亚瑟回来了，再次见到琼玛，她已认不出来他。我当然记得那本书里所有的段落，从翻翻就能掉页和上头遍布的可乐污迹来看，我看过不知多少回了。他说的内容，一度让我非常迷恋，试想复仇最美妙的部分，不就在于此：除了主人公自己，无人知晓背后的因果和审判；

除了主人公自己，其余人都以为，事情业已过去。我和朱怀玉一起站在他家阳台前，他开了窗户以方便我抽烟，还偷着吸两口我吐出的烟，滚圆的小肚子在他穿的墨绿色毛衣下，原形毕露，随着呼吸一动一动。我说，我看的书不多，就这一本，翻来覆去地读。其实你该多看看别的书，学习之外的东西。懂我的意思吗？他说，开卷有益，对不？我说，不对。我这话单指的你。你就别对学业抱太大希望了，有工夫多看看这世界的其他部分。他点头，老师说得有理。其实我也是第一回看小说。我挺惊讶，说，那你容易迷上，真的。朱怀玉说，我爸总跟我说，少想别的，所以我基本都不想。我会想想的，是我买的老子的《道德经》，话不是都能看懂，但总算都是字，我也认识字，能看下去。我问，悟了吗？他说，谈不上，我是觉得老子状态挺好。他能想说什么就说什么，说完让人费死劲去猜。我一直怀疑，是不是总说让人听不懂的话，别人就能高看你一眼？我不知道朱怀玉想得对不对，我有过类似的想法，却不是凭借和他在同一年纪里掌握的其他学问。我曾试图让自己在所有人都竞赛的学业上一骑绝尘，也曾真的做到了。可除了让老师不再针对我，让瞧不起我的同学渐渐敬而生畏，并没换来其他的东西。连我当时喜欢着的班花，也没在我傲人的成绩前，多给我说一句，同学，你好。我的心越来越贴近牛虻，那个死心到了南美洲，受尽人间凄苦的牛虻。后来他以战斗者的姿态回归故地，看待他人总一派轻蔑，收获了针砭不一的名声，再无幻想地去做事和做人。牛虻用慢条斯理讲话，来掩盖口吃，用绫罗绸缎的衣裳，掩盖身上的伤口和被人打残了的瘸腿。他用恶语伤人，藏住他心里火山喷涌般的热情和执念，更用面具似的嬉笑，藏住他对琼玛的爱，和最后那份善良。我絮絮地说了一些，说到朱怀玉眼里放光，我直盯着他笑。他或许觉得这是超越了师生关系的友情，于我内心，更像看到了一只家养的猪，表情居然有了属于人的向往，人的热情。

吃晚饭时朱秀秀意外回来了，羽绒服下还穿着白大褂，头发盘成一团，一个黑夹子竖在脑袋上，没别好，天线似的。那晚我下厨，拿冰箱里剩的鸡蛋和青椒，炒了一盘，外卖叫了两碗米饭，正和朱怀玉闷头扒拉，抽空提问他，洪都拉斯的首都是哪儿，他被我问得噎住。朱秀秀听见，端出给自己现下的一小锅方便面，加入我俩，坐在桌边白了我一眼，安抚弟弟跟安抚儿子似的，说，你赶紧咽，别想别的。她也让他别想别的，朱怀玉笑了。饭后朱秀秀在厨房里刷碗，我假装拿东西，在她身后走来走去。她突然说，不想上班了。我问，是跟我商量呢？她拧紧水龙头，拧不紧，水滴总慢慢积蓄着，她便拿了个不锈钢盆子，接在下头。我不知道她心里正在想什么，但朱秀秀看一滴水，看了很久。她回头说，你的事，不许牵扯我弟弟，明不明白？我说，压根扯不上他。你怎么这么说？她又说她不想干了，早有此意，打算高考之后，带着朱怀玉去南方。我问，朱叔知道吗？她说，他和我是一个想法，但我们都不会带上彼此。我俩都想带朱怀玉走，不管我俩谁带他走，对他来说都是另一种活法。我问，我一定得支持你吗？朱秀秀一笑，说，你可以支持我，那样我也会支持你。我知道你想干什么。我追问，我想干什么？对话声都越压越小，朱怀玉在他自己屋，听动静，又念经了。朱秀秀说，我可以帮你，真的，我们可以互相帮一帮。她这些话，让我又想起我妈，女人是不是都喜欢互帮互助？还是都只为自己想做的事，去找个合乎情理的借口？朱秀秀和我脸对着脸，她又一次拿走我手里攥成圆筒的一卷书，《高中地理疑难详解》。我现在最大的疑难就是她。听她说，这几晚上，在朱怀玉睡着后，她会把《牛虻》拿来看，跳着看，已经知道结局了。她继续笑，说，我知道你为啥喜欢这本书。我问，为啥？朱秀秀背过身去，钢盆里已落进一盆底的水，仍有水滴缓缓在龙头上蓄积，预备一跃加入。她说，因为你和姓牛的，都是瘸子。

6

我爷在瘫痪前，还没这么精神。先前他嗜睡，现在却能瞪直眼睛，在轮椅上耗一整个白天，孜孜不倦，研究晚报上的错别字。我疑心别是纠错有奖。我奶告诉我，还真有，一个字一块钱。你爷现在一天往五块钱的指标奔。要是当天没有，他就翻早先的报纸。此刻我爷一人坐在纷繁的纸片前，正搁下放大镜，杵偎横丧，嘴里骂骂咧咧。我奶谄媚地给他递去苹果，他咬了一大口，再度递回，我奶再顺着他留的牙印儿啃下去。他是因为听见我奶刚才说他被人骂了的事，才不高兴的。原来我爷昨天和我奶去超市，看见卖姜的货摊上立了一块牌子，写着：掰岔罚款。他本就哆嗦的手里，正掰好一岔生姜，被售货员逮了个正着，罚款五元。我爷张口问候对方祖宗十八代，连祖坟外头的人也没饶了，爹妈奶奶立时飘于半空，盖住了店里放的流行歌曲。最后还是在对方诅咒我爷瘸三代人的送别语中，由我奶扔下五块钱，推着老英雄匆匆出战壕。我爷今天立志找出十块钱的错，不然觉都睡不着。我奶没忍住又透露给我这些，被我爷在脑袋上骂出了花。我盯着他说，老东西，闭嘴。他也盯着我，泛紫的嘴唇束成小口。我上手去摸他的秃瓢，哄孩子似的说，这就对了，被他使狠劲，一巴掌打走，同时嘴里喷口浓痰，向我射来。我没躲开，我奶紧着给我擦。不用她，我起身，去我爷那个各样工具都置备齐全的老屋里，掂出一把钳子来。他口齿不清地看着我说，我是你爷，我看着你长大。我蹲在他轮椅前头，脸上还挂着他口腔里的味道，憋住呼吸说，是，我给你卸个轮子吧。

我给你卸个胳膊腿儿吧。我教你走直线，你倒是走啊。疼？忍就不疼了，我主要就锻炼你个忍。看见饼干就伸手，你就要。那是你姑孝敬我的进口饼干，你他妈哭？跟你那个死妈一个德行，外头号丧去。说完，我爷照着我十一岁的腿骨打去，手里拿着一把钳子，砸，一砸定音，你是瘸子了。

老赵，你这是干啥呀，就一个大孙子。好孙儿，不哭，不吱声，咱不理爷爷。奶奶都心疼，好孙儿，再走两步，你不疼，你能走。听话，等你妈回来了不许和她说，不许说是你爷打的，说自己摔的。你这么说，奶奶还能疼你。不这么说，就是挑唆我和你妈打仗了。那样的话，你爸妈就得离婚，你就没人要了。奶奶抱着我的半截身子，看我的两条腿悬在空中，在她的吆喝声下，我上下蹬腿，仿佛空中骑行，的确没有障碍。

我奶扑在轮椅前，不许我卸。按说今天我不该来，但也必须来，给他们送上这两包朱秀秀拿给我的兴安岭小叶木耳。我奶在骂声中送我出来，我俩一起走在除夕当晚我妈仰头看烟花的那条路上，仍一前一后。不同的是她精神矍铄，一头短短的银发，看着都红光满面，比我妈寿数要长。她追上来说，别理你那死爷，他老糊涂了，我都不爱搭理。我两手插进棉袄兜里，默默打量她。记起家里曾说起过，我奶为何要在当年那个波涛汹涌的年代里，下嫁给贴着"臭老九"标签的我爷爷，只为爱他鼻梁上卡着一副眼镜片，说它们看着那么透亮，显得镜片后的人，也那么通情达理。或许人都会在其他地方，收获来自不同人不同的评价。我不想说话，感觉喉咙又发紧。回去的路上，我压着步子走，怕速度快了呼吸急。只要这样，我就能撑到汽水流进身体的时刻。

　　回去，见我妈等在楼下。她总是这样，不提前联系我，会突然抵达，好像也对最终能不能见到我，抱随缘心态。她穿着十年前的红褐色羽绒服，还是戴双臂的蓝花套袖，棉布口罩将她本就高原红的一张小脸，盖住了三分之二。剩下的三分之一，都由那双动物性的眼睛里带出信息，像里头刚下过场雪，还挂着冰霜。我妈每次来，都携带这样的目光，虽然她从没告诉我理由，但其中充盈的，对自己崽子的怜爱，还是每一次都让我感到难受。她说今天下午她不用过去给人看孩子了，雇主一家去北京过节了，她可以休假一回。说着，她跟着走进我狭小的家，没等我说什么，已经熟练地边撸袖子，边奔去厕所和所有脏污的地方。我坐在沙发上看电视，看不断重播的春节晚会，有两个瞧着脸熟的笑星，正演出一场喜剧尾巴上的教育课。他俩一时泪水涟涟，都长出我妈的样子来。喝完地上剩的两口可乐，我打出嗝，再从兜里掏出烟，点了一根。我妈问，你今天什么时候去朱家？他家那个儿子能离开人吗？我说，能，不是残废。我妈没说话，半晌她从墙后偷露出半张脸，看我神情如何。我问她，你这活儿，打算干到什么时候？她说，我才刚收拾。我说，你给那家人干，到什么时候？她想想说，快了，这种主顾，没有长的。她手里的活儿跟着停下，站在原地，看我抽烟，看我看电视。我问她，有话？她点头，说，愿意跟妈去南方吗？我问，多南？她说，佛山。我挺惊讶她能说出一个具体的地方，看来早有计划。她说，你朱叔跟我说，想去佛山办个厂，要是你愿意，他一块儿安排你。我问，可乐厂啊？我妈说什么工作她没问，但觉得朱叔是真心帮我。我招呼她过来一块儿坐。

我妈又瘦了，离近看，脸上的肉一条一条的。她搓着手上红白不一的皮肤，手背上先前被我爸烫下的几块烟疤，一受冻就像梅花一样红，看着醒目，仿佛受苦的艺术。她转头看我，说，儿，总得想想你以后。我说不想去。她问，为啥？我说，不为啥，去了没意思，不是我想干的。我现在就想待在家。你无非是担心我待废了，你没必要。我又没啃老。她说，妈怕别人看不起你。我问，谁看不起了？朱叔？她说不是，是我爸，是我爸总在和她说，她把我给惯废了。我说，也许他只是看不得我自在。我比他过得自在多了。她说，天下的父母，哪有这么想自己孩子的？把烟掐灭，我严肃地看着她，说，我奶是这么想的，我爷也是这么想的，所以让他们的儿子，让我爸一辈子活得窝窝囊囊，没有出息。事实不就这样吗？她又有要哭的趋势，我心里烦，别过脸去。再回头，见我妈正从深处呕出一口气，身体前倾，人看着更干瘪了。我想拍拍她的后背，或帮她捋一下头发，很难做到。半晌我问，预备什么时候去佛山？从她眼神里，我知道自己说准了，好些事，也叫我猜准了。朱叔人怎么样我不知道，希望能比我爸对她强。我告诉她的是，妈，我去不了，在这儿我有女朋友了。没告诉她的是，妈，其实你也去不了，除非那天你不来。

<h1 style="text-align:center">7</h1>

朱怀玉各门功课都有一定程度的提升，他先前所言非虚，进步空间的确挺大。他不断和我畅想，关于他毕业后的打算，总而言之，他一定要跟在我屁股后头走。照朱秀秀说的，是拿我拜了大哥。殊不知，大哥眼前路并不长，紧着掐算，最多剩两站地。一站是技术关，一站是心理关。我想得已很清楚，只是不能和人商量，心里时常憋得慌，面对朱怀玉天真的眼神和劲头，我哼笑，无法陪他沉浸其中，就像他也无法真沉浸于做个好学生的梦。朱怀玉说，他往后想做个手艺人，做微雕，做紫砂壶，还想做和尚，做道人，做个吃斋的好人。有时我会和朱秀秀一起听他讲，眼神偶尔各掠过他头上，默默交织，再无奈地双双看回他，像看回我俩的孩子。老天作证，

我真觉得这十天，是我人生里最好的一段时光。我虽没得到爱，也没被爱束缚住，我计划仇恨，又到底还没实践它。我清楚自己的人生会停在具体哪一刻，我看着那个爆炸键，在眼前平稳安放住，随时间慢慢往前耗。一切都不耽误每到晚上，和朱秀秀朱怀玉一双姐弟，看同一场电视节目时的平淡与温情。温情，就是不必开口。情绪流动像小股的电流，它嗞嗞作响，可不叫人受痛。

我终于和朱秀秀说，请你教我做道菜。朱怀玉正在睡午觉，今天朱秀秀没值班，从早到晚在家。她手刚离了水槽，听我这么说，腰上的围裙重新束紧了，也不问什么，将我带到锅台前。我问，家里有白菜木耳吗？这菜好像就这俩原料。她从冰箱里给我拿了半棵白菜，木耳装在袋里，往出倒，拿小碗接着，问我使多少。我说，试验品，不用多。她倒了一碗底，接水泡上。我问，木耳泡多久能吃？朱秀秀抱着肩膀，说，半个点儿就行。你是一点儿生活常识都没有，这些年咋过的日子？少爷啊？我心情不错，咧嘴大笑，看表情，朱秀秀也是给吓了一跳。于是我问她，我笑起来真这么吓人？她说，吓人，跟没笑过似的，连嘴也是现割的。我已经习惯了朱秀秀的对话方式，但到底不好意思，看着水盆里的木耳，不用一会儿，它们就从枯叶似的小片儿，膨胀成黑色的肉朵。朱秀秀默默打量我，不知道她都看到什么，可她神情语气都变了，一声叹息后，手把手教我做菜的一切，热锅凉油，先热锅，再爆锅。噼里啪啦的声响中，先下白菜，炒软了搁木耳，倒上少许酱油和糖，盐最后放。

我用铲子压锅里的白菜，让它快些干瘪。几滴油迸裂开，跳到脸上，我直龇牙，被朱秀秀推去身后。她说我既然是第一回学，学她的手法还是以观察为主，在一边看着就好。我看着朱秀秀锅台后的腰，有多宽？两手一块儿差不多，能给抓得很紧。她说，让你看，没让你卖呆。去，捡个盘，装菜。就着一盆黑白菜，下酒，朱秀秀和我又坐在那张浸满油花的圆桌旁，听电视音乐台里，放着八十年代的琼瑶老歌：无语问苍天，为何满腹柔情尽消磨……她喝着朱叔放在家里的白葡萄酒，使白酒盅倒给我。一人一杯，酒香都混了营，中西合璧，格外上头。我掐着自己的喉咙，希望它这时候无论如何不要噎，我有话说，我有攒了好久的话想说。朱怀玉却醒了，还是踏着他那双棉拖，步伐沉重，推开屋门，惊讶地发现我俩在喝酒。我说，你不行再睡会儿吧，下午晚点儿上课。朱秀秀招呼他，弟弟，你来。我手里的酒盅顿时有千斤重。朱怀玉坐在我边上，被我剜了一眼。朱秀秀瞧见，酒盅直冲我，说，你啥意思？我一口搁了，再看朱怀玉，只说欢迎加入。我还想说，我他妈没话说了。朱秀秀对着朱怀玉，眼含万般柔情，说，后天他就回来了，我们再也不能这么逍遥了，是不？朱怀玉说，姐，我还是希望你多回家来。她说，姐会的。姐不想以后，姐想和你说明天。朱怀玉的脸上突然有种奇妙的光彩，过去我从未见过，此时他看着就和七八岁大差不多，还脸红，还抿嘴偷笑，不是观察我，就是去观察他姐，更显出一种惶恐。我问明天到底是什么日子。朱秀秀说，明天是我弟十八岁生日。他生日大，每年都赶在正月里。正月一忙，总被人忘了。今年想好好给他过一回。我说，那停课一天吧。朱秀秀和朱怀玉四掌相击，惹得我也没忍住笑。这回我笑，他俩都在笑，我没引来他们的害怕。过后我想，大约因为情绪相通。人情绪相通的时候，身边便没有异类。

　　晚上，我去订蛋糕，蛋糕店出门一条街，是我爸干搓澡的地方。那条街上没怎么亮灯，北风刮得凶，人都穿暗色衣裳，看步态，没几个岁数小的。我犹豫要不要过去看一眼。我想起了每一年自己的生日，想起因为和我爸生日相近，每年爷俩都分享同一个蛋糕。先给他过，蛋糕吃完放进老冰箱，制冷效果接近于无，到给我过时，奶油都放酸了。我突然瞧见了一张很像我爸的脸，戴着包耳朵的棉线帽子，正挑开澡堂的棉门帘，往外走，在夜空中呼出一团白气。有人跟着挑帘，在后头喊他，我爸看来十分热情，笑容憨厚，回身接过对方送来的、他先前可能忘在店里的东西，搁回他自行车的前篮里。那个篮子，还是后编的，为了给我放书包用。放了几年，往后他不再送我，我也不再和他于夜晚中照面，除了年节，除了真是被他醉酒吵醒的时候，父子俩失去了独处的时间和缘分。那些夜晚，我总缩在自己房间被子里，没一晚不在睡前反锁屋门，恐惧来自他这个酒鬼的打扰。现在我爸早不是记忆中那个样。他灌风蹬车子，踩向十字灯岗中，光线越见璀璨，他背影看着越佝偻。我能想到，在他抓着车把的一副棉手套下，每个手指都有多少层的皱，人若总在热气里蒸着，就会变得懈松。我站着看了一会儿，扭头往朱怀玉家走，路上收到朱秀秀的信息：奶油要多，水果别放酸的，我弟不吃酸。我回复她，知道了。我总是羡慕那些在冬天过生日的人，每当头顶像现在这样飘下雪来，我都羡慕生在冬天、死在冬天的人。前者有老天给他们放礼花，后者有老天给他们撒纸钱。

<h1 style="text-align:center">8</h1>

晚上的蛋糕我一口没动，都分给朱怀玉和朱秀秀。他俩都珍惜这一天，感觉不仅当朱怀玉的生日过，也当个特别的日子庆祝。朱怀玉今晚甚至喝了一点儿酒。奶油沾满他的黑胡子，看着像刮掉它们前，要涂上去的泡沫。朱秀秀送了个檀木手串给他，我送的，则是早想送的电动刮胡刀。朱怀玉木讷地一手拿一件，不知内心都转动着什么，随眼眶一点点积蓄。当整点报时的钟声从身后响起时，他打了个哆嗦，说这会儿该去念经了。话说完他屁股还坐在椅子上，是不想走。朱秀秀把他抱进怀里说，妈今天不会怪你的，你今天可以好好玩。朱怀玉还是说了声，阿弥陀佛，对不起。天早就黑下来，外头并不昏暗，有人在楼下放烟花，不远处公园结了冻的湖面上，也能隐约瞧见被灯泡围起的冰场，人影在上头绕圈滑行。我独自站在朱家阳台上抽烟，听见身后，姐弟俩又抱在一起，哭成一团。我想的是，人都说，儿的生日，娘的难日，从不想，儿到人间第一声就啼哭，是不是也有诸多不情愿。喉咙又不太舒服，没忍住，我咳嗽两声，被朱怀玉听见了，端着可乐杯子过来，看我喝下。身后一片安静，朱秀秀许是醉了。我俩面面相觑，同看晚间的焰火和灯照。他脸上泪痕未干，像个小兽犊子似的问我，赵老师，我到底是不是个废物呢？

我没回答，他胡子上还挂着一块奶油，我抹了问他，甜不？朱怀玉点头，他哪胜酒力，两手撑在窗框上，看着像个秤砣，量不清他自己人生的分量，更别说去掂量别人的。朱怀玉突然说起他在老家度过的童年，和妈妈住在一起，就他们俩，长年累月，谁也不觉得孤独和奇怪，似乎别人家都会是这样过日子。他当然知道爸爸住在城里，也知道他为什么不在家，理由都是妈妈告诉的：你爸变心了，人也变坏了。朱秀秀在十五岁时离开老家，那年朱怀玉九岁，也是在一个过年的夜晚。妈妈在饭桌上监督姐弟俩，分别给朱叔打去电话。她期许地不是看看已拔起个子的大女儿，就是看看虎头虎脑的小儿子，巴望他俩中任何一人，能动用亲情，去帮她勾回失去了的丈夫和旧梦。口水从她嘴角直往下掉，滑成一条银线，无数次落在饭桌上头，落在每一个无法接通的嘀声后头。朱怀玉转头看着我说，我爸那天没有接电话。我妈实在受不了，抬手掀了年夜饭，人在满地饭菜里打滚，她抓自己，还不断朝空气里磕头。我姐也受不了了。我其实分不清，她那时是在扶妈妈，还是打妈妈。站在当中，我被她俩分别拽住一只手，往两个方向拉。我笑着说，你还是个香饽饽呢。朱怀玉跟着笑了下，说，在别的方面我不是。我问，后来呢？朱怀玉说，后来姐姐收拾东西走了，妈妈像找爸爸那样又去找姐姐，那阵子我总一个人在家，晚上面对满墙神佛，很害怕。姐姐一直没回来，我很快也被爸爸接走了。接我走的那天，我妈还躺在医院的床上，嘴终于不再往外吐沫子，之前她一直吐，一直吐，医院都不爱收拾了，满屋都是农药味。她抓紧我一只手，在我手上抠下五个血道子。朱怀玉把他那只黑胖小手放在身前，让我端详，道子已不十分清晰，内里却还能露出鲜红色，是抓得深透了。我不知道朱秀秀听没听过这一切，朱怀玉说，他姐其实不是护士。她只有初中毕业，进不了城里的医院干。朱秀秀现在一直在药店给人站柜台，有时要值夜班，兼给人打更。爸爸不喜欢她，嫌姐姐没有学历，说她早就是废物了。

朱秀秀拿酒瓶磕着我俩身后的门框，示意她醒了，节目继续，进行到哪步了？我一时怀疑，老天爷其实正在满足我一直以来的愿望，他不是正给了我两个愿意和我将就的人吗？天知道，我将做些什么，如果老天一直不把他们派给我，我会做得义无反顾。反正遗书已快写好一半，菜也即将练会，势在必行，只差一个日子了。我们各自把外套、帽子、手套穿戴好，踩得楼道台阶咚咚响。我几乎是跳着走完，有点儿逞强，但喝醉了的朱怀玉和朱秀秀，此刻都不会比一个熟练的瘸子将步伐走得更稳重一点儿。三人摇摇晃晃，朱怀玉走在当中，被我和朱秀秀各揽着肩膀，向夜色进发，我们都被一样的寒风吹得脸色发红，眼睛发烫。经过公园外的烟花摊时，我们买了一些，带进古树参天人影稀疏的园里岛上。破碎了边角的石砖椅，变作我仨的露营地。朱秀秀在石椅上坐，俯视我和朱怀玉将烟花抱去冰面，选好了头顶一块最安静的天空，准备燃放。她尖细的嗓子未等花开，已叫嚷不绝，等花真在深蓝色的天空上冒开，她的声音又消止了。朱怀玉一眨不眨地仰着头，没人知道他心里想什么。我和朱秀秀都在更早的时候，贴近他一侧耳边，说了同样一句：你不是废物。弟，祝你生日快乐。

和朱秀秀坐在石桌旁，我沉默下来，看看烟花，再看她的眼睛，发现她看我的时候更多。光照不明，只有一霎的灿烂，能叫我看清她眼里有多少红丝。她说，赵乾，其实我不知道你要干什么，也不想问，但希望你知道，这些日子，我和我弟十分快乐。我说，你也可以问。她问，你要杀人？我说，对。再问。她说，你要杀你家里人？我说，又对了。问我原因吧。她低一回头，复又看我，和你的腿有关？我说，不用客气，和我的残疾有关；和我这儿有关。我指指喉咙，从外衣口袋里掏出一瓶两百五十毫升的小可乐，放到了桌子上，说，这是我的心宝，得随身带。我不知道自己什么时候就会喘不上来一口气。那种感觉习惯了，也永远不可能习惯。朱秀秀说她明白，能试图明白。我也想了想，你知道我为什么不吃蛋糕吗？和朱怀玉一样，我也没什么机会享用蛋糕，不是没钱，是没人意识到，这是个应该买、应该让我吃到的东西。有天晚上，我家里人都睡了，那已经是我爸生日过完三四天后，快到我的生日了。我家那台冰箱保鲜不了这么久，我也不想再吃酸蛋糕了。所以那天夜里，我从父母房间溜出来，走到厨房，打开冰箱，努力不发出一点儿声音，准备用手挖冰箱里的蛋糕吃。不敢开灯，好些奶油都被我糊到鼻子上。可我终于吃到了。朱秀秀笑着问，甜吗？我摇头，已经酸了，但我就是忍不住一直吃，我怎么也忍不住。灯很快就亮了。是我妹妹，她起夜，见我在厨房，满脸白，以为看见了鬼。她尖叫不休，人都被她叫醒了，我爷、我奶、我爸、我妈、我姑。他们团团围着我，除了我妈都在笑，边笑边说我是个心机重的饿死鬼。饿死鬼，还心机重，我只有八岁，我不会是他们想的那样。朱秀秀起来，从身后抱住我。我抓着她的胳膊，让她的手背压住我的嘴，我不想再打嗝，再像那晚一样被诅咒似的，在笑声中打嗝，打到我抱头鼠窜，找不到一个安全的角落。我的自尊心，我有自尊心啊，我的自尊心往后被活吊在喉咙里，隔三岔五，要用可乐杀一杀。

朱怀玉喊我们，花都放完了。他不敢走近，面无表情看着我和朱秀秀，像当年他困惑姐姐和妈妈的动作一样，分不清我俩是在彼此拯救还是互相放弃。这种问题的难度，超越他解答的能力。硫黄味在岛上蹿离，远处，别人的烟花仍继续放出，我们静静观赏，手中已空无一物。除了回程路上仍肩并着肩，手牵着手，还拥有的，就只剩各自心底那不能被继续说明的酸楚。

9

我曾问自己，是不是非得如此，没有别的希望在，别的路好走？当然有，我还这么年轻，虽说一直没干正经事，但我信，我会找到工作，来日养活自己，幸运的话，还能组建家庭，担负更多责任。我问自己为什么非得做这样一件事，我能预料它引起的影响，社会上的讨论，和对我的所有谩骂和攻击。孝道，在每个国人基因里刻下的痕迹，是太深，太不讲道理，它长久要求着单方面的容忍，要斑衣戏彩，要卧冰求鲤。我不要求我的家人自我诞生，就非得委屈自己喜欢我。喜欢不能勉强，毕竟我全不是按他们满意的后代模样来到这个世界的。对他们我同样不能勉强喜欢。是爱，是所谓血缘，将我们组合到一个家庭里，而爱是责任。从小到大，没人教给我责任和爱会有亲密伴随的关系，让我总以为，责任是痛苦，爱又是传说。二十来年，我的活命离不开他们为我尽的责任，可我仍要说，更多是靠自己摸爬滚打过来的。如果一个人仅靠物质满足就能变得幸福，变得珍惜生命，那么大约是他从来也没养成过珍惜自己精神的习惯。我却不是生活在荒岛之上。在我周围，有许许多多的参照，日复一日向我传达，你缺失，就算你假装不缺失，你低人一等，就算你努力证明不低人一等。若人被剥去骨皮，比试心灵，我很清楚，我会是如何惨败的，更会让你们看到，相比我的瘸腿，我丑陋和讨厌的个性，还更让人恶心的千疮百孔。于是我非得如此，为讨还二十来年生命里遭受的，为惩罚伤害我和本该保护我不受伤害的家人们。他们有意也好，无意也罢，都实现了对一个人完整的摧毁，让一个人从生到死，也只能依靠他的亲人（仇人）们，从中去借取能量，而始终也没得到一段友情、爱情，哪怕只一次，得到他人的欣赏。看客要说，可怜人必有可恨之处，还会说，造成今天，也因为他自己。我想回答的是，站在地狱外面看地狱的人啊，你们长久远离烈火，已经不会相信火能够烧到人身上，将人烧焦，更不知道在东北这样的地方，人们性格多属开朗活跃，个体如何能走不出一场火阵。毕竟这儿有漫长的冬季，和那么乐于让人傻好着活完一生的天然牧场，喂人吃雪，再天生长出所有降低沸点的粮食。可在我心里，火烧了二十来年，那么也许我就是老天爷于万千之中投下的一粒恶作剧般的残次品。能信吗？所有见过我，和我说过一两句话的人，你们能信吗？在那个面恶嘴损的赵乾，那个笑容惹人硌硬的赵乾心里，其实藏着漫天野火和无数举火把的人。你们不信，当你们只是习惯性地忽略灰尘，忽略我。

　　我僵着手，让它不抖，不把字敲得太激烈。手机响了，我挺激动，心想也许是朱秀秀。其实我说不清楚我俩现在的关系，但一定有点儿进展。这种进展总叫我忍不住幻想，更忍不住对自己叫停，总之，千难万难。没想到，却是上海人赵齐齐的信息。齐齐有我的微信，加上后不怎么说话，压根没兄妹情分，现在她能找上我，跟对我当头棒喝差不多，让我联想起小时候，多少次为她挨过的打、遭过的骂，手抖得更厉害。齐齐问我，现在有没有女朋友？我说，不关你事。她回个偷笑的表情，我没理，手机搁在桌上，去厕所撒尿。再回来，看她发了个女孩的照片，美颜痕迹十分明显，下巴跟瓶起子似的，往上直翻卷。她说，这是我同学，便宜你了。我发语音过去，不用，爱便宜谁便宜谁。齐齐打字回复，我上课呢。告诉你，过了这村可没这店了。我问，你才多大啊，你同学多大？齐齐说，上海本地的，家里两套房，就你还想咋的？我说，滚。她发了个翻白眼的表情。见我半天没回，又发了张图，还是那个瓶起子下巴，照片上女孩脸也只露出下巴来，再往下，该露的都露了。我点上烟，放大端详一回，说，没大意思，基本没有发育。齐齐撤回图片，问我，现在愿意处了不？我问她，你妈知道你这样吗？她也发了语音，两秒，里头一声轻哼。再次回复我道，放心，没人会找你麻烦。你和她处呗，反正她啥你都看过了。我说赵齐齐，我能知道为啥吗？她说，因为我恨她。我们都恨她。我想象瓶起子被人扒光在学校某一墙角，拍下照片时的场面，想象她只顾着捂脸，顾全不了上身和下身，想象赵齐齐一双铁臂，是怎么重捶她小腹的。刚才那张照片上，女孩小腹几个拳印儿，瞎子才看不见。我感觉自己就差咬碎了牙，想把赵齐齐也扒光，任人观看，更想让朱怀玉这样的小孩去踢她的肚子，一下一下，踢到她吐。回手我把赵齐齐删了，看她再发给我的验证消息是，祝你好死。我乐得嘴都闭不上，照厕所里的镜子，反复感恩天意。天意让我饱满了我的动机，好妹妹，算你一个吧。

　　高三再度开学，年节彻底结束，和朱怀玉姐弟俩，再不能像那十天里朝夕共处。我又回到了我的腐烂小屋，回到黑白颠倒，被网瘾和烟瘾两头包容的环境中。照着镜子，我好好收拾了一番，冲过澡，刮掉了胡子，再给腋窝里抹了点儿花露水，穿上件最板正的格子衬衫，准备到五点下楼出门，赴我有生以来第一场，可能也是最后一场约会。

　　·在西餐厅吃完一顿提前买好优惠券的晚餐后，夜色将至，我送朱秀秀回药房。她在离药房不远的地方，在我脸上吻了一下。可以说猝不及防，可以说意料之中。我僵着笑容，痴呆儿一样，瞧她全冻红了的脸，和绒帽子下头没压住的纷飞碎发，一时非常想伸出手臂将她拥抱。朱秀秀对我说的是，不剩几个月了，等朱怀玉拿到毕业证，她就带他走，我可以和他们一起走，也可以随后赶上，在南方会合。她问我，这样行吗？我伸手碰了一直想碰的她的白脖子。她撇撇嘴，笑意一掠而过，看着我说，你要放弃那些想法。你知道吗？从你找我拿木耳，到让我教你做黑白菜，我心里便一清二楚了。我问，哪些想法？朱秀秀满怀哀痛看着我，只能这么形容，她过去伶牙俐齿损尽我八辈祖宗的作风，已在什么时候随寒冬逝去，一日日变得若隐若现，不再是确定的性格。我低头说，风大，快走吧。她站了一会儿，转头离开。离远看，我第一回发现朱秀秀居然走路内八，也是有些古怪的。这发现让我笑得不行，像被人往鼻子里灌进了醋。

秀秀，怀玉，遗书也是信的一种，我最后说给你俩听。怀玉，我不能骗你说，你不是废物。在一百个人眼里，你都是废物，哪怕在你爸眼里，都如此。可你应该还记得牛虻，记得他在琼玛心目中，无论受多少屈辱，都仍是当年的亚瑟，往后的英雄。人的心，是最容易也最不容易变化的。以你的智力来说，我希望你多听你姐的话，她爱你至深。所有爱你至深的人，都是你一生中可靠的灯照。别信其他，其他你把握不住。秀秀，我爱你。

10

我奶过几分钟就到厨房来，她实不放心，我到底能不能分清，开燃气和闭燃气的开关，是往哪两个方向走。明天是她的七十大寿，我说，奶，我没挣下什么钱，也不给人补习了，没能力给你买好东西，当天给你做盘菜吧。我那儿没灶，想今天在你这里练练手。我奶说，都行。泡这么些木耳？小盆里的确长满了木耳，她看着直觉得可惜，说一次吃不了这么多。我也知道吃不了，可我就放了这么多。我说，剩下泡好的给你们放在冰箱，想着吃啊。我奶歪着脑袋寻思，说她好像在哪儿看过，木耳不能泡太久。我说，那就扔了，明天我过来，再泡一点儿。我爷始终听着厨房里的动静，"扔"是家里不能出现的词儿，一听到扔，我爷就恨不能给轮椅飙车，赶来阻止。他进来后，嚷着不扔不扔，虽然声大，气势已减弱许多，直躲在我奶身后，暗暗和我眼神交会。他还没忘了前一阵我试图卸他轮子的事。与全已花白的头发和胡子不同，我爷脸上一对眉毛始终黑而浓密，好像一件他自己也知道唬人的武器，除了拧眉，他再也使不上别的回击了。

晚上我去我爸的澡堂，想在大日子前洗个澡。路上给我姑去了个电话，讲了齐齐找我的事，我姑说她知道了。她那边听起来挺忙的。和我姑，从小到大的关系每每如此，我俩没有话，即便她不忙，也没有。她倒从没对我怎么不好，如果忽视也是不好的一种，那其实，她罪不至死。我已经好几年没见过她，但总会听到关于她的信儿，就像你即便从不出门，也会听到社会上又发明了什么，人类又突破了什么。我姑在家里，代表着永远的向上和高级。她似乎生来就该被崇拜，什么都做得好，很少被责怪，但我总觉得，看到她的每一次，都使我喉咙卡得更厉害。她修剪成利落短发的脑袋，架在人高马大的骨架上，也戴副眼镜，和电视里那些你清楚与自己永无交集的精英一样，即便她是你姑，你也从不该指望，她会把眼神落在你脸上，当真和你说句什么心里话。今天我能打电话给她，她很意外，更意外我张口就说出了赵齐齐的恶行。小时候每当我和齐齐有矛盾，总由爷爷奶奶来裁决，即便是我打了她的那一次，在我姑进门听说后，她也只是安慰女儿，将齐齐穿着粉秋衣的小身体抱进怀里，说姑娘不难过，姑娘别放在心上。她对我的不责备，让我当时恨透了她。好像齐齐不是被自己的哥哥打了，而是被石头绊了一跤，被风吹出了感冒。我挺想试试的，这一次，她总该跟我说点儿什么。

赵乾啊，她说。我姑始终叫我的大名，言谈相当客气。不要总是仇恨你妹妹，她还小。我问，这件事你知道了，作为母亲，打算怎么办？我姑又在和边上其他人说话，然后说她知道了，她会处理。我问，你其实一点儿不信，对吧？她说，姑明天回去，和你妹一块儿，到时让她向你道歉，这样好吧？我说，那个女孩怎么办？齐齐拍了人家的裸照。我姑一声叹息，你们啊，就是能闹。她再也不说话，我也无话好说，挂电话前，我最后向她确认，你怀孕了？我姑笑起来，啊，是。

澡堂我很少去，所有让我必须坦诚相待的地方，于我都像地狱。何况这里蒸汽腾腾，进了门，非得脱个精光，再剥层皮，才能离开。我倒是第一回看我爸飞着热汗，跟躺椅上的大哥，眉开眼笑，说受累，咱翻个面儿吧？我长久站在一束水流下，默默被浇，看清我爸的所有动作，是既熟练又做不好。他不断被客人要求，没吃饭啊，不舍得使劲。每当此时，我爸就吞一口气，力量不为人知，全积蓄到澡巾上，犁地一样去开垦陌生男人的皮肤。

落下的灰尘，就是他土地里的收获，不当穿，不当吃，还有点儿叫人恶心。我也去躺到那张新换了塑料膜的椅子上，趴着，让他先来搓背部。我爸脱下澡巾，问能不能让他歇下，今天活儿太多了。他到旁边找了个空水龙头，给自己浇。那一刻，他不知道我正起身端详他。我想到的，是记者赵博。我想赵博不应该出现在这里。他该心怀中央台，惦着利比亚，成为电视里的战地记者，当着万户千家侃侃而谈，没一句磕巴的话。还想起青年赵博在他儿子小时候，对后者信誓旦旦，你爹我，力拔山兮气盖世，不比奥特曼都能耐？

澡堂里，瓷砖昏黄，白雾腾空。几乎都是老头，都在池子里泡自己，跟泡瑶池似的，幻想益寿延年，更借此逃离现实中的种种。我爸冲完水，一鼓作气，搓我的下巴颏、肋骨和大腿。搓着搓着，在雾气中问我，还想添点儿服务不？我问有啥，他如数家珍，奶、酒、盐、醋。只有客人想不到，没有老师傅做不到。你又瘦了，咋整的？说着，我爸拍一下他好些年养出来的小肚子，手上缓了缓说，爷们儿，你吃劲啊。我说，过去我一百六十斤。我爸说，想不通，咋能减下那些肉的。一直想问你，是不是在外地念书那几年，出什么难事了，你总也不说？我向后看他，他没看我，用嘴咬开醋包的一角，让我躺平，往下浇开，酸气弥散，弄得我背上凉凉的。我说，说了有啥意义？他没回答。醋水在他运劲下温柔地包裹着我，从没有过，被他这样柔和地去对待。从几岁起，我爸就不再抱我，也可能是我主动，先去拒绝了作为父亲的他，每一次笨拙的示好。很长一段时间里，我总恐惧他碰我，看到他的手，会让我精神紧张，毕竟随那只手带起的掌风，曾无数次刮痛我的脸。如今所有我被他清洁着的地方，几乎都没绕过他的揍，绕过他身体力行的教育课。他当时怎么叫我来着，肥猪、大傻儿子？我想起来就笑，当他后来再也打不过我，我可以在任何时候想笑就笑。我一笑，他的话顿时变得少了。

冲冲去吧。他拍我的胳膊，想说记下手牌之类的话，到底没出口。和他并排站在水流里，他的身体，我的身体，两个世界上最大程度相似的灵魂和肉体，永远在面对面时感到尴尬，语言阻塞。洗好后，我穿好衣服在外头抽烟等他，他以为我已先走，门帘挑开后看见我，下意识也惊讶地笑。给他递过烟去，他看看烟标，问我，咋不抽点儿好的？我说，不抽给我。他利落地点上火。借门里一点儿热乎气，我俩僵站在澡堂外头，谁也不知道有什么理由，要让彼此在冰天雪地里双双沉默地抽完一根烟。想起来，我问他一嘴，当年你俩离婚，谁先提的？他低头跺脚，不关你事。我说，我妈要走了，你知道吧？我爸不信，逗呢，她走得了？我扔掉烟头，给他把车推来，看我爸踩上去，将他泡皲了的两手，前后塞进里头都已破了棉的手套中。踩了踩车链子，他回身嘱咐我，你也干干正事吧。就我跟你说的普通话考试，抓点儿紧。趁我还在岗，给你安排进台里完事。我直乐，逗呢？他剜我一眼，骂，小白眼狼。明天你奶生日，早点儿过来。说完，蹬车子，他蹬远了。

11

一桌菜都是黑色，我炒的那盘黑白菜，摆在外围，也是一团黑。在我姑带齐齐也入席后，一家人终于少有地团聚，除了我妈不在，可谁也不觉得多遗憾。我奶刚说完她那句代表性的祝酒词，美味佳肴，家庭氛围是多么重要啊！重音勾在"多么"上，抑扬顿挫，定下基调。我爸起身，将放在桌下的寿桃蛋糕拿到厨房去，打算等晚饭吃完再切它。我奶张罗大家动筷，眼神扫到黑白菜上，咧嘴说，这菜，乾乾做的，咱们今天都多吃，多猛攻它。我说，做得不好，但比较用心。我爸先起筷子，我从没觉得，时间可以这么漫长，一块普普通通的木耳，在他筷头上，被我想象成秤砣，两根木头又如何夹得住，如何能被安稳地放进嘴里，滑到胃中？我想克制自己发抖的手，想在他放进嘴的前一刻，抢句我的祝酒词，说出来，或任何能打断他的话。可我还是闭上了眼睛。门铃在响。睁开眼，我爸起身走到对讲机前，询问对方是谁。听不清答语，他也开了门。门开后，朱秀秀站在那儿。

她手里拎了两盒红彤彤的保健品，说从自己单位拿的，不成心意，今天贸然来，是想认个门。我的家人们，全都不知所措地或站起，或僵着表情，看待这如同天外来客的少女，是如何自来熟地笑着问问这个问问那个。她问，还有凳子不？凳子搬来，她插空坐在我边儿上。我看着朱秀秀，打一看到她的眼睛，我就清楚了，她已经找着了我留的信，那封被我在今天出门前打印好，夹在《牛虻》里的信。《牛虻》那一页中，应景地写着亚瑟赴刑场前，留给爱人琼玛的话：在你还是一个难看的小姑娘时，我就爱你了。那时你穿着方格花布连衣裙，系着一块皱巴巴的围脖，扎着一根辫子拖在背后。琼玛，我仍然爱你。

朱秀秀总也坐不住，站起来，她拿我的酒杯，先敬我奶。这是奶奶吧？她看向我问，有点儿不好意思，跟着自我介绍，我叫朱秀秀，叫秀秀就行。我是赵乾的对象，今天您过寿，来祝寿星生日快乐。我奶忙不迭跟着站，捧酒杯相碰，姑娘，你真是吗？大家都笑。朱秀秀说，奶，我真是啊，和赵乾，我俩都好多久了。他您还不知道，老藏着不说，今天算他长心，刚才临时嘱咐我，也来参加生日呗。我才下了班，寻思没啥带的，拿了点儿壮骨粉和维生素过来，心想您和我爷岁数大了，保养自个儿总没有错。我爷想跟着碰杯，有点儿踌躇，憋着不动。只见朱秀秀和我奶一人造了半盅白酒，都客气个没完。我不知道说什么，朱秀秀带来的寒风，让我从刚刚灼热的呼吸中暂时解脱，却又晕个不行。我爸在底下捅咕我，小子，行啊。我嗯一声，也喝了半盅。赵齐齐咯咯笑，不住地打量朱秀秀。朱秀秀注意到了，隔老远给赵齐齐摆摆手，一副待小孩子的和蔼与包容，向我确认，这是妹妹吧？妹妹啊，老听赵乾说起你，说你学习可好了，可聪明了。我不可置信地看着朱秀秀，她还是我认识的那个没好脸儿的朱秀秀吗？来前她还化了妆，没醉脸上就有两块红，画得跟中国娃娃似的，透着喜庆和热乎，好像她从来就是这么待人接物，嘴总是咧着，从不觉得累。

我爸去和朱秀秀攀话，姑娘，我是赵乾的父亲。朱秀秀跟着敬了我爸一杯，我爸有点儿被她吓着了，说，姑娘，咱不急着喝，先捋捋情况。他踹我，快点儿，你介绍介绍。我闷声说，这是我对象，在药店上班，处了两个月了。我爸摸着他的秃瓢，跟朱秀秀讲，你看叔叔也没准备。朱秀秀嘴倒是快，爸，不用准备，我们做小辈儿的，不给你们添麻烦就行啊。我插话，没到这步，真没到。朱秀秀笑着说，赵乾，都是自己家人，你老装啥玩意儿。咱俩的事，你就一点儿没透风？众人再齐齐看我，就像我和朱秀秀已该生米煮成熟饭，已该领证，更该在外有了个孩子。我没比其他人更能摸得清状况，只好说，你来讲。朱秀秀简直英姿飒爽，敬完我奶敬我爷，敬我爸，还敬我姑。姑，你就是姑吧？赵乾最佩服你，说你在上海，老大能耐，有文化，有水平，对他也是没说的，纯纯教诲，不遗余力。赵齐齐说，谆谆，是谆谆。我瞪她，还是应该药死她。朱秀秀给我一下子，斜楞人家孩子干啥？妹妹说得对，嫂子我是没大文化，但心里热乎。一看到你们这家人，我就知道，赵乾所言非虚，再找不着这相亲相爱的一家了。我一口酒好悬没喷出来，拽她一把，坐下吧，倒霉娘们儿，话咋寻思说的呢。

但我也被她怄笑了，这种感受前所未有，和设想中看见所有人都死在我跟前的震撼，是相差不多。当所有人都带着"小子，能耐啊"这样的眼神问候过来，酒也让人格外上头。我不敢再看朱秀秀一眼，怕这不过是死后的梦。朱秀秀又张罗吃蛋糕，看到桌上这么满，她自言自语，得找个地儿放啊，蛋糕呢？我说，有，在厨房。她端起我那盘黑白菜，问厨房在哪儿？所有人都指给她，姑娘，身后就是。我跟她一起到厨房，见朱秀秀以迅雷不及掩耳之势，将我做的菜倒进了垃圾桶。我搡她一把，还想给她一巴掌，我眼睛都通红了，可我知道无论如何，自己也打不下去这一巴掌。朱秀秀凛然说，身后可没有子弹等着你。你不是注定上刑场的牛虻，知道吧？我反问，拿你自己当救世主了吧？她说，不和你辩，现在不辩。说完，她像发现新大陆似的发现了厨房里的蛋糕，啊呜一声叫，惹得所有人都急着问，赵乾你咋了？朱秀秀笑嘻嘻地捧出蛋糕，说，为啥不先唱个生日歌，点蜡烛，许愿呢？我再也没理她，独自在厨房里站着。我听见外头桌上，大家跟都被下了催眠药似的，照朱秀秀吆喝的做。他们拆开了蛋糕外盒，在寿桃周围插下蜡烛，我爸关了灯，好些声部齐着唱起生日歌，由朱秀秀领唱：祝你生日快乐，快乐快乐，多快乐。她还加词，是加了我没能加入的词。片刻静默后，掌声稀落。再片刻，我猴子捞月似的想抓起垃圾里的木耳和白菜，徒劳无功，再也抓不出一盘菜。

全喝多了，除了在沙发上看电视的后来小猪似的打起呼噜的赵齐齐。当我再回到饭桌旁时，只看到朱秀秀趴在我爷轮椅上，露出半只眼，对我贼笑，说她现在可以回家了。我爷嫌弃得不行，说，赵乾，快给送走。我搀她走，除了近距离看我的朱秀秀，没人注意到我脸上泪痕新一重，旧一重，哭得眼泡都肿了。走出楼房，我俩向还守在窗口的一头银发的我奶挥手。我奶喊，吃得咋样？朱秀秀喊，没治了！她靠在我肩上，我俩在路灯下坐了片刻。我问她，朱怀玉在哪儿呢？她说，在家，准备高考。我说，替我跟他说，放弃数学和英语听力，多背几篇英语范文。她说记下了。我说，好容易准备的菜，就被你这么给倒了。她说，我倒了，有谁说了什么吗？我点头，是，没人在乎。朱秀秀转脸一笑，轻声说，那你干吗去在乎？眼前车流和人影都很匆忙，这是第一次有异性靠在我肩膀上，只要被靠上，顿觉自己软弱了。软弱，很软弱，我是死过一回的小鬼儿。

12

往后的事，一半在我们设想的美好之中，一半没在，没在的一半，倒像是成全了前头。即我和朱秀秀一块儿去了南方，朱怀玉也顺利地被朱叔和我妈带走，飞到更远的佛山去生活。我已和家里断掉所有联系，似乎命该如此，也是最好的结局。朱秀秀进了杭州一家电子厂，我则进了一所教育机构。我俩活得都不累，每晚回到小出租屋，做饭，看电视，攒钱，计划旅行，日子泡进了令人昏昏欲睡的节奏中。有时晚上醒来，借月光看她，我会忍不住笑。我总想到那晚我奶过七十大寿，她作为一级演员表现出来的样子。毕竟那晚过去后，朱秀秀仍我行我素。当我有时加班回来晚了，她会温柔地问候道，还没死呢。

又到一年年底，没考上任何大学的朱怀玉，早给我们来了信儿，说朱叔拧不过他，准备放他从厂里出去，念专门的佛学院。他希望有朝一日，能走进个收容自己的山门，过上真正想过的日子。他学会了发微信和上网，常在网上的社交平台发广告：朱怀玉，男，无不良嗜好，诚征好友。性别不限，财力、智力不限。我看了对朱秀秀说，你弟还是应该出家。朱秀秀端着一锅没咋热透的紫菜蛋汤，甩给狗似的甩给我，说，吃都堵不上你的嘴。你少影响我弟弟。朱秀秀和我，渐渐像找着了自己落生来就该留下的荒岛，再多一个人就足够，岛上我俩伴随，无须计较性别、财力和智力。我已经攒了些钱，辅导好了几个家里殷实的高考生，此刻可以拍着胸脯应承她，也应承朱怀玉，北方咱都待够了，什么雪啊，烟花啊，咱该看看以前没见过的景儿。朱秀秀咬了一嘴紫菜，黑黢黢的，抬眼瞧我，比如？我说，比如大海。她稍纵即逝地笑了，我也呼出一口气，说我知道，你想看大海。她说，没见过，听我爸讲过。他现在住的地方，离海不远，螃蟹二十块钱买四个。我说，小螃蟹吧，指定没肉。她说，有肉没肉，那是海，是蟹。你咋知道是小螃蟹？我说，我妈说了，那点儿玩意，还不够她塞牙缝的。

可我还会做噩梦，还会在半夜或什么时候，感到喉咙塞得厉害。我坚持不去医院，朱秀秀这点最好，她从不勉强我，只嘱咐我勤刷牙，多喝水。所有让你感到不舒服的事，解不解决都看自己，但不要去影响别人，这样就可以。她有她的善解人意。毕竟在我俩最困难的时候，冰箱里也从没短过碳酸汽水，在我腿疼的时候，她也会边看电视剧边给我按。有时她看到心潮澎湃了，手下力道也没准，但我受用，疼也是生命的体验。在梦里，关于腿被打折，关于叫我忍耐，关于我爸的掌风，我姑的忽略，当然，还有那个小猪娃娃赵齐齐的嘲讽，从未消失过，但越来越像一团风。梦里总是颠三倒四吹过去，吹得我于昏睡中也知道，吹风又能把人吹得怎么样？可我永远不会说，那都过去了。在接下来的十一月份，在和朱怀玉约定好到三亚去见面的飞机上，好容易等着两张打折机票的我和朱秀秀，于起飞前漫长的等待中，开展了一次关乎未来的对话。

朱秀秀第一次坐飞机，看什么都新鲜，又不敢露出什么都觉着新鲜的样子，怕被看低。我替她拉起窗边的遮光板，扣好安全带。她眨着一双单眼皮看了看我，说，我妈也是一辈子没坐过飞机。我说，你还不到一辈子。她低头笑，是，我没到。我说，秀秀，对不起，我不敢结婚。她问，咋了你？我说，一坐飞机，我就想到坠机。我看了太多灾难电影。她说，想点儿好事吧。我说，想了，更不敢想。空姐过来提醒说，飞机可能晚点，我们有各种饮料，二位选什么？看着推在过道里的饮品车，我不用选择，要可乐。空姐给倒了一杯，我接过来，再问朱秀秀要什么。她跟空姐说，一瓶啤酒，你搁在这儿就行，别倒了。我压下朱秀秀的胳膊，和人家说，一杯水，谢谢。朱秀秀不可置信地看着走了的空姐和车，问我，凭啥不给？不是有各种饮料吗？我后来无数次觉得她可爱，她可爱而不自知。朱秀秀也有点儿不好意思，啜着纸杯里的水，说，别这么看我。我说，秀秀，我愿意和你永远这样。我不会是个好父亲，所以我们别要孩子了。我把你当女儿养，行吗？她喝着水，乐了。她坐着总是挪来挪去，座椅始终不能调到叫她舒服的角度上，掰狠了，被后头的人踢了一脚。解开安全带，我起身看后头，后座是个戴眼镜的胖子，和我过去的模样差不多。我没说什么，只是笑了一下。胖子却立时转过脸去。快起飞了，朱秀秀忍不住偷摸地在我耳边说，你笑起来确实挺瘆人，不好看。但是你笑吧，真管用。

没让朱怀玉去机场接我俩，所有难为他的事我和他姐都不做，自行坐车到朱怀玉住下的酒店，敲响他的门。现在不是旺季，这间离海不远的酒店价钱不高，朱怀玉已提前住了两天，给我仨开好一个套房。我和朱秀秀睡里头，朱怀玉在外，这样也不影响他每到钟点就得进行的念佛和打坐。房间里檀烟袅袅，朱怀玉现在蓄了胡子，虽说视频里也见过他这样，再见到，还是吓我一跳，不敢以姐夫身份对他吆五喝六，怀疑他已在哪儿得了道，有了真神通。可朱怀玉还是朱怀玉，还会在给她姐一个僵硬的拥抱后，隔出几步，对我作揖，赵老师。我脱口而出，免礼。朱秀秀骂骂咧咧，边摆弄房间里所有设施，边回身瞪我俩，少丢点儿人吧都。

先前自己来南方，我已见过海，再见到海，还是深深知道，这是不属于我基因里的异世界的美梦。海滩上人不多，但跑跳着的青年男女，无一不让你觉得，他们是真该生活在这儿，享受其中的人。椰林树影，金沙滩，蓝海岸，恍惚中我看到小时候在奶奶家看到的，房间里的塑料贴花，重现眼前。当时何敢料想，有朝一日，我身畔也会有一个姑娘。虽然朱秀秀看不上那些穿比基尼的女郎，只肯穿连体的深色游泳服，可当她走在我躺椅前头，不留神舒展下身体时，还是叫我万分得意。屁股和腰，都是我的，今天明天，都是我的。至于一个女人的子宫和来生，说穿了，我没半点儿兴趣。我深知自己不会做得好，我深知自己在东北的最后一年，是如何度过的，对于往后，便看得更清楚。旁边的旅客带来了音响，海滩上响起动人的旋律，是首英文歌，朱秀秀受教育有限，朱怀玉受教育白费，那么惭愧惭愧，也只有我能懂。虽然我一样说不清歌手是哪国人，歌属于哪种流派，但就如那年冬天，我们仨在一起看到的，视野有限的天空和烟花,何用相识？相识就是旧相识。

I want to know

Have you ever seen the rain？

I want to know

Have you ever seen the rain coming down on a sunny day？

我不相信谁都看过，谁都经历过。人的心，是最容易，也是最不容易变化的。

朱怀玉沾了满身沙子走来，我第一次看到他几乎裸体，想给自己眼睛戳瞎了。闭眼再睁开，身边如此真实，还真是金黄沙滩、碧蓝大海，三人都躺在白色沙滩椅上。我突然想阔气一把，跟朱秀秀商量，叫生猛海鲜来吃，叫顶级厨子给咱做。我已能想到，大个儿的蟹钳肉入口是什么滋味的。朱秀秀揶揄我，啥都吃，不怕有人给你下毒啊？知道来龙去脉的他俩，对着我笑。我只敢拧朱怀玉的肥脸说，非亲非故，下什么毒？他居然还笑，还能甩脱我的手，奋力奔远，挑衅我去追。我当然追，差啥不追？毕竟一个瘸子去追一个胖子，对彼此来说，都是痛苦，也都是锻炼。

葛水平

笑孩儿

一　笑孩儿是一头黑毛驴

黑毛驴笑孩儿，长耳朵，大眼睛，白肚皮，白袜子，穿一双漆皮鞋，走起路来摇摇摆摆，看似如醉酒般，其实步子很稳当。见人不急不慌，斯文得像一个中学生。笑孩儿一旦动感情了又很调皮，屁股一颠，撩起蹄子踢人，管你三七二十一，性子一来谁都拦挡不住它的驴脾气。

从开春到地冻，笑孩儿一直伴随着它的小主人玩耍。小主人叫祸害，这个奇怪的名字是小主人的爷爷起的。陪伴小主人成长，驴当了个陪角儿。

夜深人静，伸手不见五指，黑夜裹着祸害做了一个美梦，他梦见笑孩儿变成人了，两个人在山坡上玩耍，正玩耍得好，笑孩儿突然在他的屁股上给了一下子，一下子就吓醒了他。结果看到窗户前的阳光泻了一床，是奶奶喊他起床，照着他的屁股来了一巴掌。

天到这般时候，凡是长腿的都起床了，不光是小孩子，连猪儿、狗儿、猫儿也大摇大摆走在天光下。此刻的笑孩儿已经在村口前的青草河畔吃草了，就等它的小主人来河畔找它玩儿，至于自己入了祸害梦中的事它是一点也不知道。

别小看了一头驴，驴在庄稼人心目中和子孙一样重要。因此，祸害的爷爷六十三爷认为笑孩儿也是他的孙子。

春天，薄如羽翼般的夕烟中，起起伏伏的山峦晕染出青葱与鹅黄的春色，迎春花不等叶子先出，花朵就黄灿灿地开了，打远处看过去花朵像水洗过一样娇艳。山腰间点缀着一大片浮云，渐渐碎散成点状，一头驴"咯哦咯哦咯哦"喊了一嗓子，仔细瞅，原来是一群放养在山坳的绵羊。驴是笑孩儿，脊上驮着它的小主人祸害。他们俩的爷爷就在不远处的一块山石上拉二胡，夕阳西下时，一阵很古老的乐声丝丝缕缕在山间漫漶开来，羊群闻声聚拢在一起，一只叫耍瓜瓜的头羊带领一条长蛇一样阵势的羊群，跟随笑孩儿行往暮色下的村庄。

下山的路崎岖，笑孩儿生怕脊上的祸害有啥闪失，走得很慢。耍瓜瓜摇晃着羊角发出粗鲁的咩叫，试图用炫耀武力来撵赶笑孩儿。笑孩儿给羊群带路，耍瓜瓜从心里不服气，因为它才是一只脖子上挂着铃铛的头羊。

笑孩儿慢条斯理的样子让耍瓜瓜起了斗志，见走着的笑孩儿不理睬它，它就开始动真格的了。耍瓜瓜往后退了几步，勾着头，平举着羊角，准备用力撞向对方的屁股。脸蛋上布满皴裂皮的祸害似乎也来了兴致，用脚夹了一下笑孩儿的肚子，嘴里喊着"得儿"。

就在耍瓜瓜撞上来的瞬间，笑孩儿朝后踢了一下，这一下不得了，耍瓜瓜被踢得跌倒在地上半天没有起身。羊群一下就乱了，包围着耍瓜瓜不知所措。

笑孩儿停了下来驻足观望，然后用驴特有的嘲笑"咯哦咯哦咯哦"叫着。在离羊群数十米远的地方拉二胡的牧羊人六十三爷，早料到这场羊驴之争是免不了的，也就听之任之，不去横加干涉。

耍瓜瓜惊得额头上沁出一层细密的汗珠，大脑迅速运转，可被踢疼了的脑瓜盖限制了它的想象，此刻它唯一的做法就是必须站起来，否则头羊的位置不保。羊们的长脸上可都长有一双雪亮的眼睛。耍瓜瓜忍着疼痛站起来，高高地扬起羊角，它的羊角就是战旗，就是羊群的方向。

叫虎子的独眼牧羊犬在远处的夕阳下撒欢，发现这边的情况后，迅速跑过来。也许是因为一只眼睛的缘故，虎子的权威性不足以威慑耍瓜瓜，此刻耍瓜瓜将牧羊犬虎子当作空气。

在耍瓜瓜的心里，只有能制服头羊的牧羊犬，才有资格称为真正的牧羊犬。

其实独眼虎子不怎么管这些鸡毛蒜皮的事，都是一家人，内斗算怎么回事，绕着羊群走了一圈，看耍瓜瓜带领羊群"外甥打灯笼——照旧（舅）"屁颠屁颠跟着笑孩儿往山下走，心里想着挑事的没有本事赢得战争就做一只乖乖羊得了。

独眼虎子没事似的跑到六十三爷脚前跳跃着撒欢，独眼虎子永远知道谁才是真正的领头羊。

山下的柳条沟村是中条山脉一条南北走向的深沟，柳条沟村子挂在半山腰上，村子中央一条长街贯穿南北。长街的中心地段有一棵上了年纪的老槐树，树上有四五只喜鹊窝，夏天的时候有蛇爬上去偷吃鸟蛋，喜鹊们集体朝蛇吐口水，有些时候蛇也能够得逞，绝大多数时间里蛇被喜鹊们的口水吐得掉转头退缩回地面草丛，蛇不想恋战，曲着身子往别的地方寻找口粮去了。

柳条沟南口连着的东巷子是最喧嚣、最繁华的路段，因为它曾经是铁匠铺子一条街。现在虽然有了变化，但依旧是繁华的，有小卖铺，也有小超市，还有菜铺、面馆等等。祸害爸爸的铁匠铺子就在这条巷子里。祸害是铁匠的儿子，铁匠靠打铁养活一家老小。其实祸害的爷爷六十三爷根本不需要被人养活，他的羊群可以保证一家人春夏秋冬吃穿不愁。

祸害爸爸叫李蛮力，个子不高，小眼睛，话在胸腔里长着，很少和人交心，平常给人的印象就仨字儿——"心事重"。他的心事其实都在父亲六十三爷身上。六十三爷先是给自己的儿子起名叫"李蛮力"，再是给驴起名叫"笑孩儿"，再再是给孙子起名叫"祸害"。

好名字是一个人的门脸，类似于听上去喜悦的好词句，听名字就不敢小瞧了此人和背后的祖宗。

不仅如此，六十三爷还认领了一个驴孙子。凡是说起这一家子人时，大家都是一脸奇怪："那老头真是一个古怪人。"

起个好名字的人长大了准有出息。李蛮力找有学问的人给祸害起了一个正经名字"李前进"，但是六十三爷从来都不叫祸害"李前进"，想要让六十三爷叫祸害"李前进"，那必须等到祸害十二岁生日那天才能改口。十二岁是童年成为少年的一个关口，农村人在孩子十二岁生日时要"开锁"。

祸害已经十一岁了，十一岁和十二岁之间就隔着一个"年"，年一过祸害的名字就成往事了。

二　夏日，老槐树下歇凉人喜欢讲从前

六十三爷带领笑孩儿、祸害、虎子、耍瓜瓜和羊群，浩浩荡荡从柳条沟对面的山坡上走下来。夕阳将一抹余晖铺在一干人和畜的毛发和头发上，远远看过去流金挂彩如一道流动的彩虹来到了村口。

村口的老槐树下站立着收工回来歇脚的人们，此刻，他们在议论柳条沟修路要砍掉老槐树了，有些惋惜。他们对老槐树的感情，永远停留在老槐树下夏日的荫凉故事中。

老槐树从六十三爷的爷爷记事起就生长在柳条沟村口，几代人走过，它一直站在此处，风里雨里，谁也不知道它到底坚守了多少年。

老槐树绽放着生命的绿色，与蓝天、白云、远山、村庄一起组成了深远寥廓的柳条沟村家园背景。

老槐树的主干要有三个大人才能将其合围，主干之上是两根丫状伸出的枝干。老槐树根如虬龙，干如生铁，枝如青铜，高低错落，如撑开的一柄大伞，夏天时，树叶在天空中织出一面大大的绿网。

六十三爷说，他还是孩子的时候，老槐树的主干就差不多是这个样子了。

俗语说："人老腰弯，树老梢焦。"如今，老槐树越发老矣，不但枝梢枯焦，连树干也几乎成了空心。都说老槐树像一个装了许多故事的老爷爷，但它终归要比老爷爷强壮许多，酷暑严寒，雷劈电击，在老槐树下说古今

故事的老爷爷走了一茬又一茬，可老槐树还在。老槐树就这样默默地守口如瓶呵护着柳条沟树下歇凉的人，一代又一代由少年长成老人。

没人考证过老槐树究竟种植于何朝何代，不过，柳条沟小学博闻广识的李老师说："老槐树最少也是一位唐朝的遗民了。"

唐朝？所有人惊得双眼溜圆，半天合不拢嘴。

说此话时，祸害正和小伙伴在老槐树下玩砸大堂。

砸大堂的游戏可有趣啦！游戏前要准备三块砖头，要有明显的大小之分，分别被设为"大堂、二堂、顶门棍"，然后将三块砖头依次在老槐树下排成一条直线，要有一定间隔，个头最大的放中间，左边放第二大的，右边放最小的。游戏需要四五个人参加，每个人事先要自己准备一块小石头，以投掷顺手为宜。这个游戏也需要画一条起始线，一般要距离三块砖头两三米远，并且一边投掷石头，一边念儿歌。

游戏开始，大伙儿要通过"石头剪刀布"的方式来决定投掷的顺序，每人一次，先后站在起始线前，瞄准其中的一块砖头砸去。砸倒大堂的当"司令"，砸倒二堂的做"参谋"，砸倒顶门棍的为"打手"，砸不倒不算数，最后一无所获的小伙伴要接受惩罚。惩罚的内容由司令来定，参谋可以向司令提一些建议，所谓的惩罚无非就是扭耳朵、捏鼻子、踢屁股等等，打手负责去执行。

惩罚人时常闹出不少笑话，比如捏别人鼻子的时候被鼻涕弄了一手，踢别人屁股的时候被突如其来的一个响屁吓了一跳……每每出现这种场面，大伙儿都会笑得前仰后合，甚至岔气。

　　　　大堂、二堂、顶门棍，
　　　　疙瘩梨、肉合子。
　　　　一米二米三，三加三，
　　　　四面红旗……
　　　　骑马的过去了，扛枪的过去，拉洋车子轱辘的过去。

小伙伴们突然停下了砸大堂，都在想电视剧里看到过的唐朝样子。风刮在他们脸上，吹到脸上的风难道是从唐朝刮来的风？

在周围的大人们有一句没一句的拉呱声中，傍晚的落日一下就跌落在了山后面，站在老槐树下的祸害有点憋不住尿了，提议小伙伴们集体照着老槐树的根部哗啦哗啦撒上一泡。

他们自记事起就听大人们说："尿急了，就去浇老槐树。"

真是畅快呀，老槐树就这样喝着一代一代人童年的尿长老了，这样想着，真是太激动了。

听说村子里要修路了，老槐树碍事，村里能说上话且说话算数的村长一厢情愿要砍掉老槐树。对老槐树有感情的老人都舍不得它被砍掉，不能没有老槐树，修路重要，保护老槐树更重要！

当这些收工回来站着说闲话的人商量着准备联名和村长去说时，一时又找不到带头人。

这时候，有人看见了山坡上浩浩荡荡的人畜走来，说闲话的人就停下来，他们希望六十三爷也加入他们保护老槐树的队伍中。因为六十三爷的儿子是铁匠，每年五月十三关老爷磨刀大会，比赛打铁，他儿子总是获得冠军，获得冠军的人是要登报纸宣传的。能够上报纸的人就是名人，名人的话说出来就比普通人的话有分量。

六十三爷当然愿意啦。他大手一挥，浩浩荡荡的队伍停下来。就这样，六十三爷的队伍也参与了保护老槐树的大事酝酿和对往日的回忆中。

祸害望着天空的火烧云，乌鸦扑棱着翅膀飞往远处，乌鸦在天空俯冲、滑翔。难道天空也是唐朝的天空？

如果说老槐树下的地盘不仅是唐朝的，更是柳条沟一代又一代人的童年乐园，那是任何人不敢否定的。

祸害想起了夏天，置身于老槐树那大大的树冠下，轻风一吹，凉爽至极。那时的老槐树下，成了柳条沟人乘凉的好地方，和妈妈一样的女人们纳鞋底，绣枕头，唠家常；也有汗流浃背的男人们路过，不忍心放弃这绝佳的表现之地，干脆脱下汗衫，索性吹个痛快；更多的时候，是放电影。

撒野疯玩的柳条沟还没有长大的孩子们，有爬树技艺高超的，眨眼之间，就松鼠似的到了颤悠悠的老槐树顶梢。高高在上的人根本就看不清楚白幕布上演了什么电影。老槐树上，喜鹊窝中的喜鹊受到了惊吓在树梢四周鸣叫，喜鹊吐着口水驱赶着他们。

树下，女孩在玩过家家、踢毽子，男孩在玩打宝或者是老鹰抓小鸡。

还有，老槐树下的饭市，从春暖花开，一直持续到暮秋。大多是傍晚时分，不论男女，也不论老少，都抱个大海碗，或坐或蹲在老槐树下，说笑打趣，谈天论地，几乎所有村里的事，都在这里披露，这绿荫斑驳之地，成了孩子们从大人嘴里获取山外信息最有效的途径。

柳条沟小学的李老师是村子里的土博士，常在老槐树下口吐莲花编顺口溜，用半瓶子蓝黑墨水讲唐朝故事——关公战秦琼。

如果正巧有一粒鸟屎不偏不倚掉入哪位碗里，听吧，孩子们的笑声能把整个柳条沟村掀个底朝天。

祸害常常在夏夜的饭市上倒头睡在爷爷的脊背上，这些大人谈到兴起时，能延至天上的三星西斜了也不舍得归家。脊背上的祸害听爷爷猫似的伸出舌头把空碗舔过一遍又一遍，就是舍不得用一袋烟的工夫离开饭场。

祸害依稀记得有一个风雨交加的晚上，电闪雷鸣，震耳欲聋的霹雳一个接着一个，老槐树突然就起了火球。第二天，大人们一早就三个一伙五个一堆地围在老槐树下嘀咕着什么，神神秘秘。后来，从邻居二大爷絮叨不清的漏风跑气的嘴里，半懂不懂地听了个大概，原来是老槐树里藏匿着一个唐朝的妖怪，被天上的火龙抓走了。

祸害怎么也破译不出前一天还茂叶繁柯的老槐树，何以一个晚上就变得这样焦黑难看。

被雷击后的老槐树有一段时间不是孩子们的乐园了，即便偶尔路过，也会飞快地逃离，更不敢在老槐树下撒尿了。每一次走过，总想着老槐树被雷击了的黑漆漆的树洞里，眨眼之间就会变出一个狰狞恐怖的怪物把他们捉住。

雨天的雷电劈掉了老槐树树梢上的青绿叶子，可喜鹊窝还在。

村长说老槐树没有利用和保护价值了，既然妨碍修路就砍了吧。

六十三爷说："前些时候就听说有一条公路要穿村而过，目前已勘测设计完毕，等柳条沟过罢关帝爷的磨刀会就准备动工了。"

旁边有人说："对啦，还听一个搞测绘的技术员讲，老槐树恰恰处于路中央，怕是在劫难逃。村里的消息灵通人士说，村委已请一个老木匠目测过，老槐树能加工制作几十张课桌呢。这些人分析说，老木匠的话，八九成代表着村委的真实想法。"

柳条沟的人们心里感到酸酸的，像是听到一位慈善的老人就要离世的噩耗一样，继而又觉得不大可能，时代毕竟进步了，还愁几位读懂古树价值之人？但不论怎样，他们是决计要保护这棵老槐树的，就算是只剩下了树根，站在树根前也能想想童年的事。

太干净利落的农村不是农村人过日子的地方。

祸害想，要是自己现在突然长成大人就好了。这样一想，突然难过得心慌，伸手揪了一下脑后的小辫儿，盯着笑孩儿看了看说："你为啥不长成一个人呢？"

说罢他走近笑孩儿扯起它两只耳朵，东摇西歪地拽着，笑孩儿眯缝着两眼，随着祸害的揪扯左一下右一下，一张驴脸扯成了歪嘴婆。

笑孩儿终于得空缩回驴耳朵，很委屈地歇也不歇，裹一身西北风转身带领羊群就走，丢下祸害在老槐树下专心想：怎么才能长成大人模样？

其实，笑孩儿和耍瓜瓜、虎子似乎也听懂了，它们认为要保护老槐树就得和想砍老槐树的人对着干，兽面也有人心。辣辣的阳光泼洒在大地上，老槐树也是它们歇凉的地方，如果没有了老槐树，它们心里也会涌起莫名的恓惶，也许它们会找不到回家的方向。

大伙儿商量了半天也没有商量出结果来，既然等过罢会才要修路，那就安心过会吧。

六十三爷拖着一双重脚"嚯嗒嚯嗒"跟着羊群走了，落下的祸害还不想回家，还想听大人们说从前的事，如果他们能够说说老槐树里的唐朝妖怪就好了，还没有人完整地讲过妖怪故事呢。

三　关云长磨刀斩恶龙有了柳条沟铁匠赛事

柳条沟一年一度的五月十三日交易大会，主要是交易铁货，当然了，也交易日常生活用品。

每年过会学校都要放假，学生娃成群结队从放假那天开始走出校门就不想回家，裤兜里装着攒下的零钱，从东走到西，又从南走到北，日头把他们的影子铺到地上，弯腰、伸手、踢腿，龇着牙笑，觉得啥都好，就是钱太少买不了想要的东西。

从前，柳条沟是一个打铁古村，古村里的人们靠卖铁货发家致富。后来，农民种地很少用笨重的农具了，一切都机械化了，打铁匠人开始转行，更多的是弃了打铁手艺进城打工。不过，虽然铁匠少了，但是，因为铁货生意形成的庙会，也就是铁器交易时间依旧保留着。

这个日子是每年的五月十三，也是关公磨刀的日子。柳条沟人民戏台对着的寺庙就叫关帝庙，每年都要给关帝爷唱大戏，其实唱戏是为了娱乐人民。

每到五月十三这个日子，各村的铁匠们都拉着家什聚集在集市上，搭起炉灶，燃起炭火，拉起风箱，将烧红的铁块放在砧子上，抢起铁锤，甩开臂膀，叮叮当当，各自施展本身的绝艺，吸引四面八方的人前来交易自家铁货。

六十三爷说："那都是从前哇，现在人不用铁钉了，铁器走出了日常生活，代替铁器的是大铁门。乡下人已经学会了以变应变，没办法时就会生出办法来。"

祸害爸爸李蛮力的铁匠铺开始承接焊接铁门的业务，也叫转型发展。可自家院子的大门依旧用的是过去的木门，门里吊着铁铃铛，开门当啷一声响。祸害爸爸几次想换掉老木门，都被六十三爷义正词严地拒绝了。

六十三爷说："想换掉铁门可以，等我躺进棺材里。"

祸害奶奶指着六十三爷的脑子骂："倔老头，死脑子，黄土埋到脖子了还想当家做主。"

六十三爷皮笑肉不笑地对祸害奶奶说："你知道啥？头发长见识短。我听到铁门当啷当啷响就想起了你那时进这门的样子，岁月真是一把杀猪刀呀。"

祸害听到了爷爷和奶奶的对话，心想，原来留下木门是为了留住记忆呀。

每年五月十三过会时，柳条沟进村路远远地就能闻见空气里弥漫着烧红的铁锈味，这气味又随着热风吹到空旷的地方，人们走过时只要闻见烧红的铁锈味，就知道铁匠把炉子点燃了。这也是没有了铁匠铺后，柳条沟人在新时代下想出的一件抓文化的大事。

炭火的热浪紧似一阵风跟着，也像涌来的潮汐，更像放假后迫不及待想在人缝里钻进钻出的孩子们奔来涌去涌去奔来的影子。

柳条沟因为有铁匠，从前的老房子所有的木门木窗户都钉了密密麻麻的铁钉。尤其是嘎吱作响的木门，当你用劲推开时，门头上挂着南瓜大一个铁铃铛，当啷当啷一响就知道有人来串门啦。许多县城里来赶庙会的姐姐最喜欢的就是在铁铃铛下照相，她们的笑容就像秋天的山菊花似的烂漫妖娆。

祸害也不喜欢铁门，尤其是严丝合缝的防盗门，把好同学的脚步都挡在了外面。

六十三爷喜欢给孙子们讲从前的事。也就是说，"孙子"是祸害，"们"是笑孩儿。

六十三爷说："从前过会时四面八方的人都来咱们柳条沟买铁货，因为这一天是关云长——关帝爷的磨刀日。"

传说关云长最后被诸葛亮用借刀杀人的方法害死后，关云长的英灵到了云端上的南天庭任职。关云长无重要事情时常常推开南天庭的窗户望着人间看究竟。

故事讲到这里时，六十三爷问祸害："知道关云长看啥吗？"

祸害又不是关云长，怎么知道他看啥？何况南天庭在什么地方，祸害哪里知道？

在一旁听故事的笑孩儿表示自己知道，只见它走近六十三爷，用脑袋顶了顶六十三爷的胳膊肘，用驴脸蹭了蹭六十三爷的后脊背。

六十三爷说："笑孩儿除去不会说话啥都知道。看看，它一定是知道了关云长望着人间是看究竟，心里焦虑着五月天正是庄稼喝水的季节，庄稼在这个月份喝饱雨水才能苗壮成长，可每年的这个季节人间却常常闹春荒，太阳瞪着眼睛就是不打瞌睡，明晃晃的大日头照得庄稼地火辣辣的，刚长出的青苗被晒得叶片全都卷曲了，接下来的日子究竟该怎么办？"

祸害认为笑孩儿的表演成分太重了。他走上前去牵着笑孩儿拴到旁边的一棵树上，然后走到爷爷身边要爷爷继续讲关云长的故事。

爷爷就把屁股挪到笑孩儿被拴着的树下讲：

那时的关云长看到世间光景十分不佳，便决定呼风唤雨，让风神和雨神为民间施展自己的当家本事。关云长的能耐虽然大，可总有看不惯他想制约他的人。这叫"石头剪刀布，一物降一物"。

五月可是麦子吐穗扬花的时节，正需要雨露滋润。恰好此时南海中有一恶龙看不惯关云长呼风唤雨的行为，于是趁关云长打瞌睡之际就想方设法让麦苗干枯而死。

百姓心里焦急呀，纷纷到各处修建的关帝庙祈求降雨，他们的祈雨号声连天，声音传到了南天庭临时代管天下之事的关平、周仓耳朵里。二将见状，急忙骑上千里驹，飞奔到关云长住处摇醒他。关帝爷睡眼惺忪俯瞰下界山川，只见秃野千里，旱情严重，很是气愤，顺手拿了青龙偃月刀在南天门外开始把刀磨得锃亮，随时准备出征斩杀恶龙。这一天正好是农历五月十三，磨刀要淋水，因此五月十三这一天必定下小雨。

"喔呀呀呀呀呀……"

六十三爷讲到这里，屁股离地，挥动羊铲，好似舞台上的关云长现世了，绕着笑孩儿走了一圈台步后，停下要祸害看他的威武劲。

笑孩儿、独眼虎子、耍瓜瓜和羊群把眼睛瞪得大大的。

六十三爷嗷了一嗓子后，头往后一仰，方才的霸气和没有挥霍尽的牛气统统逼出来，他要求祸害当恶龙，笑孩儿和虎子、羊群当虾兵蟹将。

半山坡上，关帝爷与恶龙展开殊死拼杀。最终，笑孩儿协助六十三爷擒住恶龙，拔了龙须，抽了龙筋，迫使恶龙吐出满腹之水。霎时间，地上的旱情得以消除，天下又恢复了一派太平景象。

这些游戏玩起来都是假装动作，抽筋时祸害要浑身发抖，拔龙须时要大声喊"哎呀，疼死啦，哎呀，疼死啦"。祸害和爷爷玩关帝爷大战恶龙的游戏不是太过瘾，不如和小朋友一起玩得开心，玩着玩着祸害就不想玩了，尤其是看见羊和笑孩儿忙着吃草，紧走两步站在笑孩儿面前大声喊："你这头不是人的驴！"

笑孩儿看着祸害头发蓬乱，小辫子翘着，脸上还落满了猩红的土灰，风一样上气不接下气跑来跑去的样子就不想和他玩，人玩的那点假装游戏十分好笑。

恶龙已死，祸害缠着爷爷把故事讲完。关云长在南天门外磨刀示威，以降甘霖，镇妖驱怪。为纪念关公磨刀降龙、除灾救难的恩德，地上的百姓把五月十三日定为"关公救生日"。每年的这天，柳条沟百姓借助打铁给关云长助威，打铁需要淋水，寓意要给庄稼地来一场透雨，大锤小锤叮叮当当的打铁声是对恶人的警告。人不犯我我不犯人，胆敢犯我我必锤死你。

从前一条街道都是铁匠铺的辉煌早已消失了，只是庙会还在。目前柳条沟就剩下祸害爸爸还在偶尔零敲碎打打一下铁货，主要是为了每年五月十三的铁匠比赛练手。从前铁匠铺打出的全都是庄稼人用的农具，现在打出的是叮当作响的文化。

关于铁匠铺和手艺人之间的摩擦，民间就留下来许多奇谈怪论。比如为什么六十三爷的名字用数字来代替，比如祸害的名字本来叫"李前进"可人们就喜欢叫"祸害"，比如驴起了个名字叫"笑孩儿"，等等等等，都有一些故事在里面。就像关帝爷主宰庄稼地的风调雨顺一样，一定也有一个说话算数的人，主宰一个家庭的命运，那就是六十三爷。

四　后脑勺梳了一条命辫儿的祸害

六十三爷给孙子起名叫"祸害"，等于是好娃娃叫了个赖名字。

六十三爷一本正经地说："赖名字好养活。"不仅起了赖名字，还让孙子在后脑勺从胎毛开始就梳了一条小辫子。

祸害今年十一岁了，有明亮的眼睛和健康的笑容。课堂上李老师从不叫他祸害，只叫他的大名"李前进"，对他后脑勺拇指粗细挂在脊背上的小辫子不指责也不关注，觉得既然是风俗就有一定的道理在里面，虽然看上去有点怪，但是仔细看还挺时尚的。

李老师对家长说："不能在一个娃娃成长时期轻易嘲笑他的行为，因为这样会给儿童的心理造成阴影，会让开朗的性格变得内向。"

不过，六十三爷才不管祸害的性格是内向还是外向，逢人就讲梳小辫子的是"黄发垂髫"，大概意思就是小孩子在十二岁之前梳小辫子，将来就一定能够活成个老寿星。

有人认为六十三爷的想法太荒唐，六十三爷就给他们引经据典来一番大道理。

男孩子留小辫子的风俗在柳条沟存在已久，老一些的人常常用口语喊"祸害的命辫儿摸得着，看不见"。

听见大人这样说，祸害就想笑。他对自己的小辫子说不上喜欢不喜欢，成长中的娃娃哪个人能给自己做了主？都得听大人的。他的命辫儿不是每天编辫子，辫一次可以经三五天，都是六十三爷给孙子梳小辫儿。

梳小辫儿的梳子是奶奶的断齿木梳，爷爷咬一根小烟杆，烟气缭绕在祸害的头顶上。爷爷一边编辫子一边抽烟还一边唱歌：

> 小娃儿乖乖，
> 赖门槛儿，
> 哭着喊着要媳妇儿。

要媳妇儿做啥子儿？

点灯儿，

说话儿；

吹灯儿，

做伴儿；

明早儿，

给娃梳根小辫儿。

柳条沟的人看见祸害的命辫儿喜欢拽一拽，也叫拽岁数，大概意思就是把岁数拽长一些。祸害也不恼，反正十二岁就要剪辫子了。

十二岁割辫子（胎毛）要办酒席，也是一个孩子的成人礼，也叫"开锁"。开锁的目的，是给那些即将告别童年的孩子打开智慧的锁链，让这个年龄段的孩子从幼年的蒙昧中解脱出来，踏进少年的历程，向着聪明睿智的方向发展，向着成人成才的方向发展，让孩子感到自己已经脱离童年，产生加入大人行列的信念，自立起来，摆脱依赖心理。

为什么要等十二岁后剃？大概也是有说法的，十二岁生日是一个人出生后第一个本命年，也是较重要的一个日子。经历了十二个年头的春夏秋冬，也该知道一些世事了，也该明白一些道理了。这一天大人要为十二岁的孩子用白面蒸一个代表自己属相的面项圈，并举行一个开锁仪式。首先，选十二岁生日这一天，还要通知亲朋好友齐来庆贺。生日确定后，还要确定吉时、吉位，请一位子孙满堂的剃头师傅（称为满福之人）为孩子剃辫。剃辫必须在中午十二点前完成，剃辫时男孩舅舅手捧装有蛋糕、红鸡蛋、葱、笔、书本、红布的筛子恭候一旁。

剃头师傅一边剃头一边说喜话，喜话内容是：

小小刀子七寸长，

磨得光又亮。

天上金鸡叫，

地下啼凤凰。

今天黄道日，

剃得状元郎。

亲友齐跟着喊："状元郎，状元郎！"然后鞭炮齐鸣，仪式结束。

从此小孩子就不叫小名了，开始喊大名。

十二岁之前祸害在爷爷口里只能叫祸害，不过还好，在学堂上可以叫李前进。成长中的矛盾从名字开始就来了，学校里老师喊他李前进，回到家六十三爷坚持自己的孙子就叫祸害。一开始他被叫得晕头转向，可慢慢就习惯了，反正祸害也叫李前进，李前进就是祸害。

祸害的小辫子也叫"命辫儿""八十辫""百岁辫'。从生到死，谁不想活一个大寿数，或许这就是扎个小辫子的风气源头吧！

六十三爷的孙子祸害出生后，家中正好也得了一头驴驹子。小毛驴出生那天因为驴妈妈少乳发生了一些人和毛驴之间的趣事，驴妈妈不喜欢刚出生的小毛驴，小毛驴跌跌撞撞一脸无奈和愁苦，六十三爷当时就捋着胡须给小毛驴起了一个人名字"笑孩儿"。

到底发生了什么事情呢，等下再说，现在先说祸害名字的来历。

祸害留小辫儿是因为祸害出生之前有一个哥哥，哥哥长到五岁时，有一天夜里起夜撒尿，听得门外有动静，其实是风拍动窗棂的声音，哥哥不知道，推开门梦游似的走出去想看究竟，结果被风吹得重感冒了，送到医院也没有抢救过来。六十三爷悲痛欲绝，等有了第二个孙子后，就一定要在脑后留一条小辫子，一定要起一个赖名字。

祸害三岁开始学步，五岁张口讲话，之前身子一直摇摇晃晃，扶着墙根都会摔倒，而且口水流个不停。六十三爷害怕这个孙子养不大，专拣不好听的名字叫：臭蛋、祸害、狗子、鼻涕虫、蚂蚱。

提心吊胆的六十三爷为了孙子的成长用尽智慧，孙子不会说话，不会走路时，六十三爷见人乌头黑脸，一副被生活挫败的样子。儿子老实善良，只会打铁，做些呆板的事。六十三爷让笑孩儿驮着祸害往山坡上，要一群羊围着他，羊群咩咩叫，祸害也学羊咩咩叫，虎子汪汪叫，祸害也学虎子汪汪叫。笑孩儿"咯哦咯哦"叫，祸害不会，哭着喊着"爷爷，爷爷"。

会叫爷爷的孙子让六十三爷的心放在了肚子里。

和别的孩子比，祸害发育得有点慢。

六十三爷的决定就是天大的决定，六十三爷的办法就是天大的办法，谁都不能拦挡，必须执行。

人们喊："六十三爷家的孙子祸害哎。"

祸害大声应答："唉——"

人们这样一喊有一种被阳光猛烈照射之后的好笑，笑声在消逝的话语和潮湿的幻觉之间游走，最后停留在远处的山坡上。山坡上的羊群像云朵一样飘来飘去，祸害往山坡上走，爷爷赶着羊和虎子和笑孩儿晒暖暖。六十三爷放牧手不闲，抱着二胡拉，羊是富贵命，听着音乐吃草的羊，皮毛都溜光水滑。

六十三爷说："万事万物都要有好心情，好心情化解人世间所有的灾难和困苦。"

祸害和笑孩儿一起成长，和羊群一起成长，和四季中的好心情一起成长。泥土、阳光和水，奔跑、跳跃和面对羊群与笑孩儿大声阅读课文，祸害就这样成长，比其他小伙伴长得还更健壮。

站在山坡上的祸害和比他大近一轮儿的同学"雷司令"玩逮野兔。雷司令叫雷小兵，是柳条沟西街一片的孩子王，绰号"雷司令"。因为他高几个年级，低年级的人都跟屁虫似的跟着他，由他想办法带领大家玩。这里面有和祸害同班级的学生花军副，绰号"小麻雀"，因为他动作最快。

他们看见没有来得及被日头烤化的积雪上有一行奇特的足迹：三朵梅花大小的爪印，排成一排，从远处的枯草处怯怯地蜿蜒过来，有爪子套爪子的印记。从爪印的距离和大小推测，祸害认为是猫，如果不是猫就一定是黄鼠狼。

正在小朋友们争论是什么动物的爪印时，放羊的六十三爷说：

"嘿，连兔子蹦跳的足印都认不出来了，你们这些念书娃就知道认识书本上的字，不知道认识生活中的字。生活中的字虽然不是横撇竖捺，可有些知识不一定都能在书本上找到答案。你们总是死板教条地认识书本上的字，却忘记了从生活中发现。快撵兔子去吧。"

这个时候，独眼虎子总是躲得远远的，甚至躲到人们看不见的地方，无论发生什么独眼虎子都不出来迎接。虎子害怕雷司令，特别害怕雷司令手里的弹弓，就是这只弹弓让独眼虎子瞎了一只眼睛。不过，六十三爷到现在都不知道这件事，这件事的发生与祸害有直接关系，现在先不说这件事。

风静草青的春天，一轮新鲜得像刚出壳的蛋黄般的红日头，照着孩子们红扑扑的脸蛋子，他们面对大自然神奇耀眼的光芒，情不自禁嗷嗷地叫起来。低头吃草的笑孩儿也被感染了，扬起脖子"咯哦咯哦"叫，然后在草地上撒野狂奔，像出笼的鸟儿欢呼雀跃。

兔子藏在什么地方没有找见，也许是春天的青草藏起了兔子的足印。

笑孩儿仿佛和孩子们对着干似的，当祸害几个发现兔子的足印时，笑孩儿总是横在他们面前挡住他们的视线。这样反倒让祸害几个斗志猛增。不知道谁喊了一嗓子"宜将胜勇追穷寇"来鼓舞斗志，只听得六十三爷喊："兔子长力不如人，超不过十里地，只要足印不丢，肯定能逮住它。"

笑孩儿此刻愣怔了一下，接着飞快地把雪地上兔子的足印踩得乱七八糟，踢踏的驴蹄在山坡上有雪的地方乱蹦乱跳，似乎是贪玩，其实是有意捣乱。

红日头下的山坡上，人和驴展开了一场破坏战。

祸害眼尖，忽又看见兔子出现了，吆喝小朋友们跟着他一起追，可笑孩儿忽又出现在眼前遮挡住他们的视线。就这样追一阵子，歇一阵子，兔子似乎也筋疲力尽，山穷水尽了，趴在山坡上大口喘气的孩子们，抬起屁股猛然往前冲，眼看就要围堵住兔子了，笑孩儿又来了一次捣乱。

祸害恶狠狠走到笑孩儿的驴头前指着它大声骂："你这头坏驴！再阻挡我们，就让雷司令射瞎你一只眼睛。"

笑孩儿耷拉着耳朵，大口喘着气看着祸害，似有委屈，那神情活像一个做错事的孩子，圆而大的眼睛里，流露出一头畜生对另一个同类的同情。

见祸害捡起地上的一根柴要打它，它干脆就掉过屁股让祸害打，它的屁股生下来就是让人打的。祸害用了吃奶的劲打了一下笑孩儿的屁股，笑孩儿突然觉得好痒痒，不管不顾仰起脖子咧开嘴"咯哦咯哦"叫起来。

祸害因为奔跑，汗水不停地流下来，而笑孩儿的叫声，不仅吓走了兔子，甚至一些鸟也飞往远方，远方是一片森林，那地方竟然有迎春花开了。兔子钻入迎春花丛不见了。

放羊的六十三爷扬起羊铲把一块土疙瘩打在笑孩儿的屁股上，笑孩儿高兴得回转身子来到六十三爷身边。

祸害看着笑孩儿想：我要惩罚你这个四处捣乱不知道配合的笑孩儿，要让你知道人的厉害。这时候雷司令和小麻雀几个早就丢下祸害跑得不见了踪影。

该下山了，祸害就忘记了在山上想的事了。祸害的想法只有五分钟热情，念头跑得快，来得也快。下山时独眼虎子和要瓜瓜因为领头，打起来了。祸害的兴趣一下就转移到了此刻。

见它们争执，笑孩儿嘴一咧，露出两行白花花的大板牙。这样的大板牙分明是吃人不吐骨头，对着争执的虎子和要瓜瓜嚎了一嗓子，声音中仿佛带枪带剑，大舌头片子上下翻飞，独眼虎子突然就不掺和羊群的事情了。

五　桃花开，杏花败，李子开花成奶奶

笑孩儿和祸害是同一年出生，都出生在春天。

春天，点点嫩绿刚吐出微微芳香，大片小片的树林依然保持着特有的苍黄。嗖嗖的春风中，不经意间几场春雨过后，嫩黄的、粉红的、淡紫的、绿生生的各种色彩，把村里村外，染了一块儿又一块儿。空气就像水洗过的玻璃一样，澄澈明亮。

那时候，六十三爷家的院子里的桃树开花了。民间有"九尽桃花开，春雷惊百虫"一说。九尽，是说民间从冬至日数起，到九九八十一天的最后一天，寒冷的日子就过完了。

民间也有歌谣：

一九二九，相唤不出手；

三九二十七，篱头吹觱篥（指大风吹篱笆发出很大的响声，觱篥是古代北方少数民族的乐器名，吹起来像哨子一样尖利）；

四九三十六，夜眠如露宿；

五九四十五，家家堆盐虎（盐虎本来指古代一种虎形的盐，这儿比喻人们所堆的雪人）；

六九五十四，口中出暖气；

七九六十三，行人把衣单；

八九七十二，猫狗寻阴地；

九九八十一，穷汉受罪毕。

才要伸脚睡，蚊虫蛇蚤出。

桃花开，杏花败，李子开花成奶奶。

六十三爷和妻子在九尽时，一个当了爷爷，一个当了奶奶。

人给畜生当奶奶，那是要惊掉人们的下巴颏的。

说现代化就是农村的城市化，才是近几年的事，那些年家户养牲畜已经没有多少稀罕了，种庄稼已经开始了现代化，要驴做啥？可得了孙子就不一样了，那是传宗接代。奶奶坚决不给笑孩儿当奶奶，六十三爷不管不顾一厢情愿说老伴儿就是笑孩儿的驴奶奶。

六十三爷常在祸害奶奶耳边念曲儿似的说："没福人住在深沟大山，有福人住在城市口岸。你是没有福气的人，但不能没有善良，对一个没娘的娃心里没有怜悯不是好女人，你给笑孩儿当一回奶奶又能够少了啥？"

奶奶说："你是一个人畜不分的老糊涂。"

六十三爷在一阵乐呵呵的笑声之后，站起来拍打着满身的黄土，指着远处说："老伴儿，你敢说那不是你的孙子？"

远处的草地上，笑孩儿驮着祸害。俩兄弟是连在一起的，不能说那地方不是自己的孙子。奶奶不看那地方，可那地方有无尽的遐想。

六十三爷经常戴着的硬壳大礼帽，是在城市买的，祸害又经常从爷爷头顶抢走戴在自己头上遮挡阳光。有时候礼帽捂得脑袋热烘烘时，祸害就把礼帽戴在笑孩儿头上，大礼帽藏了一对驴耳朵，笑孩儿"咯哦咯哦咯哦"叫着不舒服。下地干农活的庄稼人走过路过看见了，好像触动了他们记忆中的一根敏感神经，人们兴奋地讲着六十三爷和笑孩儿有关的一年又一年的故事。

笑孩儿妈妈生笑孩儿时死了，所以，笑孩儿是一头没有娘的驴。

柳条沟的人们还记得，那是一个冬天，就是祸害将要出生在春天时的上一年冬天，雪下得铺天盖地，等天晴后，人们发现六十三爷家的院子里少了一样风景。

因为，六十三爷家的桃树下常年拴着一头老驴。驴一身灰毛，四条白腿。年轻时驴的四条白腿像抹过油蜡似的，打老远看过去，贼亮亮地闪着光；年老了，毛色也黯淡了，远远再看过去，驴和窑墙的土坯一样，眼睛不好使唤的，还以为是云彩的影子落在了院子里的土墙上。

驴是六十三爷家一年四季田里干活的好劳动力，六十三爷养驴很用心，和养子女一样用心呵护伺候着驴的一日三餐。白天，驴和羊一起上山放，晚上牵回来宿在院子里搭建的草棚下，弄得六十三爷家的院子里长年累月弥漫着驴屎味。

六十三爷用脖子扛着小时候的祸害，赶着驴和羊往山上走时，走过的街道上铺着一层羊粪蛋和驴粪蛋。有嘴快的人说："这家人是羊粪蛋里落了几个花生，好仁儿。"意思是一家子好人。

当然，也有因为琐碎事情打嘴官司的。

一件屁大的事，六十三爷和隔壁邻居骂架，隔壁邻居家的女人耍泼似的跳着脚指着六十三爷家的驴和羊骂："我原来以为你是一头驴，可是后来我发现你不是一头驴，但现在我一看你还是一头驴！你睁开你的驴眼看看这些东西哪个不能要了你的驴命？缰绳能拴了你的命，驴尾巴当佛尘扫走你的命，漆皮鞋穿走你的命，驴皮熬成阿胶化了你的命！羊粪蛋当子弹索走你的命！你在我门前撒尿拉屎拉稀我都认，可是你不能整天拉痢疾啊！"

指驴指羊骂人的话句句命中要害，如果被骂的人不接话，就像拳头打在棉花上一样没意思，骂人骂得果然是口气断了，隔着墙头探出脑袋奇怪地问呆立在院子里的六十三爷："哎，骂你呢，你咋不接话呢？"

庄稼人六十三爷不恼，回头叼着旱烟锅子看桃树下拴着的老驴，对驴露出一脸献媚的微笑，说："你骂我是驴，我乐意是驴，因为你骂我的话里讲到了驴是一身宝，我被你骂得一身宝，想夸你的心都有了，接啥话嘛。"

隆重的骂架就这样化解了。

现在，柳条沟的人们发现六十三爷院子里少了一头驴。所有人开始猜测驴去哪里了？难道六十三爷卖了驴？可是，六十三爷怎么舍得卖了驴呢？他是把驴当作自己的子女的呀。

事情还要从头说起。

那时祸害还没有从妈妈肚子里出生，姐姐秀华已经十岁了。冬天时爸爸的铁匠铺子里急需要炭，铁匠铺的火炉少了炭就无法打农具。春天下种时农具是顶顶重要的种地工具，假如不准备好农具，春天种地时，庄稼人就会手忙脚乱。好的农具可以考验铁匠的手艺，好铁匠打出的好农具特别吃土，也就是用起来特别吃劲。

铁匠铺更多的热闹是在冬天。数九寒天是真正的冬天的开始，北风呜呜吹过，一路卷起干枯的树叶和草根。农人把看在眼里的活计都拾掇完了，就收拾好用了一年的残缺农具，沿着蜿蜒曲折的路走进铁匠铺。一个长长的冬季，锄头、镢头、铁锹、镰刀，日出或日落的声音都在铁匠铺里开始叮当作响。

轧钢淬火，好铁匠的声名是一把镢头能刨几亩地。

庄稼人说：好地废农具，好驴废蹄铁。

铁匠的另一活计是给马蹄和驴蹄钉蹄铁，就是削掉驴蹄子上的死皮，再钉上铁掌子，等于是给驴穿了一双铁底子鞋。冬天用的蹄铁要打出三个防滑蹄爪，夏季用的蹄铁是平薄的，因为土地松软不伤蹄子。人骂人常用一句话叫"犟驴子"，驴脾气上来那可了不得。因此钉驴掌的铁匠为了安全，须将马或驴牵到一个可以容纳牲口的木桩架子里。木桩一般有一米多高，周围有护栏四至六根，再加上横木，框子的后边有进出口，前有固定的拴牲口木桩，框子的木槽正好容一个牲口的宽窄。有的牲口知道要给它换蹄铁，自动地往里钻！个别牲口不听摆弄，要拉进木桩槽是很费事的。

牵驴人六十三爷从来不去儿子的铁匠铺给驴钉蹄铁，换蹄铁时就去其他人家的铁匠铺。

"打铁不惜炭，养儿不惜饭。"这句话说的是打铁的不会珍惜炭，火烧旺了铁才能烧红；养儿子虽然要吃粮食，但是也不会省饭，孩子吃饱了才能长个儿。柳条沟的道路交通落后，六十三爷舍不得雇别人的三轮车，就想用驴去山外驮炭。柳条沟离炭窑有四十多里路，全是山路，要头一天去，第二天擦黑才能回来。

学校正好放假，姐姐秀华哭着喊着要跟爷爷去驮炭，大人们拗不过只能同意，但是也把利害关系讲清楚了，去时可以骑驴，回来时得走路。

妈妈头一天就絮絮叨叨地说了好几遍，一晚上再三叮咛，路上要小心，走路要走中间，不要走崖畔畔上，吃饭要吃饱，晚上住亲戚家要盖好被子。

六　挂着愁容的脸好难看

要去驮炭了，走的是长路，老驴需要换蹄铁，不然冬天冰天雪地的路上容易打滑。六十三爷站在铁匠铺门前，铁匠揽住驴腿，削平驴蹄底子上的老皮。铁匠和驴腿，在六十三爷看来十分有意思，只见铁匠把一排铁钉含在口中，肩膀顶紧驴后胸抱紧弯曲朝上的驴腿，把蹄铁合紧驴蹄，将钉子穿入蹄铁的孔眼，嘴里的那一片唾沫湿，随蹄铁直接钉入驴蹄深处。六十三爷知道人嘴里的唾沫可以消毒，相当于用酒精涂抹。

铁匠一边钉蹄铁一边抬头看远处，郭外斜依的青山，风姿万千的杨柳秃枝，时光无时不在，铁匠的那双手，就那么活泛而琐碎地生动着。

钉罢蹄铁的铁匠对六十三爷说："过罢年你就要当爷爷了。"

六十三爷说："当爷爷了。要是我的驴也能怀上驴驹子，那就好上加好了。"

铁匠说："想得太美了。如果驴下了驴驹子，你就有驴孙子了。你敢给驴当爷爷？"

六十三爷说："敢呀。如果当了驴爷爷，你钉驴蹄铁不收我的钱？"

铁匠说："不收钱，就怕你实现不了当驴爷爷的梦想。"

六十三爷想了想，觉得老驴老了，确实不能实现梦想。他掏出钱递过去，赶着老驴怅然若失地走了。

这次驮炭六十三爷是怀有小心事的，一是给儿子的铁匠铺驮炭，二是冬天到了，天寒地冻，家家户户需要生火取暖，驮回的多余的炭卖出去好赚几个零花钱。

六十三爷驮着孙女秀华赶了驴沿着山路往炭窑走。秀华骑一阵子驴脚冷得木了，就得下地走一阵子。走走骑骑就到了中午，秀华肚子饿得咕咕叫，六十三爷要孙女忍耐一下，说前面就到山南镇了，镇子上有好多饭馆子。

总算到了山南镇，把驴拴在街道旁的风景树上，秀华和爷爷取出草料喂了驴，然后进了饭店要了两碗刀削面。吃面的人多，他俩等着吃饭店的两碗面，时间等长了。

镇里放了寒假的几个捣蛋学生看见饭店门口拴了一头驴，瞅着这个空当，悄悄解开缰绳，牵了驴跑到河滩上骑驴。河滩上不知谁家放养的牲口在啃干草，学生娃娃们各自骑在驴、牛身上，用棍子赶着它们赛跑，看谁能拿第一。

学生娃还不知道驴是有脾气的，其中一个骑在老驴脊上的女娃平常就像一个男孩子似的，骑在驴脊上打疼了驴的屁股，驴一下子就把她颠了下来，这女娃虽然只伤了一点皮毛，可惊吓得厉害，哇哇哇在干河滩号叫。

畜生伤了人，人从来不问为什么，因为是畜生伤了人。畜生只能受人奴役不能伤人，伤了人的畜生要被人打死的。

六十三爷一碗面还没有来得及吃下肚，有人就找到饭店了。听说是自家的驴把人伤了，他无论如何无法相信。他留孙女秀华继续吃饭，自己走出饭店，果然发现驴不在风景树上拴着。难道驴自己跑了？跟着喊他的人往干河滩走，打远处看到自家的驴，被人打得瘫卧在河滩的石头上，身体上一道一道血痕。驴看见主人来了，眼睛里流着无法言表的泪水。

六十三爷浑身打了一个又一个激灵，心疼得一揪一揪的，像个孩娃似的双膝跪下，双手拍地，祖宗八代地开骂。骂谁？只能骂自己的驴。

女娃被送到医院包扎，镇里的人都来看西洋景。女娃的爸爸不让六十三爷赶走驴，六十三爷交了医药费，驴还是不能带走，说起码得观察一个月，一个月内等消息来牵走驴。

在农村，有迷信思想的人认为，只有没出息的人家，养的牲畜才伤害人。

六十三爷心里好不是滋味，吃一碗面惹事上身，引来这么多麻烦，这碗面真是贵啊。

炭驮不成了，出师不利，爷孙俩只能走路回柳条沟，想着驴惹了事只能埋怨自己，为啥不看好自家的驴？两碗刀削面捅了天大的娄子。

秀华见爷爷不说话，自己也不知道说啥话安慰爷爷，走了一阵子小声说：“爷爷，是不是应该把我留下才对？”

爷爷灰溜溜夹着赶驴棍说：“为啥应该留下你？”

秀华说：“留下我可以和他们家的女孩一起玩耍，说不定矛盾就化解了。”

爷爷大睁着眼睛说：“矛盾哪里可以一下子化解？反正咱的驴也有一张嘴，总得喂食。”

秀华知道，爷爷又在算小账。

走到山口上瞅着远离了人群，六十三爷开始试探着骂镇上的人，骂他们眼珠子蛇毒，欺负沟里的人。他骂到兴致处，跳起来，捡起一块石头朝远处扔过去，哪知道石头落在收割后的玉米地，那里正好有一个人在粉碎玉米秆，石头贴着人家的头皮扫过去，人家怒气冲冲钻出玉米地问六十三爷想做啥。

六十三爷想，人倒霉了喝凉水都塞牙，就跟人家解释说：“我孙女看见了一只鸟，让我打鸟，没想到打了人。”

秀华说："爷爷说谎，我没有看见鸟。"

那就是把人比喻成鸟啦？

那人照着六十三爷的胸脯就是一拳，六十三爷被打得倒退了几步。

罢罢罢，六十三爷挥挥手指着打他的人叫喊："君子动口不动手。你打得好，日子是在过人，不是人在过日子，天不会单独为你黑一次，更不会单独为你白一次，等着瞧吧，等着瞧吧……"

人家问："老头，等着瞧啥？"

半天后，六十三爷也说不清楚等着瞧什么。

接下来他发誓说："我要是再走这条路，再路过你的庄稼地，我就是驴！"

秀华大笑，笑爷爷比喻自己是驴。从来都是别人骂爷爷是驴，爷爷比喻自己是驴是头一回。

六十三爷后来带着孙女秀华走着这条路去镇里赎回了自己的驴。带着孙女是为了打马虎眼，有小孩子跟着对方不会做太出格的事。

人家也算了一笔账，驴在屋子里吃喝，人工费、草料费等等开销，前前后后算了一笔账，说不交钱不能牵走驴。最后还是找了公平人，两下都退让了一下才牵走了驴。

一路上六十三爷闷闷不乐。秀华见爷爷一脸严肃就对爷爷说："爷爷的脸上挂着愁容好难看。"

六十三爷说："爷爷是不是难看得像一个老爷爷？"

秀华说："爷爷多多少少笑一笑就不像了。"

六十三爷走了一阵子看着秀华讲："爷爷心里算了一笔账，现在才明白算账不能这样算，遇见啥事说啥事，人既不能算死账，也不能和一条路、一头驴记仇。条条大路通北京，爷爷还没有去过北京，一条路可以把人带到远方，为什么要和一条路记仇？傻瓜才和路记仇，傻瓜才算死账。"

六十三爷微笑着说："爷爷这样的表情可显年轻？"

秀华看了看爷爷说："对，就该是这样的表情。"

驴是六十三爷种地一等一的好劳力，春种秋收可都是驴毫无怨言地帮助他把地里的庄稼收回来。几十年如一日地劳作，驴对人的好都是用力气来报答的，哪里像人，就喜欢耍嘴。

于是，六十三爷就用这样的表情看驴和驴说话。

"驴哇，苦了一个月，和那些畜生一起在河道里啃干草，我出了饲料费，可人家并没有好好喂养，看看，瘦得肋骨都凸出来了。"

这句话没有一个字是好表情，爷爷脸上的愁容又挂了出来。

秀华说："爷爷是吃药不忌嘴，表情显老。"

六十三爷用粗糙的大手搓了搓脸皮，挠挠头发展开眉头笑着说："秀华孙女儿，看看爷爷的表情可好？"

秀华笑了笑说："爷爷像小品演员郭冬临。"

爷爷和孙女儿走回柳条沟，路过南街口东巷子儿子的铁匠铺前，李蛮力看到驴瘦得肋骨凸出来，脸黑得和穿过的鞋底子似的大声说："卖了它吧，要它做啥？没有二两力气了，还到处惹是生非。"

六十三爷不管，抚摸着驴脊背心疼得掉了几滴清泪，没有人能够拦挡他的主意，他就想着把驴牵回家好好犒劳犒劳。

六十三爷的老伴儿看到驴牵回来了，就指着屋子里的盆盆罐罐骂，指着梁上吊着的玉茭穗穗骂，眼到嘴到，看见什么骂什么，独不骂老驴和六十三爷。不被骂的人和驴都感觉到了是在骂自己，寒冬腊月天，驴和人身上的皮是麻紧麻紧地冷。

秀华得空和奶奶说："奶奶，你骂人时真难看，那么多横七竖八的皱纹，像电视剧里装神弄鬼的巫婆。"

奶奶立马停下手边要干的活计说："奶奶不骂人呢？看，这样子咋样？"

秀华看到奶奶和爷爷一样的表情包，就很认真地说："好看好看，是奶奶的样子，我就喜欢奶奶这个样子。"

奶奶于是就不骂了，就心平气和地做手中的活计。

七　六十三爷实现了当驴爷爷的梦想

过罢年，出了正月天，柳条沟捂了一场厚雪。山凹里雾重，几日不晴，儿媳妇要生娃了，房屋里不能缺了火炉，六十三爷还是决定出山驮炭。柳条沟有人故意说："毕竟不是好天气，还是看好驴吧。"

六十三爷不语。

一早，天际朦朦胧胧，窗外除了被天光染亮的雪，找不到星星眨眼。

六十三爷赶着驴出柳条沟，就要路过和人发生口角的农田了，从远处看田里光秃秃的，去冬的肥料一堆一堆摊着，四周无人，可远处有人影子晃动。曾经的记忆突然就来到了眼前，六十三爷突然感觉心口窝撕裂般地疼痛，呈放射状，心想难道自己得了心脏病？又坚持着走了几步，随着走动起来的经脉，热气一下子统治了六十三爷的全身。弥漫的热气压住了身体里的寒战，就在他寻思是绕道隔过农田避开人走还是沿原路走过农田时，却看见一只喜鹊在头顶叫着飞过。望着飞远的喜鹊，六十三爷稍作停顿，拿着桑木赶驴棍敲在驴屁股上，气定神闲地对老驴说："咱绝不重复走人家麻烦地儿的大道，绕过那丢人地儿，咱坚决绕小道走。"

驴很听话，摇着脖子上的铃铛，似乎是在做出回答。

走在山路上，人和畜生走得清净安宁，回头遥望淡淡一线的脚印，知道路在脚下。六十三爷嬉皮笑脸地大声喊："走自己的拐弯抹角路，让他们看去吧。"

在炭窑驮了炭往回走时，老驴依旧踩着自己来时的脚印。在后面赶驴的六十三爷突然发现老驴有什么地方不对劲，是老驴的屁股大了，好像是老驴的肚子大了。驴肚子大了说明驴怀了驴宝宝，可驴什么时候怀了驴宝宝？哎，也许不是，是自己被驴脊上驮着的炭晃花了眼。

天近黄昏，停留在树梢的雪片被风吹得到处飞扬。

雪天里直程的背阴路因不见阳光被寒风吹得比来时冻实了许多，原来毛毛的雪被太阳一照一化一冻变得滑溜了。驴驮了重物走在山道上，冬天的植被，枝枝权权都是脆裂的，驴走起来滑溜难行。铅色云团把山沟岭头笼罩在一片死寂中，一路走来真是让六十三爷费了驴劲。

驴走得累，鞍头挂鞧，笼嘴系缰，一路走，一路打滑，再走，还是打滑。六十三爷朝手心吐一口唾沫，握紧桑木棍拼命打驴，看着驴屁股上打出血印子来，六十三爷嘤嘤哭。他后悔自己要和一件过去的事较劲，乡里乡亲较什么劲嘛！现在成了一块心病，放着大路不走，走小路，面子有多值钱？死要面子活受罪。

人和驴彼此交困，老驴害怕路上有绊脚石，似乎是在护着什么，怕自己摔倒了，走路也不像平常走得大胆，似乎驴脾气也小了许多。它看着打滑的路，停下坚决不走了，将后蹄牢牢把住雪地，前蹄实质上已经如同虚设。

六十三爷害怕了，就算是驴跌进了山崖，炭自己也捡不回去呀！要驴，不要炭了，他决定卸了炭空手牵着驴回柳条沟。

六十三爷对驴说："我决定卸了炭空着回，你不能不要命，我更不能不要你。你这一辈子给我立下了汗马功劳，我不能因为你年老了驮不动从前的斤两了就不要你，我不要你我是驴。"

老驴听罢，泪眼婆娑地用了吃奶的劲，身体抽抖，贴附于路边山坎上，用眼睛盯着雪地，驴什么也不想了，就想报答主人，专注地夹紧尾巴，一只蹄扒紧雪地，一只蹄"呱嗒，呱嗒"像锄头一样想把地掘出一个坑。

老驴刨一阵子，歇一阵子。情急之下六十三爷也脱掉鞋袜，光脚才能踩实地面呀。那可是天寒地冻哦，六十三爷赤脚着地，雪地上冒出丝丝白气，赤脚着地再不打滑，趾肚脚掌似乎有牙咬紧地面。

六十三爷屏气不敢大声呼吸，使出驴劲，生凉的雪地能把人的骨缝扎透。

先是人和驴酝酿出无尽的力气，之后是人、驴一起下劲，驴被六十三爷牵着的缰绳提示，人和驴劲往一处使，"一二三""一二三""四——"

哈呀，总算走出了险道。

老驴回头看六十三爷，心思突然重了，有话吐不出，用力扭回头看六十三爷踩过的雪地，雪地上因为光脚的体热化出了一汪一汪清水，风吹过皱起了冰碴子。老驴卷起嘴唇在主人的光脚面上舔了又舔，然后，仰天"咯哦咯哦咯哦"长嘶一阵子。

老驴很少叫，这回叫了，说明驴想说人话了。

六十三爷穿好鞋袜，抬脚走了几步，突然发现驴的眼睛里有两行泪流下来，像两条蚯蚓趴在鼻梁上，深黑深黑，黑得像两条毛毛虫，看不出暗藏了什么情绪，但是很打动人心。

桃花开罢，春暖河开，六十三爷的儿媳生了孙子，添人进口，那是大喜。亲戚们来庆贺孙子的满月之喜。亲戚们看到了院子里桃树下拴着的老驴，老驴亮亮的眼睛像水洗过一样，偶尔在树干上蹭一下痒痒，鼻腔里发一两声呻吟，似乎是身体里有疼痛在作怪。

院子里屋檐下有一个马蜂窝，马蜂在驴身上爬来爬去，人们在看马蜂飞落时，就发现了驴的肚子胀大了许多。好事者围着驴议论开了。

驴的皮毛粗糙不堪，和人一样年老色衰了。有人解开绳子要它走几步，它走起来步履蹒跚立脚不稳，走了几步又返回重新站在桃树下，靠着桃树安静地躺了下来。它是真老了，只能和泥土相亲相爱了。

人们的说话声拂过它的耳膜，听人们说："这驴怕是得了大肚鼓症，活不到夏天了。"

亲戚们端着菜，筷子上穿了两个馍馍，一边吃一边说着风凉话。有人掰了一块馍馍伸到驴面前，驴错动着嘴片儿，努力伸出舌头把馍馍卷进嘴里，馍馍被老驴嚼得满嘴生香。

六十三爷也觉得这畜生跟着自己受了一辈子累，既然得了大肚鼓症，没救，死是肯定的了，一时想着它的好，给驴拌料的时候破例加了两碗黄豆。

驴站不起来，无法站在槽头旁吃料。六十三爷拿了脸盆拌了料端到驴脸前，驴似乎连抬起头的力气也没有了。六十三爷心疼得蹲在地上喂驴，一边喂一边想着驴的好。驴虽然脾气犟，但它从不和人计较得失，人心情不好的时候打它，它总是死挨，大屁股横着，任由人打。它老了，病了，老了又有了病是扛不过去的，哪一天它真要死了……六十三爷不敢往下想了。

看着桃树下的老驴，六十三爷心里不免一阵肃然，流了两行浊泪，抓起草料一把一把用手喂驴。

喂着喂着，六十三爷用手臂擦干眼泪再看驴，看着看着就觉得有什么地方不对劲，再看驴脸，驴脸上浮了喜气。六十三爷急忙站起来，挽了袖管，突然一团毛出现在院子的地面上。

六十三爷大声地喊了一下："老驴当娘咧！"

奄奄一息的老驴生下小叫驴驹子时，用尽最后的力气舔了舔小叫驴身体上的毛，冲着六十三爷咧了咧嘴想朝天叫，可是力气用尽了，嗓子眼麻刺刺发不出半点声音。

它实在是叫不动了，软软的身子往前挪动了一下又舔了舔小叫驴。老驴用脑袋拱着小叫驴的身体帮助它往起站，小叫驴在妈妈的协助下，努力往起站，挣扎了半天果然站了起来，老驴反倒扑通一声，脑袋跌落在石板地上。小叫驴想找驴妈妈吃奶，老驴发疯似的用驴蹄踹着它，人们正想着老驴发啥疯呢，结果就看见老驴缓缓闭上了眼睛。

六十三爷坐在老驴身边抚摸着它的耳朵，抚摸着它的身体，一旁跌跌撞撞站立不稳的小叫驴觉得好玩儿，于是乎就咧开嘴动动，肌肉牵牵，挤出一丝笑意，然后跌跌撞撞走到六十三爷身边。

六十三爷说："你和我孙子都出生在春天，你一出生就没娘了，凄苦的命。你是一头不知未来苦的笑孩儿，噢，笑孩儿就是你的名字，从现在起，我是你爷爷，你是我孙子。"

六十三爷失了一头老驴得了一头小驴，小驴还有了人名字，居然还当了六十三爷的驴孙子。

虽然是好事，可好事搞得如此仪式化就让人有了说闲话的由头。六十三爷的名字也很怪，是他父亲六十三岁时得子起下的名字——"李六十三"。晚辈喊他六十三爷，结果就叫成了一个日常用的全名。

在柳条沟的人们心目中这名字有内容，有说法，很少有名字叫数字的，怪事日常化了也就不奇怪了，见怪不怪，可六十三爷给驴起名"笑孩儿"，倒是让柳条沟的人说起此事就想笑。

人们都知道，马在中国古代的战场上，驰骋万里，骁勇善战，帮助无数将士打败敌人，而在农村却流行着"好马赶不上半步驴"的说法，其实这些说法都是有一定的原因的。在工业化程度极其低下的农村，缺少生产的流水线，没有轰隆隆的机器，因此，毛驴就成了农村极其重要的驮运工具。而且村民们很少养马，他们更喜欢养毛驴和骡子这些牲畜，驴比马更适合耕地干活，吃苦耐劳。

为什么不养马要养驴？还因为马性格野，驴走路多为小碎步，高频率地倒腾前后蹄子，六十三爷的孙子骑着驴走长路，驴不会把人掀下来，所以称为"半步驴"。驴的这些优点，才是胜过马的关键。

笑孩儿驮着祸害从老槐树下经过，不远处一条清澈见底的小河，像欢快的小鹿一样奔腾着。漫山遍野的花，柳絮坠落在小驴驹和祸害身上、头上，像棉花似的。笑孩儿不时摇着头打着响鼻，驴脸、人脸，都扬得高高的，高到日头把脖子都能照出亮影来。

六十三爷白天看见笑孩儿喊"笑孩儿，宝贝蛋子"，夜里看到祸害喊"祸害，宝贝蛋子"。

有时候祸害烦他喊，不屑答应，他就大声喊："真不如我的宝贝蛋子笑孩儿。"

窑檐下的麻雀早早就被他喊走了，有几只蝙蝠飞进飞出，被他喊得像老鼠似的吱吱叫。

笑孩儿是六十三爷用小米稀粥喂大的，笑孩儿和六十三爷的感情可不是一般感情，就差说人话了。

人们嘲笑六十三爷人畜不分。

六十三爷说："我是黄土埋到脖子根了，能不能等我孙子长成国家栋梁都不好说，我就是给祸害找个玩伴。现在的娃娃，谁还知道心疼畜生？知道心疼畜生的娃娃，长大了良心坏不到哪里。我的笑孩儿呀，除了不会张嘴和人一样说话，它什么不清楚？它比人通达，你再瞅瞅它眼睛里的那些个泪水，是哭着求你呢，它说，吃你的，喝你的，还你呢，想给你笑脸就怕你瞅不见。"

说此话时六十三爷尾音呜呜咽咽和说戏话一样。

六十三爷对祸害说："爷爷咋就没细看过你呢，你长了一双大眼睛，长耳朵，还穿了一双漆皮鞋，阎王不要鬼不撵，在人世间逍遥快活就该是你的命。"

祸害已经到了明辨是非的年龄了，他说："爷爷是说我像头驴，你看看我是不是头驴？"

六十三爷说："别人都认为爷爷是头驴，难道爷爷是驴，孙子就不是驴？"说罢哈哈大笑。

八　庙会缘于关帝爷磨刀霍霍杀恶龙

说话之间，五月十三，关帝爷的磨刀会就到了。

大会期间要重新拾起打铁手艺——比赛打铁。和往常不一样，平常日子里打农具是慢工出细活，如今庙会是三天后要看各自打好的铁器，主要是论件。当然也是有评委评比，评委由村子里抡不动铁锤的老铁匠组成，他们的眼睛可毒啦，一眼就可看出铁匠的用料足不足，还抽拿打好的成品看质量是否过关，不能因为快工就出粗活，滥竽充数。

六十三爷决定带着孙子和笑孩儿去巡视一下，因为这一次祸害爸爸也要参加比赛。祸害爸爸已经参加了三年比赛，每一年都得冠军。今年外村子的铁匠都想来参加比赛得冠军，挑战大，又听柳条沟村子里的干部说，今年的状元奖品是一台超级大的电视机，重奖之下必有勇夫，是时候把本事亮出来啦。

因此，祸害想爸爸心理压力一定很大，就像自己要参加期中考试一样。

老子带着孙子去给儿子打气也是情理之中的事。

爷孙仨走在街道上，两边有陆陆续续赶来参加大会的外村做买卖的人，他们趁着过会来销货。过会期间，每家都有亲友从四面八方的村子赶来买日常用品。

六十三爷和驴脊上的祸害说："从前赶会，他们都是套了马车或者牵了毛驴，穿上出门时的新衣裳，竹篮里的馍馍是点了胭脂红的花馍，和过年似的，赶会人和穿了新装的孩子们把柳条沟村点缀得鲜亮活泼。现在，社会进步了，人们都骑着电动车，也有人喊电驴子。礼品都在手机里，点一下一个红包，手机就是银行，手机就是亲人。反倒穿衣打扮一点都不讲究了，有的人甚至穿着拖鞋就来赶会了，衣衫不整洁，啥样子嘛。"

六十三爷知道自己是想多了，年轻人和老年人没有办法比较，一代人和一代人的活法不一样，年轻人认为有穿衣打扮的时间就把事情办完了。速度消费把人们的心事缩短了。缩短了人们的盼望，是好事也是坏事，坏事就是让人们没有想象了，盼望的事没有过程了，直截了当来到眼前，真是没意思啊。

祸害说："我喜欢骑电驴子，我不喜欢骑笑孩儿，笑孩儿屁股上有一股子臊味。"

笑孩儿不喜欢被人笑话，停下不走了，驴脸冲着一堵墙，犟脾气一下就上来了。

突然，旁边一辆电驴子"突突突突"来到了它身边，是六十三爷的一个熟人，他来买六十三爷的羊。六十三爷把牵驴缰绳递给祸害，要他牵了驴先去铁匠铺给爸爸打气，他临时要回家卖羊。

六十三爷骑上买羊人的电驴子，还想安顿啥话呢，电驴子一转眼就不见了。

祸害看着笑孩儿说："你这头驴，为啥不能变成电驴子？电驴子和闪电一样，你走路摇摇摆摆，还一身臭味，活该人家骂你是驴粪蛋表面光，掰开里面臊死人。"

笑孩儿走了几步干脆又不走了，心想驴粪蛋表面光是借我的粪便骂人呢，这样反过来说我？笑孩儿直接就躺在了墙角打滚，它也需要舒筋活血，它的委屈也需要打个滚释放释放。四脚朝天比四脚朝地舒坦多啦。

笑孩儿打滚，站着的祸害是没有办法的。

这时候街道上车开始多了，各种做生意的小摊贩，他们带着四季衣服、布匹、日化用品和各种手作，当然更多的是喂肚子的好面食，有刀削面、拉面、甩饼、炒饼、水煎包、煎饼、油条、油糕、汆汤、丸子汤等等。这些做生意的一般都开着小四轮摩托车，发动机声和人声的嘈杂越来越重，来来往往的人互相应答着，急慌慌打着招呼占地盘。

柳条沟过会，最靓丽的风景是女人。女人穿着花裙子，勾肩搭背一起来赶会，遇见熟悉的人打老远脸蛋上就腾起了两朵红晕。祸害实在是不知道她们害啥羞，女人们一边羞红脸笑一边往嘴里塞零嘴。被挤出人群的女人贴着墙根走，笑孩儿打滚荡起了土尘，她们捏着鼻子喊着"死驴儿，死毛驴"，然后躲瘟疫似的跑开。

笑孩儿此刻已经站起来了，听见她们骂自己"死毛驴"反倒不恼怒。它觉得这些话都是疼爱驴的话，因为祸害妈妈常常骂祸害姐姐是"死丫头"，骂祸害是"死小子"。

不过，祸害听了反倒老大不高兴，方才和笑孩儿作对的心情一下就回到了统一战线，现在就想牵着笑孩儿从这些女人面前走过，让她们闻闻驴毛的味道，土尘的味道，更重要的是驴粪蛋子的臊味。

日头把黄稠的阳光泼在一条古街上，青石路被祖祖辈辈的农人用鞋底子踩得光亮，女人们屏住呼吸用粉白的小手呼扇着迎面过来的铁腥气味，嘴里喊着："铁锈味道难闻死了，真是难闻死了呀。"

笑孩儿不由得仰起脖子"咯哦咯哦咯哦"学起女人的腔调来。

一群娃娃跑过来，看着笑孩儿，所有人都上前摸它的脸一下，算是亲热和打招呼。娃娃们则喜欢在人群中弄出一些响声，乐意沾得满脸满身的土尘，就算被大人们讨厌的目光注视，他们也不在乎。

方才四面八方来赶会卖货物的已经在街道两边支起了铺面，两行摊位摆得花红柳绿。

东巷子里一长溜排开几十个打铁炉子，外村的铁匠兜着打铁家什也前来打擂。听说打铁之前这些铁匠都是经过报名筛选的，入围的才可以参加，想来能够参加的也一定是打铁高手啦。只见几十位黑铁一样的汉子，站在各自火旺旺的炉前，师傅和徒弟挽着袖管，师傅左手拿着一把火钳夹一块红铁放在铁砧子上，右手拿着小铁锤，叮叮当当敲打铁砧子上的红铁，徒弟往手心吐一口唾沫抢起大锤子，按照师傅的指点砸铁，师傅领锤，徒弟卖力气，大锤小锤此起彼伏叮当作响。

这只是比赛的前奏，是摆开阵势，也是给左右参加比赛的铁匠们一个下马威。因为，从选料到加温、盯火候、锤打、淬火、磨口……至少在比赛前要经过八九道工序准备，这个过程每个铁匠都得拿捏到位。

看着东巷子拥挤了好多人，祸害想找爸爸，可牵着驴实在是无法挤进去，就挤在人缝里看，看见铁匠们脚前散乱地扔着锄头、铁锹、镰刀、勾锄，而砧铁上，抢起铁锤反复敲打的铁匠，把锻造好的铁没入冷水里淬火，哧的一声，冒出的青烟有一股硫黄味道。

祸害想：女人们说是铁锈味道？其实哪里是铁锈的味道，应该是硫黄的味道。女人们的鼻子永远都被不正确的味道迷惑，有些时候甚至分辨不清香臭。

既然无法挤进去，祸害只好追着散开如细丝一样的硫黄味道走了很远，对一群走过的小伙伴说："你们闻见了没有？快闻闻，是放鞭炮的味道，是硫黄的味道，和过年的味道是一样的味道。"

小伙伴们用劲吸了几鼻子，果然是过年的味道。

学校李老师在放假之前说："打铁是力气活，也是技术活。每一件理想的铁具，都要经过千锤百炼，才能让铁料的形状、厚薄在冷热间定型，这便是所谓的'趁热打铁'。你们要观察铁匠打铁，然后语文作业中的作文主题就是'观看铁匠打铁'。"

祸害看见了小麻雀。雷司令早就上高中了，不过听说雷司令休学了，一直在城里住着，不知道这次关帝爷磨刀会他回来不。祸害和小麻雀商量了一下要给铁匠们加油，口号喊什么？祸害认为就喊"趁热打铁"。

一干人用尽力气冲着东巷子喊："趁热打铁，趁热打铁，趁热打铁！"

孩子们吆喝着走过街道，哈呀，他们的热闹声一下就把打铁声按住了。

九 六十三爷牵着祸害和笑孩儿给儿子打气去

卖了羊的六十三爷寻找过来，找见俩孙子后问："看见你爸爸的铁匠摊位了没有？"

祸害说："牵着笑孩儿没法进去，没有看见。人家不让驴进去。"

六十三爷说："走，跟着我，去给你爸爸造势打气去。"

东巷子老街上一长溜排开十几个打铁炉子，实在是太壮观了。

六十三爷拉着祸害，牵着笑孩儿，挤开人群寻找到儿子的铁匠摊位前，发现儿子不在，孙女秀华挽着袖子在拉风箱。

祸害看见姐姐在，跑过去也想拉风箱，可惜臂力还不够，拉了几下就没有兴趣了。姐姐打扮奇特，梳着两条辫子，穿红格子衣裳，绿裤子，解放球鞋，嘴里含着棒棒糖，像表演节目一样。祸害伸手从姐姐嘴里夺过棒棒糖，姐姐任由他抢走也不生气。祸害吃着棒棒糖和姐姐商量，希望自己来帮助爸爸拉风箱，姐姐捏了捏祸害的胳膊，祸害胳膊上没有肌肉，全都是脂肪。

祸害被捏急了，一张嘴不防备棒棒糖掉在了地上，想说什么又忘记了，等弯腰去捡棒棒糖时，先他一步的笑孩儿已经伸出舌头卷着棒棒糖放入了驴嘴里，果然很甜。

笑孩儿来来回回嗦着棒棒糖，尾巴甩打着飞落在它屁股上的苍蝇，自得其乐的样子，甚至想到驴槽里的草如果拌料时加了棒棒糖，那该多好啊。

姐姐秀华甩了一下辫子说："你想得美！"

笑孩儿以为是说自己，吓了一跳，驴蹄往后退了一步，向姐姐秀华露出一脸邪魅的笑容。

姐姐秀华指着笑孩儿说："别自作多情，不是说你，是说不让祸害拉风箱呢。"

笑孩儿打了一个响鼻，满嘴是棒棒糖味道，感觉到从未有过的惬意。

走出巷子，看到谁家的墙头上爬着一根丝瓜花，吊着两条大丝瓜，墙根下长了一大丛野谷草，两只鸭子刚从水中走出来，摇摇摆摆不时抖动着羽毛上的水珠，呷呷叫着。

笑孩儿走过去想和鸭子打招呼，其实它是想吃墙根那一丛野谷草。很快，野谷草就卷进驴嘴，接着咀嚼了几下就下了肚子，笑孩儿真是有点饿了。

这时候，一户人家的大门口走出一个女人，猛然看见院墙上的一只花盆掉在地上，摔碎了，她指着笑孩儿气得说不出话。她向后退了一步，飞快地走上前一把揪住六十三爷的衣袖，拽着他走到那个摔烂的花盆前骂骂咧咧。

四周有一些看热闹的人围过来，他们希望吵架，吵架是日常生活中的情感交流，别看他们是在吵架，可是能够娱乐好多人闲余的时间呢。

笑孩儿认为它只是吃了那几根野谷草，花盆早就碎在那里了，它心里有数。可那院墙上的花盆无端又有一只掉在了地上，吓了笑孩儿一大跳，所幸它弹跳力很好，上下嘴片嗫动着，想解释什么，可就是不会说人话。

女人认为，方才的花盆和已经掉在地上的花盆不是一回事，已经掉在地上的花盆不是笑孩儿弄的，但是，刚才那只就是笑孩儿弄的，笑孩儿弄下刚才的花盆时捎带了旁边的花盆，因此两只花盆跌落在地上都和笑孩儿有关。

任何解释都是徒劳的，群众的眼睛是雪亮的。

六十三爷盯着笑孩儿看了好几分钟，笑孩儿低下头用舌头去舔主人的鞋子，这是它对主人的亲近。这回六十三爷狠狠踢了它的嘴一下，一阵剧痛后，笑孩儿心酸极了，嘴里发出一两声呜咽。

炎热的风刮过，天闷热得几乎让人窒息。祸害觉得爷爷做事有点过了，想上前和爷爷理论。

六十三爷却转头对女人说："我已经踢了它，一头畜生，它懂得啥叫个教养。一个花盆碎了，你等过罢会，我赔你十个花盆。你消消气，咱俩吵架惹得周围的人看热闹把咱们当耍猴。"

女人说："你说，谁是猴？"

六十三爷说："我是驴。"

周围的人大笑。

祸害跺了一下脚指着花盆说："那花盆是你们院子里一个小孩子推下来的，我看见他探出头笑了一下又缩了回去。方才的那个也是他推下来的，花盆掉下来时吓了笑孩儿一大跳，我看得清清楚楚。"

笑孩儿突然仰起脖子"咯哦咯哦"叫了两声，它有委屈说不得。

怎么能和一头畜生计较得失呢。女人带着嘲笑骂了几句极其难听的话，看吵架的人们方才还指指点点，吵架人一旦歇业霎时间周围就又恢复了寂静。

女人是柳条沟出了名的厉害人，她心里明白，院子里推下花盆的人是她城里回乡下过会的孙子。真正没有教养的是她的孙子，把城市坏孩子的习气带到了乡下，可她怎么能说是自己孙子干的呢？

这时候，有两位维持秩序的奶奶，戴着红袖箍，眼睛里露出不怀好意的凶光，大声尖叫着驱逐人群，呵斥六十三爷："刚才就让你牵走驴，怎么还没有出去？赶快离开，否则就要罚款了。"

在红袖箍奶奶的呵斥下，人群开始缓慢散开。六十三爷嘟囔着说："它是笑孩儿，怎么能说是什么东西？哼哼。"

祸害说："笑孩儿可是我的兄弟呢。"

周围的人被梳着小辫儿的祸害的这句话逗笑了。

六十三爷因为这句话，方才的气才算是消了一半。

街道两边搭棚卖小吃的吆喝声和打铁的叮当声，民歌小调和地方戏剧声，争先恐后地灌入人们的耳朵，一阵风吹过，女人们的笑声一波一波涌来。在大人们的讨价还价声中，祸害看到每个人的脸上都挂着一种莫名其妙的兴奋，接着自己也被带动得兴奋了，拍着笑孩儿的头想知道笑孩儿是不是也兴奋了，笑孩儿打着粗重的响鼻，似乎内心的热情也被点燃了。

一路上看见交易的东西真是叫人长见识，原来铁货交易居然分为生铁、熟铁两大类，两大类中又分为钉、锤、绳、锁、铃、锅、勺、壶、铲等，共几十个种类。每个种类又按大小、轻重、式样和用途，分为上百个型号，名目繁杂。就如铁钉类，按形状有枣籽钉、鱼眼钉、铆尖钉、水泡钉、荷花钉等，每类钉又分为大小、轻重各不相同的若干种。再如铁勺类，按打水、烧茶、炒菜、取米面、舀汤等不同的用处，制作成重量、口面、深度、把长等大小不一的各种铁货，用户完全可以按照自己的需要任意挑选。

祸害闻见了一股饭香味，拽着爷爷的手喊着肚子饿了。

六十三爷说："祸害的肚子提意见了，好哇，爷爷带你去吃面。"

十　臭豆腐的味道是猪屎的味道

六十三爷一手一个牵着俩孙子往一个隐秘的小巷深处走。

小巷躲在南大街背后，不露声色地藏在一个秘密的地方。拐进一条巷子，推开一扇木门，穿过一段昏暗过道，豁然开朗，菜香味扑鼻而来。原来这里藏着一家农家乐饭馆。

六十三爷高声喊："老板，来三大碗拨鱼儿。"

里面的应答："拨三大碗面鱼鱼。"

似乎里面的看到了什么，高声问："把你的笑孩儿拴到树上。难道笑孩儿也上桌吃拨鱼儿？"

六十爷拍了拍脑门儿说："哈呀，我糊涂了。来两碗，我和我孙子来两碗。"

听话听音儿，锣鼓听声儿，笑孩儿一下就听出了六十三爷和自己的距离。可是没有办法呀，谁让自己是一头驴呢。

爷孙俩吃饭时听得对面桌子旁的人议论修路的事情，一个烫着菊花头的人正在说要他爸爸准备砍了老槐树修路的事。

吃饭人中间不知道哪个打了一声口哨，那口哨是冲着笑孩儿来的。接着祸害就看见了菊花头，趿拉着塑料拖鞋，穿着海魂衫，端着半碗面走到笑孩儿前面，挑起一根面喂笑孩儿。

见笑孩儿无动于衷，他便对着笑孩儿的耳朵眼打了一声口哨。笑孩儿烦恼得动了动耳朵。菊花头反倒来劲了，分别用食指、中指、无名指和小拇指打出效果各不相同的口哨。

尖锐的口哨此起彼伏。

祸害突然发现菊花头就是雷司令，辍学后雷司令烫了菊花头，还和以前一样坏坏的。

笑孩儿难过死了，接着直起脖子"咯哦咯哦咯哦"叫了一长串儿。

菊花头喊着："黔驴技穷，黔驴技穷！"

祸害放下碗走到笑孩儿身边，假如笑孩儿真给他来个黔驴技穷，菊花头怕是吃不了要兜着走。

祸害说："雷司令？"

菊花头看见祸害后脑勺的小辫儿，一下就想起了是李前进。

菊花头说："是你们家的驴子？借我玩几天，我要牵着它让赶会的人和它照相，能生钱的事白白耽搁了？"

突然巷子深处传来高跟鞋的嘎嗒声，接着就看见一位姑娘从胡同暗处走来，她身材婀娜，秀发飘飘，五官恰到好处地搭配在一张脸上。

菊花头停下的口哨声再一次响起，这回是冲着女人吹响。

六十三爷不想惹事，结了面账牵了笑孩儿出了胡同。

胡同口几个女娃在玩跳皮筋游戏。她们有节律地跳动，异口同声念唱着：

绣，绣，绣花针，

绣花姑娘去买针。

有长针，有短针，

就是没有绣花针。

六十三爷问祸害想不想去看戏，祸害说想。

于是，爷孙仁又往唱戏的方向走。

远远看到人民戏台前用彩棚搭下了一个舞台，台口用彩绸装饰，台子上还装了镜子，密匝匝的镜子包在彩绸中间，打远处看过去别有一番情趣。戏还没有开演，离开演还有一段时间。

六十三爷没见到儿子，有点不死心，想再一次去铁匠铺所在地东巷子给儿子打气，无奈，此刻戴红袖箍的管理员已经变得凶狠了，直接指着六十三爷要他赶快离开。没办法，他只好拉着祸害牵了笑孩儿去戏台子前看戏。

戏台下摆了一大片座位，都是提前占下的位置。

黑压压的人已经坐好，唯一能落脚站着看见戏台上唱戏的地儿就是台子侧面，看上去舞台上的人都是侧身子。祸害为了看戏骑在笑孩儿脊背上，后面站着的人急了，有人就把自己的儿子也抱到笑孩儿的脊背上，笑孩儿的脊背上骑着祸害，再加一个，又加一个……六十三爷心疼笑孩儿，脸上一下就变得没有表情了，皮肤是铁青色的，方才瞅着舞台还傻笑，嘴张得老大，看见笑孩儿被挤得抬不起头，脸沉得和生铁似的，难看得要命。

笑孩儿可怜巴巴地透过人群的缝隙看六十三爷的脸色。六十三爷用手拍着挤在笑孩儿前面的人们，要他们让开一道缝，也让笑孩儿瞅瞅戏台上即将开场的大戏。

看戏的人认为驴懂啥子戏，就嘲笑六十三爷是一个拿腔作调的人。六十三爷最不怕的就是别人嘲笑，他认为，别人嘲笑他说明他的日子过得好。

戏开场了，阳光总是很妖艳地照在舞台上，有扮相英俊的小生，也有涂抹了满脸白色的花脸。包公的额头上总是画半个月亮，半圆形的月亮，据说是代表高风亮节，清明廉洁。

祸害不知道舞台上在演啥，只顾得上看热闹，人挨人，人挤人，热闹劲一过，人一下子就烦躁了，不一会儿就想去找爸爸，想看爸爸打铁。

六十三爷真是对戏太热爱了，热爱到了骨头缝里。一台戏，短促的热闹，看得兴致盎然，还不时把舞台上的戏讲给笑孩儿听，笑孩儿似乎是听懂了，居然艰难地伸出脑袋，把大嘴举向天空，一阵子"咯哦咯哦咯哦"响起，搞得台子上的演员一个个都笑场了。

祸害正是调皮捣蛋的年龄，哪里能够耐得住寂寞看戏，还是闹着要走。六十三爷就把绳子递给祸害，要他牢牢抓住绳子，然后让其他孩子离开笑孩儿的脊背。笑孩儿艰难地挤出人群，驮着祸害往打铁的老街上走。

挤出拥挤的人群后，笑孩儿一下放松了，伴着戏中的梆子板眼敲打的节奏，似乎自己也是一脸油彩的演员，又似乎自己穿越到了从前，它迈着四方步摇摇摆摆地走。在后面看戏的人不看台子上的演员了，转回身子看笑孩儿，笑孩儿的心事他们哪里知道？

就这样，在人们的笑声中，笑孩儿驮着祸害走入了老街。老街已经被一条绳子拦挡住了，人可以进入，驴不可以进入。

人真是不长记性的动物，明明被拦挡了两次，还是忘记了。

祸害让笑孩儿在电线杆下等着，他挤进去看看情况就回来。

老街上的铁匠们开始打擂了，火旺旺一条街，大锤小锤此起彼伏叮当作响，杂乱的声音钻进土巷子的角角落落。猫蹿上了屋脊惊恐地看整条街道上的热火朝天，看得急迫时张着嘴，也和台子下看戏的人一样疯傻了。

擂台比赛要三天后出结果，铁匠们都想得到一台像电影幕布大的电视机，所以敲击得格外努力。

祸害走到爸爸的铁匠炉子前，爸爸一脸汗水，为了赶时间顾不上和祸害说话，要祸害自己去耍。姐姐秀华拉着风箱，想给祸害一块零花钱，可来不及掏口袋，也就没有说多余的话。

祸害决定不管笑孩儿了，笑孩儿是一个累赘，它不是人，要是人就好耍了。

在人群里祸害再一次看见了同学小麻雀，小麻雀招手要他过来一起相跟着串摊位找小吃去。

首先看见了最爱吃的杂粮煎饼。煎饼外边那层脆脆的皮，包裹着鲜嫩的里脊肉和脆爽的生菜，一口咬下去该有多么满足。祸害口袋里没有零花钱，家里没有人认为他已经到了会花钱的年龄了。

站着，嘴馋着，看了一会儿，发现杂粮煎饼里可夹的食材也越来越多了，连水果都可以夹了。祸害看到杂粮煎饼居然可以夹辣条还可以夹香蕉，什么味道还真不知道，不禁咽了几口唾沫。几个人离开煎饼摊位继续往前走。

他们又看见了铁板豆腐。嫩豆腐加上辣椒面、孜然粉、酱油等调料烤制而成的铁板豆腐，看上去实在是好吃。

卖铁板豆腐的师傅一边下料，一边吆喝："快来吃铁板豆腐啦！外皮焦香，口感滑嫩，香辣过瘾。"

就听听人家的吆喝解解心焦吧。可越听越是满嘴口水涌在舌根处，馋得紧，可口袋里就是没有钱。

继续走吧。哈呀，又看见了章鱼小丸子。正宗的章鱼小丸子里有弹嫩的章鱼肉，外皮焦黄好吃，搭配沙拉酱、墨鱼花、番茄酱等，酸爽得很，一口一个吃起来相当过瘾。祸害吃过铁板鱿鱼，是爷爷买的。煎烤得弹嫩可口的鱿鱼肉，配上香辣酱，撒点白芝麻，铲碎了用小签子叉着吃，实在是过瘾啊。

还有谁不喜欢吃炸鸡排？一大块下肚，依然意犹未尽，再搭配一杯酸梅汁，人间极品啊。

他们还看到了臭豆腐，臭味隔着一条街都能闻到。

吃货们在食物面前，嗅觉和味觉都很灵敏。吃臭豆腐一定要吃黑色的灌汤的，一口下去那股味道溢满口腔，满口热汁爆出来，越嚼越香。臭豆腐的味道真不好闻。也许是因为口袋里没有装钱，几个人一起对臭豆腐来了一个一百八十度大转弯的评价，有人认为是小脚老太的裹脚布既臭又难看，唯有祸害说出的一句话让大家快速离开了摊位。

祸害说："臭豆腐的味道是猪屎的味道！"

几个人假装很恶心地吐着舌头快速离开，其实就算是猪屎的味道，那也是想吃的味道啊。

哇，他们看见了最心爱的肉夹馍。香软有嚼劲的饼皮，加上炖得软烂的肉馅，还有渗入饼皮的汤汁，带来一口又一口的满足，让祸害连抢的心思都有了。

庙会上祸害他们几个人又见到了几位外村的同学，也许是外村人进了柳条沟，他们的性子有点拘谨，放不开，其中有个叫二小的要外村同学请吃小吃，礼尚往来，比如，明天柳条沟人可以请外村人吃别的美味。

请吃啥？接下来看见的是各种面，可柳条沟的孩子们不稀罕面食，看那刀削面、拉面、甩饼、炒饼、水煎包、煎饼、油条、油糕、氽汤、丸子汤等等，实在是没有啥吃头，都是日常在家里吃的饭菜。

于是，祸害提议让他们请吃臭豆腐，钱少，买两碗，一人一块恰好够每人解解肚子里的馋虫。

方才还说臭豆腐是猪屎的味道呢，现在又要吃，好吧，就吃猪屎的味道吧。

哈哈哈哈，猪屎的味道怎么能是臭豆腐的味道？臭豆腐可是臭名远扬的味道啊。

祸害说："最臭的豆腐是最香的味道。你们吃出臭味了吗？"

小麻雀附和着："臭是什么味道，怎么吃得我满嘴留香？谁不吃谁就给我吃，来，我来替你吃猪屎。"

请的人虽然不是心甘情愿请，可吃的人却是心甘情愿吃。

臭豆腐真是解馋，每个人的脸上、手上，都浮着一层臭，一边走一边互相闻着，比谁的臭能够留得久。终究也是解了馋，至于明天请不请外村人，那是另一回事，现在嘛，几个人勾肩搭背又想去看打铁比赛了。

祸害的爸爸和六十三爷的性格反差极大，见人不说话，眼睛一瞪，眉毛一挑，瘦伶伶的小个子，走路横着拧着一种架势。祸害爸爸勾头缩背频繁举小锤子，姐姐秀华挽着袖管一下不歇地拉风箱。同学们都觉得祸害爸爸皱着眉头打铁脸太难看了，一群人在祸害爸爸的打铁炉前失去了看下去的兴致。

祸害想留住他们，想给爸爸加油，忽然高声喊：

台上是人，
台下是人，
锣鼓一响，
人看人（看人戏）；
铁锤是铁，
铁墩是铁，
炉火一烧，

趁热打铁！

小伙伴们齐声喊："趁热打铁！趁热打铁！"

祸害忘记了笑孩儿，也忘记了六十三爷。

十一　吹糖人想起驴，笑孩儿被贼牵走了

六十三爷一直看到一场戏演出结束，闭幕后还意犹未尽，想和周围的人讨论哪个演员表演好，哪个演员唱功好，哪个演员走得慢，和周围抱着马扎的老人们议论舞台上的事情。

小孩子们虽然不喜欢戏，不喜欢舞台上的拖腔拉调，不过舞台之上，演员全情投入，或悲或喜，偶尔杀出来或者生气了，演员表演的帽翎子功、水袖功、胡子功还是叫他们兴奋得闭幕了还大声喝彩，手掌起劲拍。

散了下午戏，戏台两边零散卖小吃的地方就热闹了。孩子们围着肉丸汤、藕粉、芝麻糖、玉米棒，也有吹糖人的急着找花钱的。

柳条沟的戏台是在柳条沟人民戏台的基础上搭建的，院墙外有几棵高高的老槐树，老槐树上吊挂着几个学生娃，他们在老槐树上观景，既可看戏，又可看人。从前，也有骑到高高的墙头上的学生娃看戏，看到一半打瞌睡掉下来，虽然被路过的大人接住了，可假如无法接住那就出大事啦，学生娃指不定就残废啦。

为了防止学生娃骑墙头看戏，现在的院墙上用水泥糊了玻璃碴子，鸟落上去爪子都能割破，谁还敢爬墙头看戏。

六十三爷和老戏迷们边走边聊天。

他们一起回忆从前。老人们永远都在回忆从前。

那个时候，小孩子们放学后拿起石头蛋子，权当惊堂木，扫把一立就是小喽啰手中的刑杖，小小一出闹剧便在"升堂——"中隆重开幕。道具都是现成的，至于小姐头上的插花，野花在乡野中到处都有。就连星期天，小女孩们少不得要拖着家里的枕巾或纱巾拴在胳膊上充当水袖，摇曳步子，

婀娜多姿。可惜这一拨人已经成为孩子奶奶和孩子爷爷了，一代人有一代人的耍法，现在的孩子就知道拿着游戏机打游戏，有啥可打的？游戏终究有一天要毁了一代人。

还没有开始议论哪个演员唱腔好，六十三爷就看见祸害和几个同学流连在各种小吃摊位前，走到吹糖人的面前，站住不动了。

六十三爷走过去站在祸害身后。祸害的小辫子翘翘的，这可是宝贝蛋子孙子的命根儿啊。六十三爷看见这小辫儿就想开心大笑，就想上前去拽一下，可又想看看这小家伙想做什么，他口袋里可是一分钱都没有啊。

吹糖人看着简单，可需要手、眼、嘴协调配合。

五月，天气还不是太热，吹糖人的嘴上吹得太快，糖胚有时候就会被吹破；手上拉得太慢，糖也会变硬；手指捏得太重，糖胚也容易被捏坏。这真是形随意走的高难度功夫，用吹糖人的话说就是"气到力到，气力相随"，吹不好就会像蒸笼漏了风。

吹糖人的挑过一块软乎乎的糖泥，一吹一拉，一揉一捏，问站着的都想要啥，口袋里没有钱的学生娃互相挤眉弄眼笑着就是不说话。吹糖人的把糖泥做成一个小糖泡，顺手那么一扯，在糖泡的一头就形成了一根空心的小管子，他马上就用嘴对着管子的一头朝里吹气，眨眼工夫一个胖乎乎的葫芦就从他的手心嗖地长出来了。长舒了口气后，他看着站在学生娃身后的六十三爷，笑着说："吹糖人的名气可都是'吹'出来的哦！"

"谁说不是哩。"六十三爷答。

祸害回头看，一下就看见了爷爷，他缠着爷爷让吹一个糖人，他想要一头驴。

六十三爷和吹糖人的说："给我孙子吹头驴。"

吹糖人的一边吹一边给学生娃们讲吹糖人的来历。

"我们吹糖人的祖师爷可不是流浪艺人，那可是大明朝的开国大臣刘伯温。当年，朱元璋建立大明王朝后，为了保证自己的皇位能一代代传下去，这个混蛋皇帝就编造一些神话故事往自己头上加，大杀开国功臣。他认为这些功臣的功劳太大了，将来都是推翻他宝座的不稳定因素。

"刘伯温你们知道不？那真是一个世外高人，如果没有刘伯温就没有后来的朱元璋。刘伯温可是朱元璋手下的第一谋臣。你们这些学生娃，别光听书本上说的那些好听的话，凡是带着'谋'这个字，那都是耍阴谋的高手。"

"刘伯温料事如神，文韬武略，不仅帮明太祖打下了江山，还帮朱棣建了北京城，还修建了十三陵、山海关。你们这些学生娃都去过没有？"

祸害他们几个人摇头，表示没有去过。六十三爷都没有去过，一辈子就在柳条沟兴风作浪，最远去过市里，连省里都没有去过。

"刘伯温最大的本事是他还通阴阳，甚至懂得运用超自然力量做谋算别人的事。朱元璋最怕的就是刘伯温，刘伯温也知道皇帝要杀他，掐指一算就算出了皇帝要杀他的日子。刘伯温一刻也不敢停留，时间就是生命，乔装打扮一番后趁着夜色逃脱了。他被一个挑糖担子的老人救下，两人决定调换服装。刘伯温从此就隐姓埋名，天天挑着担子走街串巷卖糖。在卖糖的过程中，太阳晒软了糖，晒化了糖，他就创造性地把变软的糖制作成各种糖人。刘伯温吹糖人，那吹的可是千军万马。"

六十三爷说："和一块糖泥就说了这么多，咋吹呢？你可真是上嘴皮挨天，下嘴皮贴地，好大一个口。"

吹糖人的不说话了，用心吹驴，先吹驴头、驴肚，然后吹驴蹄、驴尾巴。

六十三爷忽然想起了笑孩儿，他低头问祸害："笑孩儿呢？"

祸害也突然想道：是呀，笑孩儿呢？

祸害说："我不要糖驴了。"说完拔腿就跑，他是要去找笑孩儿。

六十三爷付了糖人的钱，说糖人也不要了，也拔腿就走。

去哪里找笑孩儿？人挤人的街道上哪有笑孩儿的影子？

爷孙俩气喘吁吁来到老街口的电线杆子前，光秃秃的电线杆子上贴着几张卖狗皮膏药的广告，之外啥都没有。爷孙俩分头行动，找了一大圈，连地上的驴粪蛋都没有看见。

两个人不约而同走到了老槐树下。

六十三爷长叹了一阵子说："笑孩儿怕是找不见了，叫人牵走了。"

六十三爷看着长出阔叶的老槐树，往日笑孩儿的影子就来到了眼前。

老槐树深裂而粗糙的疤痕，似无数次风吹雨打后突起的鸡皮疙瘩，似经了多少故事的脸，皱皱巴巴的树干上还长出了像样的树冠，虽然被雷击过，可枝枝条条，伸展到天上去时也荫黑了地上一大片。

地上有一群鸡咕咕叫着闲庭信步走来走去，它们等老槐树上挂下来的一些虫子，虫子从树上吊在半空，支支棱棱的模样，够不着虫子时，鸡们就跳到笑孩儿脊背上去够。

勤快的柳条沟人，无事的时候坐在老槐树下，六十三爷牵着笑孩儿赶着羊从此走过，常常停留在树下听人们讲古今。树上的喜鹊故意把湿乎乎的鸟屎落在笑孩儿的脊背上、耳朵上，笑孩儿并不怪罪喜鹊，就那么顶着挂着像一朵梅花盛开在驴毛上。

没有喜鹊窝怎么能叫老树，有喜鹊窝就得有鸟屎，别小瞧了鸟，鸟虽然小，可人家把巢筑在树上，玩的是天空。

笑孩儿，你玩的是啥呀？

此刻，祸害玩丢了笑孩儿。

笑孩儿玩的是失踪。

祸害说："爷爷，也许笑孩儿自己回家了。"

六十三爷疑惑地站起来，似乎一下就信心满满，爷孙俩急急往回走。

找了羊圈、猪圈、房前屋后，哪里有笑孩儿的踪影？六十三爷这下子心里慌得走起路来都不利索了。

找到夜幕降临，依旧不见笑孩儿。以往走丢了笑孩儿自己能找回家，这回一定是有人拴住它的脖子了。

祸害又去街道上找了一圈，还是垂头丧气地回来了。

六十三爷坐在老槐树下等进村的人，问他们哪个见笑孩儿了。

爷孙俩坐在老槐树下，见走来一个人便问："你可见过笑孩儿？"

对方摇摇头也坐在老槐树下。

"笑孩儿丢啦？"

"丢啦。"

"到底是一头驴，驴哪里认得回家的路？"

"肯定是叫人拴了脖子。"

风送过来咿咿呀呀的唱戏声、打铁声、嘈杂声，爷孙俩在老槐树下等更多的人走来。

老槐树虽然不是长在村中央，可人啦，鸡啦，狗啦都认定老槐树就代表正中位置。人们爱戴老槐树，围着老槐树，一个村庄只有长了一棵或者几棵老槐树，村庄才像个村庄的模样，人们才会觉得这村里啥都不缺。

村中顶顶重要的事情，比如村人的婚丧嫁娶，人们总是会不自觉地走到老槐树下说道，待大伙在老槐树下说够了，事情才能算是摞定，才能算是有了结局。谁家走丢了人，谁家婆婆受了媳妇的委屈，谁家要离开柳条沟搬家了，谁家的地不种玉米该种高粱了，谁家的儿子考上大学了，老槐树下一戳一站，高喉咙大嗓门说一阵子，等所有人都知道了，心里也就不藏事了，也就痛快了，消息也就灵通了。

月明下看祸害，知道他根本就没有用心照顾笑孩儿，六十三爷于是大声骂了一句："你就是一个祸害！"

祸害心里的委屈一下就来到了喉咙眼，想哭，似乎又笑出了一脸破破烂烂的泪水，不知傻哭还是傻笑的心里又生出了各种理由，觉得都是爷爷的不对，爷爷光顾着看戏，哪里管笑孩儿。

于是祸害大声喊："笑孩儿一定是被人吃了。"

六十三爷的眼泪哗哗地往下掉，一巴掌盖在了祸害头上。

城里人喜欢吃驴肉，"天上龙肉，地下驴肉"，这是一句驴肉饭店的广告语。一头驴卖到饭店少说也能卖三千元。这样一换算，六十三爷的气又不打一处来，就想骂吃驴肉的人是天底下最坏的人，从今以后只要是看到驴肉饭店，他都要进去砸场子。

肚子饿得咕咕叫，爷孙俩坐在星光下长吁短叹。朦朦胧胧的状态下，忽然听到一种很奇怪的声音，有节奏的唰——唰——唰——好像是扫地的声音，而且是那种树枝绑成大扫把抡圆了臂膀扫出的声音。这么晚了会是谁呢？

六十三爷和祸害商量，这事先瞒着你爸爸，你爸爸性格不好，一根筋脾气，弄不好要生一场大气，他正在打擂中，还想着拿大奖，别影响了他的情绪。

祸害说："爷爷，我现在满脑子就一个字——饿。"

是啊，活人就是靠吃饭活着，饿就得吃饭。

十二　老槐树里的唐朝妖怪

六十三爷起身往回走，祸害在爷爷屁股后踢踢踏踏地跟着。六十三爷在路上又叮嘱了祸害几句话，明确不能和奶奶讲此事。说罢，重重拽了拽祸害后脑勺的小辫子。

两人回家后，发现奶奶已经躺下睡觉了，六十三爷故意隔着窗户大声说："老婆子哎，你也不看戏，也不给你儿子去加油，你真是一个老婆子哎。"

窗户里的奶奶冲着窗外喊："老寒腿疼得要命，先躺了，没有给你们剩下饭。"

六十三爷说："睡你的觉，做你的美梦吧。"

然后他用电磁炉煮了方便面让祸害胡好填饱肚子。两个人又回到老槐树下等笑孩儿，等看戏人嘴里带来的消息。

月亮出来了，是从云朵中钻出来，一种被月光猛烈照射之后眼前出现的短暂而温柔的黑色眩晕让祸害产生了错觉，觉得草丛中有驴影子在晃。他大声喊："笑孩儿！"

老槐树上的喜鹊骚动了一下。祸害的心里充满了莫名的不安与懵懂的罪恶，他觉得笑孩儿是被人牵走吃了，这个想法无法停止。

老槐树洞里的唐朝妖怪出来吧，我不怕你，你出来帮我找到笑孩儿。抬起眼睛期待什么时，看见月光穿透树叶的缝隙，是那么清冷，一片冷光之中，祸害微微地眩晕。眼前有银色的黑影在飞舞，他瞪大眼睛看，眼泪控制不住落下来，他期望那个唐朝妖怪出来。

六十三爷拽了拽祸害的命辫儿，说："想什么？"

祸害流着泪说："想看见唐朝的妖怪。"

六十三爷说："你哭了？"

祸害鼻子里的清水鼻涕一下就流了出来。

六十三爷说："老槐树开花时味难闻，有一种败脑浆的味道。花开了结的槐果是一味药材，败火，也治疗肠出血。它现在是真老了，你抬头望望，它的主干树心都是空的，雷劈过，雷火击了树心，树心黑漆漆的。传说老槐树是唐朝一位武将种下的，至于是唐朝一位什么将军，传着传着就走丢了。"

祸害说："要是有唐朝妖怪就让他出来帮咱们找笑孩儿吧。"

六十三爷心焦难熬，可当下没有别的办法，黑漆漆的夜幕下去哪里找笑孩儿？等待看戏人回来的空当中，六十三爷给祸害讲了关于唐朝妖怪的故事。

"比爷爷还上年纪的人说老槐树的空心里曾经住过一条成精的大长虫，就是蛇精吧。蛇精修炼的时间长了，有点不耐烦了，时不时地给人们带来一些小灾小难。人们托土地爷上天告知玉帝，玉帝于是派了雷公电母，趁着夜黑风高滂沱大雨，电闪雷鸣中结果了这个蛇精。老槐树因容留蛇精遭了一难，主干被劈开，树心灼成炭黑。大概这就是唐朝妖怪的传说。爷爷要告诉你的是，不论什么树，上了年纪都有灵气，上了年岁的老槐如人中老人，宽厚善良，与人为善，与万物为善。爷爷所说不是讲迷信，人在很多方面，跑不如虎豹，游不如鱼虾，飞不如鸟雀，抗病菌不如蚊蝇，经风雨不如草木，看看唐朝的老槐树，历经千年风雨，更有难以想象的特殊本领，只不过人类还没认识到。老槐树像活着的庙，像看得见的神仙摸得着的佛，护佑一方百姓。你说它是唐朝妖怪也好，说它是一棵老的槐树也好，坐在老槐树下是不是就踏实，就会觉得笑孩儿一定会回来？你还认为笑孩儿是被人吃了吗？"

祸害不知道啥时眼泪干了，点了点头表示信服爷爷的话，却又缠着爷爷讲讲从前。

六十三爷对祸害说："以前，柳条沟家家户户都养有一两头牲口，或牛，或马，或驴。虽然数量不多，但是，牲口可是一个农村家庭中必不可少的好帮手。农田中的重活、力气活，如犁地、耙田、拉车，都得靠它们。而庄稼人对牲口的照顾也是非常精细的，哪怕自己再忙再累也要把牲口照顾好。现在人种庄稼太简单了，没人用牲口种地干活了，机械化没啥意思，把人和牲口的距离拉远了。

"你还是一个学生娃，读书认字，将来考学，你是农村出去的，就算将来有出息了，你也不能忘记了笑孩儿。爷爷给你讲讲牲口的事吧。

"常言道：冬牛夏马四季驴。说的是马夏天长膘，牛冬天长肥，而驴则一年四季都可以长肉。庄稼人对驴的饲喂也是非常有讲究的，对草料要求'寸草铡三刀，没料也上膘'，就是把草铡得碎碎的，即使没有精料同样可以长膘。铡碎的草料要过筛，左手抖筛，右手刨，拣净泥块、铁钉和鸡毛杂物、塑料，这些都伤害牲口的胃。

"现在塑料袋子漫天飞，鸟吃了鸟死，牲口吃了牲口死，狐狸吃了狐狸死，狼吃了狼死，人吃了人一定也得死。过去买菜提篮子，买豆腐拿铝饭盒，买油条用纸包，现在全都用塑料袋。方便生活的东西不一定是啥好东西，不方便才会用心记住生活的好处。"

祸害说："爷爷你再说说养驴吧，要是笑孩儿真丢了，咱就再养一头驴，叫它笑孩儿二。"

六十三爷拽着祸害的小辫儿说："养驴，草料和精料配比要适当。草料是草，精料是人吃的粮食。饲草要管饱，精料主要是提精神。养一头家畜能把情感养出来，一旦丢了，心里剜肉般地疼。"

祸害说："爷爷，你说，你多说说心里就不难受了。"

真是六十三爷的好孙子。

六十三爷说："养牲口得起早，有句话说'早料喂在腿上，迟料喂在嘴上'，那意思是说早上尽量把驴放到山上吃新鲜的嫩草，晚上归来尽量让驴吃料槽中的草。驴和人一样，早上吃高营养的东西，才有力气干活，晚上吃好的，除了长肉，则没有什么好处。"

祸害说："爷爷，还有呢，冬喂干，夏吃湿，少添多喂最肯吃！"

六十三爷流下了眼泪，谁还记得喂养牲口的民谚呢？

"是啊是啊，都是爷爷给你讲过的话，以为被当作耳旁风刮走了，我孙子居然都记得。"

六十三爷激动得咳嗽了一阵子，说："是啊是啊，喂养牲口如同喂养一个孩子，那意思是说，冬天喂晒干的草料，夏天喂泥地上长出的湿料（青料），每次让牲口吃少一点，多喂它们几次，喂得越勤越好！就像吊一个人的胃口一样，驴是越吃越想吃；如果只图方便，上一大堆料，驴就会挑挑拣拣，这不爱那不爱地挑三拣四。"

祸害说："爷爷，我以后不挑三拣四了。"

六十三爷说："你是挑肥拣瘦尽吃好东西。你看现在的人，进了饭店一下要一桌子菜，盘摞盘，碗摞碗，看上去人人都吃得肥头大耳，可哪个人不是一身病？爷爷养笑孩儿，那是严格按照标准养，'头遍草，二遍料，三遍麸子要搅到'。在饲料配比上要适当，先后顺序也要知道。当然了，还有笑孩儿的饮水问题，那更要心细。'冬温夏晒水不凉，牲口喝了身体强。'养牛、养马、养驴可是个辛苦的细活，方方面面都要照顾到，喂养时马马虎虎、漫不经心，牲口就养不肥养不壮。你懂不？"

祸害坐在老槐树下的石头上不动了。爷爷又喊了一声："祸害，可听见爷爷讲了啥？"

祸害睡着了。

到底是一个娃娃，白天耍累了，夜晚瞌睡早。六十三爷用拐棍打了打路边的草丛，拐棍落地时空空的回响，惹起了六十三爷对笑孩儿的思念。他小声念叨着：

　　　　小鸡儿，上大门，
　　　　大门高，挂腰刀；
　　　　腰刀快，割韭菜；
　　　　韭菜辣，拌疙瘩；

疙瘩生，摊煎饼；

煎饼黄，买个羊；

羊不走，买个狗；

狗不歪，买个毛驴驮秀才。

笑孩儿把祸害驮大了，还没有把祸害驮成秀才啊，此刻的笑孩儿，你在哪里？

十三　老槐树下喊魂儿，叫它灵醒着别睡过去

月光笼罩下的大山，恰似劈面而立的一幅巨大的水墨画屏，笑孩儿白天就在那山腰上吃草，布谷鸟在山根前的杂木林子里有板有眼、舒缓悠长地唱歌，还有羊群和独眼虎子。羊群还在，独眼虎子也在，笑孩儿不见了，耍瓜瓜和谁去争抢领头羊的位置？

现在，在迷蒙的月光下，六十三爷甚至不敢大口出气，怕一不留神错过了笑孩儿回家的脚步声。

看罢夜戏的人们陆陆续续往家走，六十三爷问走过的人们可看见笑孩儿没有。这样不停地问，很快，大家都知道笑孩儿走丢了。

六十三爷说："拜托大家，见过笑孩儿的通个气，没见过笑孩儿的留个神啊。"

看夜戏的人们正说着舞台上的故事，突然就回到现实中，舞台上的故事转化成了笑孩儿的模样。

漆黑一团的夜幕中有上了年纪的人给六十三爷出主意说："你要在夜深人静时喊笑孩儿回家，小心它的魂儿丢了。就算被人牵走了也要喊它的魂儿，叫它灵醒一会儿，知道逃脱控制赶快回家。"

六十三爷想：喊魂可不是迷信哦，是柳条沟老百姓千百年里生存的共同经验总结，是告诉人该怎么做，就是说不出道理来的经验。在他们看来，动物丢魂类似大人的走神。大人花点时间可以自己缓过神来，或者别人拍

一下肩膀就立马回神。但动物不同，动物的记忆短又好奇世界上的万事万物，当它们置身一个陌生环境中时，也许一个陌生人的出现会让它警觉，让它不知所措。但是，它会服从一个习惯性的声音指挥，比如，当驴听到"嘚儿"就知道是要上路了，以致后来的它对从前喊它的声音的记忆就模糊了。也许它会寻找那个喊它的声音，在寻找的过程中，放养人需要拿它熟悉的东西来分散注意力，一再叫醒它。

六十三爷用双手卷成喇叭状，高声喊："笑孩儿哦——"

先是清亮而高远，继而嘶哑而沉闷。

有星星的夜空下，村庄里的人们屏住呼吸倾听，此刻，居然没有狗叫，没有夜鸟的孤鸣，远处灰暗的山影，似乎把那喊声拉长了很多，那声音又软软地弹回来，又软软地融化在柳条沟人绷紧的神经中。

"笑孩儿哦，回来——"

柳条沟的人们和着六十三爷的声音一起喊。老槐树逼仄的暗夜下，四周回响着、流动着、飘荡着年老或年轻的人们的喊魂声。

祸害被喊醒了，一时间有些懵懂，恍然间跟着大人一起大声喊："笑孩儿哦，回来——"

童声音节简单，音调窄长，灯蛾一般朝着有亮光的地方飞去。

"笑孩儿哦，回来——"

柳条沟人喊魂，喊得脑门子泼了油似的冒火。见有旁观村民在幸灾乐祸地窃笑，祸害走过去冲着人家的脸喊，月光下瞪大的眼睛像三伏天的毒日头，藏着千百根银针，明晃晃地刺眼。他捏紧拳头，挥舞着细瘦的胳膊，扯着嗓子一遍一遍喊："笑孩儿哦，回来——"

喊累了，仰望深蓝色的夜空，星星满天闪烁，不时有流星从夜幕上滑落，有一种在明月下自由徜徉的惬意。

爷爷左手搂着祸害，右手驱赶着嗡嗡飞来的蚊子，人们开始拖着疲沓迟缓的脚步往回走，一些和祸害一样大的孩子来了兴致，集体开始此起彼伏尖声浪气地喊。

喊了一阵子，嗓子干得冒火，刚才喊魂的兴趣突然又转化成了回去看电视，一干人迅速跑得没有了踪影。

夜静了，眼前却是另一种样子，看不见边际的黑，所有的声音都在远处，四周黑得就像在梦里。

六十三爷突然轻声细语地唱：

月牙船，两头尖，清风摇你上青天。

摘星星，抱月亮，桂花树下闻酒香。

又一颗流星划过天空，月亮像中秋的月饼，让人看着眼馋心也馋，想把它抱回家，因为里面不仅有桂花树，还有一个叫嫦娥的女人。

祸害知道妈妈的名字就叫嫦娥，妈妈春天跟着人进城去打工了。

祸害想妈妈，也想笑孩儿。

夜里祸害做了一个奇怪的梦，梦见笑孩儿长了一张人脸，戴着爷爷的帽子。姐姐秀华数落笑孩儿不像人，还把笑孩儿绑在老槐树下，姐姐拿着赶驴棍训练笑孩儿说话。笑孩儿长了两条大长腿，一双漆皮鞋下垫了一条小板凳，笑孩儿站累了就想从板凳上下来，姐姐举着棍子心里有谱似的说："叫姐姐，说不出人话就罚你在老槐树下站一辈子。"

远处的山，天上的云，树上的鸟，水里的鱼，笑孩儿的嗓子都气哑了，它仰起脖子想喊，结果沙哑的声音吼出来一长串水泡。

祸害被梦里的情形吓醒了，睁开眼睛时日头已有三竿高，爸爸和姐姐已经去参加打铁比赛了，爷爷在院子里替奶奶把洗干净的衣服一件一件抖搂开搭在铁丝上。

奶奶站在一边数落爷爷："早就该卖了驴，现在丢了，不知道便宜了哪个王八蛋。"

阳光照得天地之间明晃晃亮眼。

祸害迅速穿好衣裳，胡好吃了一口饭，看见爷爷在进屋的门槛石上一声不吭地蹲着，旱烟锅叼在嘴上吧嗒吧嗒抽。要是往常爷爷和奶奶的嘴官司打起来是没完没了，这次因为笑孩儿丢了，爷爷却不搭话。

爷爷怔怔地看门前的桃树。桃树已经结了果，毛茸茸的桃子藏在桃叶中间，阳光偶尔晃出桃子拇指大的身影。祸害想，秋天桃子熟了，想吃桃子还必须把桃子上的毛擦干净，要是不小心让桃毛落在脖子上和脸颊上，有些时候就会奇痒难忍。祸害知道爷爷也盼望桃子快点长熟，爷爷吃桃子总是喜欢把桃子放软才吃。

其实，六十三爷是看桃树下落着的一圈驴粪蛋。驴粪蛋黑皮儿，不小心踩破了，里面是黄色的被消化了的青草。驴粪蛋把四季铺展得很有味。那味不是驴粪蛋的味，是树身子上拴着的笑孩儿的味。

本来想一年一度过会好好看几场戏，笑孩儿却平白无故丢了，他看戏的心情也就丢了，甚至，对儿子得不得状元拿不拿奖都不关心了。

鸟扑啦啦从房檐下飞过，该出山放羊了。正准备起身，祸害坐在了爷爷的身边。

祸害觉得自己弄丢了驴，心里愧疚，想安慰爷爷，又不知道该如何安慰。正是对世界充满好奇的年龄，看着鸟飞走，他就问："爷爷，鸟为什么会飞？"

六十三爷说："因为鸟有翅膀啊。"

祸害问："鸟为什么有翅膀？"

六十三爷说："因为鸟要飞。"

祸害问："鸟为什么要飞？"

六十三拽了祸害的小辫子一下说："打破砂锅问到底，鸟天生就会飞，课堂上老师咋教的你？不长见识，你念了个啥书？"

六十三爷起身扛了镢头挑着篮子，要祸害带上书包一起去山上做作业。爷孙俩一起出门，走到羊圈前打开栅栏，赶了羊往对面山坡上走。祸害背了书包跟在一群羊身后，书包在屁股蛋上碰撞得哐哐响。独眼虎子见了祸害立时变得活蹦乱跳，一会儿在祸害身边，一会儿跑入羊群。要瓜瓜不服气地用脑袋顶撞独眼虎子，一时间羊群被扰乱得挤成一团，它们的影子投在寂寞的土墙上，土墙一下就生动了。

路遇一个城里回乡的人，对方说："六十三爷的羊可卖？"

六十三爷停下脚步说："卖。"

对方说："咱们这地方的羊肉不如内蒙古羊和新疆羊好吃，膻味重。"

六十三爷瞪大眼睛说："你的认识是错误的。我的羊喜干净，食净草。肉吃起来腥膻的都是喂了饲料，我的羊是吃山上的草长大的，肉好吃还不腥膻。"

对方说："说归说，有的放羊人偷着喂饲料，只是不说罢了。这娃娃都几岁了还梳着小辫儿？"

六十三爷的心情一下被搞坏了，也不搭话，冲着身后的祸害说："宁愿相信世上有鬼，也不能相信男人这张破嘴。"

对方被六十三爷弄了一个不愉快，站着傻笑了一下。

祸害说："爷爷，咱们俩都是男人哦。"

六十三爷说："你是儿童，我是老人。"

祸害说："可性别是男。"

六十三爷说："事上没有那么多难事，别回头，跟爷爷走。"

祸害还是忍不住回了一下头，远处的那个人举起手招了招，祸害也举起手招了招，又迅速假装没有回头跑到了六十三爷前面。

十四　羊吃炒过的盐不拉肚子

山道上浅浅的草茵上有黄色和红色的小花点缀，祸害看到山坡上有剧团男女演员在吊嗓子：

噫噫噫，嗷嗷嗷——

另有一个演员大声朗读：

出东门，一座桥，
大桥底下一树枣。
拿起竹竿去打枣，

青枣多，红枣少。

一个枣，两个枣，

三个枣，四个枣，

五个枣，六个枣，

七个八个十个枣——

男演员似乎是憋着气数，一口气数了二十四个枣。

六十三爷停下来，脸上浮现出一丝赞许的笑容。他后悔自己出门就扛了镢头和篮子，没有拿上心爱的乐器二胡。

六十三爷指着男演员对祸害说："祸害，瞅瞅人家学艺人，不容易啊。没有苦中苦，难为人上人。"

另一女演员用银铃般的嗓子开始念：

苏州有六十六条胡同口，

住着个六十六岁的刘老六，

有六十六座好高楼，

楼上有六十六篓桂花油，

篓上蒙着六十六匹绿绉绸，

绸上绣着六十六个大绒球，

楼下钉着六十六根檀木轴，

轴上拴着六十六头大青牛，

牛旁蹲着六十六只大马猴。

刘老六家来了两条狗，

撞倒了六十六座好高楼，

碰洒了六十六篓桂花油，

油了六十六匹绿绉绸，

脏了六十六个大绒球，

拉倒了六十六根檀木轴，

吓惊了六十六头大青牛，

吓跑了六十六只大马猴。

六十三爷笑着对祸害说："这样说一阵子话，舌根就麻木了。功夫啊，功夫到家就练成大把式了。"

独眼虎子带领羊群绕过他们。祸害问爷爷："爷爷，什么是大把式？"

六十三爷说："角儿，大角儿，大主演。整个戏台子就捧他一个主演，跑龙套打把子的都是给他当配角，围绕着他转。"

祸害觉得当主演好厉害，就想凑近看看演员长什么样子。

吊嗓子的演员看着祸害的后脑勺梳着小辫儿齐齐笑了，有的走过来拽一下祸害的命辫儿，摸摸祸害的光头，他们奇怪，乡下还有上学娃梳小辫儿的。女演员仰着脖子用手搭着凉棚看天空，阳光底下那薄薄的脸颊闪着透明的光泽，和戏台上的人完全是两个模样，戏台上描眉吊眼，现在眉眼都低垂着，月牙儿似的，看羊群时目光微微着地，其实是看羊群踩碎的山花。

独眼虎子围绕着女演员们活蹦乱跳，她们似乎更喜欢羊，翘着兰花指摸着羊头。羊的眼眶里有很大一轮眼白，茫然却又似乎兴奋地期待着她们能够多摸一会儿羊头。

六十三爷指着远处一块表面光滑的石头，要祸害趴在石头上写作业。祸害掏出书包，把书搁置在石头上，风刮过来翻阅书本，祸害一下又走神了，心思不在书本上，耳朵听演员吊嗓子，手中的笔做了道具咬在嘴里，风翻阅书哗啦啦响，一下又回过神来。他发现爷爷的魂儿也跟着丢了似的，甚至顾不上管自己。

林间空地上，有一团露珠在草尖上稀薄地闪光，映着高旷的蓝天，云朵一丝一缕簇拥着往东边走。只见爷爷从篮子里取出一袋炒好的咸盐撒在摆放好的石板上，羊群在耍瓜瓜的带领下挤过来吃盐。山坡上一大片黄花陡然间被羊踩得破碎了一地，能听到羊舌头抹布一样擦着石板，像一支曲子在低声部回旋。

六十三爷挥动皮鞭，鞭梢带着响，羊群聚集在一起，耍瓜瓜昂着头，相比于那些勾着头吃草的羊，耍瓜瓜抬高了所有人的视野。

祸害看到满山坡羊屎蛋，黑枣子一样落在草丛间。

吊嗓子的男演员问六十三爷："羊为什么要吃炒过的盐？"

六十三爷说："羊吃了生盐容易拉稀屎，和人吃坏肚子一样容易掉膘。"

羊超喜欢吃咸，只要是有咸味的东西，一窝蜂地都上去抢。羊因为争抢盐，发生过好几起打架事件，这导致了好几只羊身上都带了伤。

正说羊吃盐呢，那边的羊群就开始打架了。

羊打架不讲武德，羊的武器就是羊角，两只羊的羊角撞套在一起，虎子上去叫着要它们分开。羊根本就不在乎虎子，遇见羊打架都是笑孩儿上前分开它们。羊是不是太好斗了点，不管是公羊还是母羊，怎么都这么喜欢打架呢？明明都应该是爱好和平的一员，貌似因为盐，其实有时候也不一定是因为盐，抢盐或许只是一种借口，最主要的是相看两厌。

羊每一次打架都是笑孩儿过来驱逐，独眼虎子只喜欢幸灾乐祸地在旁边煽风点火吼几声。笑孩儿驱逐带头打架的羊，对准目标尥一下蹄子踢在对方的羊角上或屁股上，特别是踢在羊角上，能震得羊晕头转向。

看，羊群因为吃盐又开始打架了，笑孩儿呢？笑孩儿不见了。

羊群打架打得肆无忌惮，六十三爷捡起石头蛋子扔过去，被打中的羊跳出了打架圈子，以为是笑孩儿回来了，东张西望了半天没有瞅见笑孩儿，于是又扎起马步埋下头往前冲了。

吊嗓子的演员们看见六十三爷心事重，却眼睛浮着一层雾气，说话时眼眶里露出大半轮昏翳的眼白，眼白上挂着血红丝，就想知道因为什么。

六十三爷迟疑了一下，刹那间空气变得有些木然。他愣了愣神说："我的孙孙笑孩儿丢了。"

啊呀，那怎么还放羊，为啥不报案？

祸害笑着补充说："是我爷爷的驴孙子丢了。"

驴——孙子——笑孩儿？

吊嗓子的演员们就像发现了什么新大陆似的，你看我，我看你，此刻周围是一片空白，他们眉眼低垂，茫然却又似乎兴奋地注视着六十三爷表情的变化。

谁心里难过谁知道。

紫糖脸、头发花白、脸上钉满皱纹的六十三爷开始讲他的笑孩儿。

"你们这些学艺的城里人怎么能知道乡下人和牲畜的情感呢？那时笑孩儿还小，没有娘了，几个月大的笑孩儿在山上是不大吃草的，可能是牙还没长好的缘故吧。但它总会在山坡上欢快地跑来跑去。我坐在山坡上放羊，笑孩儿在身后的草坡上练习跑步。别看它呆头呆脑的，它可通人性啦，它就想赶快练习好走路，走稳了才有可能驮重物。农村有句老话叫'养马不如养驴'，马跟驴都是牲畜，为什么养马不如养驴呢？马尊贵，驴卑贱，养马需要给马喂好饲料，要定期地放马奔跑，还有刷毛修脚等诸多工序，所以一般来说，在过去是有钱人家才能够养得起马。而驴子就好养得多，驴是不娇贵的牲畜，毫无怨言地给我驮了十几年粮食，驮大了我的孙子祸害，它走丢了，我难过得心慌。"

听得津津有味的演员们突然发现羊群中跑出来一只兔子，精灵一般跳过来，举动如此轻盈，如同从传说里走来。兔子扬起灵巧的头盯着人们看，吊嗓子的演员们觉得兔子要走近他们了，甚至可以看见那黑珊瑚似的眼睛。只一霎，它那么轻盈地一扭脖子，悄无声息地跳了几下，忽然间就消失在密林中，连一个蹄迹也没有。吊嗓子的演员们拨开披覆的叶丛寻了半天。一片白雾笼过，眼前的景物影影绰绰，松林里那么多黑暗的空隙幽明不定，好像藏着无数的眼睛。

六十三爷说："它是来找笑孩儿玩，它还不知道笑孩儿走丢了。"

吊嗓子的演员们觉得山里人的日子真是奇怪，让人产生莫名其妙的联想，也许他们真应该帮助六十三爷找驴，于是商量着在戏开演前播报一条寻驴启示。他们跟六十三爷核对了名字和驴走丢的时间，盯着六十三爷问笑孩儿的相貌特征。

六十三爷看祸害，祸害现在是读书人，读书人这时候就应该发挥读书人的作用，他让祸害描述笑孩儿的长相。

祸害的心一下慌了，他实在是无法描述笑孩儿的长相，一头驴就是驴的长相啊。

祸害忽然又想起了爷爷说的话："笑孩儿长了一双大眼睛，双眼皮，白肚皮，长耳朵，穿了一双漆皮鞋。"

所有人哈哈大笑，走过来拽了拽祸害的命辫儿，然后他们沿着稀稀疏疏的杂树掩盖的小路往山下走。泥土被日头晒得干烘烘的，像铁鏊子里的烧饼那样膨胀，轻尘飞扬在迷蒙的光柱里，有几声鸟叫抖动在轻尘中。

谁也不防备山坡上传来祸害的喊魂声："笑孩儿哦，回来——"

走往山下的演员用他们吊过嗓子的声音跟着喊："笑孩儿哦，回来——"

应山娃娃在远处，那些声音留在青苍的风中，那么辽远、明亮。

十五　驴肚子装草料，叫人们笑话交了一个草包兄弟

六十三爷和祸害离开柳条沟，寻找了一天，不见笑孩儿踪影，那就一定是丢了。

活要见驴，死要见尸，爷孙俩决定先从周边的村子打听，逢人便问笑孩儿。祸害眼睛盯着路面，哪怕是看见一堆马粪，都要停留下来让爷爷辨识一下到底是马粪还是驴粪。

爷爷说："你不和同学们去玩，耐着性子跟着我找笑孩儿，可不符合你的性格呀。"

祸害说："就是因为我和同学玩才弄丢了笑孩儿。"

爷爷说："仅仅是因为犯了错误，想弥补弄丢了笑孩儿的错误吗？"

祸害皱着眉头想了想说："是。想起笑孩儿就像喝了醋一样，想起笑孩儿鼻子就酸得想哭。"

爷爷抚摸着祸害的光头说："爷爷懂你的心情，你的心其实像刀绞一样。"

祸害想：心像刀绞一样我清楚。

祸害说："爷爷，我们是不是应该去找警察？"

爷爷摇了摇头说："人家都笑话咱说咱风凉话了，驴是自己走丢的，

不是被人进院子偷走，多大的事去找警察，如今的世道谁会在乎一头驴？"

不能走得太远了，家中还有羊，天黑前要回家。他们揣摩着到底该去什么地方找。看看天，时间真是不经用，眼看着天就黑了。寻了一下午没有丁点儿笑孩儿的消息。傍黑时分爷孙俩绝望地回到柳条沟，路过戏台前听见戏还在唱，停住脚步迟疑了一下，还是想看两眼戏。

柳条沟的人都知道笑孩儿丢了，看戏的人见了爷孙俩，告诉他们，开演前戏台上的扩音器就广播了寻驴消息。

六十三爷和祸害往戏台后走，想感谢吊嗓子的演员。祸害看到有的演员在卸妆，有的演员依旧留着妆等夜戏开场。这时候前台的戏已经接近尾声，锣鼓家什响得惊天动地。有和祸害一样年岁的小演员在台子上翻筋斗，风风火火从下场处穿过到上场口，又是一长串筋斗。

"啊呀呀呀呀——"

有小伙伴看见了祸害，跑过来打问："找见驴没有？"

祸害摇摇头。

孩子们眼睛集体盯着戏台，看着最后的幕布徐徐合上。

突然，幕布后传来声音："各位乡亲，请注意啦，现在广播一条寻驴启示。柳条沟村六十三爷家一头驴昨日走丢，走丢地点为铁匠铺子一条街十字路口从北往南数第四根电线杆子下。这是一头叫笑孩儿的驴，黑毛白肚皮，凡是喊它笑孩儿，它都或多或少有反应。如果昨日在街道上看见后无意牵走了，或者目击有人牵走了的村民，请速来提供消息，凡是消息不假者都有奖励。"

祸害的心一下就激动了。他站起来看着爷爷，爷爷一言不发，举着旱烟锅，烟锅里的火星一闪一闪，好像爷爷烧灼的心。

"不就是一头驴嘛，丢就丢了，兴师动众的。"有人在离开戏台前大声说话。

看见六十三爷的人们，都觉得这老头奇怪。不就是一头驴嘛，现在的社会几乎没有需要它干的活了，丢就丢了。

六十三爷喊："什么叫兴师动众，你给我说说！"

那人喊："我不是广场上算卦的，说不出那么多你爱听的话。为一头驴不让人的耳根清净就是兴师动众。"

"就像剧情中的配角在舞台上卖弄风骚。"

"一辈子就喜欢表演，下辈子做牛做马，一定给六十三爷拔草吃。"

六十三爷表情沉郁，背着手离开了，仿佛酝酿着一场暴风雨。

突然，幕布后的扩音器里打雷似的出现一个人，他大声地吼道："泥腿子瞧不起驴，一头驴的一生给一个家庭出尽了力，最后把命搭进去，人嫌弃驴，是忘记了从前的日子是咋过来的！"

六十三爷吼着说："把幕布拉开。"

幕布徐徐拉开时，戏台中央站着一个画了包公脸的演员，刚才的话就是他模仿老年人的声音所说，他一定是农村出身的后生娃。

六十三爷走上前拿过话筒说："我能不能借用话筒讲一个故事？我想把我的话传到所有人的耳朵眼里。"

画了包公脸的演员说："能。"

接过话筒，六十三爷说：

我给大家讲一个故事，这个故事就发生在咱们柳条沟进村的老槐树下。从前，老槐树下有四位同龄顽童，其中一位是一头驴，比较而言，驴不如人，受人寒碜。转眼十年过去了，四位顽童都已长大。除了驴依旧耕田外，其余三个都已经有了自己的事业和功名。一个为教书先生，一个为行医看病先生，一个为看阴阳风水先生。三个小屁孩长成大人了，手头都挣有许多银两，三个人的生活自然宽裕，经常出入酒馆，饮酒消遣。他们走到老槐树下看见驴，有时也会想起从小一起在老槐树下玩，会想到骑驴看账本走着瞧的日子。驴也因与他们从小一起玩要要好，成为他们中间的常客。可驴不喜吃饭就喜吃草。开始他们还笑话驴没有好胃口，由着驴在饭店门口吃草。时间长了，他们就开始嫌弃驴，怎么能和驴交朋友？驴满肚子草料，叫人们笑话自己是交了一个草包兄弟。

为了不与驴结交，他们三人就暗定了"对诗饮酒"的办法甩掉驴。

一天，被人们喊作先生的三人同驴一起照常来到酒馆饮酒。

先是教书先生出门对拴在树上的驴说："驴兄弟，咱们四个从小在老槐树下结为弟兄，在你面前是无话不谈，以往喝酒平庸无趣讲的都是没意思的事，今日咱来个'对诗饮酒'。大概意思就是咱们四个轮流出题，其余三个对答，对上者，喝酒不出钱，对不上者，出钱不喝酒。没有钱的，抱歉，只能出局，从此兄弟分道扬镳各走各的路，见面不相识。"

驴听后想：我大字不识一个，这不是有意难为我吗？分明嫌我是一头驴，给人干活没有拿过钱，无法出钱自然就落在两个字上——滚蛋！

于是，驴略加思索后答道："可以，不过我有个条件，我先出题，你们先对，且我们必须在老槐树下进行，老槐树是我们友情的证人。"

三位先生一听，既然输赢已成定局，就相伴一起到了老槐树下，然后向老槐树说明了来意。他们让驴先来出题，想让它输得心服口服。

驴又说："我出题是抬驴蹄，你们根据驴蹄对诗。"

三位先生齐声说："行。"

于是，驴用前蹄依次指上，指下，指前，指后，指左，指右，然后驴蹄在地上刨了三下，再刨了一下。做罢，驴说："按我的动作，你们答吧。你们都是我驮大的玩伴，那时你们小，一起骑着我走南走北玩耍。那时我们四个是一条心，为了将来也一条心，面对贫穷困苦不离不弃，我们都对着老槐树行过礼仪。现在，我们还对着老槐树，让老槐树来作证。最后总会有一个滚蛋。"

三位先生礼让了一会儿，先让读书人说。

教书先生说："你的动作是指，天之高也，地之低也，左右手，情同手足，三兄弟，一言已定友情。"

行医先生说："你指的是，天花粉，地骨皮，前胡后（厚）朴，左乌鱼，右蝎石，三片生姜，一棵老葱，友情熬汤不是药。"

阴阳先生说："你这是指，开天门，闭地户，前朱雀，后玄武，左青龙，右白虎，三炷香，一张黄表万事大吉。"

三位先生洋洋得意，都以为自己对得很有文采，这下驴该滚蛋了，驴还是有自知之明啊。

没想到驴刨了三下蹄，双蹄作揖道："三位兄弟答得都对，不过我也告诉你们我的动作是，上下打量，前后思忖，左右盘算，三人对付一头驴。人使唤驴时驴是兄弟，人不使唤驴了驴是畜生。人嘴里永远吐不出象牙来，罢罢罢，你们就当下酒菜吃了我吧。"

六十三爷停顿了一下说："我讲这个故事有双重意思，第一，我不想人类嘲笑一头任劳任怨的驴；第二，不想因为修一条大路砍掉了呵护我们童年的树。一代一代人在树下玩耍，树给人遮风挡雨，一代一代人骑着驴长大，驴和树都没有用了，人就丢弃了它们。我是一个老人了，人老了能够想起来的总是童年的事。谁能找到我的笑孩儿，我就送他一只羊。"

这悲怆而凄凉的承诺，令台子下陆续走远又返回来的人唏嘘不已。

祸害带头鼓掌，在鼓掌的人群中祸害看见了菊花头。

菊花头听见奖励一只羊时，把手放入口中打出了一声尖利的口哨。

祸害觉得菊花头是一个不怀好意的家伙，从他的眸子里闪出了奇怪的光亮。就像当初伤害虎子一样，这个油头粉面的家伙装了一肚子坏水。

十六　蛇是钱串子，鼠是粮袋子，惹不得

傍黑时六十三爷在戏台上的一番话，让柳条沟的人刮目相看，更是让祸害刮目相看。平时六十三爷给人的印象就是一个糟老头，瘦长条脸、驼背、八字脚，喜欢背着手走路，只有指手画脚教训祸害时才会把手从脊背后抽出来发挥作用，当然，还有拉二胡时。

六十三爷会拉二胡，一般人只会吹口琴，会拉二胡的人肚子里一定装满了百家故事。这一点受到了祸害的肯定，觉得爷爷的气质和一般的糟老头有区别。爷爷进入一种状态时也可爱，但是和别的人生气时，总给自己找退路，这一点又很让祸害不喜欢。

六十三爷在祸害眼里就是一个矛盾体。

奶奶说爷爷年轻的时候长得浓眉大眼，虎虎气势招人喜爱，更得奶奶欢心。

都说祸害有六十三爷年轻时的神韵，祸害却怎么也想不出爷爷年轻时的样子。

奶奶给祸害讲爷爷年轻时候的故事说："你爷爷年轻的时候穿四十三码的鞋子，走路风生水起。"

祸害的心里常常生出许多幻想，远远望着爷爷怀疑黑天白夜下一个高大的人怎么就缩得像条虫子？有一次爷爷蹲在羊圈旁，他又感觉爷爷就是一个大刺猬。爷爷身上没有一丝一毫饰物装点，就算拿起二胡时稍稍有点艺术家气质，那也是在见过真正的艺术家之前。

奶奶说："真是好汉不提当年勇，当年你爷爷可不是现在的样子。生活真是一把杀猪刀，甚至不是刀，就是斧子，把你爷爷砍得七零八落。"

奶奶说："年轻时的六十三啊，专拣黄昏时乡村最热闹的时候出来见人，他在院边的条石上盘坐下来，把二胡搁在膝盖上，很专心地拉弦。只要会唱的人哼一段过门儿，六十三就会跟着拉。六十三细长的身子拉长成螳螂形状的影子匍匐在泥地上，手指在琴弦上来回滑动。地上的娃娃们不知深浅地喊：'猴猴，狼在哪条沟？'"

柳条沟的人打小听大人说螳螂是会算卦的草猴，它知道狼在哪条沟藏着。

听到孩子们胡喊，六十三爷起身躲开自己的影子，迈开大步走，一走二走就走出了明媚的夕阳，走到了黄昏的暗影下。人的影子被山影遮挡了，二胡声就在柳条沟上空仙雾缭绕般飘散开来。

柳条沟年龄大一些的人说，六十三爷的指头是长了嘴的，能说会道。

六十三爷年轻时因为拉二胡打过蛇，卖蛇皮换二胡跟着了魔似的，特别是在麦子熟黄、油菜结荚的夏初时节。如果能遇上雨过天晴的湿热天气，就更是让六十三爷兴奋啦。

夏天是茅草封路的季节，蛇因为暑热就会从泥土里钻出来趴在条石上歇凉。莫说路上有蛇，就连房屋的地灶前也会趴着蛇。做二胡的蛇皮最好的就是蟒蛇皮了，蟒蛇很难遇见，但是经常会见到乌梢蛇。作为二胡蒙皮，多是使用乌梢蛇的腹部皮，当然了，韧性最好的部位是肛门上方的那块蛇皮。

六十三爷常常讲祸害三四岁时在山路上遇见了一条蛇，笑嘻嘻地踩了一脚，认真地说："爷爷，你别走，我来替你赶走蛇。"

人在没有遇见知识之前真是不知道害怕的。

那时村子里谁家有蛇出没都找六十三爷。有时蛇在房梁上吊挂着，人们以为是一截麻绳，结果是条蛇。有时蛇悬在柴捆下面，人们拿柴时就会不小心伤了手。被蛇伤了手要拿锥子扎出血，让毒血水流出去，被更毒的蛇咬了就得去医院。

打了蛇六十三爷就张罗着去卖蛇，走很长的路，牵着驴，驴脊上驮着装蛇的口袋。六十三爷拉着二胡，一大早吆喝着一路演奏着他的二胡曲子出山，朝阳下的弦乐一派妩媚浓艳。

祸害听爷爷讲过，拉二胡害怕下雨或下雪。蛇皮雪天里紧，雨天里松，音量紧巴，小家子气。蛇皮的松紧是二胡的命。二胡的味道全在松与紧的分寸中，化雪天冷得厉害时，六十三爷就不出门了。

奶奶兴奋地讲："一把二胡在热炕上，周围一群娃娃，女人们坐过来，手里纳着鞋底，听六十三拉二胡。二胡在偏僻寒酸的柳条沟，就有了一种富贵的意味。"

六十三爷后来不打蛇了，起因是毒蛇咬了驴一口。

爷爷讲从前时喜欢卖关子，比如：那可是从前呀。

从前的一个日子里的晌午过后，六十三爷牵着笑孩儿给儿子的铁匠铺进铁货。如果有太阳，驮着沉重的铁，笑孩儿走起来吃力。陆续走过山道和村庄，长途跋涉而来的脚步，推动着六十三爷和笑孩儿夸张的影子，因而格外显得疲沓迟缓。笑孩儿突然跳了一下，六十三爷发现面前闪过一条红裤带，摇了摇疲倦的脑袋，看清了是一条逃走的红蛇。坏了，驴蹄被蛇咬了。

亏得六十三爷眼疾手快，看清楚是蛇咬了，手起刀落，即刻把被蛇咬过的部分削下来，解下自己的红裤带缠紧驴小腿，削破驴皮的地方血水流出。笑孩儿坚持驮着铁货回到铁匠铺，倒在铁匠铺门口时，人们都认为笑孩儿被蛇咬死了。蛇咬了最怕出汗，笑孩儿一路上因辎重出汗出得精疲力竭，驴蹄肿得和捣药锤似的。后来笑孩儿缓了几天还是活过来了。

那天晚上六十三爷临睡觉要上厕所，却见茅坑边凭空出现了一团绳子，待将手电筒从眼前移开定睛看时，突然觉得那不是绳子是扁担，想着是谁家的扁担遗失在自己家的茅坑边？结果立时出现一团红光，一条大蛇腾空而去。

那一晚之后，六十三爷发誓以后再也不打蛇了。

不打蛇的六十三爷让人好奇，常常有人问他的变化为啥如此大。

六十三爷就解释说："蛇是钱串子，鼠是粮袋子，惹不得。"

有人不明道理一再问，六十三爷就把方才的话往细处解释了一番，告诉人们这句话的大概意思，是说蛇是钱财的象征，而老鼠是粮食的象征。本来蛇和老鼠在民间的声誉都不太好，为何要说"蛇是钱串子"？这大概有两种说法。

第一种，因为以前的钱是铜钱，中间有孔，穿在一起成串，到了一定长度后，看起来像蛇一样，于是就有了蛇是钱串子的说法。

第二种，蛇的寓意有多种，其中就包含了财富，人们认为家中进蛇，财富就快来了。

后半句说"鼠是粮袋子"，是因为老鼠会偷粮食，老鼠把偷来的粮食存放在窝里面应对饥饿。

祸害曾经跟着爷爷挖过一个鼠洞，曲里拐弯的鼠洞就像一座小规模的城堡，一堆堆的粮食物资，井然有序，分别储存在各自的储藏室里面，有大豆，有玉米，有花生，粮食不混乱存放，分门别类的细致程度真是让人惊叹。

爷爷说，以前人们在粮食不够吃的时候，如果能从一个老鼠窝找到几十斤粮食，简直是救命粮，所以就有了"鼠是粮袋子"的说法。

六十三爷不打蛇后，人就变得少了精神，为了出山放羊不遇见蛇，常常会在吃饭时就一些大蒜。蛇的嗅觉很好，在远处就能闻见大蒜味道，也就绕道而行了。大蒜好吃味难闻，六十三爷一身蒜味，吃蒜很容易上瘾，刷牙对他来说是一件大麻烦事，好多人不走近他，他也就越来越孤独和干瘪了。

祸害曾听说山里有一种很小的七寸蛇，只有七寸长。别看这种蛇身体短，但是它们会把身体弯成一个弓形，然后把整个身体弹射出去咬人。这种蛇的毒性比较大，所以人们上山的时候都不愿遇见这种蛇。

祸害很想遇见，常常忍着爷爷的嘴臭要爷爷讲蛇出没的故事。

六十三爷说："蛇基本上是瞎子，只能恍恍惚惚感觉到光亮或黑暗。蛇也是聋子，但是蛇的耳朵有一个内耳，可以凭借内耳对地表传来的振动敏感捕捉对象。在山上放羊，你不是看见过蛇经常耀武扬威地伸缩嘴里的芯子吗？那就是蛇的舌头。蛇伸出舌头把空气中的气味卷入嘴里，再借助鼻子里的助鼻器辨别一下味道里出现了什么。蛇袭击人的动作比风还快。"

祸害说："爷爷，有没有发现，好久不见蛇出现了？我很想心跳一下，就想看见七寸蛇。"

六十三爷长叹一声说："都是人贪得无厌，为了省二两力气往地里下农药，蛇都被逼进深山老林了。现在见一条蛇比见祖宗还难，你还想见七寸蛇！"

祸害说："奶奶可经常喊我'活祖宗哎'。"

六十三爷捹着祸害的小辫儿说："那是你老惹奶奶生气，拿你没奈何才喊你活祖宗。"

这些都是往事了。现在，笑孩儿叫人牵走了。

祸害突然开始怀疑菊花头，他从菊花头脸上看到了诡异的笑容。

于是，祸害故意和菊花头亲近，跟屁虫似的。

菊花头看着祸害说："梳小辫儿的，你老跟着我，想学打口哨是不是？"

愚蠢的人总是愿意替别人找到正确的理由。

祸害说："太对了，我是想学打口哨。"

菊花头说："学会打口哨了拿什么报答我？"

祸害一脸天真地说："我没有钱。"

菊花头说："俗气。偷你爷爷一只羊给我。"

祸害没有答应，和拿钱交易比较，偷羊更俗气，甚至不是好人干的事。

祸害说："我学过成语顺手牵羊，老师说那是偷盗行为。"

菊花头说："学过亡羊补牢没有？"

祸害说："学过。这一只羊丢了，下一只羊就亡羊补牢了。"

菊花头打了一声口哨说："那咱就偷这一只。"

尖声浪气的口哨刺入耳鼓，让祸害脑仁子嗡嗡鸣响。

十七　一只狗不能狗仗人势叫什么好狗

祸害去东巷子口看爸爸和姐姐比赛打铁。爸爸已经知道笑孩儿丢了，并没有多少惋惜，甚至认为丢了好，现在有电驴子了，笑孩儿白吃白喝没啥用还浪费时间和精力，唯一可惜的是没有卖了落下钱，便宜了牵驴人。

祸害对爸爸的态度从心里不服气，爸爸从来没有把笑孩儿当作儿子，只知道赚钱。只有爷爷反复想着笑孩儿的好，想到难过处两眼泪汪汪。

祸害学奶奶的口吻对爷爷说："哭出来吧，你哭出来吧！"

六十三爷说："哭啥？你懂啥？你小小年纪，哪里知道心里漆黑一团的滋味？"

祸害当然不知道心里漆黑一团的滋味是啥样子，可眼里漆黑一团的样子他知道，于是乎就努力比较两种漆黑的样子，其实黑的样子都是一样的。

祸害决定去找菊花头，菊花头不在东巷子晃荡就一定在戏台子下，此刻戏台子冷静得就像漆黑一团的夜。

走到东巷子口时一股硫黄味从身后蹿出来，他回了一下头猛吸了一口，听到叮当作响的打铁声此起彼伏。明天夜戏结束大会就结束了，比赛结束是要打铁礼花的，拿了奖的人站在铁礼花中央那是光芒四射呀。

想到这里祸害就激动了。见姐姐和爸爸都顾不上理他，他就晃荡着两条腿绕回主要街道，果然在这里看见了菊花头。

菊花头招手要他过去，附耳说："走，带我去你爷爷的羊圈探路。"

祸害认为菊花头还没有教自己吹口哨，探路算咋回事啊。

见祸害犹豫，菊花头说："你到底去不去？还想不想学吹口哨？"

祸害似乎还没有想好接下来要做什么，被动地跟着菊花头走。

走了几步，祸害说："我还没有学会吹口哨。"

菊花头说："卷住舌头用气吹，慢慢就会了。"

祸害卷着舌头学了一会儿，感觉舌头都变短了。

祸害说："你是不是知道笑孩儿在哪里？"

菊花头不理他，左顾右盼寻找什么。两人走到了六十三爷的羊圈前，祸害突然觉得无端叫一个自己不喜欢的人探路，居然是为了偷自己家的羊，自己好像吃了迷药似的。他于是决定反悔。菊花头已经观察好了地形，由不得祸害做主了。菊花头吹了一声口哨，独眼虎子在羊圈前开始狂叫。

菊花头又吹了一声口哨，说："独眼虎子还活着？我来消灭了它另一只眼睛。"然后捡起石头照着虎子打过去，虎子居然哼哼唧唧缩回黑暗处。之后，菊花头丢下祸害扬长而去。

祸害很沮丧地回到院子里，没有看见奶奶，倒是看见一只老鼠从地锅前爬出来，瞪着贼溜溜的小眼睛顺着灶台走到祸害的脚前。祸害低下头轻声叫了一声"哎"，它停顿了一下，身躯稍向后仰了仰，似在微微着力，想回头，那神态，坦荡到不慌不忙。接下来它还是走了。祸害很伤感，想问老鼠，我为什么找不见笑孩儿还招来了一个贼？

祸害想找到爷爷告诉菊花头的想法，他不学吹口哨了，大人的心事和念头总是超过自己，为什么自己的聪明永远都不叫聪明？想到菊花头要牵走一只羊，祸害就感觉心惊肉跳。他开始跑出院子，门上吊着的铁铃铛在他身后叮当作响。独眼虎子跑过来，祸害气得踢了它一脚。

"一只狗不能狗仗人势叫什么好狗。"

祸害忘记了独眼虎子的瞎眼与他有很大关系。

祸害跑到老槐树下，看见那里聚集了一群狗。傍晚的山巅上有一片红色的云罩着西边的天空，煞是好看的天空中有一缕光挤出云缝落在村街上溜达的狗身上。在各条小土巷子里，狗们召朋唤友，它们兴奋地叫着，不时发出粗重的呼吸声。

独眼虎子跟过来加入狗队伍，这个时候它似乎又忘记了祸害踢它是因为什么。接下来要做什么，祸害也忘记了，无来由地坐在老槐树下看狗互相打架斗殴。

祸害想起虎子刚抱来时，黑乎乎、肉嘟嘟的，很是招全家人喜欢，自己还给它起了个好听的名字：虎子。

在随后的日子里，虎子见风就长，不到一年时间，就出落成一只大狗了，尤其那流线型的身材，怎么看怎么顺眼。虎子是一条土狗，它以自己的绝顶聪明，很快就融入了爷爷的羊群。

那时祸害正上小学二年级，几乎每天上学时，虎子都要尾随祸害把他护送到校门口，看着祸害进了校门它才肯掉头回去。祸害放学快到家门口时，又是它跑出大门外来迎接，一边摇着尾巴一边调皮地轻轻撕扯祸害的裤脚。

柳条沟除去冬季外，节假日多数时间是要到田间挖野菜的。每逢外出挖野菜时，祸害第一个想到的就是喊上虎子。虎子很高兴，好像也很感激祸害，跑前跑后做起了祸害的保镖。在空旷的田野上，兴之所至，祸害常会脱下一只鞋狠劲地抛出去，眼看着鞋子在天空中划出一道笨拙的弧线落在几十米外，然后再对着虎子喊一声"上"，虎子就会飞快地扑上去，把祸害抛出去的鞋子衔回来。

在祸害的调教下，虎子还会玩很多游戏，配合得十分默契。每逢下雨天或者数九天，祸害心疼虎子，就让它睡在床旁，虎子每次都是抱着祸害的鞋子卧下的……

祸害与虎子的小故事还有很多很多。

这样的一只狗，突然让祸害讨厌它了。不过也只有祸害知道，是虎子对祸害曾经做下的事充满了敌意的退让。

祸害只要一想起雪地里那令人眩晕的殷红色和叫人肝肠寸断的呜咽声，一种强烈的内疚感就会紧紧攫住祸害的心，好似虎子的利齿在撕咬他的五脏六腑。

那是一个腊月天，很快就要过小年了，家家户户都沉浸在年前的浓浓氛围里，扫尘、洗涮、蒸团子……长祸害六岁的雷小兵——雷司令，避开家人的耳目，从房梁上偷出他父亲的弹弓，用袖管蹭一下鼻子，然后一声吆喝，和约好的一伙小哥们儿，神气十足地向村南方向的山里进发了。

祸害的屁股后自然紧跟着虎子，虎子的加盟使这支猎队显得蛮是那么一回事。

皑皑白雪，天地一派肃杀。前方充满了诱惑，身后是刚踩出的杂乱脚窝。胖墩和铁柱双双流着涎水争论是把还未打到的兔子炖着吃还是烤着吃，差一点就要拳脚相加。

雷司令充满豪气地夸口，说此次出猎他准能撂倒一只狼仔……

不知走过了多少沟沟崀崀，十几双雷达一样的小眼睛，愣是连一根山鸡毛也没发现。从希望到失望，强烈的反差使性急的雷司令几次想拉开弹弓，哪怕打到一只麻雀也好。

夕阳渐渐西下，失意的猎手们心情沮丧地踏上了归途，连最饶舌的小麻雀也双唇紧抿。看着雷司令那黑沉沉的脸，沉寂了好一会儿的小麻雀趋前耳语了两句，雷司令失神的眼里猛地闪出一丝亢奋的光来，他说，停止前进！

雷司令说话的同时，斜瞟了祸害一眼，随后目光就紧紧地盯在了虎子身上。祸害不由得打了个激灵，一股凉意掠过心头。祸害突然意识到他是想谋算虎子。

祸害不顾一切地扑到虎子身上，虎子好像也感觉到了什么似的偎在祸害的怀里低吠着。时间在一分一秒地过去，雷司令走来居高临下说了几句话，大概意思是说，他只是象征性地拉一下弹弓，不会伤着虎子的，还说如果不听他的，就要孤立祸害。

那可是一种让小朋友最发怵的具有战略性的恶作剧，就是掐断你和所有小伙伴的关系，不和你玩，不和你结伴行走，甚至于不和你说话，让你在一旁孤独地羡慕小伙伴们的欢乐而不能参加。

这孤立的威慑力很大，祸害虽然没有领教过，但能想象得到。雷司令孤立过其他小朋友，孤立一个人是雷司令惯用的杀手锏，祸害丝毫不怀疑他的号召力，因为在此之前他已成功地导演过几回。

祸害不愿虎子受到任何伤害，但祸害更害怕被孤立。

面对雷司令的咄咄气势，加之心存一丝侥幸，祸害妥协了。于是，一片山呼。显然，即将到来的弹弓射击活物刺激了这伙未来男子汉的荷尔蒙。

祸害把虎子领到商定的位置，雷司令也到达预定点，拉弓瞄准，全场鸦雀无声。虎子见状迅捷地跑回来，祸害再领过去，它又跑回来，如此反复数次……祸害的眼眶发潮了，泪水挡住了视线，想反悔，却缺乏这份勇气。

祸害最后一次把虎子送到那里时，虎子茫然无措了。

刹那间的犹豫后，雷司令的弹弓不失时机地响了，祸害眼睁睁地看着虎子的身子战栗了几下，左眼珠冒出一股血水，嗷嗷呜咽着，耷拉着尾巴，黑色的箭似的背向而去，晶莹洁白的雪地上留下的是一片令人颤抖的红晕。

祸害追悔莫及，是他出卖了虎子，也把自己的良知廉价地出手了。虎子始终忠诚于他，而他却背叛了虎子。虎子做梦也想不到，朝夕相处的小主人如此绝情地背弃了它。

如今雷司令变成了菊花头，虎子变成了独眼虎子，他俩之间的仇恨都是祸害惹的祸。一旦面对仇人，但同时又夹在出卖自己的亲人中间，独眼虎子只能退缩成为孙子。

十八　狗咬成了一疙瘩，原来是大尾巴狼进了村

虎子记得，当天晚上，月朗星稀，虎子回到羊圈蜷缩在羊群中，似乎是很冷，想和羊一起取暖。

六十三爷挑水让羊喝水时，发现虎子一只眼闭着，走近了细看，原来虎子的眼睛被人用弹弓打伤了。六十三爷喊祸害过来帮忙，哪知虎子看见祸害时，突然一跃而起，沿着篱笆墙外的黄土路如泣如诉地长嚎数声，消失在夜幕中。

那时的六十三爷还不知道发生了什么事情，但是，祸害知道，那是虎子对他的控诉与抗议。六十三爷寻找了很久才在荒草中找到了虎子，抱回虎子给它上了药。从此虎子一看到祸害就再也不靠近他，只是用那只独眼迷惑不解地审视着他，像是在傲视一个怪物。

六十三爷看出了端倪，可就是不明白发生了什么。笑孩儿似乎也看出

了端倪，为什么一只忠诚无邪的狗好好地就瞎了眼睛，而且看见小主人时还流露出害怕的眼神？而祸害有时候看着虎子也流露出不解、迷惘和失望，当然更多的是自责。虎子的眼睛也许和祸害有很大的关系，笑孩儿心里知道，可就是说不出口。

祸害因为雷司令伤害了虎子，自己又如此懦弱，有一段时间心里相当难受，慢慢和雷司令疏远了。不是雷司令孤立了他，是他孤立了自己，因为他始终摆不脱雷司令瞄准虎子射杀时的凶狠样子。

这件事让祸害常常想到语文老师说过的一句话："一事当前，为求一时苟安，固然保全了自己，可最终呢？"

后来虎子因为一只眼睛看物看路都有局限，六十三爷想换一只狗看羊，祸害坚决不允许换掉虎子。这样的结果让虎子对祸害算是有了一点点好感。

独眼虎子曾在夜幕下看到过狼，狼在黄昏时分从山坡上走往柳条沟村。

黄昏的山坡上站立着一道生动的剪影，尽管这剪影看上去生动，却让独眼虎子的心中发瘆、头皮发麻，但是独眼虎子还是勇敢地和笑孩儿护卫了羊群。

古往今来，柳条沟祖祖辈辈放羊人不知演绎了多少与狼有关的故事。

听老槐树下的大人们讲，东巷子马大爷在山坡上放羊，曾徒手与一只大灰狼进行过殊死搏斗，至今左脸颊尚留有狼爪抓过的痕迹；西巷子刚死去的宋老伯，五岁时被一只母狼叼至村外的乱葬坟，多亏众乡亲发现及时，才避免了一桩惨祸的发生，后来他就有了一个外号"狼不吃"。南巷子的张魁爷爷进山挖药材时，不知不觉迷了路误入了山上的老林子，傍晚时在一石洞里神奇地发现了两只嗷嗷待哺的小狼崽，好奇心驱使他将其抱回了家。他前脚刚进门，一群狼后脚就赶到了，瞬间将小院围了个水泄不通，母狼横立墙头，丝毫不顾及身家性命。僵持至次日黎明，群狼仍没有一点退意，张魁爷爷情急之下，从顶棚上用一只箩筐将两只狼崽吊往院墙外，母狼凑近狼崽认真嗅了半天验明正身，才解了院下之围……

有一阵子在老槐树下说狼的故事成为一种风气。大人们说从前啊，狼经常是披着夜色进入村子的。那时，鸡鸭牛羊都打起了盹，人也早进了梦乡，连经常被风逗得摇头晃脑的老槐树树梢都困了。

狼如夜行侠，拖着扫把一样的长尾巴，无所顾忌地走进了柳条沟，它走走停停，停停听听，慢条斯理地审视着每一个旮旮旯旯。最后，狼绕道北巷子进入了雷司令家的院子，它是从北院墙的一个凹处跳入的。它径直走到雷司令家的猪圈前，把前爪往圈墙上一搭，顿时心花怒放，绿莹莹的眼睛顿时湿润了，这湿润又勾出了它喉咙里的涎水，圈内是一位多么丰满而美丽的天使啊！

　　据雷司令奶奶后来在老槐树下回忆，那头猪刚满七个月，肉滚滚的。

　　狼恨不得立马扑上去，但它用超凡的意志抑制住了自己一时的冲动。片刻的镇定后，它决定实施一个伟大的方略。它先是蹀躞到院门洞内，将门闩拉开，然后将大门扇拽至能容猪出去的大小缝隙，再跳至猪圈墙内，将撑在挡猪圈门板后的砖石一块一块轻轻掀掉，而后把挡门板用锋利的牙齿拽向一侧。它所做的这一切都是为了给猪打开一条直达地狱之门的通道。

　　就在这时候猪叫了一声，杀猪一样地叫。

　　狼没有离开，而是突然翻到猪圈墙上。于是，猪屁滚尿流从圈门逃出，狼尾随而出，这一切都在狼的掌控之中。

　　屋子里睡觉的人都听到猪叫了，可同时又都想该死的猪半夜三更乱叫啥，大门还关着，猪是做噩梦半夜吓醒了。

　　狼就这样尾随着猪走出村外，走到看不见村庄灯光处，在明月下一跃而起，尖嘴直扑猪的咽喉而去，致命的一咬立刻封死了就要撕破静夜的命门，若不然猪那电锯般的叫声就立马又会惊醒整个村子。

　　狼咬着猪的喉咙，尾巴频扫猪屁股，猪被驱赶着向夜色中的山坡上走去。狼就这样不浪费一丝力气把猪赶到了自己的窝里。

　　听罢雷司令奶奶的讲述，有热心的邻居恍然转过神来，大声说："怪不得昨天晚上狗咬成了一疙瘩，原来是大尾巴狼进了村。"

　　其实晚上的时候虎子也听到了动静，但是为了守护羊，它无法脱身，只是用爪子挖门扇，搞得院子里门扇上挂着的铁铃铛叮当叮当响。六十三爷起身打开门，看见独眼虎子竖起耳朵警觉地冲着远处吼，六十三爷顺手拎起一柄锄头扛在肩膀上跟着虎子就走。先是查看了羊圈，又将笑孩儿牵入羊圈要它看守羊群，自己则跟着虎子往后山走。

大约中午时分，独眼虎子和六十三爷在老北岭上的一片槐树林里找到了那个恐怖的现场，周围满是啃剩的骨头与猪毛。

又过了一些日子，祸害家的羊也遭到了狼的袭击，只是狼费了不少的气力也没得逞。

笑孩儿高大凶悍地站立在羊圈中配合独眼虎子，天地之间笑孩儿像金庸笔下的梅超风一样凶暴地防御着，绕着羊圈扬起蹄子奔跑，虎子则和笑孩儿拉开距离，羊群在它们俩中间不动。它们俩奔跑的速度让狼眼晕，几次寻找突破口都未得逞，这是狼很少遭遇的无奈，最终不得不悻悻然割爱而去。

狼虽然没有糟害了六十三爷的羊群，但是，狼还是屡屡在村里得手，只要进到村里，或猪或羊或鸡，几乎总能弄走几只。村子里的人很无奈，随着外出打工人数的增加，村子里养鸡养猪的人就少了。

可狼也少了。

六十三爷说："那时人们大白天出工也能遇到狼，竟还仗着人多拿了棍棒集队去撵，狼便迅速跃起，向山上跑去。那跑动的步伐不急不躁，煞是从容，不时还停下来扭头看一看赶得火急火燎的人群。待人们喊着逼近时，它又如前一样跑去。人，跑跑停停。狼，停停跑跑。就这样，狼威威武武地淡出了人们的视线……"

雷司令变成了菊花头。从前的畏惧又来到了祸害的心里，自己居然答应了偷羊，独眼虎子一定是想起来从前雷司令射瞎它的眼睛的事，而自己又是雷司令的帮凶。可怜的虎子，现在是越来越老了，可它的记忆是越来越深刻。

虽然独眼虎子没有狗仗人势，但是，独眼虎子肯定是一只好狗。祸害决定不埋怨独眼虎子，是自己弄丢了笑孩儿，自己的事自己解决。

接下来他决定不找爷爷了，而是要和菊花头来一番斗争。

原载《小说月报·原创版》2022 年第 6 期

狩猎

1

"嘘！它在那儿，看到了吗？"盖先生悄声说着，指向远处微微颤动着的灌木丛。

"嗯？好像是。"Leila架起一支308口径的猎枪。她被耳边若隐若现的嗡鸣声弄得心烦意乱。

"看到了吗？它的犄角露出来了。快准备好。"盖先生轻轻压住Leila那只勾着扳机的手，"就是现在！"

"不行，我害怕。"Leila盯着那只隐藏在灌木丛后的大角羚羊说。

"成败可就在这一瞬间。"盖先生目光如炬地盯着前方。

K猫着腰，双手把持着一部最新款小型摄像机。镜头对准了那只大角羚羊，等待着Leila的致命一击。他的脖子一直向前探着，不知这个姿势保持了多久。

"快！"盖先生一声令下。

Leila用力地呼吸，脑袋里突然冒出了许久以前教过她的那位印度瑜伽上师的脸——他盘坐在一把高高的藤椅上，双目紧闭，一呼一吸地均匀吐气，双手成莲花状放在双膝上。

"完了！它发现我们了。"盖先生话音刚落，Leila突然浑身一颤，打了个激灵。大角羚羊迅速蹦着逃跑了。根据它的体型、毛质和体态判断，应该是只一到两岁的小羚羊。一转眼的工夫，它就消失在了树丛中。K环顾四周，再也看不到那只羚羊的蛛丝马迹。随行的乌布是个体型瘦小的黑人助理，他没忍住扑哧一下乐了出来。

"没关系，打猎就是这样的，它们不可能让你一次得手的。"

这一次的失手，对于Leila来说，像是一个解脱。当她双手感受到猎枪的分量，手指放到扳机的那一刻，她才忽然意识到，自己完全没有做好猎杀一只大家伙的心理准备。可此刻，她进退两难。

下午两点，天空逐渐变低，乌云缓缓向他们飘来。Leila深一脚浅一脚地跟在盖先生身后，生怕踩到草丛中动物的粪便或是什么恶心的虫子。K走在队伍最后，四处寻找可拍摄的素材。他们继续前行，跨过了一条小河，回到瞭望台。

"看来我们要继续等待了。"盖先生拿出两副望远镜，和K分别瞭望四周。Leila坐在一把生满铁锈的椅子上，心烦意乱。她讨厌大自然，讨厌这股难闻的臊臭味和飞来飞去的昆虫。她看着K的背影，思索着怎么才能给出一个合理的解释，告诉K她想离开这里，放弃这次行程呢？

"大角羚羊很机敏，不会那么轻易就被咱们发现的。"盖先生咀嚼着某种肉干，含糊不清地说着，"对于打猎新手来说，它们可是很有难度呢。你们应该选一些好上手的猎物，比如斑马、犀牛、河马什么的。"

"大角羚羊的价格合适，打完折可以在我们的承受范围内。但说实话，只要不太贵，什么动物对我们来说都一样，但狒狒和野猪那种动物，又没什么意思。"K继续观望着四周，他停顿了下，突然又说，"快看！那儿有两只长颈鹿在吃树叶呢！太有趣了，它们应该是一对吧？"

"长颈鹿？算了……我可下不去手。它可是我们的好朋友。"Leila用一只手轻轻按揉着太阳穴，闭上了眼睛。

"那你说，这里面谁不是咱们的好朋友？"

"价格不贵的。"

盖先生是美国人，在这个猎场当猎导已经七年了，对这里了如指掌。他知道如何将豹子和斑马的皮完整剥离，怎么腌制野猪的里脊肉最好吃，斑马的大腿肉最适合留给客人，而后蹄筋是分给乌布吃的。各种动物偏爱的栖息地也尽在他的掌握中。可不知什么原因，在这片本该属于大角羚羊的领地，现在却一只也没出现。

"它们今天可是来迟了。"盖先生叹着气，喃喃自语着。

天色阴沉沉的，居无定所的蜂虫一圈圈围绕着他们，警惕地飞行。

K和Leila百无聊赖地吃起随身携带的面包和坚果。乌布站在瞭望亭的前面，时刻待命。

"我们可以到处走走，拍些视频吗？"K问盖先生。

"这猎场可不是动物园，这里面有很多能吃人的家伙。你在猎杀它们的同时，它们也在猎杀你，就在你不经意的时候。所以记住，永远不要独自闯进来。这里可是危险重重呀。"

又过了许久，就在他们逐渐失去耐心之际，盖先生好像发现了什么，他突然说："它来了。"随后，纵身跃下瞭望台，命令大家立刻带好猎枪和随身物品出发。猎犬和乌布倒腾着碎步向前跑去，像是要执行一项艰巨且令人望而生畏的任务。深浅不平的草丛似乎在警示着前方的危险。可没走几步路，K忽然被地上一片蓝莹莹的东西吸引了。那是什么？茂密的阔叶，叶脉顶端是黑色的硬尖，它们在空地上肆无忌惮地生长着，新枝丫向远处无限地攀爬。长满荆棘的藤条上结了密密麻麻的蓝紫色果实。在辽阔阴郁的天空下，这片紫蓝色的植物像是某种富有神奇力量的魔幻种子。

"它们长得真好看，像蓝宝石。"K和Leila试图走上前，想去摘一颗。

"别去那里。"盖先生一下拦住了他们，"它们的刺会把你们的衣服给划烂的。我们要快点过去，否则晚餐就只能吃面包了。"盖先生的脸上露出了一丝诡异的笑容。

Leila用一种难以置信的神情看着K："他在开玩笑吧？"

"手册上不是写了吗？被猎杀的动物会全部属于我们。不然我们花那么多钱是为什么。"K耸了耸肩又说，"为了视频效果，录一段吃羚羊的视频，应该也不错。"说着，K加快了脚步，紧跟在盖先生和乌布的身后。为了保持画面的稳定，他的身体显得格外僵硬。

天色逐渐阴沉，蜂虫们也不知不觉地消失了，似乎是预感到大雨将至，都躲到洞穴中去了。盖先生停住脚，大手一挥，示意其他人俯下身来。他们目视前方，可前方什么也看不见。

"这次要不要K试一下？"盖先生问道。

"我还是负责录像吧。Leila每次录得都摇摇晃晃的。"K将录像机对好了焦。

"那你准备好了吗，Leila？看到它的角了吗？羚羊就在那片树丛里藏着呢。"

"它的角在哪儿？我只看到了那边的一对长颈鹿。"Leila戴上耳塞，把枪端起，眯起一只眼睛，枪口瞄准了那堆树丛。

两只长颈鹿在他们正前方四五百米处，仰着脑袋，优雅地够着树上的叶子，咀嚼着，而对于周遭的危机四伏，竟毫无一丝察觉。Leila的眼睛开始干涩，不停地挤弄着，并把头抬了起来，一直看着那只体格高大的长颈鹿，心不在焉。盖先生的指引对她来说毫无用处，光线昏暗，她完全看不见大角羚羊所在的方向。

"就是这一刻！"盖先生的一声令下，让Leila不得不扣动了扳机，她闭着眼睛，随即开了一枪。枪支的后坐力把她的肩膀撞击得隐隐作痛。瞬时，羚羊不知从草丛的哪个位置蹿跳出来，机敏地跑走了。Leila被这一声巨响吓得有点蒙。K将镜头对准了Leila，给她了一个高清的面部特写。她太阳穴的血管凸起，鼻子上的汗珠轻轻沾在皮肤上，脸颊潮红。盖先生拿着望远镜仔细观察着远处。Leila手里依旧紧握着猎枪，屏住了呼吸。

"怎么样？打到了吗？"K轻声问着盖先生。

"等下，亲爱的，你好像打到了那只长颈鹿。乌布，快去看看。"

盖先生轻轻拍着 Leila 的后背，她的身体开始轻微犯起痉挛，双手僵硬地紧紧攥着猎枪。

"没事的，放轻松些，你干得很好！"盖先生一边安抚着，一边小心地从她手中把猎枪接过去。

K 继续举着摄像机，跟着盖先生跑了过去。

乌布矫捷的身影，不一会儿就消失在了前方茂密的灌木丛中，就如同那两只灵巧的大角羚羊般。前方的草丛齐腰高，Leila 遮阳帽的绳子不知怎的突然勒住了她的下颌。她急促地呼吸着，感到那根绳子正在深深地嵌入她的喉咙里。她心跳加速，像是有一块透明的薄膜将心脏包裹住。她双手慌张地拼命试图将绳子解开，眼前一片发黑。K 的视线终于从镜头里跳出来，忽然发现了草丛中挣扎的 Leila。他迅速跑过去，猛地解开了 Leila 的遮阳帽，又从她的包里翻出来一个药瓶，把药塞进她的嘴巴里。K 搀扶着 Leila，试图让她坐在草丛中休息。

"我不要坐下来，我怕有虫子。"Leila 扶着 K 的手臂，脸色惨白，一阵阵地干呕着。

K 用手慢慢抚摸着 Leila 的后背，试图让她尽快平静下来。等 K 再一抬头，乌布和盖先生没了影。他搀着 Leila，抬头望着那从两片乌云间露出的刺眼阳光。

猎犬在远处疯狂地咆哮。乌云终于将阳光全部挡住，一丝凉气忽然袭来。

"我们动作要快一点，要下暴雨了！"K 背起 Leila，继续向前跑。

"它在这儿！"乌布叫喊着。

长颈鹿两条纤细的前腿已经跪倒在地，后面的双腿仍然顽强地支撑着身子。脖子绵软地缓慢垂下，像是一根长长的塑胶管子。它的左侧肋骨布满了血迹，但很显然 Leila 的这枪，并不是致命一击。血从伤口慢慢渗出，长颈鹿依然在原地痛苦地挣扎着，努力用前腿将身子再次撑起来。Leila 捂着嘴巴，一只身高近 8 米，体重约 1700 公斤的生物正在自己面前渐渐死去。她突然被一种说不清的恐惧包围着，而这庞大的体形似乎又将这种恐惧无形地逐渐放大。

K立刻将手里的摄影机交给了盖先生，并请他继续进行拍摄。他毫不犹豫地从盖先生手中夺过猎枪，朝长颈鹿的胸口，果断、利落地再次补了一枪。

Leila抱着头，蹲在地上尖叫着。

"太棒了！真是漂亮的一击！"盖先生挥着拳头，欢呼着，完全忽略了正在疯狂喊叫的Leila。

K又将摄像机接过，对准了长颈鹿。K的瞳孔也随着画面的放大而逐渐扩散开来，时而对焦，时而模糊。他吞咽了下口水，努力让自己精神集中，盯准长颈鹿胸口的枪眼儿。他终于亲手猎杀了一只长颈鹿！猎杀长颈鹿——这个埋藏在K心里多年的隐晦的秘密，终于以一种现实而残酷的方式实现了。K屏住呼吸，长颈鹿终于瘫倒在地，直到奄奄一息。盖先生和乌布跑上前，确定它已经死去后，给了他们一个胜利的手势。

"它死了吗？"Leila躲在K的身后，不敢向前看去。

"嗯，死了。"

长颈鹿死了，K这时突然流出眼泪——此刻的他，终于觉得自己是完整的了！盖先生欢呼雀跃，拔了一小撮草，插到Leila和K的帽子旁。"这是胜利之草，祝贺你们！这真是个大家伙，我们要用皮卡车才能把它运回去。"

突然，Leila拽了拽K的袖子，一只手哆嗦着指向不远的幽暗处："你看，它是不是在远处看着我们呢？"

2

"你看，她是不是在看着我们呢？"Leila拉住K的胳膊，拼命地从网红大会的广场向停车场跑去。Leila将身子压低，生怕那个女人会追上来。她恨不得立刻钻进车子里，躲起来。

"别神经兮兮的，说不定人家的车也停在这儿了。"

“不对，她一定知道我们是谁了！你看见她刚才拿手机在拍我了吗？”Leila一路小跑地蹿上了车，双臂一直紧紧环抱着自己，“快走！我要回家。”

“回家？我们现在要去见贝克勒。Leila，你总这样的话，我也受不了你了。”K知道，Leila这是又犯病了。

Leila坐在副驾驶位置，将身体缩成一团，窥视着刚才那个女人。女人似乎又定睛打量了一番，才钻进车里。

“我知道她是谁了，她是蔡琳琳，真的是她。刚才网红大会上，她一定知道我在背后说她丑的事了。我想起来了！”Leila将眼睛眯缝起来，煞有介事地回想着刚刚在会场上的一幕幕，大脑飞速运转，画面闪跳出无数副夸张而充满戏剧感的面孔来，最后这无数张抽象的面孔汇集到一起，变成了蔡琳琳的脸。Leila的下眼睑不停地抽搐着。“我想起来了，她一定是在嫉妒我们，嫉妒那个新人奖颁给了咱们。她想报复我，她刚才一直在看着我的胳膊，还嘲讽我，说我的两只胳膊好像不太一样。就是蔡琳琳，没错的。她一定跟会场上所有网红都说了这件事。你说，她跟着咱们是想干什么？是不是要曝光，在网上揭穿我？你看，她还在看我们呢。”Leila忽然打了一个激灵，感到有一股寒气在体内上下流窜着，身体逐渐变得僵硬，不能动弹，痉挛从双臂开始一直到脚下，双手死死掐住自己的大臂，嘴里依旧振振有词，神经兮兮地一直嘟囔着。K将车开出停车场，打开了音乐，试图让Leila放松下来。Leila看着形形色色的路人，不，那些不是路人，是一双双正在窥视的眼睛和一张张试图将我们淹没的嘴巴。他们就像夜晚森林里那些饥饿的饕餮正警惕、虎视眈眈地注视着我们，时刻准备腾空而起，捕杀的那一瞬间。Leila想冲到街上，身体中的野兽正在跃跃欲试地要与他们厮杀到底。

Leila不再说话，撑着两只鼻孔用力地呼吸着。她捏着两只令她厌恶的粗细不一的胳膊，指甲嵌入到肉里，印出了一个个血道子。Leila的呼吸变得艰难，她感到脖子在被一根很粗的绳子紧紧地勒住。

“你在干什么！”K一声吼叫，立刻将车子停到了路边。K抱着Leila，试图将她的两只手松开。Leila 号啕大哭起来："被他们发现了，该怎么办？他们早晚都会发现的！"

"听我说，大口吸气，再大口呼气……再深呼吸……吐气。还记得上师教你的方法吗？"K 用一只手安抚她的后背，另一只手慌乱地在她的包里翻找小药瓶。这时，K 和 Leila 的手机，几乎同时响了一下，是杨尖尖在催促他们了——什么时候到？贝克勒已经来了。K 将两片药塞进了 Leila 的嘴巴里，一脚油门开走了，说："赶紧补个妆。"

那条短信像是抽了 Leila 一个嘴巴，使她立即清醒了。她收拾好情绪，擦干眼泪，打开化妆包，对着镜子，借着窗外断断续续的昏暗的路灯，重新补涂着口红和睫毛膏。

一年一度的全国网红大会又开始了，场面之大，不逊色于某国际电影节。人群涌动，记者像马蜂群般，拥趸在红毯两侧。Leila 和 K 其实特别怕这种人多的活动，尤其是 Leila。但这次网红大会，他俩必须要去，去领一个新人奖。他们仅用半年时间，粉丝数量就已有两百万，多条视频浏览量达到千万，直播带货一晚上能卖出去八百万的货。视频内容健康、阳光，简直让世界充满了爱。他们手把手教大家如何健康饮食、合理运动，以风趣幽默的方式传授着专业的健身知识。他们人见人爱，是网络中罕见的珍宝。他们曾受到过很多粉丝的私信告白，大多是女性，也有个别男性，都说自己受了 Leila 和 K 的影响，改变了自己的生活方式，无论是心理还是身体上的，都得到了治愈。甚是还有些粉丝认为他们是天造地设的一对，早就应该在一起。这些留言就是一直支撑 Leila 和 K 继续做网红，舍弃在北京当高薪金领的动力吧。

总之，在网红大会上，作为新人，他们备受瞩目。会场上，目测有千人，来自各大网站、平台，奇装异服，什么领域的全都有，五湖四海，齐聚于此。Leila 面对如此的盛况，有些不知所措，总是指指点点地跟 K 说悄悄话。他们很尊重其他领域的博主，因为深知干这行的辛苦和不易——白天拍视频，夜里剪辑，直至深夜，第二天还有遭受网友、粉丝抨击的风险。

会场上，Leila 觉得有上万个灯泡在烘烤着她，一千张嘴同时在发出嗡嗡的声音，她头晕目眩，胃里仅剩的几片菜叶在翻江倒海。这时，主持人宣布大会的颁奖仪式现在开始。巨大的荧幕上，出现了 K 和 Leila 的视频，户外跑步，在充满阳光的家里自制健康晚餐，在山间和洱海湖畔与志同道合的朋友一起骑车，分享经验。没有人会不喜欢这一对漂亮、身材健美的俊男靓女。Leila 不敢看荧幕上的自己，生怕被别人发现自己两只异样的胳膊。K 拍了拍她的腿示意道，放心，没人看得出来。

关于 Leila 抽脂的事情：

Leila 抽脂是在她二十三岁时，那年不知怎的，全国掀起了一阵狂热的抽脂风。Leila 那年刚刚从法国毕业回国，大学四年是全额奖学金。虽说学的是艺术专业，但她的父亲和继母却没有艺术界的人脉。Leila 想去一家时尚杂志公司工作，但谈了半天，也只能从实习生开始做起。Leila 倒是愿意尝试，但父亲却极力反对，她拗不过，只好硬是被安排在了一家外国公司。Leila 的法语算是一个亮点，居然被老板重用了起来。年薪的数字对于一个刚毕业的大学生来说，已经十分可观了。然而对于一个北京女孩来说，拿着这么丰厚的工资居然有点不知所措。

Leila 在法国把自己的身材保持得很好，毕竟是学艺术专业的，对美的追求也比常人要略微高一点。尽管这样，她还是对自己的两只相对而言较为粗壮的胳膊，看不顺眼。不论怎么减肥和锻炼，大臂上的两坨脂肪就是甩不掉。后来才知道，这些脂肪被称作顽固脂肪。Leila 和 K 反复地商量，最终还是决定去凑抽脂的热闹。抽脂见效快，一劳永逸。她瞒着父亲和继母，在 K 的陪同下，去了医院。当时抽脂技术并不发达，她忍着剧痛，做完了手术。恢复了近一个月后，却发现左侧的胳膊比右侧的胳膊粗一点点，并且左侧胳膊的皮肤从侧面看，也有凹凸不平的地方。胳膊虽然总体细了很多，但还是有瑕疵。对于 Leila 这种完美主义者来说，简直不能忍受。医生建议做二次恢复手术，但一想到那种钻心的疼痛，她还是退缩了。K 安慰她，你又不是明星，没有人会这么仔细地盯着你的胳膊看。

随着时间慢慢推移，关于胳膊的焦虑也逐渐减轻了。K说得没错，即便是在夏天将两只胳膊赤条条地裸露在外，也不会有人真的在意那一点点的不匀称。况且，在衣服的款式上，的确有了很多的选择和自由。渐渐地，Leila越来越自信，胳膊上的缺陷也逐渐被淡忘了。

当两人伴着雷鸣般的掌声走上台时，K和Leila被数盏探照灯晃得几乎睁不开眼睛，台下变得一片漆黑，看不清人们的面孔。K的获奖感言说得慷慨激昂，这些都是他的肺腑之言。Leila紧闭着双唇，将目光投射到那漆黑一片的人群中去，凝视着某一点，汗珠不停地从额头和鼻尖上冒出来——这太可笑，太荒唐了！是时候结束这一切了。

Leila挽着K的胳膊走回座位。会场铺着红色的地毯，看上去高低不平，像是走在泥沼中，深一脚浅一脚的。这儿为什么要铺地毯，而且是红色的？她最讨厌地毯，感觉脚下全是密密麻麻的虫子和细菌。她在座椅上不停地挪动着屁股，又时不时地把双脚微微悬在空中。最后她终于忍不住，腾的一下从座位上弹起身来，跑向出口。K恍惚了一下后，也立刻收拾好她的衣服和手包，跟着跑了出去。

出了大门，Leila一直蹲在场外小广场的台阶上，汗珠顺着发丝一直向下流淌，汇聚在脖子的褶皱间。小广场很安静，只剩下几盏路灯用来照明。记者们全部塞进了会场。会场的大门将一切的噪音、令人呕吐的香水味、魔幻的面孔全部阻断。负责清理的工作人员，统一着藏蓝色制服，三五成群地散布在眼前的各个角落，收拾场外残局。Leila的眼神不好，天色一暗视线就自动变得模糊。

"你没事吧？"K也坐在Leila身旁。Leila双手捂着胃，说自己想吐、恶心，她反复琢磨着是不是要跟K坦白自己要退出的想法。

"里面真是又闷又热，早一点出来就好了。"K一直低头翻看手机，查询关于网红大会的报道。"看，大会的新闻出来了……但是这记者也太差了，把咱俩拍得这么胖。"

Leila 惊慌地把脸凑到 K 的手机屏幕上，瞪着圆溜溜的眼睛说："我的胳膊一样吗？"

"没人看得那么仔细。"K 不紧不慢地说着。

"那可不一定，现在也算半个名人了，办事可得小心点，说不准什么人就把我抽脂的事给曝光了呢。"

K 继续刷着手机，发现网红大会直播的浏览人次不断增加。"你看看刚才那些人，有几个脸是没动过刀的？你抽脂的事没什么大不了的。"

Leila 没再接话，双手支住膝盖，托着腮看着附近正在清理现场的工作人员说："你觉得这些清理工人会不会觉得咱们都是大傻瓜，一边收拾着，一边骂我们？"

"可能吧，但我觉得这么多牛鬼蛇神凑在一起，也挺过瘾的。"

"太傻了，咱们这到底在干吗呢？跟耍猴儿似的。"

"我觉得咱俩耍得还行，还算体面。而且都耍成明星了，还想怎么样？"

"你还记得咱俩一起在法国学艺术那会儿吗？那时候可浪漫……"

"记得，那时候真有理想，真有情结，也真矫情，追求那种特别飞的东西。感觉那会儿像是被你洗脑了。我觉得还是现在好，双脚贴在地面上，踏实。"

"我不知道原来你一直都是这样想的。但我一直都想飞起来。你看见那个蔡琳琳了吗？她本人跟视频里可真差得太远了。"

K 从包里翻出了一块蛋白饼，掰开一半塞进嘴巴里。"一天没吃饭，饿死我了。你要吗？"他把另一半递给了 Leila。

Leila 摇摇头说："现在想吃火锅，吃到撑死那种。"

"你感觉怎么样了，能走了吗？杨尖尖刚才发信息问咱们什么时候过去呢。"

Leila 慢吞吞地站起身来，挽着 K 的胳膊，向停车场走去。他们像两只被追赶许久的动物，疲惫不堪。

3

Leila 挽着 K 的胳膊，两人缓缓走进了某高档写字楼里。电梯四面是镜子，Leila 仔细照着自己，来回看着裸露在外的两条胳膊，越看越觉得别扭。她又盯着自己的眉毛，总觉得哪里不太对称。她觉得自己的整个身体都向一边歪着，她在镜子中反复调整自己的体态。K 一直咬着嘴唇上的死皮，不停地回复网友的问题以及和经纪公司对接过几天的直播内容。

电梯升到了二十七层，门打开的瞬间，一阵淡淡的消毒水味迎面而来，这是这个特殊时期应有的味道。活动在健身会所里举办，平时来这儿健身的全是各路明星或是健身博主，大 V 级别的人，并且会费极高。只有受邀者或是这里的会员才能进来，密码是通过会所独有的程序发送到手机，实时更变。

整个二十七层全是会所的地盘，装修是那种曾经流行过的性冷淡风。看得出来，多年前这里还是很高级的，但如今，铁灰色的墙壁和大理石地面也显出了略微脏旧的痕迹。数盏暗黄色的小射灯让这里显得更加神秘。在巨大的玻璃门前，K 在四处寻找输入密码的地方，Leila 摆弄着手机，半天才把密码翻出来。K 说，要不然让杨尖尖出来接应一下，Leila 说这可不行，门都进不去，也太土了。又经过了一番努力，门还是没打开。这时，一个男人出来了，像是准备出门抽烟的，但一见着 Leila 和 K，又赶紧将打火机和烟塞进了口袋里。不知他在哪儿按了一下开关，门自动打开了，打开的一瞬间，里面的音乐声、聊天声、笑声等等嘈杂声喷涌而出。

"你们是 K 和 Leila 吧？"男人看样子四十来岁，皮肤黝黑发亮，体格健壮，应该也是个健身爱好者，西装面料很讲究，面貌也还说得过去，总而言之，特像一个成功人士。Leila 冲他礼貌性地笑了一下，随便寒暄了几句便往里走。男人把他们带进了派对中，就不见了。但不知为什么，Leila 总觉得他在偷窥着自己。

这个派对是为了贝克勒而举办的，他此次来京是参加后天一个某知名运动品牌的新品发布会。来这儿的人基本都是奔着他去的。Leila 对贝克勒还是有些了解的，虽谈不上是他的粉丝，但能亲眼见到他本人，也算得上是一种荣幸。她忽然又被某种耀眼的明星身份所带来的快感冲昏了头脑。但让 Leila 失望的是，这里没有网红，也没有他们的粉丝，更没有主动要求前来合影的人。此刻的嘉宾，没有谁会把两个区区的网红放在眼里。

"这是我男朋友，小冯。"杨尖尖拉着比她高一头的黑人男友，向他们介绍着。杨尖尖和小冯十指紧扣在一起，应该还处于热恋期。"这就是 Leila 和 K。小冯可是你们的铁杆粉丝。"

小冯特别热情地跟他们握手，露着一口雪白的牙齿对他们笑着，用一种刻意的北京腔说："你们太棒了！巨喜欢你们俩，每期视频我都不落下。你们也开始玩儿马拉松了？"

Leila 被小冯的北京话逗得不停地笑。K 见 Leila 跟小冯聊得不错，知道她情绪又恢复了正常，他趁机把杨尖尖拉去一旁，神神道道地问："你怎么换了个……如此优秀的男友？哪儿认识的？怎么还叫小冯？我真不是有种族歧视啊，就是特别好奇，问问你。"

杨尖尖说："没事，歧视也不碍事，能理解。他是南非人，约翰内斯堡的。他爷爷是德国人，以前经营过一个猎场，但后来没落了。但打猎可是他们家的一个传统，小冯也是个狩猎高手，家里跟陈列馆似的，什么稀奇的东西都有。"说着，杨尖尖拿出手机，立刻给 K 翻看前些日子去小冯南非家里的照片。

K 一脸的不可思议，在一旁偷偷打量着小冯："长得倒是挺帅的，五官立体，眼神还挺深邃的。"

"那当然，他可是有四分之一的德国血统。他名字里有个 Von，知道什么意思吧？"

K 迷茫了，看着杨尖尖。

"说明人家是贵族，所以我叫他小冯。他来中国好几年了，交换生，学的摄影，艺术家。对了，你跟 Leila 以前不是都在法国学的艺术吗？以后你们可以多聊聊。我们下个月去他老家打猎，你和 Leila 跟我们一起呗，人多热闹。"

　　K 听到"打猎"时候，眼睛突然亮了一下，想都没想就即刻答应了。他知道 Leila 喜欢南非，总说要去看看那些在草原上奔跑的"大家伙"们。这时候，小冯和 Leila 嬉笑着过来了，看来聊得不错。而此刻，派对的巨星贝克勒来了，助理为他引路，缓缓向会所中心位置走去。他本人精瘦，小臂和小腿全是腱子肉，皮肤黝黑、锃亮，像是抹了油的精美根雕。

　　"他来了！我赶紧拍点素材去。"Leila 说着，拿着摄像机凑上前。

　　小冯也很激动，几步越过人群，上前拥抱、亲吻，两人像是许久未见的老朋友。

　　"他们认识？"K 问杨尖尖。小冯和贝克勒认识的事，K 并不感到惊讶，毕竟都是南非的，认识也很自然。

　　"贝克勒经常去找小冯打猎。过几天我给你发一些关于打猎的注意事项和信息。"

　　"我怎么突然开始紧张了？别说打猎了，我就连一支真正的枪都没见过。"

　　"别担心，到时候有猎导带着你们，很容易的。"杨尖尖说得很轻松，像是已经轻车熟路。她又说："对了，你跟 Leila 真的一点希望都没有吗？"

　　"都这么多年了，要是有戏早就有了。我们就是朋友，当朋友才能更长久。"

　　杨尖尖意味深长地点了点头，用一副特别惋惜的神情看着 K："你其实一直都很爱 Leila 吧？"

　　"要不说你们都是俗人呢。"

　　K 其实对贝克勒并不感兴趣，对跑步也极为厌烦。他觉得跑步简直就是一种自虐行为，枯燥乏味，且对膝盖也有严重的损害，怎么会有人对跑步感兴趣呢？贝克勒就像一阵凶猛的旋风，吸走了 K 身边所有的氧气，他感到一阵胸闷，而且是那种在跑了三四公里后的窒息感。

K答应了杨尖尖的邀请后，就一直忧心忡忡。"打猎""豹子""长颈鹿"，让他想起了从前的一些什么事情，那些事情被他封锁在记忆中最隐秘的地方。他以为，只要不提起总有一天会淡忘。但谁能想到，在一个热闹的派对上，就这么随口被杨尖尖的邀请，再次给唤醒了呢？K用一种恐惧、躲闪的眼神，瞄向了Leila——她曾经就是那只像长颈鹿一样的猎物。

直到深夜，派对终于结束了。K和Leila筋疲力尽地撑到最后，到家时已经是一点了。K给Leila发了信息，说视频明天再剪辑吧，今晚早点休息。外面有阵阵妖风，K打开了点窗户，呼吸着潮湿的空气。他对着星星亮起的灯光和偶尔在公路上驶过的车辆发着呆，像某种夜行使者般守护着夜晚的城市。

Leila还是打开了电脑，传输数据。她看着视频中的K和自己，又陷入了焦虑中。窗户留了一条缝，是上午阿姨打扫房间时打开的。一阵凉风袭过后，开始下雨了。点点雨滴落在窗子上，弄花了原本完整的风景。接着，雨声逐渐急促，几滴雨点落进了房间中。Leila一动也没法动，就这样望着窗外。雨点汇集起来，再也无法独立挂在玻璃上，一道道地、不停地顺延而下。空气里飘散着一股夏日田野的气味，是夏日中的哪一天？她和父母在北京的郊外野餐，也就是在那一天，她第一次看到父亲的情绪失控。到底是什么事情，会让父亲如此愤怒，以至于他奋力地用绳子狠狠地勒住母亲的脖子？到底是什么事呢？Leila怎么也想不起来了。

她喃喃地念叨着："我抽脂，我有罪。我抽脂，我有罪。我抽脂，我有罪……"

这个夜晚注定漫长得没有尽头，远处灯光和广告牌上的霓虹灯，被雨水反射得扭曲、畸形。她所有的空虚、不安、恐惧都随着药物的作用，一直下沉、下沉……她的嘴巴翕动着，直到睡去。

关于K的内心独白：
坦白说，从上初中开始，我就在学校和课外绘画班、舞蹈班、英语班甚至是滑冰场里寻找我的"猎物"。我喜欢瘦瘦高高、皮肤白净、长头发的女生。当时，我和另外两个同学（是我在绘画班里认识的），一个男生和一个女生，经常约在一起。他们喜欢看我"狩猎"，并且经常打赌，赌注当时对我们初中生来说，还是挺贵的———一盘自己喜欢的正版磁带，所以特别刺激。他们说我在"猎场"时，眼睛都是冒着光的，像是豹子。但我不这么认为，豹子起步的速度虽然迅猛，但体格太小，耐力也一般。另一个弱点就是豹子的嘴巴对于那些体型偏大的动物来说有点小。即便能成功扑上一只犀牛或者河马，也无从下嘴。它们无法用锋利的尖牙扎进这些猎物的肉里，原因就是嘴小张不开。我觉得面对那种我心仪的女孩时，我是一个全能型的捕手。在初中时期，我对"爱"这个字的理解还很模糊。

我和他们打的赌，就是能否获得那个女生的一个吻。如果那个女生不听从我的命令，我就会对她们进行语言的恶劣攻击；如果她们过分反抗，我就会用武力来制服她们。但随着年龄的增长和身体的发育，"狩猎"这个游戏变得越来越无聊了，我和他们也失去了联系。但我对女生或是女人的欲望，却在肆意生长。

Leila是我的高中同学。她个子很高，身体是苗条的圆身体，所以她的腰很细。她学习也好，总是班里的前三名。她说以后想出国，想去欧洲学艺术。我觉得她很成熟、很理性，同时也很迷人。在那个年纪，就已经明确了自己的未来。她不太爱笑，总是一副很严肃的样子，和现在的她简直判若两人。或许是因为她的严肃，我对她的爱意一直很克制。我不确定Leila是否需要朋友，她一心在学法语、英语，跟我们班里所有的人都格格不入。我只能远远地望着她。

我该如何成为她的朋友呢？我想了很多办法，最后我决定让她的理想，也变成我的。这或许是天意（我总觉得，这一生的运气全部都用在了Leila身上），我们班来了新同学，老师将我和Leila的座位调换到了一起。课间时，我也开始自学英语，以及阅读和艺术相关的书籍。Leila终于对我开始感兴趣了，我们交换书单，她还给我介绍了一个法语老师。周末，我和她会一起去上法语和英语的课外班。Leila对我来说不是猎物，我也不是狩猎者。

我们是并肩行走在猎场里，与世无争、优雅的长颈鹿。我们逐渐变成了一个人，正如我曾经幻想的一样。当时我想，这或许就是爱吧。

不知不觉中，我也爱上了艺术，小时候的绘画基础算是派上了用场。我和 Leila 一起考去了巴黎的一所艺术院校，我学室内设计，她学艺术理论……

谁会想到，Leila 去了巴黎后会患上抑郁症呢？每当她瘫躺着，无力起床，抱着我时，我都会尝试具有探索性地展露出我对她的爱意。起初，我有点兴奋。从某种程度上，每当这一时刻她只属于我。但随着病情的加剧，我对她的幻想却在惋惜、哀痛的失望中，慢慢消散了。她开始逐渐依赖我，像附在身上的寄生虫，消耗、啃食我。这令我很郁闷，我对她的一切幻想全部终止了，而且是戛然而止的那种。

我一直在找寻答案，我逐一翻阅过去的日记，突然发现，Leila 其实一直都是我的猎物，是那只庞大的犀牛，而我则是那只永远也张不开嘴的豹子。我一直尾随其后，一直等待那个不可能出现的机会。而现在，那只犀牛已倒在一旁，苟延残喘着，我也疲惫不堪，只能眼巴巴地看着它一点点地腐烂掉。

在我们毕业后，回到北京时，我偶然才发现，其实 Leila 并不喜欢艺术。她只是想用艺术来隔断一切与现实有关的联系，她要用这种自我逃避的方式，逃避一切她所厌恶的东西和人。但我一直不明白，她想逃避的到底是什么。当我真正理解 Leila 的时候，我也不再爱她了，我开始同情她，为她而感到伤感。我也没有再爱上过任何一个女人，甚至对女人多少产生了些厌恶感，或者说，这是我对自己的厌恶。

这些事，我从来没有向 Leila 袒露过。

4

那次派对结束后，Leila 特别兴奋，甚至可以说是亢奋。一是因为粉丝量迅速上涨，拍摄的那条和贝克勒一起参加派对的视频浏览量也破了百万，因此好几家运动服装品牌，甚至是电子产品都找到他们拍广告。起初，贝克勒的团队要求 K 和 Leila 将视频删掉，但后来迅速被小冯摆平了。二是因为下个月就要动身前往南非打猎。Leila 开始忙着网购此行的装备和书籍，还准备再斥巨资购置一部小型的高清摄像机。她完全没有顾及 K 的萎靡。

在计划去打非洲疫苗的前一个晚上，K 终于发了信息给 Leila。

K：其实我一点都不想去非洲。

L：为什么，都答应人家了。

K：不知道为什么，心里总是有点担心。我们能取消行程吗？

L：当然不行了，咱们去那边拍视频，打猎素材没人拍的。这个题材，肯定是个爆款。不要多想，咱们就当去玩，我们都需要换换心情。

K 没再回复 Leila 的消息，躺在沙发上，发着呆。夜晚如此安静，随着手机屏幕所发出的光熄灭，家中漆黑一片。K 半睁着眼睛，将目光锁定在了落地窗外的夜空上，星星闪烁可见。他感到身体轻飘飘的，随时会浮到半空中一般。白天忙碌过后的沉寂，让他感到无比空虚和萎靡。不知道过了多久，手机又响了，是杨尖尖发来的信息，她将去打猎要准备的服装和注意事项、猎场介绍信息全部发来了。他点进了一个链接，是一个狩猎的价目表：狒狒 1500 元（公）、4000 元（母），大角羚羊 9000 元，斑马 11000 元，旋角羚（公）10000 元、（母）12000 元，赤狷羚 12000 元，条纹羚 13000 元，非洲野猪 4500 元，长颈鹿 25000 元、花豹 40000 元，河马 50000 元……杨尖尖提示道，要提前选定猎物，以及提前准备好狩猎的必备品。小冯认识他们的老板，可以让老板打七折。

K 闭上干巴巴的眼睛，靠近后脑勺的部位一直在隐隐作痛。他仔细体会这一下下的疼痛感，并且任其这样发展下去。自从他将注意力放到后脑部位后，就再也感觉不到身体的存在了。他思索着，是否应该起身倒一杯水呢，但由于身体的消失，他无法动弹一下。

对于去非洲的事，K总有种不好的预感。他反复思索着，自己到底在害怕什么。多年前在补习班和滑冰场那些不堪的画面，若隐若现。为此，他感到阵阵不安，努力地想些别的事情，将那些让人作呕的画面逐出眼前。更令他出乎意料的是，他以为和Leila在巴黎留学的那几年，自己已经随着Leila病情的加剧，从那些扭曲、不堪的记忆中抽离，逐渐变成一个健全、阳光的人，可谁知道，即便多年过去，曾经的画面已被烙上了印记，仍挥之不去。K在回忆的泥沼中越陷越深，无法自拔。那些感官和意识逐渐变得清晰，甚至激发起了曾经那些熟悉的嗅觉和触觉的记忆。

K的头疼不知不觉地消失了，紧张抽搐的眼皮和用力抿起来的嘴唇放松了下来。随着阵阵清爽的夜风，他逐渐睡去。终于，他再也感觉不到自己身体任何一个部位的存在了，直到清晨第一缕阳光照在脸上。

5

当约翰内斯堡的第一缕阳光照射在Leila脸上时，她将即刻要释放出来的怒火，又压了回去。就在上个星期，她刚做完面部的祛斑皮秒，医生说一定要注意防晒，否则就会适得其反。Leila戴着口罩和一个宽檐遮阳帽，把头部包裹得严严实实，只露出了两只毛茸茸的大眼睛，假睫毛忽闪忽闪的，显得格外不自然。

在出发以前，他们约定好，此行不管遇到任何困难和问题，都不能发脾气。他们落地后，立刻联系杨尖尖，但她的电话始终打不通。K开始焦虑了，总有一种说不清的恐惧感。他觉得自己和Leila正在一步步地陷入一个计划得十分周密的陷阱里。擦身而过的路人，也都变得鬼鬼祟祟。他忧心忡忡，但始终也没有将这种不好的预感告诉Leila。

猎场距离约翰内斯堡约五个小时车程。他们按照杨尖尖发来的地址，顺利抵达了KILIMA猎场。Leila自从下了飞机，就拿出来新购置的小型摄像机，一路走一路拍，看哪儿都是新奇的。

在前往KILIMA猎场的路上风景很美，这里的八月并不炎热，反而一直阴着天。广阔的淡灰色天空与延绵的草原在远处交会。五个小时后，他们终于缓缓进入了 KILIMA。

司机小哥说："这里就是猎场了，为了安全起见，还是关上窗户。你们先到猎场酒店办理入住，之后……就祝你们好运吧！"

在出发前的一个月里，他们从网上购买了大量关于南非狩猎的书籍和旅游攻略，煞有介事地讨论如何猎杀一头大家伙，用看动物纪录片和上网查资料的方式打发着寂寞、无聊的夜晚。Leila 会在 K 的家里，调暗灯光，说晚上打猎更刺激。Leila 说她喜欢打羚羊，K 就在家扮演一只正躲在树丛中吃草的羚羊，用餐桌和椅子当作树丛。Leila 就会双手端握住一根法棍面包，戴一顶大草帽，身上还得披着一块绿色毯子，说到时候用来伪装自己。Leila 告诉了 K 一个秘密：小时候每当看到关于打猎的电影和画面时，她就特激动。她隐隐地觉得，上辈子应该是一个职业猎手。当杨尖尖提出这个邀约时，她真有一种被老天眷顾的感觉。她想猎杀一只豹子，她喜欢豹子的花纹。Leila 每次从餐桌椅后面突袭 K 的时候，都会跳上 K 的后背，用放了三天的法棍或是鞋拔子、衣服架子等一切她当作武器的家伙什儿来敲 K 的脑袋。有几次，K 真的生气了。可每次 K 生气时，Leila 就扮成猎物蹲在地上，主动把手中的武器交给 K。K 懒得搭理她，并且明确表示，此次非洲之行，他只负责录像。

K 和 Leila 在城市的路上，幻想着大草原，幻想着拥堵在路上的公共汽车就是体型庞大的长颈鹿，大卡车是大象，电动车们是斑马和羚羊，拥挤和擦肩而过的人群就是草丛。他们在草丛中缓慢、小心地前行。闭上眼睛，仿佛已置身其中，满眼全是刺眼的阳光和泥土的芬芳。

杨尖尖的信息还是可靠的，KILIMA 猎场的酒店确实是五星级标准，沙发、座椅、地毯全是动物皮草制作，就连洗手间的地上都是动物的皮毛。墙上的标本至少有十多种不同的动物，大大小小，将它们恢复到了死前的样子，栩栩如生，像是下一秒就会张开大嘴把你吃掉。Leila 在酒店大堂办理入住的时候，被一只悬挂在墙上的羚羊标本牵走了魂。她一直盯着那羚羊的眼睛，感到后背一阵刺痛。办理入住的是一个长得很精致的黑人女子，她递给 Leila 和 K 一本狩猎手册，并帮他们预约了明天的射击训练、安全课以及猎场地图讲解，猎导会安排所有的一切。

简单安顿后，他们回到了房间一下子扑在了床上。一路上身体的疲惫终于得到了释放。Leila 望着壁炉柜上摆着的一只非洲犀鸟，呆呆地，像是自言自语地说：

"你看见刚才酒店大堂里的那个羚羊头了吗？"

"看到了。这里面四处都是动物，还真有点瘆人。"K 一边整理衣物，一边参观着房间，欣赏着房间外的风景，"你不会是害怕了吧？当初我说不来，是你非要来的。"

"我不是害怕，就是突然觉得很恶心。真恶心。"

K 从洗手间的门里，悄悄探出了半个脑袋观察着 Leila，她依旧保持着那个姿势，瘫在床上，一动也不动。

"外面的风景很好。那边好像是一群水牛，还有长颈鹿。你想过来看看吗？"K 试图让 Leila 兴奋起来，但似乎无济于事。然而此刻杨尖尖还是杳无音信，K 突然心烦意乱："你总是这样半死不活的要到什么时候！"

话音刚落，Leila 突然表现出一副百依百顺的姿态，似乎是在乞求 K 原谅自己不稳定的情绪。傍晚时，杨尖尖终于发来信息，说小冯在回约翰内斯堡的飞机上突然发烧了，四十度，她很抱歉这次不能一起打猎了。K 向 Leila 念完信息后，长长地舒了一口气。

一阵沉闷的雷声隐隐地从天际传来，K 盯着那只非洲犀鸟的眼睛，惶惶不安。

6

突然下起的暴雨，让夜晚变得潮湿。空气中泥土和植物的气味愈加浓重，芬芳中带着股幽幽的腥味，或者，那就是某种动物尸体的腥味。K 陪着 Leila 一直站在猎场的酒店大堂门口。门口的对面，夜晚的猎场，像是另一个世界——它是漆黑的，没有边界。它汇聚了关于生命的所有能量，索取和守卫。这幽暗的世界，像是黑洞，吸引着狩猎者们征服动物的雄雄野心。动物们各自寻觅看上去可靠、安全的地方，安度夜晚，消化白天所遭受的一切暴力、恐慌。尤其是那只目睹这场误杀，自己另一半的生命正在逐渐消亡的长颈鹿，它是否会和其他动物窃窃私语，密谋着有朝一日进行一场反人类的大屠杀？

Leila 双手交叉在胸前，迟迟不肯进房间。她用一种木然且保持警惕的眼神盯着远处那个黑暗世界的某一个方向，她总觉得有双眼睛在草丛中偷窥她，召唤她。

"亲爱的，我受不了这股味道，鼻炎也犯了。我们回去吧？"K 揉了揉瘙痒的鼻子。

Leila 的灵魂出了窍，全然没听到 K 的话。思绪的碎片相互交织，她想着，如果没来到这里，我此刻的境遇就会大不相同，我为什么要见证这一场灾难？此刻的她，很平静，没有要责怪任何人的冲动。是的，是她误杀了一只无辜的长颈鹿。不，从某种意义上来说，它或许不是无辜的，所有在这猎场的动物，都不是无辜的。但确定的是，这是一场巨大的谋杀。而那只母长颈鹿就是见证者，见证着我们这一行人的罪恶。那颗子弹就是证据。虽然那致命一击是 K 发出的，但那都不重要了。悲痛，她感受到了死亡带来巨大的悲痛，不是因为猎杀了长颈鹿，而是因为这是一场残酷的谋杀。她无法原谅自己，这种悲痛，是永无止境的。忽然间，她又感到了一种愤怒，那草帽上的胜利之草又是什么？它代表着奸诈、虐杀、掠夺、罪恶。欲望驱使我来到这里，是欲望蒙蔽了我的眼睛去看见真相，幻象越近，离真相就越远。她感到这一切就像是一个骗局。她试图逃离这片长满野草的猎场，疯狂奔跑。

"Leila？"K 碰了碰她的肩膀。

"那只长颈鹿还是有机会活命的，是吗？"Leila 双眼布满了血丝，用一种怀疑的眼神看着 K，"它和死去的长颈鹿是一对，盖先生能确定吗？"

"不让动物痛苦地死去，是猎手的使命。"

"太疯狂了，这是一个骗局、陷阱。"Leila 的声音越来越小，最后的几个字完全发不出声音来了。K 听不懂她在说什么，只想立刻回去剪辑视频，随便找了个理由离开了。可就在回房间的路上，突然又碰到猎场的老板——绿树先生。他在等一个重要的客户。

"你的女朋友还好吗？小冯是我的老朋友，你们有任何的需要都可以告诉我。"绿树先生把 K 请到了酒店的吧台，并帮他点了一杯酒。

"消息传得实在很快呀。"K 不想去辩解。

"这种事常有的，第一次打猎受到惊吓，很正常的。我很理解她。对了，我们这里有很好的心理咨询师，如果需要……"

"不，不，真是谢谢您。我朋友休息一晚，第二天就什么都不记得了。"K 立刻打断了他。

"那你怎么样？你那一击真是漂亮。之前打过猎吗？"

"或许吧。"K 看着绿树先生的眼睛，他面对一个完全陌生的美国人，似乎更真实一些。

绿树先生端起酒杯喝了一口，威士忌在嘴巴里晃荡了一圈，很想再跟他聊点什么。但他的客户来了，他不得不遗憾地离开了。

K 不知道这一击是好还是坏，预想和实际发生的总是存在着差距。毕竟，那是一个生命，况且对于他来说，又是如此巨大。当长颈鹿缓缓跪倒，脖子绵软地垂下时，他感到自己的身体也在逐渐消失。那一刻，他体会到了"生命"这两个字给他带来的切肤之痛。他忽然又意识到，那么在此之前"生命"对于他来说是什么？这是一个他无法回答的问题，就如同"死亡"一样。K 端着酒杯，咂摸着嘴里苦涩的威士忌，他觉得自己从来没有真正拥有过生命。这些问题让他的大脑停止了运转，一切都停止了，只有这个庞然大物在缓慢地瘫倒、消亡……K 握着酒杯，在一片闹哄哄的谈话声和欢快的音乐声中，陷入了沉思。

Leila 凝望着远处漆黑一片的树丛。那是树丛吗？她也不确定，只是总觉得那里有一双眼睛在偷窥着自己。陡然间，一种莫名的力量，迫使她迈开了双腿。她像是被施了咒语，不受大脑的控制，同时也感觉不到四肢和躯体的存在。只有呼吸和一种莫名的隐隐恐惧在大脑里徘徊着。唯有这幽幽的恐惧，才能让她感到自己的存在。Leila 的双眼一直注视着那里。她一步步地走出了酒店大门。夜晚的冷风袭来，她一点也不觉得冷。夹脚的室内塑料拖鞋，被泥土不断地粘黏着。她缓慢地向前走……

Leila，Leila。有一个低沉、粗哑的声音在她周围回荡着。她驻足在原地，四处张望，可是除了杂草和远处的一棵轮廓模糊的大树，什么也没有。Leila，Leila！还是那个声音，它变得愈加缥缈。她继续往猎场的方向走去，夜晚的天空逐渐碎裂开，暴力、残酷、绝望、寂寞的碎片向她砸去。又是那个声音，她仿佛被无数条绳子捆绑着。没错，就是这恐怖，让人窒息的绳子。她试图挣脱和逃离，渴望一个可以将她救赎的呼唤——Leila！我和妈妈都爱你！她渴望家人、K 以及网络上的众人对她这样说——Leila！我们真的很爱你。耳鸣将她的头颅刺穿，她终于躺在了地上。

7

就在暴雨来临之际，当 Leila 还在医护室昏迷时，K 就已经将剪辑好的视频上传到了网上。他花了将近两个小时整理素材，把所有精彩的画面完美地拼接到了一起。Leila 开枪击中长颈鹿时的画面，他看了一遍又一遍。K 十分确定，这将是他们有史以来最精彩的一次视频。

医护室四面惨白的墙壁，阻断了网络信号。K 双手举着平板电脑，来回在狭小的房间里踱步，试图连接。不知是否因为连续降雨的关系，灯光忽明忽暗，没有规律地晃动着。该死的灯泡，把 K 的心绪扰得更加烦躁。Leila 的点滴以平均两秒钟的速度，缓慢进行着。K 再次检查了一遍 Leila，确定她安然无事后，冒着雨跑回了酒店。

酒店大堂的休息区里人声鼎沸。太阳渐渐沉入大地，下雨的夜晚客人们无处可去。他慌张地找了一个空位，坐了下来，第一时间连接成功网络，把编辑好的语言和视频，一下成功上传了。头发上的雨水，一直往下滴，不一会儿，脚下便汇集了一小洼的雨水。他注视着电脑，电脑屏幕把他的脸映得煞白。休息区的背景音乐像是苏格兰手风琴民谣，活泼、欢快，所有客人似乎都沉浸其中。偶有三四对情侣在人群的空隙间扭动身体，相互亲吻。K 像是被一个无形的、透明的玻璃罩隔离了起来，而灵魂又随着电脑发出的光晕，游荡进了一个庞大的、有序的未知世界中。

第一条评论出现了：真的 Leila 击中的吗？太帅了！

第二条评论出现了：是 Leila 打中的？她怎么能下得去手！太残忍了。

紧接着，第三条……第二十条……上百条的评论都在控诉着 Leila 的残忍、血腥、暴力……一发不可收拾，网络民众开始对他们进行严厉的批评和道德指责，让 K 的心脏一直发紧。他再一次点开视频，将画面快进到 Leila 击中长颈鹿的那一段。的确，在 Leila 失误击中长颈鹿之后，K 的身影就再也没有出现在画面中。自从盖先生接过摄像机，他就一直将画面对准了长颈鹿。直到它缓慢地瘫倒在地，他们才又重新出现。而这击毙长颈鹿的凶手，网友们认为是 Leila 也理所应当。

评论和转发速度继续疯狂地飙升着。那些在一开始称赞 Leila 勇气和身手的声音，早已被淹没得无影无踪。仅一个小时，他们的视频就被顶上了热搜。K 措手不及，想立刻将那条视频链接删掉，但一切的措施都已于事无补。激动狂躁的网民早就在网络的另一头，虎视眈眈地盯准了他们，并且试图用一种最迅速、猛烈的方式将他们干掉，就像一阵剧烈的龙卷风，将他们拔地而起，啃食得不留痕迹。视频被迅速地复制到了各大账号里，他们瞬间被推上了浪尖。他们是万众瞩目的焦点，高高在上，全网巨星。K 想关掉视频，但迟钝的网速加上巨大数量的留言和微信信息，导致电脑屏幕纹丝不动地卡住了。K 像发了疯一般地用力敲打着屏幕，但依旧没什么反应。

"需要帮忙吗？"一个年轻、英俊的亚洲男人，端着一杯酒来到 K 的身旁。他的英语好极了，听不出有什么口音。

K恍惚地抬头看了下他，突然将电脑关上了，好像怕被他发现什么一样。

"有什么事吗？"K起身，一边慌张地收拾东西，一边试图离开。

男人迅速扫了一眼他的电脑，又说："这里的服务生告诉我，刚才的暴雨把附近的网络电线给搞坏了，所以现在都上不了网。你看大家，都在这儿喝酒聊天呢。"

"网断了！这该死的倒霉地方。"K急了眼，抱着平板跑到了酒店大堂，寻找服务人员。男人在远处望着他，男人现在确定了，他就是K！男人认得他那两条粗壮有力的大腿，和两侧不太对称的斜方肌。那Leila去哪儿了？K跑了一圈，愤怒地又回到了原来的位置上。他想象着此刻社交平台上的无数种可能性。此刻，他已经被那些谴责的评论和无法掌控的世界分割得四分五裂，身体的碎片无序地失衡在这个闹哄哄的猎场酒店里。

"你还好吗？"

一个喷嚏将K拉了回来。

"别误会，只是觉得你很像一个人。你是中国人吗？"男人用英语问着他。

"我想你是认错人了。"K感到一阵恐惧，生怕他会说——你是K吧？

K头发上的雨水逐渐晾干，几根自来卷的头发，蓬松凌乱地散在面前。

"我没事，抱歉，我现在要回房间去了。"K把脸扭了过去。

"你是K吧？"男人终于用中文说出了口。

K像是被吓了一跳，突然定住了脚步，仔细看着他，似乎觉得有点眼熟。

"是不是想起我来了？"

"我想起来了，你是给我们开门的那个人，在那个派对上。"

"谢天谢地，你终于想起来了。但你别误会，咱们在这儿相见纯属偶然……准确地说，也没有那么偶然，是杨尖尖的男朋友约我来的。我到这里后，才知道你们也来了。"

K一下放松了警惕，后背和肩膀松弛了下来，微微拱起后背，坐了下来。

"我其实是想来感谢你的。"他接着说，"是你和Leila把我太太的病治好的。我不知道该怎么说……她有抑郁症，看了很多心理医生。我现在才知道，心理医生都是骗人的。"

说到这里，K 的表情才逐渐放松。没错，心理医生都是骗人的，他们只会给 Leila 一直吃药。

"我太太每天就窝在家里，不出门，偶尔的社交就是刷一会儿手机。有一天，她突然看见你和 Leila 了。我记得很清楚，你们是在录一期关于减肥引起的抑郁症的视频。那一期视频，一共有半个小时。我和她一起看完的。我认为你们说得很对，因为减肥引起的焦虑和抑郁症是存在的。当时我太太并不感兴趣，只是觉得这两个人有点意思，把这么严肃的问题展现得还蛮有趣的。但你知道，她那时候对什么都提不起兴趣。后来，不知道从什么时候开始，她就每天等着你们的视频更新，还会跟我抱怨，为什么更新速度那么慢。我也开始关注你们的视频。直到有一次，你们在讲关于骑车越野的事情，我太太突然说想和我一起到你们骑车的那个地方去看看。我很激动，她第一次提出想要出门走走。我和她一起去了，后来又买了两辆越野自行车。我陪着她，几乎每个星期都要进山里一次。后来你们又在讲跑马拉松的内容。但马拉松对我们而言，简直是天方夜谭。但她觉得你们跑步的装备都很好，你们介绍的一切户外用品，包括衣服、鞋子、手表，她一个不落地都要买。她简直就是你们的铁杆粉丝了。我不在乎她买什么，她要去哪里，只要她开心，我什么都愿意付出。"

K 坐立不安，一种愧疚感和遗憾从心里生了出来，眼神闪躲着，生怕被男人发现什么一样。他不想再听下去，突然打断了男人的话。

"那你太太她人呢？你没带她来这里吗？"

"她怀孕已经六个月了。"

"那你怎么放心她一个人在家？"

"她妈妈陪着她在广州，吃吃喝喝。这也是因为你们的一期视频，是你和 Leila 在广州参加铁人三项赛的那一期。你们可真会利用机会，不放过每一次录视频的机会呢。"

"她同意你自己出来……玩？"

"她也很感谢这些年我对她的陪伴，她其实是一个很温柔体贴的人。她想给我放一个假。打猎也是我一直以来的梦想。我答应带回去一张斑马皮送给她的。"

K 很确定，这个男人目前还没有看到昨天的视频，网络还没有恢复，Leila 也还不知道。现在还来得及挽回这一切吗？

8

Leila 再次缓缓睁开双眼时，已经到了早上。斑驳的天花板上，像是冒出了许多棕褐色的蘑菇。K 的皮肤又变深了一个色号，他的几颗大白牙在不停晃动着。过了好一阵，K 的脸才变得清晰，Leila 的听力也逐渐恢复了。

"Leila，能听见我说话吗？"

"嗯……我在哪儿？"

"我们在医护室里。"

Leila 费了很大的力气，将身子往上拱了拱，说："头太疼了。我怎么在这儿？好像断片儿了，咱们昨天喝酒了吗？"

"先别动，点滴还没打完呢。你先告诉我，昨天晚上是怎么回事？我们发现你躺在了猎场附近。你去那里干什么？"

"嗯？完全想不起来了。"Leila 努力回忆着，片刻后突然抓住 K 的胳膊，"昨天的视频你上传了吗？"

"已经传到网上了。"

"快删掉，赶快删掉！这个视频坚决不能发到网上去，否则我们就完蛋了。这太残忍、太血腥了。我不想待在这儿了，我要回家！"

K 紧闭着双唇，既无焦躁，也无愠色。他木然地望着 Leila，脑袋里竟一片空白。他自知，无论是对于 Leila，还是那条视频，他都已无能为力。他从来没有感到像现在一样束手无策。

"还愣着干吗？手机快给我。"Leila 像是疯了一般试图去抢 K 的手机，手背上的针管牵动着点滴的玻璃瓶子，不停在摇晃着。

视频在网上引爆了一场动乱，Leila 和 K 早已在那个虚拟世界中被撕碎。可接下来该怎么办？起初，视频上传后的两分钟，经纪公司就以敏锐的嗅觉发现了什么，并且立刻给 Leila 和 K 打了电话，叫他们马上删掉。但就在酒店网络中断的片刻，那些狂热的网民就将事情立即发酵了，他们错过了经纪公司最后的警告……当网络恢复正常后，一切早已超出了他们的掌控。更糟的是，网友们似乎对 Leila 的指控更加强烈。K 看着面色苍白，假睫毛几乎掉得干净，左右手臂粗细又不那么均匀的 Leila，心生一种无法言说的愧疚和心疼。而此刻的他，又觉得自己像是被困在猎场的动物，无处可逃。

当盖先生带着午餐推门进来时，隐隐地觉得此刻的氛围有些凝重。他清了下嗓子，将旁边的一个白色小餐桌推了过来。他没说话，像个哑剧演员一样，安静地将篮子里的东西依次摆放。

"这是什么？好香啊。"K 看着一块用牛皮纸包裹起来的烤肉。

"试试看吧，你们一定会喜欢的。"

K 双手捧起了一块焦嫩的烤肉，它被切成了像拇指大小的肉条。它应该是被腌制过了，烧烤酱混合着一种难以描述的清香味。外面天色阴沉，昏天黑地，K 和 Leila 已经完全忘了时间，也忘了自己多久没有进食了。

"视频的事情不用担心，我会处理好的。"K 安慰着 Leila，又递给她一块肉条。

K 一边咀嚼着，一边露出了喜悦的神情。这是他从没尝过的味道。

"好吃吗？"Leila 表情终于放松了。

"这是什么肉啊？太好吃了，像黄油一样，入口即化。"

Leila 没什么胃口，只是出于好奇，用一种犹疑的态度，生硬地像是丝毫没有分泌出半点唾液地咀嚼着。

"这是你们的战利品。"

K 的嘴巴突然停住了，Leila 一下将嘴里的肉喷出来，捂着嘴巴将胃里所剩不多的残渣全部吐到了床沿、被子、床单和地上。这股子酸臭味让她一次又一次地干呕，最后吐到连胃酸也没有了……K 慌张地跑出，寻找护士。

盖先生也忙不迭地四处打转，收拾残局。

屋外的闪电照亮了这间小小的医护室，他们在忽明忽暗、四面惨白的房间里，惊慌失措地暴跳着。

9

自从昨晚，雨一直没有停过，乌云笼罩着这片辽阔的草原。眺望远方，是一望无际令人绝望的灰。下午两点左右，淅淅沥沥的小雨忽然间转为暴雨，它来得如此猛烈，令人措手不及。K带着Leila回到了房间，医生说她已经恢复了意识，再待在医护室里也毫无意义。K心烦意乱地翻看手机，Leila躺在床上，吃了几片镇静神经的药，又睡过去了。她还不知道发生了什么。K用力吞了下口水，坐在一张桌子前，双手一直揉搓着平板电脑……想了很久后，他最终还是鼓足勇气点开了那个社交软件。成千上万的消息扑面而来。

——这两个人渣，应该滚出健身圈！

——当网红是不是很赚钱呀，有点钱就想上天了……

——真是没有道德底线，应该封杀他们。

——可怜的长颈鹿，它的另一半是不是在旁边看着他们呢？

——现在的网红可真有钱，都能去非洲打猎了？他们到底坑了我们多少钱？看看他们用这些钱都干了什么？贱货，封杀他们。

——我知道他们的具体住址，谁想要，就关注我的个人账号，私信我。

远处一声枪响，割裂了夜晚的宁静。K像一只被抢指着脑袋的兔子，一动不动，心脏猛烈地跳动着，嗓子眼也感到阵阵剧痛。紧接着，又是一声枪响，枪声久久地回荡在夜空中。不知为何，一种莫名的伤感和痛苦就在这一刻，全部迸发了出来，眼泪迂回着，但K仍旧僵持在那里，继续聆听着外面的响动，可是什么也听不见，枪声在猎场里游荡了一圈后，又恢复了原有的寂静。那又是什么声音？是动物的哀号，还是狩猎者的欢呼？

这太蠢了！太荒唐了！K好像被那两声枪响惊醒，突然明白了什么，他用力扣上电脑，拔掉电源，将手机愤怒地扔在地上。他躺在Leila的身旁。Leila的侧脸还是那样恬静。K闭上眼睛，仿佛听到野兽们在猎场里此起彼伏的嚎叫声。他顿有所悟，感到有另一件更重要的事情正等待着他思考和担忧。他闭上眼睛，整个人像漂浮在太空里，而那些此刻正发生在另一个世界中的麻烦已无足挂齿了。

10

K在清晨被一声动物的嘶吼吵醒，他猛然睁开眼睛，恍惚地凝视着四周，发现Leila已经不在了。他坐起身来，回想着昨晚的梦。他梦到自己飘到了外太空，俯视地球，地球飞速旋转，发出一道道颜色绚丽的光。那个梦真奇幻，令他心情愉悦。K走到窗边，推开窗子。草原这生机勃勃的景象，亦真亦假。K不禁惆怅起来，并意犹未尽地咀嚼着梦的残渣。

雨似乎下了一整夜，清晨的空气中凝结着水汽，天空还是那么低沉，厚重的云遮挡住了阳光，让人分辨不出太阳的方向。K简单洗漱后，突然发现电脑停留的页面中，那条视频已经被删除，但网友谩骂的留言却依旧保存着。是Leila！她终于还是发现了……K迅速跑出酒店，奔向猎场。

周围的树丛微微晃动着，动物在不远处发出低沉的吼声，若隐若现的低矮身影潜伏在暗处，腥乎乎的气味随着阵阵凉风，徘徊在面前。泥泞的土地上，有着动物凌乱的脚印，脚印铺向远处，消失在草丛中。K继续步步向前小心谨慎地走去。

"你在找我吗？"

K突然颤抖了一下，是Leila。

"你吓死我了，怎么也不说一声就跑到这里来了？"

"早上睡不着，就来这里散散步。"

"这里太危险了，咱们赶紧回去。"

"等一下，前面有条小溪，那里很美。"Leila一边说着，一边向前走，

"这是我今早发现的。"

K本想问Leila关于视频之事，可她看上去像什么都没发生般淡然和愉悦。K忧心忡忡地跟在她身后。果然不远处有隐约的流水声，声音如此悦耳，像是清风中的铃铛，沁人心脾。树丛渐渐绵延开去，渐渐稀疏了，淙淙小溪绵延曲折地顺着一个方向流淌着。Leila找了块有一半埋在淤泥里的大石头，坐在了上面，并给K也腾出了一个位置。

"你也陪我一起吧。"Leila轻飘飘地跟K说，从一个盒子里拿出了一根卷得七扭八歪的细烟卷。

"你怎么还抽上烟了？我不抽。你也别抽了。"

"不是烟。你试试。"Leila和K坐在猎场的一条小溪旁。雨终于停了，小溪清澈，不停地流向猎场深处。K一直望着小溪的尽头，不知它通向哪里。

"这是从哪儿来的？谁给你的？"

她用力划了一根火柴，嚓的一声，变出了一团刺眼的火。火苗把她的脸映得有些模糊，随着火光的晃动，鼻子和睫毛也在微微摇晃着。她张开有点干裂的嘴唇，吸了一口，停顿了下，缓缓吐出，递给了K。

"是绿树先生，他很担心我。你不是说心理医生都是骗人的吗？这个可能会更有帮助。"

K时不时用余光看着Leila，生怕她会做出什么让人意想不到的举动。但Leila没有，眼睛一直看着远方，她将目光放得很长，好像能看见很远很远的地方。

Leila将烟卷点燃，吸了一口气，又递给了K。K也吸了一口，没过多会儿，他就感到天旋地转，眼睛也睁不开了。

K隐约听到Leila说："你陪我一起看雨好吗？你看，这急匆匆的雨，落在地上，汇聚成一摊摊的水洼，它们互相拥抱着，互相温暖着，一定不会寂寞。你说是吗？"淅淅沥沥的流水声，像是雨点们在击打、碰撞。雨似乎越来越大，大到我们听不见彼此的说话声。

当K再醒来的时候，Leila不见了，但她的衣服，甚至内衣内裤全留在了 K 身边。K 头疼欲裂，不知昏睡了多久。远处的天空蒙蒙发亮，那是洁白的月亮所发出的光。这是哪里呢？一层薄雾笼罩着周围，猎场像是变了样子。K 没有方向地拼命地奔跑，月光下，一只美丽的白色长颈鹿从层层雾气中缓缓朝他走来，那是你吗——Leila？

原载《十月》2022 年第 2 期

肖　勤

隐秘的船

古希腊神话里有一艘战功赫赫的战船——忒修斯之船，在漫长的航海岁月中，古老战船的木板与零件都逐一被替换。很多年后，有人问：这艘船还是不是最初的船？

一

午后的阳光有点慵懒、有点疲乏，河水在河堤边有气无力地翻了个漩，发出噗噗的闷响。七姑娘在树下的竹躺椅上困觉，突然醒坐起来，打了个哈欠，再看前面凉棚下那个背影，心头一阵泼烦。

喂，她故作生气地拿起蒲扇在竹椅上拍打，又叫了一声，喂——在这儿混恁久，生活费呢？

哈萝正在凉棚下偷吃泡菜坛里的生姜，她老娘一辈子穷惯了，抠里抠搜，小瓦房里除了必需的米面油和青菜，什么零嘴也没有，她只好冲泡菜坛子下手。听了七姑娘的话，哈萝缓慢回过身，无比嫌弃地看着躺椅上的七姑娘——树荫下，七姑娘的脸像玉石一样闪着光。哈萝想不通，这老太在大河边风吹日晒了大半辈子，都七十多的人了，那张脸何以跟二十出头的大姑娘一样白净光滑，玉菩萨似的。照理说这样的好相貌，应该配一副不食人间烟火的肝肠和纤尘不染的心，可她老娘却是个俗不可耐的财迷，从哈萝记事开始，老太心里眼里就只有钱。

哈萝舔舔手指头，不说话，挑衅地瞪了七姑娘一眼。不给！哈萝生呛呛地甩出一句，一辈子只晓得钱，不提钱你会死？

四十多年了，哈萝和老娘的对话向来如此，冷硬、火辣。外人听来，以为是后妈和养女。

七姑娘也不生气，起身取了棚绳上的毛巾擦脸，冷笑道，不提钱，不提钱你早饿死鬼投胎了，也不想想当年你怎么活下来的。

当年，不说当年还好，说起当年哈萝脸臊。沉淀的往事像河湾汊子里的杂渣，泛着泡沫一荡一荡扑到河面上来。

当年的大河，恁长恁宽，不光走盐走草药走干菌子，也走流言蜚语。沿河九个盐船滩头的人，提到四滩月亮台码头那个豁得出去的七姑娘，个个都笑得鬼眉鬼眼，女人带点不屑，男人充满遐想。长得比盐还白净的七姑娘，明明漂亮得连守盐巴仓库的黑狗都舍不得咬，火神庙买桐油添香火都只要她的货，真正是佛佑人喜欢。她倒好，偏去干些花里胡哨的事情：冬天和跑船的烧炉师傅挤眉弄眼乱搭讪，夏天跟草药医生上山入林说是去采药；竹子大开花那年，滩头刚办起学校，她就跑去给刚死了媳妇的蔡老校长洗床单衣裳，裤脚挽老高，一双小腿白花花泡在水里，于家船上的老幺看花了眼，栽进了河里被漩头吸走四五里，救起来人呆了，碰到水就惊得哇哇叫，足足扎了三年的银针……

小小一个月亮台，龙门阵从滩头说到滩尾，都是七姑娘。哈萝从小听着这些龙门阵长大——也不是她要听，是躲不过，就算塞住耳朵，它们还是会随着细丝丝的风钻进脑袋里。滩头本就巴掌恁大，密密麻麻挤满了靠河谋生的人家，三尺宽的独巷子一竹竿就能打通头，滩头放个酸屁，滩尾的风都是臭的。何况恁多风言风语，哈萝哪里躲得过？从小到大，她都被一群瓜娃子追来追去问：昨晚上你妈给你吃的左边还是右边？

幼年的哈萝口袋里永远装满了鹅卵石，以便冲着最近的一个砸去，然后大骂，吃吃吃，吃你妈个头，你妈八个奶，喂你家八辈祖宗。看热闹的大人们听到这里便轰地笑开来，颇有深意地彼此眨眼睛。憋了一肚子气的哈萝一回家，丢下书包便和七姑娘干仗，小小年纪泼天泼地，动不动就是点火烧房的架势，好向外人表明态度，她和七姑娘不是一伙的。

七姑娘收拾不了这小妖孽，气得满嘴长燎泡，想着哈萝不满百日，她爹老汉就和船一起翻到河里了，丢下自己和四个娃，日子最艰难的时候，缸里没米罐里没油。不少船老大劝她离开月亮台，反正她走了，四个娃留在这里，东家施一勺西家给一碗也能活，月亮台就没有饿死的娃。

她不干，孩子是她的命，扔下孩子自己去寻好日子，她怕天上的雷打她，何况哈萝那时候才三个月大，虚得跟只小耗子似的，是妈都丢不下。

滩头有滩头的规矩，女子不走就是娘，孩子就得自己养。

那些年，为了弄点烧煤、棉布和米面，七姑娘使尽了法子，要不是她脸皮厚，哭声比猫小的哈萝早死了，哪有机会在她面前张牙舞爪。哈萝他们能上学，全靠她月月年年给那个满嘴烟味的蔡校长扫地洗衣做布鞋。世上人都可以瞧不起她，唯有哈萝不可以。一条大河几百里淌下来，别人家的女子从小都是在河边卖鱼卖豆腐卖药材，只有她是把哈萝送到学堂念书，结果读了几天书，认得了几个破字，反而骂起老娘不知羞耻。半山岩的孙寡妇讥笑她说，养来养去最后养了条咬人的乌梢蛇。七姑娘不屑理会孙寡妇，她和孙寡妇不是一路人，但孙寡妇的话让她一想一个怄，一怄就翻天倒地地恨，拿起槌衣棒追着哈萝就开打。一个打一个跑，一个吼一个骂，窄小的房檐下永远鸡飞狗跳，一大一小两个人，在窄街上狭路相逢时，谁看到谁都是磨牙瞪眼要吃人的样子。

槌衣棒下长大的哈萝出落得异常俊俏，每次下河洗衣裳回来，走在高高的丹霞岩旁，小脸被岩石映得通红，晃眼看，以为是河岸两旁的刺桐花，俏丽得很。但是一旦到了她拿鹅卵石砸人的时候，刺桐花就成了燃烧的火苗。

在月亮台的人看来，母女二人都稀奇得很，老的为了小的，死活不肯离开月亮台；小的倒好，时时刻刻惦记着要走——离开月亮台是哈萝拼尽童年和少年所有光阴和力气要做的事。十五岁时，哈萝终于考上了上游夜郎镇的夜郎高中。烈日灼灼的九月，细瘦的哈萝背起棉被和行李，站在滩头朝着大河狠狠吐了口唾沫。

淌走的河水不倒流，离开的姑娘不回头。

那以后哈萝再也没回月亮台，学校放假她就赖在镇上给李家米皮店打零工，泡米、推磨、烧火、上浆、起笼，这些细碎事，难不倒月亮台出来的女子。"桑木镇的鸡，二郎乡的酒，月亮台的姑娘家家有"，夸的就是月亮台的女子能干。

整日在雾气腾腾的蒸灶前，哈萝少见了阳光，又加上蒸气笼着，本来就瓷净的人儿长得更加皎白。镇上人惊叹，李家米皮坊里藏了个雪娃娃。

小镇婆姨们带着媒婆一样色眯眯的眼光，端着米箩说是去李家换米皮，其实都是去看人。

狭暗湿润的作坊里，人多，吵，屋外的野猫随着大河的浪头声无休无止地跟着嘶叫，乱哄哄闹麻麻。

只有哈萝很安静，终日沉坐在白茫茫的蒸气深处，想事情——

想什么时候脱胎换骨，灭了那些轻飘的眼神。想有一艘大船，她是船老大，而不是岸边等船的女子。

志气归志气，一到换季和开学，总还得托船捎话到月亮台，问七姑娘要学费书本费和饭钱。每每从船老大手中接过七姑娘送来的衣物和钱，哈萝都觉得自己像条喂不熟的狗——又要讨人家的饭吃，又不肯朝人家摇尾巴。哈萝恨这样的自己，偏偏七姑娘托人捎话来，说，穷家富路，人在外面，缺啥子一定要讲，老娘卖血也给你凑。

哈萝又羞又愤，拽了把河岩上的虎耳草在嘴里嚼，啐一口碧绿的青汁——谁稀罕她卖血。说完红着脸扭身跑了，回到学校，死憋着一口气啃书。

犟女子做事总能成，七年后，哈萝成了大河上下第一个女大学生，毕业又系绳定锚留在市里做了"公家人"。从市图书馆报到出来那天，依然是九月，太阳依然灼热如火，哈萝站在巨大的玻璃门前，看到了一个脱胎换骨的哈萝。

她长长地吁了口气。

单位分的宿舍并不比月亮台那狭小的吊脚楼大，但是哈萝有家了。整个国庆节哈萝都在忙着收拾屋子，刷完肮脏的墙壁，钉好破旧的窗户，换完黑乎乎的电线，把楼道里别人扔掉的旧柜子旧桌子搬来洗刷修补油漆一番，一进两间的小宿舍显得有模有样了，哈萝便很有态度地给月亮台那个人捎话：房子安顿好了，你搬出来住。

凶巴巴，没有商量的余地，倒像她是妈。

十一月小阳春，七姑娘板着脸进城来了，站在单位门口的梧桐树下，一脸黑云，不是娘看女儿的眼神，倒像仇家寻上了门。门卫老蒜头狐疑地站起身，手伸向电话机，这辈子他还没打过110，想到这里，他有点激动。

两个漂亮女人没有给老蒜头机会，她俩在老蒜头诧异又失落的目光中，一老一小、一前一后往图书馆宿舍走去，寒风卷起梧桐树金黄的落叶，丢一地零碎。

搬搬搬！你晓不晓得，我在，月亮台的风言风语就只是风，打不痛人。我一走，话话儿们会聚成石头，砸得死人。七姑娘提着老楠木嫁妆箱费力地跟在后头。

现在怕，早干啥子去了？哈萝回头白了她一眼。

你说干啥子，养你几个白眼的狼去了。

稀罕你养，丢到河里喂河神都比当你家姑娘强。

那你去啊，大河又没盖子，你去跳，没人拦你。

到底是年轻，打嘴仗不是七姑娘的对手，哈萝给噎住了。她停下脚步，死死地盯住七姑娘，脸涨得通红。

七姑娘不看她，扔下箱子，扭着胯往前走，风摆柳似的，气得哈萝银牙咬碎，提起箱子跟上去，轻声啐骂道，都入土的人，你扭给谁看？

七姑娘回头说，稀奇了，是人都扭，不扭的是扛尸杠。

天天吵。

哈萝吵惯了，七姑娘也是，但三个绵软且温厚的哥哥脸面受不了——单位宿舍楼，谁知道有多少人巴着墙听呢。哥仨凑钱在城郊的云门沱买下了配电站老值班室的两间小瓦房，又拉又扯，劝七姑娘到那边去住。七姑娘"誓与哈萝斗争到底"，先是不肯，结果到了一看，小瓦房边上居然有一道长满芦苇的河堤，再前面是大河的支流清江河，正是涨春水的时候，空气里全是水草的腥香，闹脾气的七姑娘委屈不甘地看一眼，又看一眼，突然哧地笑了，满眼都是湿漉漉的欢喜。

河边长大的女人喜欢河，离开了河，魂都是干的了。

七姑娘又哭又笑地说，那个白眼狼，谁稀罕和她住在一个屋檐底下。

二

进城第四年，是大河五年一度的大祭，河上人家的规矩，小祭不拘，大祭不离，祖祖辈辈有多少代、多少亲人靠大河生，在大河死。生死轮回，大祭的烟火是供到天上的，也是接续人间的，烟要足，火要旺，日子才畅。

大河人提前三四个月便开始热络起来，天南地北，写信的拍电报的让人捎话的，三五成群，邀约着回月亮台。

没人给七姑娘捎信。男人当年是家里的独丁，又死得早，且七姑娘是嫁到月亮台来的，滩头没娘家，热闹本是别人的，跟她没关系。但七姑娘憋着一股子劲——她嫁到了月亮台，就是月亮台的人，不管月亮台的人怎样看她，她要去祭河，谁也没资格说个不字。七姑娘早早开始收拾，每天傍晚在树下备好条凳，卡好一刀刀竹草纸，青花瓷碗里装上桐油，桐油明黄净澈反着光，像初嫁那日的镜子。七姑娘照着旧日的模样，用铜制的月牙凿刀蘸了油，一印子一印子凿——凿的是祭祀的铜钱，也是天上地下惦记着的圆满。临行前一晚，七姑娘摘来菜园子的天仙米，煮了一锅红汁水泡糯米，天亮时蒸了一甑子红米粑……一切都准备妥当，七姑娘才换上新衣裳——镜子里头那个老太，头发依然丝滑入墨，面色白如明月，恍若当年初到月亮台的模样。

那天早晨天色多清透啊，七姑娘喜滋滋地出了门，远远看到大儿子的长安车停在河堤坝坎上，看得七姑娘想流泪，想想几十年熬过的苦，如今都值了，尽管没攒下一艘船，但儿子女儿都上了岸。

感慨万千的七姑娘，迈着碎步走上河堤，结果打开车门给吓了一跳。

哈萝抱着粉嫩嫩的细娃运来，怒火冲天地坐在车里，一双眼火辣辣地瞪着她。

干啥子？七姑娘看到她怀里的运来，急了，刚出月子才几天，你抱着娃出来做啥子？要去月亮台我去，河上风大，吹到运来怎么办？

你还晓得顾运来啊你？不许去！哈萝一手抱着娃，一手挥舞着车钥匙，凶神恶煞般地威胁她，谁都不许去！

大儿子左右为难，瞥一眼七姑娘，意思是算了吧。

七姑娘也顿时火烧到脑门顶，苦心拉扯大四个孩子，结果个个都来欺负她，她好欺负是吗？七姑娘看了一眼哈萝说，你是我妈还是我是你妈？你管得着我？

我就管，明明风平浪静的，你一回去翻沙打浪引出些闲言碎语到城里来，丢我的脸就算了，运来还没满百天，你就不能给他讨点吉利？

翻什么沙打什么浪了？七姑娘气得浑身发抖，我说过万百遍，老娘这辈子没做对不起祖宗的事情，老娘不怕。

反正不许去，你去试试。刚生完孩子的哈萝有点发福，一双大眼睛迸射出凌厉的光，像一头漂亮却强悍的母豹。

七姑娘本也不是轻易能被人拿捏的人，那天不知怎的，看着哈萝凶神恶煞般的表情，心头不由得生出牵牵扯扯的疼——哪个女子的倔强背后不是伤不是痛呢？当年她为了保护哈萝，不也是这般模样？

哈萝爸死后，她本来可以找艘大船走掉——要是走掉，何至于苦了一辈子还来受哈萝的气。但时光再倒回去一次十次，她也不会走。说白了，天下没有靠得住的船，除非自己是船老大。

好笑的是，她好不容易把哈萝培养得有了船老大一样的霸气，哈萝如今却嫌她当年的心思败坏了她的名声。

白瞎了，所有的心血。都已经是当妈的人了，怎么就不懂当妈的心呢？

天还蓝着，但在七姑娘眼里看来，一切都惨白如纸。她默默转身下了河堤，把自己关在小瓦房里。儿子在外面喊，她蒙住耳朵懒得听。她讨厌儿子的声音，像茶馆里的猫。这日子简直就是过颠倒了，姑娘活成了老虎，儿子活成了猫；对的变成了错的，错的变成了对的……浅水轻柔地拍打着沱岸，哗啦，哗啦，催眠一样，七姑娘沉沉睡去，梦里回了月亮台，自己活成小媳妇时的模样，还是那个咬碎了牙也不流泪的七姑娘。

第一次开了头，后面就成了理所当然，第二第三第四次大祭，哈萝依然不准，理由换成是——上次都没去，这次回去做什么？随着何女婿步步高升，哈萝的性子也越来越跋扈。这女子五六岁时在月亮台就已经显了形，何况这些年一个人风里雨里闯，如今说话做事只有两种态度，一种是行，一种是不行。什么随你、都行、无所谓，在哈萝的词汇里完全找不到。

七姑娘瞅着这个身形和主意都越来越大的女子，眼睛里的光芒渐渐黯淡下去，有浑浊的水色从眼窝深处浮上来，像暴雨来袭前大河河面上浮起的坨坨雾，怎么扇也扇不开。

天黑了，河堤上的水柏杨被狂风吹得哗啦啦响，大雨如约而至。

三

七姑娘决定这次无论如何也要回月亮台。

头晚她做了个梦，梦见月亮台那株上百年的黄桷树上挂满了红色的布条，凑近了听，风一吹，布条上竟晃出一个个人影，全是当年的大媳妇小姑娘老太太，她们窃窃私语，说的都是关于她的风言风语。

说桑木的鸡，二郎的酒，月亮台的姑娘家家有；唯独一个七姑娘，浪来浪去到处走。

这个浪，不是河水那个浪。

像是被盐仓里的秤砣压住了胸口，七姑娘一口气喘不上来，差点在梦里头就栽过去。

湿泠泠一身醒来，掰起手指算算，离开月亮台竟然已经二十多年了。时光就像正午树影里的碎太阳，一晃就过去了，今天的哈萝比当年的七姑娘岁数都还大呢，七姑娘现在也成了七老太。

老了，再过几年，怕就要吃水阎王的饭呢。七姑娘想着，再也睡不踏实，梦里那些意味深长的眼光像碎在河水里的月光，寒闪闪的，冰凌子一样扎她的心——到底她并不曾真正做过伤风败俗的事，只是比憨厚实诚的婆姨们妖娆风情了些，但她拖着四个娃，不装点可怜卖弄点风情怎么活呢？都是大河上讨生活的人，自己都过得几多艰难，绝没有平白无故送人煤米油布的道理，只有凑近了人家才肯。人啊，年轻时撑着一股要活命的劲，什么难听的话都不放在心上，什么显眼的事都敢做，谁说长道短，她能骂得人家心惊肉跳。如今一老，突然卸了劲，总觉得夜风吹过来的凉都是委屈的，总想要冲着那漫长的夜争辩两句。

当初只不过是想要活着，没拦谁的路，没拆谁的桥，没做对不起河神的事。

鱼下籽的季节不都要在河里搭鱼窝吗？她也只想拉扯着小鱼儿们长大，碍着谁了？

要争，要辩，只能去月亮台。

哪怕当年骂她的人都没了，她对着河岸、对着码头、对着那些坟头和黄桷树的根须，总还是可以讲的。

结果哈萝突然跑到她这里来长住，横刀立马的架势，像孙二娘来占山头。

问她为啥子要来这里住，她说她想她了。喊！这条小乌梢蛇，不咬人就算好的，想她？这些年连声妈都没有叫过一声的女儿，她会想你？

竹竿上挂塑料袋——你少在这里给我装疯，以为我不晓得？你就是来监视我的。七姑娘挥动着捶衣棒，恨恨地拍打着挂在麻绳上的棉絮，秋天阳光净澈，正好晒掉一年的霉沉。

监视你又怎样？你回去做啥子？回去等人指你背脊骨？哈萝费力地坐

在门前的矮凳上，嘴里啃着半截卤猪蹄。

哈萝又胖了，胖得买不到合适的衣服，只能穿袍子。穿着红袍子的哈萝往小瓦房门口那么一坐，就成了尊巨大的红色门神。

指我背脊骨？七姑娘眉头一扬，冷笑，腰一叉，风情就跟着上了脸，还是当年不服输的模样。水柏杨叶在秋风里簌簌作响，七姑娘的背挺得跟水柏杨一样直，她半笑半哼，指我背脊骨的，也不看看，哪家把四个娃崽都养上了岸？哪家出过女大学生……说到这里，七姑娘浅笑着眨眨眼，不知是奚落、提醒还是讨好哈萝，还养出个县长女婿？是不是？

这话不说还好，一说哈萝心头乱成一团，看着前面河滩浅水处缠扯疯长的水葫芦，想吐出句什么，终被满嘴的卤香噎着，什么也没说出来。

这么多年，足以令她在七姑娘面前生威拿调的，不就是老何吗？现在好了，哪根绳子金贵断哪根，哪壶不开提哪壶。

她扬起手，把没吃完的猪蹄甩到水菖蒲丛中，阳光晃荡了河水也晃荡了眼。呸，这鬼迷日眼的光阴。

四

这回哈萝真不是为了监视老娘才住过来，她在那个家里实在是待不住——老何越来越不爱回家，打电话过去，只说是县里忙。明明是自己的男人，哈萝要见一面却全靠每晚看新闻，调到地方台 119 重播频道，一个人坐在空荡荡的家里翻来覆去看，一轮又一轮，电视里那个指点江山的男人，让她甜蜜又心酸、陌生又熟悉——以前指点江山的都是她，陪着他怂恿他打江山的人也是她，什么时候她功成身退，被他甩得远远的呢？

"没有分享，再多的成就都不圆满；没有安慰，苦过了还是酸。"漆黑的夜里，在不开灯的房间，哈萝独自听着老旧的音乐，回忆像静夜的胭脂花香弥漫在空气里，一切都美好得像梦。那时老何正追她追得紧，单位的人一看到他来了，都叫小何小何，快，哈萝在那里。瘦黑矮小的小何跟在白荷花一样傲然盛开的哈萝背后时，大家都偷偷笑。哈萝在馆里布置书，他也跟着。馆里一向是安静的，阳光照在高高的书架上，有飘浮的微尘像金粉一样在空气中闪光，窗外的杨树长出了细茸茸的毛，小何的上唇因逆光也生出一层金色的绒毛，它细软又忧伤，在忐忑中期待着哈萝的承诺。哈萝忍不住伸出手去抚摸它。

小何吓得一动不敢动，洒进来的阳光斑点跟着静止，像一杯凝固的果冻。

许久，哈萝开口说，我念首山歌给你听？

小何还是不敢动，眨了眨眼睛表示"好"。

> 这山望着那山高，
> 那山坡上好阳桃。
> 一心想摘阳桃吃，
> 人又矮来树又高。

哈萝说完，挑衅地看着老何。

小何沉默，闷不拉叽好半天，缓缓抬起眼皮，说：

> 这山望着那山高，
> 那山娇妹砍柴烧。
> 哪年哪月同到我，
> 柴不用捡来水不用挑。

哈萝愣了，突然咯咯咯笑起来。那时候还没有"闷骚"这个形容词，现在想来，小何真正是个闷骚男。

小何如释重负，开心地笑。

小何用山歌明确承诺了哈萝以后在家里的地位，这正是一直想掌舵的哈萝梦寐以求的状态，她不想像七姑娘那样过一辈子，她要做自己的主。

婚后的日子像缓慢又温静的流水，小何把家庭大政方针的主权交给了哈萝，自己则包揽了所有的家务，矮小的他像一块实诚又敦厚的压舱石，哈萝终于有了船老大的感觉。从小到大，她站在岸边，看到那些船老大是那么嚣张和肆意，在船上沉稳霸气，上了岸狂野热烈，走船时整条大河都是他们的，靠岸时整个河岸也都是他们的。

现在，统统都是我的。哈萝坐在整洁的小家里，张开双臂，满意地闭上眼睛。

那时候的家是真小，才六十平方米。不像现在，二百多平方米的大平层，宽得像大船起滩的滩头。可是恁大的房子，哈萝住在里面总是胸口发闷。当年的小何如今是何县长了，何县长太忙，总不回家，运来也住校了，轻易不肯回家。她每天一个人待在房子里，跟个活死人墓似的。哈萝不笨，她知道，虽然老何的忙是情非得已，但是很多时候，一个县长，真要选择一两个周末不忙的话，也可以不忙的。

老何忙的背后其实是不想回家、不想见她而已。

这算什么呢？哈萝想着，心尖尖抽抽地痛，过河拆桥？兔死狗烹？

说离婚吧，哈萝不甘心，凭什么她炖好的一锅汤，要送给那个住在明月桥的小调酒师享福？不离吧，老何如今进进出出都摆出一副无所谓的调调，哈萝骂他不要脸，他无所谓；骂他陈世美，他无所谓；砸烂家里一大堆东西，他也无所谓。在老何眼里，身形那么庞大的哈萝，居然等同于无形的空气。

哈萝想找个人哭一场，又实在拉不下颜面。这么些年，谁不知道她哈萝旺夫，旺出了个县长。

思来想去，她只有往七姑娘这里逃。

多少年了，哈萝第一回舍不得离开这两间小瓦房，它是如此狭小而亲切，以至于她和老娘刚刚吵完架，都不得不"亲密接触"——除了床就是柜子，她和老娘在屋里，不是你的后背擦过我的，就是你的胳膊撞到我的，小小的屋子，不像她和老何冷清清的家，这里充满了人间烟火——她和她在一起不是冒烟，就是冒火。

唉，可不是火嘛……她女婿大浪都翻出了坝，傻老娘还当他是宝。

姓何的当县长关你鬼事情。哈萝生气地说，矮小的瓦房给震得嗡嗡直响。

不知什么时候开始，哈萝说话的声音，从靓到了响，从清脆悦耳变成敲锣打鼓一样霸气。

当然关我的事，你不给饭钱，我找县长要。

你敢。哈萝恶狠狠回过头，雪白的脸上横肉毕现。"岁月是把猪饲料"，儿子运来是这么挖苦她的。

五

馆长老包打电话来，和风细雨地跟她商量，局里下来检查，她要是没事的话，还是去签到点个卯，实在不想去，就请个病假。哈萝爽快地说，请什么假啊，我来吧。

最初哈萝上班和别人一样都要打卡的，随着老何的升迁，渐渐就不用了，因为老包和馆里其他人总有这样那样的事求"哈萝家领导"办，求一回松一回，到最后哈萝上不上班大家都表示没关系。反正现在的图书馆也没几个人来正经看书，别看座位上都坐满了人，年轻人都是来蹭空调和蹭网的，小孩都是来做作业的。馆员多一个少一个无所谓，去了也没啥事。

但哈萝还是喜欢去馆里上班，毕竟她的青春交付在了这里，坐在巨大玻璃窗下的人，从最先清秀傲慢的少女，变成今天又胖又白的中年妇女。岁月无声，也无情。她已经记不起自己年少的模样，月亮台那个比刺桐花还要美的少女仿佛是上辈子的事，而她再也不想回到上辈子。她只想紧紧抓牢这辈子。这辈子她是老何的幸运符，是一个男人事业和生命中最重要的女人。

到了单位，几个女的在擦桌子打扫卫生，男同志在打印材料搬会议桌。哈萝说要帮忙，一个个都笑说你就负责坐镇指挥吧，哈萝也不矫情，说周末我请客吃饭吧，顿时办公室一片喜庆气氛。

办公室不大，哈萝站在哪里都碍事，便随便抽了本书去阳台看。

没过一会儿，老包乐呵呵地走来，坐到她对面，手里端了两杯奶茶，老包知道哈萝喜欢喝奶茶，杨枝甘露，加糖。

看什么书？老包太瘦，皮包骨头，一笑眼角全是皱。

《忒修斯之船》。哈萝接过奶茶，说，编辑有点意思，我还以为是本旧书，还有那么多手注记录。现在做书，除了抓作家，还要拼创意。

老包瞥了书一眼，没接嘴。比起本科毕业的哈萝，初中刚上完就顶替父亲进馆的老包实在是没有多少墨水和哈萝谈文学。

哈萝吸一口奶茶，又放下来，不是检查吗？你还弄这个。

刚接到电话说不来了，厅里有领导来，局领导去陪厅领导了。老包嘻嘻笑，就像你一去县里，你家老何丢开检查也得陪你一样。

哈萝听着舒坦，嘴里却说，我算老几啊，普通群众，我又不是他领导。

你就不要谦虚了，要不是你培养，你家老何能当县长？听说当年他只是区林业站的小科员。老包挤挤眼，她知道，喝奶茶和回味当年，都是哈萝的最爱。

果然哈萝漂亮的大眼睛顿时亮晶晶地闪起光来，神情傲娇。怎么这么说我家老何呢，人家本来就优秀，但是——她顿了顿，理了理袍子。

老包便知道她要开始漫长的回忆了，也跟着理了理裙子，干瘦的她像张老照片一样靠在椅子上，有点张爱玲和三毛的味道。

哈萝情不自禁地摸了摸自己发福的腰——男人到底喜欢胖女人还是瘦女人……随即回到了老包的话题。

她不用夸张，也无须煽情，和老何一路走来的点点滴滴都在她脑子里。是的，那时候何县长还只是个区林业局的小科员，一门心思都在兑现"柴不用捡来水不用挑"上，在家里，哈萝是十指不沾阳春水。刚开始几年哈萝是满意的，过了几年公不离婆秤不离砣的日子，哈萝渐渐就有点腻烦。她从小看惯了大河上的男人，黑红油亮的胸膛，坚硬有力的臂膀，黄昏时分，男人们全身的肌肉在夕阳下闪着油亮的红光——那才是汉子！可她这个老公，守着个小屋檐，张口闭口都是明天你想吃点啥后天你想吃点啥。

吃吃吃，又不是猪。哈萝生气得想摔碗。

得把小何推到大风大浪里头去。哈萝心一横，拉起小何的手就去敲林业局长家的门，从大河文明谈到理想国，那正是中文系毕业生哈萝最拿手的。

哈萝聊完，对着一脑门问号的局长说，都是我家小何教我的。领导不禁多看了小何几眼，表情复杂。小何后背早已吓出大汗，回去猛补了几个月的理想国，这才挺起胸，有了些许和理想国不太一样的"理想"。

用今天何县长的话说，哈萝启蒙了他。

不久小何当上了局办公室副主任，理工男小何看到年终总结和工作报告一个头两个大，哈萝不怕，挽起袖子，露出白藕般令人惊艳的手臂，吞天盖地替他揽过来——小何每天干什么，上几趟厕所，接几个电话，搞几个会议后勤她都知道，写个报告有什么难的。哈萝最自豪的是自己在生运来那天的上午，还忍着阵痛为何副主任写完了竞争上岗演讲稿，正是那篇演讲稿开启了小何人生的新大门。她深谙丈夫的口才弱点，所有的句子和用词都避开了小何的短板，比如小何只要说黄飞鸿，就一定会吐字不清说成红灰红；一说雄心万丈，就会说成雄心万象……哈萝的稿子不光是写得壮怀激烈，更是用其他句子帮小何把这些类似的坑全部修补完善，让小何的演讲如滔滔洪水，连绵不绝。小何上了台，若干铿锵有力的排比句一句接一句的，一浪浪打来，没有不服气的，听到最后评委都忘记了鼓掌。从此，小何露出尖尖角，走上了政治舞台。

再之后，演讲和讲话便成了现在的老何同志之生活日常。他甚至能把灰化肥黑化肥红凤凰黄凤凰说得清清楚楚字正腔圆。

老何经常将自己比喻成一块埋在石头里的玉，幸好有哈萝把他打磨了出来。哈萝听了，骄傲得像一头孔雀。

七姑娘却奚落她白痴——人家明里夸你，暗里夸自己，他要不是玉，你打磨有屁用。你家老何的心思你是斗不过的。

哈萝不屑一顾，什么老何心思多，明明就是老娘心眼多，自己过得不好，便见不得别人好。

老包艳羡地叹口气，说还是你命好，哈萝，你当年真是挖到了宝。

是我旺夫好不好？哈萝想起老娘的话，懒洋洋地吸一口奶茶，不悦地说，挖什么宝。

对对对，你旺夫，你看你多富贵。老包笑起来，暗自对比了自己和哈萝的身材，怎么说呢，老包有点替哈萝着急，哈萝也太胖了。

但哈萝不急。她胖那是旺夫，这话是图书馆门口青玉路边算命的秦瞎子说的。他还算出来哈萝旺的人属羊。

老何就属羊。哈萝一高兴，掏出两百块钱给了秦瞎子。她不知道秦瞎子早就把她的底摸得门儿清。秦瞎子只是叫瞎子而已，人家不瞎，脑子够使、鬼精，那家伙整天斯斯文文坐在路边大梧桐树下，一副仙风道骨的模样，就是专为着骗人来的。

当然，秦瞎子的仙风道骨在久经风霜的七姑娘看来，那叫奸诈。

男人要旺，儿子要壮，婆姨要胖。秦瞎子安慰着眼前这个因为减肥不成而愁闷的女人。他知道这女人天生是个手松的德行，又好显摆，喜欢被人端着，这种人脑子缺根筋，又死拧，只要哄得她高兴，票子多多的。

哈萝不笨，她只是图个吉利，并未把秦瞎子的话当真。巧的是那年秋尾，哈萝好不容易拼命瘦下来几斤，结果上边传出小道消息说，在建设局任副局长的老何可能要调到市残联当主席，而市残联主席平调到教育局当党组书记。谁都知道，对残联主席来说，这是"背心换胸罩，虽然是平调，位置很重要"；但对老何来说，是升米换斗糠——看起来堆头大，内瓤子是空的。老何心里那个郁闷，回到家里跟丢了魂似的，细瘦黑巴个人儿，棍子一样杵在窗边抽烟，半天不动一下。哈萝看不下去，第二天直接跑到市委组织部找常务副部长，从老何从小住在高寒草场九岁前连白米饭都没吃过，说到老何当区水利局副局长时发大水救人差点让水给冲走……下午四点，市政府食堂焜炒勺儿菜的香气飘上来，又麻又辣，弄得副部长心头很鬼火，机关事务局局长搞什么去了？他生气地打了个响亮的喷嚏，冲哈萝冒出一句说，你怎么没想过让自己进步进步？

哈萝一愣，沉默好久，这个问题她也问过自己。可是，好奇怪，只有为了老何，她才有这样蓬勃的动力。一时间，她脑海里突然浮现出七姑娘大冬天在河里淘洗床单时那双冻得通红的手，还有那单薄又倔强的咬着牙的薄嘴唇。

河水滚滚向前……

她和七姑娘，都是为了自己所爱的人吧？哈萝拒绝思考这个问题，她不想背负七姑娘的付出。

可岁月到底是什么？她明明要做一个和七姑娘不一样的女人，偏偏又被日子推着走近她、变成她，都为了心尖尖上那个人费劲劳神。

副部长格式化地看看手表，说我还有事，你反映的问题，我给你三点答复：第一，组织用人有组织的原则；第二，民间组织部传闻不可信，勿乱信；第三，感谢你支持配合和关心小何的工作，不过以后工作上的事，你还是交给何局长自己处理吧。

哈萝听出部长话后藏着的锋利和不快，毫不退避地扬起脸，说，总有一些事是要夫妻共同担当面对的，不然，拿爱人来做什么，只是搭个伙、吃个饭？

哈萝的话好巧不巧触到了副部长的伤口，他和"爱人"正是如此，只是搭伙吃个饭，至于感情方面，那句话怎么说的？一不做，二不休。

唉，扯远了。副部长瞥了瞥眼前这个泼辣又漂亮的胖女人，有点闷恼。最后他意味深长且诅咒般地说，能一起搭伙吃饭的，也是好夫妻。不信你试试。

哈萝回到家，老何正呆站在厨房里看着沸腾的一锅水发傻，像死了老娘，失魂落魄地举着锅铲，说，看来我还是适合做饭。

哈萝系上围裙拿过锅铲，狠狠地说，还没到那时候，秦瞎子说了，我旺夫，看咱们把旺吃回来。

哈萝体重回到一百五的时候，市委一纸调令，老何不"残"了，转到县里当常务副县长。那天老何很晚才回家，喝得有点高，舌头打着结，抱着哈萝渐厚的腰，难得地哈哈大笑，说我的天，哈娘娘，你减个肥看把我给闹的，以后你这一身膘可不能再掉了。环肥燕瘦，咱家还是肥点的好，咱家有米，吃得起。

哈萝自豪地看着这个她当成命一样护着的男人、这个欣喜万丈的男人，眼眶湿了。

那一刻她想起了七姑娘水灵灵的大眼睛。也许那里面的水和她的一样，也是咸的。

哈萝从此再不操心减肥的事情。怕啥肥，她男人喜欢。

六

人家的日子是一天天滑过去的，哈萝的日子是一斤斤长起来的。

老何提任水云县县长后，哈萝周一到周五就自然而然往县里赶，常常人还在车上，县里就有无数个电话打来，这个问嫂子想吃点啥，那个问嫂子明天怎么安排，叫得那个亲。

哈萝喜欢听，想想月亮台当年恶心自己的那些人，可曾想过今天的哈萝？

老何忙，即便她到了县里，经常也只在晚上才见得到人，总是哈萝都睡了，才听到开门的声音，哈萝在黑暗中等到再次睡过去，也不见人进卧室，第二天一早，见沙发上躺着根黑木棍，正是老何。

为啥子不上床睡？她满嘴牙膏泡沫，拿脚推他屁股。

老何懵里懵懂醒转来，搓搓脸坐起来打哈欠，说，一米五的床，你一躺占了一大半，有我什么地儿？你说你，个个星期跑下来也不嫌累，整天这里吃那里吃，恁胖还吃。

哈萝嘻嘻笑，嘴里含着泡沫含糊不清地说，我胖你才旺呀，床是小了点，明天我叫办公室小张他们换个两米的。

老何表情变得严肃起来，指责她说，什么都是小张小张，小张他们是为县政府工作，不是为你工作。

哈萝觉得无所谓，心里想，有什么区别，小张是县政府的，县政府是老何的，老何是她的。

这样的想法，和体重一样天长日久积攒起来，哈萝说话走路的样子渐渐就显出了臃肿和霸气。

老何见她这样子，一个头两个大，心想，都什么形势了，纪律越来越严，她倒好，越来越作，曾经知书达理的人，如今像个山寨女老大。眼见着教育无用，老何懒得和她啰嗦，只是申明不允许科局的车"顺路捎哈萝大姐"到县里来，也不允许办公室秘书为哈萝服务。谁不听他收拾谁。老何这样做是没办法，大道理哈萝比他懂，但她就是想张扬，这让老何很厌弃，这样的女人，根本不敢端上台面，她一上桌子，他早晚废菜。

老何的命令让哈萝恼怒——叫花子入庙堂，真把自己当神了。

七月半敬祖时，老何回家吃了顿饭，目的是烧纸。夜里，揪着老何回家的机会，哈萝愤愤数落，飙着高腔，从厨房唠叨到客厅，满屋子都是嗡嗡嗡的回声。所有的控诉归根结底都是一个中心思想：要不是我当初那样子，你能有今天这样子？

老何本来已经换了睡衣，也不吭声，钻进卧室穿了西装又出来。哈萝挡在门口，怒目相向，问，什么意思？老何也不急，一脸认真地举起手机，说，市政府办通知有事。

市政府办的通知就是市长的通知，市长的通知就是大事，在这一点上哈萝不含糊，大义凛然地给老何开了门。

门这个东西，关上还好，一旦打开，谁知道老何往哪里去了呢，外面世界那么大——七姑娘经常提醒哈萝，别眼里就只有一个市长，人家老何眼里指不定有多少人呢。

哈萝豪迈地笑，笑声响亮。月亮台那个像浪花般晶莹又像泡沫般委屈的小姑娘她已经抛在脑后，她很自信，不光自信，而且富足、霸气，从内心到体重。她讥笑老娘，你那点肚肠和眼光，也就只看得到市井，我好歹还看得到市长。

谁知道七姑娘咒得怎准呢，老何的眼，真就看向了别处。

明月桥那边的事，哈萝隐约知道，她只是不愿找也不屑找那个人，问题在外头，根子在里头，她怎么找？

前一阵，哈萝生日宴，她要求老何必须从县里赶上来，"配合演出"

亮个相。老何不满地说，正抗旱呢，添什么乱。哈萝不依，威胁道，你不来试试。

不知道是威胁起了作用还是老何心虚，总之最后他还是到了场，虽然表情不悦，祝福也很官方很刻板，但终究顾全了哈萝的面子。哈萝高兴，喝得有点高，回到家靠在老何肩膀上（老何强调是"压"），絮絮叨叨，跟老何讲月亮台的月光和米皮铺子的雾气，说那些起哄和窥探的目光背后若干的艳羡。

那时候，我漂亮得你够不着。哈萝委屈地抹一把泪，慵懒得意地拐了老何一下。

老何夹缩着胳膊，不看她，眼睛盯着刚打开的电视。哈萝的过往，他不是不在意，可要一个清醒的男人去面对一个酒气熏天的女人，实在有点难。

哈萝不高兴了，一巴掌打在老何大腿上，喂，集中精力嘛，我在说话。

别闹，看新闻。老何严肃地说。

他现在总是很严肃。

哈萝斜眼望着老何笔挺的白衬衣和棱角分明的五官，突然感动起来。以前又矮又黑的小何，如今竟然有了大江大河的气势，一张干巴巴的脸严肃起来竟怎好看。关键是这严肃生威的家伙是她老公。她努力挣扎了半辈子，生活终于还给她一个老何。哈萝想着，转身一把抱住老何。

老何呛喘着抵挡压在他身上偌大的白，躲开她的脸，干笑着低声求饶，哎哟哟，你这是一树梨花压海棠。

哈萝心情好，也不在乎他把自己看成了累累"一树"，只是想起了当年，年轻的小何陪她从河滩洗衣裳回来，走在长满青草的土埂上，下过春雨，土埂有点滑，她挎着竹篮，满不在乎地走着，他却伸出手，小心翼翼搂着她细瘦的腰。

哈萝沉浸在回忆中，不由得去拉老何的手。

老何把双手缩到身后，急急地说，唉、唉唉，你喝醉了！去睡吧，我这几块肋巴骨，经不起你压呀。哈萝瞧着老何的表情，那么痛苦不堪，眼里尽是生分和拒绝，她一愣，来不及反应，老何已经抱起沙发枕飞快躲进了书房。

那晚哈萝失眠了，有什么东西从心里生长出来，蓬勃向上，刺破肉和血管，又往里钻，插向心脏更深处，痛得她全身战栗。半夜，哈萝踉踉跄跄推开书房，月光照着那个男人的背——他连睡着了都没忘记拿背对着她。

一阵欲盖弥彰的鼾声随着她进门的脚步声有节奏地响起，她生气又忐忑地伸出手，借着月光的轻柔，试探着去碰触那熟悉又陌生的背。

空气中，有什么东西在指尖与目标之间急剧收缩，她柔软的手指明显感觉到他的背和脊柱随着那东西紧张地绷了起来。

她固执地将手放在他背上，一动不动，他则固执地假装沉睡，始终紧绷着身体，无声地拒绝她的抚摸。

房间里的气氛充满了心知肚明的对抗，月光像水一样晕染开来，渐渐模糊了她的视线。不知过了多久，哈萝无声地收回手，转身离开，走出书房时，她回头看了一眼。

沙发上、月光下，他全身上下披挂着的，都是抵挡她的盔甲。

好好的日子，顺风顺水，怎么突然就过成这样了？

走回客厅，墙上挂着夫妻俩巨大的结婚照，照片上的两张笑脸遥远如梦境，照片上的哈萝笑得像个女王，他呢，干、矮、瘦、紧张，看上去像女王的马夫。

并不登对的两个人，哈萝愿意嫁，是有原因的。在这个陌生的城市单打独斗的哈萝，要想当船老大，只能选一艘条件差一点的船。终归日子要往前走，大鱼大虾还不都是从小鱼小虾长大的。小船只要用心盘，迟早能盘成大船。

结婚二十多年来，哈萝一直在"盘"。

老何也始终承认，他能成一艘大船离不开哈萝。但是这世上谁愿意拿给人"盘"呢，又不是核桃。何况今天这艘船，早已不是哈萝当年盘下的那一艘——就像他在党校培训时哲学课老师说到的忒修斯之船，那船从起航开始，中途换了帆，又换了舢板，又换了船身，甚至换了舵……你能说现在这艘船还是原来那艘？

说是也是，说不是也不是，具象与抽象，精神与物质，他懒得绕那些圈圈，反正他觉得此一时彼一时，小何都成了老何，船也早就不是原来那艘了。

至于哈萝总端着那一副船老大的架势，他也没办法，只有离她远点。

有些事有些想法，总是不由人控制，她控制不了，他也控制不了。

这漫长的夜啊……绷得难受的老何正要伸个懒腰，门吱嘎一声，是哈萝，她又进来了！老何头大如斗，只有继续装睡。黑暗中，他察觉到哈萝走近，但他没想到的是，哈萝白棉花般柔软的手竟然固执地试向他身体某一处。

老何一惊一吓，整个人都麻了，那里更是沉如深海。因为紧张，老何不由得狠抽了口气，假装平静的鼾声顿时如惊雷滚滚轰鸣，竟扯出撕裂声来。

他妈的，情节有点混乱，弄得他很难堪和滑稽。

哈萝的内心却是几多凄凉。

她懒得揭穿，就着月光凝视老何的白衬衣，老何的脖子位置没有汗渍，身上也没有汗馊味。水云县已经大旱五十多天，四十多条河汉子有三十多条见了底，老何曾说他和哈萝有缘，和水有缘，现在这缘就跟天旱一样要断了，天就要塌了，但人家在县里照样衣衫笔挺毫不在乎。不知从什么时候开始，讲究的老何回到家开始不讲究，不是说喝了酒，就是说累得慌，然后在沙发上或书房里蒙头大睡，不洗澡，也不刷牙。

哈萝记得大河上的男人下船后第一件事就是洗澡，把全身的汗臭洗干净了才去抱女人和娃崽。只有没女人没家的男人下船第一件事才是去找酒喝找茶馆坐，第二天，怎么臭烘烘下的船又怎么臭烘烘地上船去。

一个衬衣领始终干干净净的男人，回到家却不肯洗澡漱口，不是他懒，是他赖。

赖的是什么，哈萝心头自然明白，夫妻情分一旦淡薄到这地步，那就是能赖什么就赖什么，能赖多少就赖多少。

当年那个副部长的话回响在她耳畔：能一起搭伙吃饭，也是好夫妻。

如今他和她连搭个伙吃个饭都困难了。

七

在云门沱住上一段后，哈萝开始喜欢这个小河湾。和市区不同，云门沱的秋天很迷人，河堤上这样树那样树，黄的绿的红的，像打翻了的水彩颜料。晨起睡到自然醒，已经快十点了，凉棚下的节煤炉上蒸着香肠，热腾腾冒着气。七姑娘很少吃肉，是特意给哈萝准备的，尽管哈萝没给饭钱。

凉棚外的空地上晾着七姑娘制的煤球。老太一辈子抠钱，不肯烧块煤，都是买煤面回来，再去滩头对面山坡挖黄泥，用泥浆和煤面制煤球。哈萝瞧不起七姑娘这德性，能省几个钱？再说现在也不缺钱。哈萝边数落边熟练地铲了个煤球添到节煤炉里，转身看灶台上，红的萝卜丝白的土豆丝绿的青椒丝，七姑娘早把中午要吃的菜都切好。哈萝左右都是个无聊，只有瘫在平房门口的竹躺椅上玩手机刷抖音，跟着抖音里的疯子干笑了一会儿，终究还是觉得没劲，便干巴巴坐在那里发呆。女人活到这岁数，孩子大了住校，男人野了不归家，同事都在上班……突然就不知道把自己往哪儿搁了。

七姑娘在河湾淘了鱼腥草和芫荽上来，抬头看到哈萝百无聊赖的模样，心头一阵泼烦。

喂，我说，你就不能站起来走动走动，减减肥？

你个不省心的，我跟你说，男人心疼女人，也要他心疼得动啊，你看看你，何姑爷哪里盘得动你咯。

你别不当回事，这世界到处都是盘丝洞，他现在当了县长，在那些妖精面前就是块唐僧肉。就算你比女儿国的国王长得还要漂亮，胖成这样，唐僧也是看不上的。

哈萝听着七姑娘一句接一句絮絮叨叨，突然发飙，大声道，你漂亮，你妖娆，你瘦，我也没见你吃到唐僧肉啊，一辈子尽喝人家的馊水——自己喝的尽是馊水，以为天下的水都是馊的。

七姑娘也火了，一盆水哗地泼过来，大骂，说多少遍你才长记性？你老娘哪个瓢里的水都没喝过,馊不馊都是他妈的冒酸水喝不着的人瞎拉扯,人家泼脏水你跟着起劲,你是不是巴不得自己是野种?

哈萝立即哑声,架可不能这么吵下去,怎么都是她吃亏。

可她不甘心,她心里藏着簇火苗,正要找个借口烧起来,她换了个话题。

我胖怎么了?秦瞎子说过,我旺夫,谁能把我咋样?

秦瞎子会算?他会算怎么治不好自己的半瞎眼!你个蠢得升天的猪脑袋。七姑娘踩着湿答答一地的水,母狮子似的冲过来说,你得了脑膜炎?我当年拼了那么多坏名声换钱给你读书,读出个憨货,还旺夫,旺得好呀,旺得何姑爷现在都不拿正眼看你这一身的膘!

哈萝吓一跳,除了小时候被七姑娘追着打,她已经很久没见到七姑娘凶神恶煞般冲她发火的样子了。大哥说过,质量守恒定律,她之所以一天天强悍起来,吸取的正是七姑娘的能量。

七姑娘的突然爆发让哈萝有点胆怯,又有点委屈——她是她的姆妈,怎么可以这样伤她的心,膘啊膘的,多难听。

仿佛回到了最小最无助,且还不具备跟七姑娘抗衡的能力的时候,哈萝愕然地看着七姑娘,然后缓缓地、缓缓地别过脸去,可怜兮兮地望着门前小河的流水,波光湿漉漉的,跃进双眼,一闪一闪。

减减肥吧,格先人!好半天,七姑娘叹口气,搭了木楼梯上房顶,翻晒竹筛子里的野黄花。房顶离天近,阳光更辣眼,辣得七姑娘眼睛涩酸,好好的一个女子,为了犟一口气,得自欺欺人到什么时候?她伸出脑袋,向下丢了一句,你得减掉那些不甘心的东西。

她生养的崽在想些什么她心里最清楚,这些年为了老何哈萝费了多少心,这女子从小就倔,现在更是倔成了个笑话——老何看似笨拙,其实是个有主意的,不然当年也不敢追哈萝。两人刚结婚那几年,哈萝的工资都花到老何身上去,弄得自己吃不像吃穿不像穿。然而二十来年,戏里戏外,哪一次哈萝不是自己给自己罪受、自己感动自己?除了生运来时妊娠高血压差点丢了命,老何痛哭流涕过一次,其他时候人家眼睛都没眨过一下。

人心狭窄,一斗米养恩,一升米养仇。月亮台那些上不了船的男人不就这样么，端碗吃饭靠老婆，放下碗筷揍老婆。早早离开月亮台的哈萝到底还是太天真，人世间很多事她看得见却看不穿，想得到却想不透。她只想着当船老大的好，哪晓得风霜雨雪、明浪暗礁，船老大其实最是遭罪。何况船成了精，暗中还跟船老大较劲。

这憨女子。

八

接到七姑娘的电话时，老何正在调酒师的屋子里考虑如何逃跑。

两年多来，一有空他就会到调酒师这里待上几个小时。

调酒师是一个他完全不熟悉的职业，就像他并不了解她一样，老何只知道她离过婚，性情很寡淡，和她说任何事她都是一脸无所谓的表情。这恰恰合了老何的胃口，在这里他可以说来就来，说走就走，不需要给她解释为什么上周没来，上上周也没来。总之，这两年他们每次相聚都很简单，仿佛只是为了喝一杯她新调制的酒，或者是吃顿晚饭。他们的菜也很简单，她不太会做硬菜，但是家常的麻婆豆腐、青椒炒杂菌、折耳根炒腊肉、干煸四季豆什么的她很在行，用他的话说，是山上人家吃的菜，让他想起受苦的童年和层层叠叠永远走不出去的大山。哈萝不行，哈萝拿手的是水边菜，水煮鱼、凉拌黄花菜，但黄花菜太单调，鱼又太腥，一辈子那么长，他受不了。

今天有点闷，云层厚得要落地似的，是要下雨的征兆。老何细嚼慢咽竟也吃出了一身汗，调酒师努努嘴懒洋洋地说，吃完去冲一个。

他点点头，放下碗边抹嘴边往浴室走，这套不到八十平方米的房子仿佛是他住了一辈子的地方，他对每一个角落都很熟悉。

她淡笑着，跟在后头，没想到他突然转身——手机放在饭桌上了，这么多年，他已经养成了手机不离身的习惯，洗澡也得带——她便一头撞进了他的怀里。

什么东西瞬间燃烧起来，一直不温不火的两个人竟然都脸红了。两年来没点透的、躲避着却又维持着的暧昧顿时燎原。

老男人动情，就像老房子着了火，是谁说的来着？不去想了，手机也不管了，总之他得立即做点什么，火在烧呢。

他一把抱住她，动作粗鲁，正想做点什么，她却在他耳边轻轻问了句，你想好了？

调酒师的声音很细，在老何听来却犹如一道雷鸣。

"你想好了？"这话什么意思？他没想过要想什么，难道她一直在等他想"好"？老何心头一怵，熊熊燃烧的欲望顿时熄了一半。这些年他战战兢兢如履薄冰，好不容易走到今天这一步，他以为在散淡的调酒师这里很安全，难道调酒师一直也是在请君入瓮？想到这一层，老何有点虚火，他缓缓松开调酒师，闷声闷气回到客厅，目不转睛地盯着电视看，直到本市新闻播完，黄昏袭来，他都没敢再看她一眼。

调酒师没有再追问，只是端一杯红红蓝蓝不知什么名称的酒，倚靠在窗前，嘴角带着一丝令他不安又自责的笑意。

他局促不安，心想谁来个电话吧，哪怕是上访的。

手机真就响了。不是办公室打的也不是上访户打的，而是丈母娘打的。

这个丈母娘，老何一向很敬重，尽管哈萝不认她，跟她怼。但老何知道一个寡母把四个孩子拉扯大得有多苦。老太太是个心中有江河的人，七十多岁了，明明历经沧桑，却偏有着不败岁月的面相，没有强大的内心根本做不到。

他一直把她当菩萨一样敬着。但菩萨从一开始就不喜欢他，看他的眼神锐利又深邃，好像他是个奸细或叛徒。也对，他现在就是个叛徒。

七姑娘说得很简洁——你到云门沱来一下。

他想也不想就答，好。

刚拿起包，身后传来调酒师雨滴般湿软的声音，谁？

他依然不好意思转身看她，低着头说，哦，七姑娘。

调酒师拖长了声调，哦，七姑娘是谁？

老何习惯了质问别人，对调酒师的发问莫名感到不悦，七姑娘是谁她管得着吗？嘴里还是解释，我丈母娘。

那你叫她七姑娘？

老老少少都叫她七姑娘。老何心不在焉地嘀咕着，走到门边换鞋。

调酒师倚靠在窗前，轻笑道，没见过丈母娘一声召唤，女婿跑得恁快的。

老何感受到了侵犯，回头板着脸批评她，过了啊。

调酒师一愣，跑过来拦在门口，眼睛灼灼如火，说，那有些人每次都是说来就来说走就走，算不算过？

老何心想，什么算不算的，以前不算，现在不算，以后也没打算算。难道只因为今天他失态了就得算一算吗？但他没敢讲出来，怕形象太渣。门口有面穿衣镜，他心虚地看一眼镜中的人，又扯了扯衣角，心思飘远了——老太太突然召见他，要干什么？

人家都说丈母娘看女婿，越看越欢喜，可他没那福气。老太太眉眼里藏着太多智慧和精明，哈萝缺心眼，天天絮叨七姑娘这样那样，她哪知道，她妈才是最厉害的人。

调酒师说，你看什么？

看……看你。老何挤出一丝假笑，你侧影好看。

调酒师嘴角浮起挑衅的笑意。

老何花了很大的力气才逃离调酒师，没想到女人倔起来有那么大的劲，他和她在门口纠缠了很久，直到两个人的手都拧红了，他才旋开门把手逃离那间屋子。下楼后老何刻意绕了几条烟火小巷，最后才走到热闹的人民广场，风开始大起来，广场上卖玩具袜子和鲜花的小商贩在急急忙忙收摊子。

雨终于细软绵密地洒下来，像某些情绪，带着透骨的寒气。他紧走几步，上了老板玉山喜的车。玉山喜和他是多年知根知底的铁杆，看到他仓皇不安的样子，回头取笑他，恁快？

只是吃饭。老何尴尬地辩解。

廉颇老矣，尚能饭否？玉山喜话里有话，说，吃饭好，这岁数，吃一顿少一顿。

老何懒得跟他解释，心里惦记着云门沱。人生真是很奇怪，他从四季缺水的干家坡出来，遇到的却尽是和水有关的人和地方，说是八字不合，偏偏遇上了，说是八字合，他又越来越受不了哈萝的跋扈。

到了云门沱，暮色渐稠，孤零零的河堤上四面来风，他忍不住打了个冷战。远处，七姑娘撑着伞，腰杆笔直地站在草色尚青的河堤那头。

妈。老何嗓音干涩，紧走两步，你上堤来做什么，回屋里吧。

屋里有哈萝。七姑娘笼一把被风吹乱的头发，语气温沉，她嚷嚷着要减肥，吃了两天火龙果，饿得不行，刚煮了一海碗辣子鸡面，撑坏了，躺着呢。

听七姑娘提到哈萝，老何心虚不敢接腔。雾雨中，他不安地看着远方。

雨水太细密，整个城郊都湿漉漉雾茫茫一片，气压低得让人发闷。

七姑娘不再说话，静静看向雨雾中的云门沱。

来的路上，老何设想了丈母娘找他算账的若干种情形，狂风暴雨雷电火，可就是没想到老人如此平静。他有点尴尬，半天憋出一句，她是该减减肥。

七姑娘接两滴伞角滴下的雨水，淡淡道，哈萝性子倔，有委屈从不肯讲，从小到大，只要心头恓惶就往嘴里塞东西。那时家里也没啥吃的，她就吃河边的嫩茅草，摘山上的红籽，大把大把往嘴里塞，那东西吃多了肚子胀便秘，每次都痛得她在床铺上打滚。

她的胖不是胖，是怄心。七姑娘看着前方，恨恨地控诉。

老何语塞，却又不甘心地想，我不怄心吗？堂堂一个县长，殚精竭虑打下的江山，结果全给说成是她的功劳，她旺夫。

照理说哈萝摘了脾，代谢失调，容易囤膏积脂，不该多吃。但我们家哈萝心头有黄连，黄连苦，她只有拌着饭吃，人吃胖了，日子也过沉了。你只是看看都觉得难受，她强撑着那一百六七十斤，你以为她好受？七姑娘反问。

提到哈萝的脾，老何颓然败下阵来。

老何从副处到正处的关键一步，哈萝功不可没。那年冬天，遇上南方几省百年难遇的凝冻灾害，到邻县投资五星级酒店的老板给困在了高速公路红渡河大桥上，这老板就是玉山喜。天太冷，桥面结了厚厚的冰，车行到桥中间直打出溜，吓得玉山喜车上的漂亮副总脸都白了，司机拼老命才缓缓把车滑停下来。雪还在下，桥面冻得海誓山盟似的，牢不可破。玉山喜看情况不妙，赶紧打电话找交警，交警那边正焦头烂额——海拔高的路段都结冰，人都抽完了。交警只有反复叮嘱他们说车千万别动、人注意保暖，我们争取第一时间赶到。玉山喜听到"第一时间"头就炸，这跟天气预报说"局部地区有雨"一样没个准头。车不动？再吹一夜北风，车跟桥怕是要成冰雕。玉山喜没办法，只好打了老何的电话——之前老何联系过他，他没见人家。老何接到这求援电话，脸都笑烂了，心说你躲啊，再躲也躲不过天意。

老何前边联系过玉山喜好几次，玉山喜都找借口推了。玉山喜知道老何找他做什么，新来的市委书记要求各县必须完成"五个一"工程，其中一个就是建成一家五星级酒店。这个老何和君德县的常务姚春都一直盯着他，姚春跟他是老乡，玉山喜这次就是去君德县跟姚春碰一碰。但是玉山喜也没有完全断掉和老何的联系——有些事情很微妙，水云县的县长陈喜很快要走，民间组织部风传接任的两个人选不是这个老何就是姚春。所以，眼下他这个五星级酒店项目投在哪里，押在谁身上，他有点头痛。押老乡姚春，万一姚春来水云把他丢在君德呢？押何吧，不熟，问了几个朋友，说何这个人个子小但城府深，表面实诚内里阴沉，不好搞。所以押姚还是押何，弄得玉山喜很纠结。

玉山喜在车里叹气的时候，老何那头可乐坏了。

羊进了狼的嘴，还能让它跑？老何手一挥，带着交警和一大车工业盐就开路，到了红渡河大桥，又是亲切问候，又是撒盐化冰交警开道，风风光光把担惊受怕的玉山喜一行"从水深火热中救出来"。见了面，老何十分为难地说玉总，去君德怕是不行了，咱们只能回头，灾情突然，各县储备不足，工业盐都快洒没了，而且市里已经下通知，所有高速马上都要封路。

形势比人强，何况人不和天斗，玉山喜毫不犹豫跟着老何调了头。

老何没把玉山喜往县里送，而是直接往市县中间的森林公园走，公园里有个私家盆景园，可以提供吃饭喝酒一条龙服务。等玉山喜几个吃饱喝足，老何才切入正题，说玉总要去君德县投资五星级酒店，怎么就不在我们这里投呢？这里离市里恁近，旅游基数又高，而且一个星级酒店都没有，入住率不成问题。玉总正等着他开口，打哈哈道，那边有老乡，投缘。生意嘛，就讲究投缘。

老何指着窗外的大雪说，风雪夜归人，人不投缘天撮合，咱们这种见面，也叫投缘。

玉山喜搓搓手说，怕是不好搞。

好搞。老何一语双关地表白，我是个好搞的人。

玉山喜旁边的副总见状，眼珠子转转笑着打岔，哎呀，人不留客天留客，的确也是缘分。今晚走不成了，我们搓个麻好不好？顺便看看咱们玉总和何县长到底投不投缘。

行。老何品出意思来，这妞脑子够灵活，他拍拍大腿说，麻品看人品，正好玉总考察一下。

玉山喜一行是三人，加上老何正好凑一桌，四人开战一直打到半夜。玉山喜车上那个财务是个人精，一路稳稳当当不输不赢，既不给东家找不痛快，也不给自己找罪受。手气好时，杠上开花都不要，直往下家玉山喜嘴里送牌；手气不好时，芝麻大的小牌也要胡，整个是滴水不漏。老何不行，他只能想尽一切办法"输"钱，十二点不到，老何输了两万多，他平时出差跑项目车上顶多也就带这么点现金。那时没有微信，也没有什么转账，一上"战场"全是真刀真枪。老何心中叫苦——他总不能从玉山喜他们手里借钱，人家正在"考察"，这口没法开。老何只能强笑着试探道，玉总要不要休息？结果美女副总不肯罢手，说人家手气正旺。玉山喜呢，四平八稳端坐着，只笑不说话。老何没办法，借口上厕所，出来找盆景园老总，结果那家伙更精，伺候完他们吃喝留了个做夜宵的师傅就跑了，他只有躲到卫生间打电话向哈萝求救。

睡得迷迷糊糊的哈萝拉开窗帘，外面天上地下全是雪，白茫茫一片，便问，车呢？

在我这边，来不及，你打车来。老何说，我先欠两把撑着。

运来一个人在家呢。哈萝迟疑地说，要不你打电话给办公室的人？

这是赌钱，几万块的输赢，不是玩！老何气得咬牙道，而且八字没一撇。

那这钱报销不？哈萝问。

老何声音就有点高了，你想什么呢？就算能报你敢报啊？

电话那头沉默了，老何以为哈萝要闹意见，正要哄，没想到哈萝在那边利索地说，没问题，老何，你做什么我都支持你！家里有一万多，准备换窗户的钱，我都给你送来。

那晚哈萝放下手机拿着钱便出了门。深夜的街头，铺满积雪的街道上留下了一串孤单又杂乱的脚印。哈萝打到车后，回头不经意看一眼，眼眶没来由地就湿了。

人生哪有那么多称心如意，还好风雪来时，她和他的人生皆有去处。

雪太大，出租车司机到了森林公园门口，打死不肯往里走。哈萝只好打电话给老何让司机来接，却发现没信号，哈萝望着树林子里不远处影影绰绰的灯光，毅然下了车。

越往里走，路冻得越厉害，哈萝走一路摔一路，等把钱送到老何面前，已经喘得上气不接下气。许是冷的缘故，她的面色有些苍白。老何早等急了眼，也没留心，接过钱又开始战斗。

玉山喜和副总看到风风火火来了又去的哈萝，彼此心照不宣地对视了一眼。

第二天清晨七点，雪停风住，太阳出来，金光万丈，老何把哈萝送来的一万多也全输给了美女副总，玉山喜这才推了牌深吸一口烟，慢腾腾地说，一捆三，咱们三个男同志打不过一个女同志，还是算了吧，不能再打了，再打何县长要脱衣服抵账了。

老何强撑着千斤重的眼皮，说，只要酒店投资放在我们县，让我脱光都行。

玉山喜呵呵地笑起来，说，那可不行，我们李副总可不敢看。

老何暧昧地笑，说，李副总不是不敢看，是她想看的不是我。

玉山喜吐一口烟，笑得更快活了，大肚子跟着笑声一起一伏，说，何县长做事够大气。

一个通宵的麻将不是白打的，中间玉山喜和老何已经就地块地段、投资回报、配套情况和效益评估碰了个遍。玉山喜发现，老何的确是个运作资产的高手，对水云县的情况更是方方面面门儿清。这场凝冻，他和他其实都在请君入瓮，只是谁请谁入瓮，谁都说不清。总之，这一夜的试探，彼此都觉得妙不可言。

玉山喜一行离开时，美女副总把三万多块钱全部还给了老何。玉山喜一改前头的傲气，恭恭敬敬地说，何县，我看到了，送钱来的是家属，这年头，拿私人钱办公家事的领导不多，这样支持领导的家属也不多，项目放在您这边，我放心。

老何见玉山喜退钱，心头一喜，知道事成了。万物生存自有法则，玉山喜一天不来水云，他玉山喜一天就是爷；玉山喜确定要来水云，他老何就是爷——强龙压不过地头蛇，玉山喜要落地，需要政府帮衬的地方多了去了，他敢收地盘老主的钱？笑话，谁吃谁还说不准呢。

何县长，这就算投名状了啊，以后多关照。玉山喜盯着他，眼底有春风。

老何也不推，接过钱说，玉总，现在说啥都是吹牛，你放心，你看以后。

玉山喜笑着表态道，何县，您也放心，花花轿子人抬人，今天坐轿人，明天抬轿人。

送走了玉山喜，老何打着哈欠上车回县城，给县长打电话报告说通宵割草顺便逮到只肥兔子，现在得困一会儿。县长呵呵笑着说，你没先砍条腿存私货吧？老何说，存啥私货啊，我家当都差点全倒贴进去了。

老何关上门倒头大睡，中午醒来，发现甩在客厅里的手机上居然有十几个未接来电，全是哈萝打来的。

老何打过去，接电话的是丈母娘。

哈萝在森林公园摔跤摔破了脾脏，把钱送到老何手里时痛得全身发抖，结果老何看都没看她一眼，哈萝怕打扰老何办正事，硬是没讲，又撑着痛回城。

再晚一点，人可能就没了。七姑娘流着泪说，她二哥给她输的血，我给签的手术同意书。好端端一个人，我从小猫那样小养到如今这么大，交给你，结果你害得她脾脏都给摘了。七姑娘又气又伤心，你倒好，打十几个电话都不接，你当个副县长忙得媳妇的命都不管。

老何吓出一身冷汗，急匆匆又往市里赶，一路上把司机骂得狗血淋头，不是你把你嫂子送回家的吗，没看出你嫂子有问题？

司机有苦难言，当时哈萝情况是不太对，脸白得像张纸，一上车就蜷在座位上一声不吭，他哪知道她是痛呢？哈萝的皮肤本来就白，再说他以为她是窝火呢。也是，大半夜雪里风里这么折腾，哪个当老婆的不冒火？他也窝火，等到半夜都不见楼上麻将散场，正要找个沙发眯一会儿，哈萝又来了，来了又要回，他只得送她回市里，等冒着雪和凝冻提心吊胆开车把哈萝送回市区再转回来，天又亮了，老大又要回县城……

谁容易啊。

哈萝做手术时老何不在。

出院那天老何也不在。市委书记调研项目投资工作，老何心里多了个小九九，全市十七个县，他第一个把五星级酒店的项目抓到手，他得找机会给书记汇报。他若不在，万一县长模糊概念，把他这个常务的成绩统称为"我们政府这边"，那他就白干了。老天帮忙，那天调研效果不是一般好，市委书记很满意，说从政府抢险救灾的及时性看投资环境的优劣，我们的干部和政府同时经受了来自社会各界和灾情的检验，很好，很好。

市委书记的眼光很温暖，老何感觉一束阳光照在身上，甜蜜得心肝脾肺都融化掉。

那晚老何忙乎到十一点才回到交流干部楼，进屋泡了盒酸菜牛肉面，边吃边打电话给哈萝。听着哈萝虚弱的声音，他有些愧疚，哈萝却在电话那头大度地笑，说，没事，你好好走你的，我给你当后盾。

老何便心安理得且胃暖肠热地睡觉去了。

有妻如此，夫复何求。

诸如这样的亏欠、愧疚和感慨，老何最初还向哈萝表达几句，但因为哈萝从不计较，加之时间久了，他也就习惯了，七姑娘不提醒，他几乎已经忘记了哈萝曾经为他的前程和业绩失去了一个脾脏，甚至还差点丢了命。

　　这世上总有许多心安理得是给惯出来的，这一点他很清楚。官场上不也一样吗？他刚当副县长时，司机每次给他开车门他都觉得没必要，自己有手。时间长了，别说司机不给他开门，就是开慢了，他心头都会立即长茅草。

　　过往诸事如雾，河堤上，雨细亦如雾。

　　她……最近情绪怎么样？我们只是闹了点小矛盾，她非要住到您这里来。老何干涩地说。

　　你说呢？七姑娘反问。

　　老何又不敢接腔了。

　　交钱。七姑娘突兀地来了一句，老何脑子一时转不过来，傻看着老太太。

　　哈萝的饭钱。七姑娘说。

　　老何蒙了，这老太是在开玩笑吗？

　　我不开玩笑，天下没有免费的午餐，是不是？七姑娘轻蔑地看向他，神仙才不计较，你不是神，哈萝也不是，五谷杂粮荤的素的该吃的不该吃的你都在吃，总不能让哈萝只吃一嘴的闷屁。

　　……

　　老何感觉跟老太讲不下去，她提的是钱的事，又不是钱的事。她瘦削的身子在雨中站得那么笔挺，像把锋利的刀。老何只好掏出手机忙不迭地说，好好好，妈，我微信发给您。

　　不急，我呢，准备过两天去趟月亮台。七姑娘转头看着河坎尽头停着的车，说，县长姑爷的车送我一趟行不行？

　　老何迟疑片刻说，我找朋友送您去吧，现在公车不能私用。

　　公和私分得怎清楚，我看你不糊涂啊，那为啥子有些事情你要犯迷糊？七姑娘绵里藏针地说道。

　　雨水缠绵不止，让人心烦，老何亦不知道丈母娘到底知道些啥子，知晓到哪个程度，他只有装哑巴，这让他很憋闷。一个县长，让个老太捏得死死的，母女俩都把他捏得死死的！真让人抓狂。他掏出烟，点上，狠狠吸了一口，又将烟缭子狠狠从鼻腔里喷出来。

七姑娘侧身避开烟缭子，说，月亮台滩头后面有座山，叫轿子顶，上面破庙里住了个又憨又瞎的和尚，天天教一只八哥念阿弥陀佛。八哥会念阿弥陀佛后，就被大户人家请去供养在了祠堂里头。瞎眼和尚下山化缘，滩头的人都取笑他说，你的八哥都成佛受供了，你还没成佛。憨和尚不生气，说，鸟是嘴里有佛，我是心中有佛。姑爷，你要是有时间，该去会会这和尚。

七姑娘说完转身走了，雨水连绵不休，七姑娘走得那个利索，一点都不拖泥带水。

老何听出来了，自己就是那只破鸟。他心头鬼火得很，嘴巴却打不出半个喷嚏。七十多岁的老太太活成精了，道行比哈萝深。他灰溜溜回到车里，烦乱地擦拭着肩上的雨水。玉山喜看他表情阴晴不定，嘿嘿笑道，让丈母娘削了？没事，我也经常被削。

老何冷冷盯着车窗外模糊不清的水柏杨，道，两娘姆都活得像把刀，一个刀锋朝着外头，一个刀锋朝着里头；老的顾小的，刀子朝外头，不敢惹；小的尽拿刀割自己，唱苦情戏。我谁都惹不起，这日子没法过了。

玉山喜拍着自己的大肚子，仿佛在试探西瓜熟不熟，然后说，刀锋朝外也好，刀锋朝内也罢，关键不是刀锋，是她们俩的初心，现在你们不是流行讲初心嘛。

老何正胡乱搓擦满头的雨水，顿时呆怔。车窗外，一缕细细的阳光正好从乌云密布的云层缝隙中穿出，像剑芒，刺破雨雾混沌，也刺破了他的衣裳，他感觉自己赤身裸体暴露在玉山喜面前。

初心这个东西，他也有，当年的他有一肚子的抱负，但倒不出来，那些豪言壮语一到嘴唇边就全堵住，说不出一个词。直到走江湖的爷爷用一辈子的破败总结出四字真经——借势而生，他这才发现，他可以借哈萝的犀利补自己的笨拙。夫妻同心，刚当上主任那会儿，他觉得他对哈萝的爱和感激会比钻石还永恒，真心一颗永流传。刚当上县长那会儿，他也觉得自己对组织的感恩同样会恒久不变。可是这么些年，势如道法，此消彼长，时间的河流淘走了多少铮铮誓言，留下了多少阳奉阴违和狼心狗肺……

其实他一直还是有初心的。可初心这个东西要坚守下来实在太难，就像那个搞笑段子，老王最喜爱的狗死了，老王想把它火化后垒个坟，结果烧着烧着狗肉太香，老王就把狗肉给吃了——老王吃狗肉时他的身体绝对是快乐自愿的，但他的内心也绝对是纠结自责的。成年人的放弃与选择哪有那么单纯，非白即黑，哪个人不是一边哭着流泪一边笑谈风月。他是县长，也是凡夫俗子，有些事他没法弄明白。

脑子里这么万水千山转一圈，人便委屈了，他将湿糟糟的纸巾掷到玉山喜后脑勺上，骂，整天只知道赚钱的人，懂个屁的初心。

玉山喜不生气，笑叹道，说什么此情永不渝，说什么我爱你，伴君如伴虎，翻脸赛翻书，咱们哪，都别太优柔寡断。你呢，该咬的时候得咬，该断的时候要断。我也要断了，去上海，咱们就此别过。

老何一愣，友谊的小船恁多年，说翻就翻？

不是翻。玉山喜笑意渐冷，是形势变了，你也变了。

我哪儿变了？

以前讲情重义，现在讲权重利。玉山喜悠悠道，早走，免得剑拔弩张，大家难堪。

老何的脸唰地红了。这几年政府债务太多，他把玉山喜的酒店收归了政府，让财政以酒店作抵押贷款还政府债务，反过来欠玉山喜的一亿多一直没还。等于是借玉山喜的肉熬油炒的菜，玉山喜却没能吃上一口。当年风雪夜的承诺，什么花花轿子人抬人，花花轿子人人坐，人家玉山喜别说坐了，连人带轿子都给赔得精光。

便宜都让他给捡了，这五六年的县长当得风生水起，下一步接书记也是铁板钉钉的事，顺风顺水的官运，一个玉山喜还能把他怎么样？

天下没有免费的午餐，也没有免费的鸡尾酒。老大，您运气好，一直吃着免费的午餐——我觉得您应该懂我的意思，哈萝妹子这人挺仗义的，但是鸡尾酒就说不定了，年轻人的想法跟我们这代人不一样，她们可咸可甜，也可恶可善，我们这代人顾忌的很多事，她们才不放在眼里呢。听人劝，得一半，出来混，迟早要还的。

你行实。老何冷冷地说，是不是一旦你不打算求我，你就会摆出一副爷的架势，骑到我脖子上？

玉山喜不软不硬地答，好像是。

你算什么东西，敢来教训我？老何冷笑。

商人一个，在当官的面前是不算什么东西。但是何大人，您别忘了，你当个清官，我在你面前绝对永远不算个东西；一旦你不清了，那咱俩谁看谁都不是东西。玉山喜答着，笑得眼睛眯成一条缝，不知道的人，还以为他在和爱人说着甜蜜的情话。

老何气得全身发抖，他霍然下车，任由雨水淋在头上。滚！他骂，给我滚。

玉山喜不滚，也钻出车来，和他一起站在雨雾中。

老何背过身，愤怒地沉默着。

玉山喜也不说话。许久，玉山喜望着眼前雾茫茫一片模糊，用淡得不能再淡的语气说，何县，当官久了，听不进去真话，你倒是说说，我哪一句不对？

老何回过头，狠狠盯着他，盯了好半晌，闷不吭声钻进车里，见玉山喜还在淋雨，不耐烦地摇下车窗玻璃，吼，走啊。

玉山喜望望他，再望望远方，嘿嘿笑了，边上车边说，你欠我一个亿。

我欠你个屁。

你过河拆桥。

没钱，我也是形势所迫。

人心不足蛇吞象，你心野，官场上野，情场上也野。

你给我闭嘴。老子还没吃到羊肉，给你说得一身臊。

没吃到羊肉是条件问题，想不想吃羊肉是思想问题，思想是总开关。

……

九

天放晴了，天空蓝澈如镜，河面也是。七姑娘又开始拆拆洗洗，正午的阳光像恋人的眼神般醉人，七姑娘赤脚踩破河面闪烁的光，淘洗着床单，浅碎花的床单飘在水中，鸢尾花般落了一河床。

哈萝抓一把七姑娘晒在门前的南瓜子，看河中忙碌的老太太——远看就像个大姑娘，细腰瘦背白手臂。她也白，但没腰。哈萝叹口气，张嘴想要叮嘱七姑娘，都进秋了，河水凉，赶紧上来，可她又说不出口。和七姑娘吵了几十年，这么体贴的话从她嘴里冒出来，简直就是个笑话。

有些事一旦成了习惯，人便回不去了。

就像那个家，也回不去了。哈萝苦笑，把剩下的南瓜子扔回竹筛子里头，懒洋洋走上河堤，开车去单位。

和城郊耀眼的阳光不同，城里的秋阳又绵又轻，映进图书馆，馆里的空气和事物便有丝绸一样的底色和柔软，把这个寻常的下午衬托得无比安闲。其实对哈萝来说，一年里她有三百天都很安闲。成千上万册藏书摆在这里，今天等人来，明天等人来，像闺中的怨妇。这样的状态也恰恰暗合了哈萝的生活本质——离老去还远，却已在老去的路上。

一对年轻人装模作样走进来，一进馆就朝最靠里的地方钻，半天没出来。哈萝不用想都知道，他们不是来看书的，是来谈恋爱的——图书馆夏天有空调冬天有暖气，聪明的孩子很会选地方。

哈萝站起身来，无声地向里走——她在馆里经常穿一双软底布鞋，黑色的布面，麻线纳的千层底。她记得当年七姑娘就是穿着这样的千层底布鞋，在她和哥哥们入睡后，悄无声息地走出吊脚楼。千层底布鞋走起来没有一丝声响，前一脚心思刚溢出来，后一脚又会被吸纳和藏匿。

书架尽头的角落里，两个年轻人哼哼唧唧地在那里忙活，嘴没闲，手也没闲，年轻纤细的手指们在彼此身上蝴蝶一样嬉戏和快活。哈萝敲敲书柜，女孩子吃了一惊，抬起头来，看到身着宽大袍子的哈萝杵在跟前，吓得妈呀一声。

哈萝暗自得意。她都不快乐，他们凭什么可以在她的地盘上如此快乐。幸福已死，恩爱谁与寄？看到一对小鸳鸯倏然分开的惊恐模样，哈萝心头升起莫名的快感。

叫妈？她悠悠道，你妈在的话打不死你。说罢转过身去，又去寻另外的猎物，猫一样无声无息。

身后的女孩气急败坏地低骂，关你什么事，肥得像头猪。怪物，神经病。

她没回头，侧望窗外浮动的树影和光斑，恍惚看到年轻时谈恋爱的自己，还有羞涩的老何。她无声地笑起来，在心里对女孩说，乖，回到二十年前你好好看看，你姑奶奶迷得死半个县城。还有，风水轮流转，像你这么傻，总有像我一样的那一天。指不定谁才是猪呢。想到这里，她突然有点心疼骂她的姑娘。

岁月啊。

下午五点半，老包见哈萝没有走的意思，便在美团订了两份素食简餐，豆腐果子、伞把菇汤、清炒方竹笋、水煮莲花白。两个中年女人和着书本、油墨和夕阳的味道在过道上懒洋洋地吃着。哈萝望着饭盒里与平时杯来酒往大鱼大肉全然不同的清淡，有心无肠地盛一勺，问老包，你一直这样吃？

嗯，清淡点好。老包说，再说你不是要减肥嘛，我没敢订油腻的。说完又问，你减肥老何知不知道？

关他屁事。哈萝塞一嘴方竹笋，冲口而出。

老包敏感地瞪大眼，问，怎么了？

没怎么。哈萝差点把闹离婚的话说出来，都到了嘴边，到底脖子上长着的是脑袋不是瓜，生生憋住了——要不是有个老何，人家凭什么对你恁好？

正好手机响了，哈萝避开老包殷切的目光，接起电话。

那边是个女人慵懒又清晰的声音，是我。

你是谁？哈萝想，奇怪的人。

就是我。女人把"我"字咬得有点重，哈萝的头轰的一声炸开了，意识到什么，腾地从椅子上站起身来，左右张望，匆匆走到馆外。

说。她从牙缝里迸出一个字。

女人说，姐姐，我们聊聊？

姐姐？喊老娘姐。聊？老娘和你聊个屁。她骂完，恨恨地挂断。环顾四周，总觉得这女人就在附近，哈萝愤怒又慌乱。

不能让她出现在她的世界里，绝对不能。更不能让老包她们知道和看到，遇上这种事情，无风还要飘十里，她怎么活呢。

何长生，你这个杂种。她思来想去，能骂的人只有姓何的。她跑向停车场，红色的袍子随风鼓起，像一束奔跑的火把。

夕阳将尽，血一样红，悲壮的光芒从四面八方打到她脸上身上，带着欺凌的霸气。哈萝浑身发抖，发动起车子，轰地驶向图书馆大门，突然门边斜刺里冲出来一个人，哈萝来不及刹车，只见那张熟悉的脸惊恐地盯着她，还没开口说话，便被撞飞出去，一串血迹呈弧形迸射开来。

老何！哈萝尖叫，声嘶力竭，老何！

喂，喂喂。一个声音急促地呼唤着她，哈萝，哈萝！

哈萝费力地睁开眼，脸上湿漉漉一片。

做什么梦啊哭成这样。老包笑道，做个梦都是老何老何的，老夫老妻了，还恁恩爱。

哈萝还没从惊吓中回过神，只觉得手脚酸软，出气都难。她慌乱地看了一圈，又看看墙上的挂钟，上面显示着四点。

没到下班时间，也没有简餐，她和老包不在过道里，而是在办公室里。一切都还没有发生。

她拍拍胸口，喃喃答道，我梦见老何死了，好多血。

梦死得生，见血有喜。老包说，你家老何还要升官呢。哈萝，你可是真有福气。

我哪有什么福气。哈萝抹去脸上的泪水，双手在桌上不安地寻找，我的手机呢？老包说那那那，文件夹下面。哈萝慌乱地抓起手机查看，没有陌生的来电号码——的确是个梦而已。

她只是打了个盹。

突然手机真响起来，哈萝惊恐万分，手机差点掉到地上。老包心焦地问，什么梦啊还没回神？又瞥一眼手机，说，你家老何。

哈萝心脏乱跳，接起电话，心有余悸，喂？

晚上我回来，跟你说个事。老何像在给秘书安排工作。

哈萝心脏乱跳，却佯装若无其事，富态又雍容的脸上堆起幸福的笑容，却又不耐烦地说，要回来？哎呀，真是烦人，好吧，想吃什么？给你订。

那边烦她装，已经挂了。哈萝依然拿着手机，好，嗯，知道了，路上慢点。

老包嘻嘻笑起来，看看墙上八十年代的古老挂钟说，去吧，快回去吧。

哈萝莞尔一笑，懒洋洋起身，心头却沸腾慌乱成一锅粥。

恁久的冷战，他回来想说什么呢？刚才那个梦不是好兆头，没准就是那女人逼宫，让他来摊牌。

哈萝不想他来说什么，她什么也不想听。她从月亮台跌跌撞撞走出来，小小的脚板，受尽委屈走到今天，大河上下几十里唯一的女大学生，长得又是白雪公主一样的好女孩，为了他，丢了脾脏，更丢了女儿家最引以为傲的身材和当年灼灼如花的梦想。一二十年来，她每天约的人、吃的饭、应酬的事项、操心的琐事，桩桩件件，都是为了老何。她不是爱吃，她也不是爱胖，她都是为了他。还有谁比她更像一只尽职的老母鸡，把丈夫儿子都呵护在翅膀下，老的小的，连找双袜子都要问她。

结果老何说她啰嗦，批评她到处约饭局处关系、不与时俱进、不讲政治、不注意影响。

人就是这么不要脸，你在他身后，替他解决了所有麻烦，最后变成了拖他后腿的人。

思来想去，出门到停车场也就是一两百米的路程，心里已经和老何理论了好几遍。

独独不敢碰那个啥子桥的事情。

暮色渐起，哈萝惴惴不安地走着，脑子里全是嗡嗡声，风吹起袍子，地上的人影顿时显得恓惶零乱。一群玩耍的孩子跑过来，蓬勃热烈，像穿过空气一样穿过她，让她想起了当年的自己，那个像风筝一样挣脱月亮台的小哈萝。离开月亮台，不做姆妈七姑娘那样的女人，信誓旦旦恁久，如今竟然只留下一堆惨白的灰。

　　听老何的语气，他绝对是想摊牌。自己该怎么办？像梦里那样，撞他一回？

　　可是撞死他以后又怎么办？还有儿子，还有七姑娘……日子像河边的毛竹林，竹子连着竹根，竹根连着笋子，已经不是她一个人的事了。

　　算一下时间，儿子运来已经下课了，她掏出手机打运来的电话，莫名地，手竟然有些抖，脑子里冒出一串莫名其妙毫无逻辑的念头——只要儿子接电话，她再难也能活下去——好像是儿子亏欠了她，如果她不想活了，也是儿子害的。

　　运气好吧，很少理睬父母的运来居然接了，开口就是一句，老哈，你怎么了？

　　哈萝一时没反应过来，有点蒙，木头木脑地说，什么怎么了？

　　你状态不对，最近。儿子正在变声期，声音像鸭子嘎嘎叫。

　　我状态不对？你老子状态才不对。哈萝愤然说道。

　　你这辈子除了我老子就不能提点别的？儿子劈头还将过来，成天就是我爸，都把自己活没了。你看看你那样子，恁胖——我跟你讲，你那不是胖，是笨，再这样下去，你就完蛋了。

　　放你娘的屁。哈萝抹一把泪，恨恨地道，我是笨，我笨得都把自己忘了，都顾你们去了。

　　儿子不劝她，反而笑起来，你也晓得哭啊，外婆说过，你总有哭的一天。

　　所以你们都等着看热闹是吧？哈萝骂，你外婆巴不得看我哭。

　　什么叫巴不得？儿子反驳她，外婆说的，别看你刚强，总有扛不住的时候，到了那天她要是还在，她接住你；她要是死了，我就得上。还好，你没等到我外婆死那天才哭。

外婆说的，外婆说的，他们没少说起她？一老一少，相隔半个世纪，都说了些啥呢？哈萝有点怔忡，一时忘了哭。

都快五十岁的人了，还不让外婆省心，好意思说我。儿子控诉道。

有一丝别扭又久违的温暖慢慢从脚底漫上来，包裹住她，就像当年她一边讨厌七姑娘的照拂，一边又渴求着她寄来的衣物。哈萝不好意思地摸摸脸，有点发烫。

她松懈下来，委屈地、细弱地说，儿子，你爸叫我晚上等他，他要回来。

摊牌吗？儿子敏感地问。

可能是。哈萝一瘪嘴，眼泪又掉下来。原以为儿子还小，什么都不懂，结果这小子心里跟明镜似的。什么意思啊，全世界都知道了，就她一个人演戏。

散了吧。儿子像个看透尘世万物的老和尚，你以为你牵着风筝，其实是风筝困着你。老哈，日子还长。

<h1 style="text-align:center">十</h1>

哈萝坐在车里，不想动，太阳的余晖一点点被夜吞噬，黑暗如潮水一寸寸漫上来。她感到头晕，摸摸额头，有点发烧。自从摘掉脾脏后，她一感冒就会发烧，每次发烧她都只有去云门沱，因为老何不在家，也没人给她熬粥。到了云门沱，床上一躺，全是阳光的味道，睡醒来，又是粥的香。

这一天过得太艰难了，担惊受怕，她全身酸软。心想，早点结束吧，回云门沱去，好好睡一觉。

可老何老不到。

哈萝吃力地拿出手机，问老何，到哪儿了？

老何说，有事耽搁了一下，快到了。

你不用来了。哈萝按着太阳穴，说，我们离婚吧。

老何那边没有声音。

我累了。哈萝听到自己的声音变了，那是她生命中从未出现过的声调，温软、松懈、自由，比远方更远，可能你也累了，咱们离了吧。

哦？老何有点蒙，只有顾左右而言他，妈说你在减肥，注意点，别太猛。

哈萝听着，哑然失笑，她瞪大眼，不让泪水淌下来。这算什么呢？捅人一刀再塞颗糖？她想说，她的胖，是因为孤独，他常年不在，她独自在家，一个人的日子那么长，那么绵厚，她成天不去吃饭喝酒，难道在家数豆子？这些示弱的话，哈萝说不出口，也不想说出口，她是船老大，不是河岸边那些等船的女子。

她想起了七姑娘，每到船队靠岸的时候，热闹的月亮台码头笑声鼎沸，只有她沉默安静地坐在残破的窗棂前，侧眼看吊脚楼下河水翻涌。

自从那年春尾的洪水冲走父亲和他的船后，七姑娘就再也没有去码头接过船。然而，白天的热闹过去，夜深人静时，七姑娘都会披一件薄衣，走到沉静如悬月的大河边，看着河滩远处一灯如豆的木船发呆。哈萝躲在吊脚楼上，嘴唇咬得发白，害怕得直想哭，她真怕姆妈被那微细昏黄的灯光给吸走，怕姆妈再也不回来。那艘船，哈萝知道，是炳安码头张家伯伯的船，张家婶婶前两年得了伤寒死了，月亮台的人都在说，七姑娘迟早要上张家的船，到炳安安家去。

但姆妈站在那里，从没往前走过一步，每次披着河霜回来，面对被窝里死盯着她的哈萝，她也只是寥落地解释一句，听河水声，怕是要涨鱼。

好像是说给哈萝听，好像又只是说给她自己听。她苍白冰凉的脸，因夜霜的冷和别的什么原因，在月色下显得更加透明，像是要消失一样。

那时候，哈萝不懂七姑娘的痛。

八点整，小区的路灯亮了，所有模糊不清的景色和人都像从魔咒中醒来，笑声、打闹声、娃娃玩的滑板车音乐声，热腾腾袭来。困乏的哈萝揉了揉越来越耷拉的眼皮，老何还没到，他当自己是苦守寒窑的王宝钏吧，一直傻等。哈萝发动车，想回云门沱。

前方急匆匆走来一个中年男人，边走边掏腰上挂着的钥匙。

哈萝说了老何十几年，现在连捡垃圾的都不在腰上挂钥匙了。老何不为所动，固执地坚持，他说，他们老家只有族长才有资格在腰上挂钥匙。之前哈萝没细想，现在想来，原来这串钥匙代表着篡权夺位的欲望，谁能丢下这么强大的欲望呢。

嘁，稀罕。下午在图书馆做的那个梦突然浮现在眼前，哈萝握着方向盘的手开始发抖，狭窄的小区车道像月亮台的石板巷，她仿佛看到了幼年时追着人砸石块的那个小哈萝，穿一身红衣裳，像奔跑的刺桐花。

呵呵。哈萝激动得喉咙沙哑，她伸出滚烫的手，打开车灯。

两道惨白刺目的灯柱下，她看到老何惊恐的双眼和张得异常夸张的嘴，她想，要是再近一些，她一定能看到他的扁桃体。

十一

醒来时，世界白茫茫一片。

哈萝以为自己到了天堂，结果突然听到自己的肚子在咕噜响，紧接着一碗香气扑鼻的汤出现在她眼前，提醒她这是烟火人间。

端着汤碗的七姑娘也听到咕噜声，责骂道，不争气的，发着烧还惦记着吃。

哈萝头昏脑涨，抬眼看，头顶上吊着个输液瓶，一晃一晃。她想起了中山西路那些行道树，叶黄皮蔫，绿化站的人来，也这样给它们挂上吊瓶，说树病了，这话听起来诗意又悲伤。

我怎么了？她沙声沙气地问，没来由地，也觉得悲伤。

你说怎么了，烧到四十度都不知道去医院。七姑娘吹着汤，舀一匙放到她嘴边，轻声说，你不知道自己是个残疾人。

你才残疾。哈萝不习惯七姑娘如此亲昵的动作，有点尴尬地别开脸，翻了个白眼道，我好胳膊好腿的。

脾都没了，脾气还大。七姑娘见她不吃，没好气地把汤匙摔到碗里，溅起几滴汤。

哈萝不争气地盯着那碗汤面，金黄色的鸡汤上洒着细小的绿油油的葱末，香菇切成碎丁，和鸡肉一起熬入了味……七姑娘神经兮兮的，喂什么呢，递给她不就完事了嘛。哈萝咽下汹涌的口水，突然想起车灯照耀下老何惨白的脸，惊吓得坐起来，说，老何呢？

七姑娘白了她一眼，说，给你吓得跳进花坛里，摔伤了手拐子，照片子去了。

好，没死就好。哈萝这才发现自己周身酸痛得厉害。

只是，唉，可惜了，就一脚油门的事，偏偏踩不下去。哈萝浮想翩跹。

还是吃一口吧。七姑娘又端起碗。

哈萝回过神，看了眼七姑娘，病房惨白的灯光下，七姑娘老了，眼角全是皱纹，细看，眼眶也是红的，到底是亲妈，七八十岁了还在替她操心。

也许是因为生病的缘故，也许是因为运来说的那一通话，也许是因为要离婚，从此只有和七姑娘相依为命……总之，哈萝的心没来由地软下来，眼泪也跟着淌下来。

姆妈。哈萝无力地喊了声姆妈，把自己吓了一跳。二十多年前她一直叫她"喂"，有了运来后，除了"喂"，她也叫她运来他外婆，总之从来没叫过姆妈。她不好意思地舔了舔干涸的嘴唇，声音沙哑，我都这岁数了，你不用这么操心，你就是个老太婆，不是神。

"姆妈"是大河人家才用的称呼，亲昵的时候连后面一个"妈"字也省掉，姑娘家撒娇，拖着嗓子叫一声"姆"。七姑娘没料到这辈子还能听到哈萝叫她一声"姆妈"，人都木了，好半天才回过神来，淡淡地说，你也是，一辈子死撑着为啥呢，你也不是神。

和你一样呗。哈萝苦笑，什么样的妈，养出什么样的姑娘。

我可没教你把啥子都拴在男人身上。

那不是男人，是情。哈萝低下头拍拍肚子上的肉，取笑自己，这也是情。

你这情也太多了。七姑娘轻蔑地看着她，膘悝厚。

姆妈。叫了第一声，再叫第二声就轻松多了，哈萝生气的语调里竟然有了撒娇的味道，膘啊膘的，也不担心我难受。

七姑娘笑。

给我一口。哈萝望着碗。

七姑娘端起碗又要喂。

哈萝推开她的手，拿过碗直接开喝，生龙活虎的样子，不像是要被老公抛弃的女人。

我其实只是轰个油门吓吓他。喝完粥，哈萝感觉自己变得强悍，她夸张地张开双手，说，那家伙，吓得嘴张得那么大，我都看到了他的扁桃体。

十二

病房很安静。

老何沉默着，眼睛牢牢盯着悬挂在半空中的药液瓶，眼神山重水复。

哈萝也不说话。她发现老何老了，那么多白头发，连发根都是白的。她记得很多年前老何还是小何时，他的头发是多么茂密、青黑和刚硬，像夜色下如剑般坚挺的菖蒲。

老何看懂了她的眼神，苦笑，老了。

也白了。哈萝说。

早就白了，都快五十的人了。

什么时候的事，不一直黑着吗？

染嘛，一直都染。老何答。

你的白头发遮得住，我的胖遮不住，很难看，是吧？哈萝悻悻地问。

老何摇了摇头，表情变得很严肃，是哈萝喜欢的那种沉稳和笃定。然后他说，讲真话，哈萝，你很好看，就是胖起来也很好看。但你内心膨胀起来的那些东西，非常不好。老何说完，下意识地将凳子往后挪了挪——他已经准备好了来自哈萝的暴风骤雨。

哈萝却靠在病床上，一脸平静地看着老何，没有反驳，也没有争吵。

老何有一丝怔忡，半天，他说，那个……

没问题。哈萝利索地打断他，离，我签。

离？老何蒙了，为什么要离？

不是你想离吗？还找我摊牌，够飙啊。哈萝挖苦道。

我没有啊。老何狼狈地回过头看七姑娘，向丈母娘求援。七姑娘站在窗旁，背对着二人，仿佛什么也没听见。

你叫我等你回家，不是要摊牌吗?

不是……昨天我先去了那边，你知道的……其实我和她之间就是吃吃饭坐坐。我跟她说，我不会再去了。老何吃力地解释着，他觉得自己既无辜又无赖。对调酒师耍无赖，在哈萝面前扮无辜。可是两口子走到这一步，并不全是他的责任。

我也有责任。哈萝仿佛听到他心里的话，接过话题认真地自我批评起来，我一心想当船老大，是我的错。

老何愕然，陷入了难言的沉默之中——这么多年的抵抗，抵不过哈萝一句话，他终究还是败给了这个大气的女人。

他一直想摆脱她的掌控，如今她表明要丢手，他却感觉自己成了一艘被遗弃的船，空荡荡的，那么孤单……

哈萝也沉默，她无意再探究老何内心在想些什么，反正这个船老大她已经不想当了，她只是在心里默默盘算日子——后天就是大河祭了。

姆妈。哈萝转过头，眼神柔软地看向站在窗边的七姑娘。夜深了，一轮明月照耀在她脸上，细瘦挺拔的身影一如当年坚韧顽强。这么好的一个妈，她居然和她吵了半辈子。

后天大河祭，我陪你去月亮台。哈萝听到自己一字一顿地说。

十三

古老的河流早已改道，当年繁华的码头如今沉寂一片，刺桐花也早过花期。但岁月在这里始终是慢的，青石板还在，木房子吊脚楼也都还在，和繁华的都市相比，月亮台的一切都让人感觉不真实。

漫步一级级清亮如镜的石台阶，七姑娘叩响一户户陈旧的木门。

她准备了很多话要和她们说，但她们都老了，嫉妒的刺都化成了柔软的羽毛，不待她辩解，她们便打开门，烧开了茶水，用羽毛般重逢的温暖包裹着七姑娘，连连说，不容易啊，当年。

短短几个字，七姑娘足足等了半辈子。

窄街尽头有一扇门，七姑娘敲不开。

哈萝知道，那是十九年前搬到月亮台来的张家伯伯的院子。哈萝真正不想让七姑娘回月亮台的原因，正是这个人和这扇门。

七姑娘不知道缘由，退后几步，抬头打量小院的围墙和门楣，这是彭家老太的院子，难道人走了？

一枝开满浅红色花朵的三角梅从墙上垂下来，枝条狂野，花事荼靡，一片片开裂的树皮写满了风霜后的沧桑。

只有炳安码头才有浅红色的三角梅，月亮台的三角梅是深紫色。七姑娘终于明白了什么，她回过头，看向哈萝，眼神犀利。

就因为这个？

哈萝心虚地咽了口口水。

他哪年搬来的？

就是……我叫你搬出去那年。哈萝不安地回答，眼见着七姑娘眉头竖起，紧赶着要去拍门，我敲敲试试，可能你敲门的声音太小。

回来。七姑娘一把扯住哈萝，说，淌走的河水不倒流，离开的姑娘不回头。这大河水永远往前流，谁都回不去当年那条河。说完，七姑娘转身走了，脚下带风，像当年的七姑娘一样决然傲然。

但是船还是那艘船啊。哈萝笨重地追着七姑娘，在她身后嚷，就这一条，你真不要了？

呆妹子，七姑娘止住脚步，缓缓转过身——狭长的月亮巷，忆不完的往事，七姑娘就站在那堆斑驳零乱的往事里，慈爱而哀伤地看着胖得跟个洋娃娃似的哈萝——我的船在心里头啊！天下所有的姆妈，心里都有一条船。

一朵三角梅随风飘落到哈萝脚下，哈萝蹲下身。

浅红色的花瓣，是岁月淘洗后的颜色。

马晓丽

苏塔

1

我一直无法确定，她的死是否与我有关。

她令我感到恍惚，我常常弄不清她是我构思出来的人物，还是真实存在。因此我不得不一次又一次地潜回记忆的幽深处，翻检有关她的碎片。我希望能找到佐证，弄清与她生命的短暂交集，是否真的对我产生了长久的影响。可惜与她有关的记忆都埋得太深，存放的年头也太久，早已风化失色，脆弱得一碰就碎成了齑粉。

每当无奈地看着岁月的齑粉，擦着我记忆的边缘纷纷扬扬地散落，无声无息地消失殆尽，我都会真切地听见虚无躲在暗处发出哧哧的窃笑。

偶尔，我也会得到一块没有完全风化掉的残片，少，却清晰得惊人。这使得她在我记忆中的样子既清晰又模糊，我始终没有办法看清她的眼睛，也辨不出她的表情，但却能清晰地看到局部的一些细节——清俏的眉，嘟起的唇，柔韧的天鹅颈，肥大的布军装也无法遮掩住的蓬勃身体……

我得打住了，我发现自己又开始习惯性地进行美化了。我承认，我有使用油彩美化事物的痼疾。由于我多年来一直致力于涂抹油彩、覆盖所见，总想把一切事物都弄成我所需要的、我认为美的样子，导致我患上了严重的色盲症。其实，一开始我的色盲并不重，只是有点色弱，明显的颜色还是能分辨出来的。但因为没能及时发现病情，加之我越来越毫无顾忌地滥用油彩，结果使视锥细胞受损，视色素不断流失。当真实随着流失的视色素逐渐从我的眼中抽身逃离之后，我连最明显的红绿蓝黄都分不清楚，成了重度的红绿色盲患者了。

直到近些年，我才意识到视觉问题极大地限制了我的认知。为此我很痛苦，一直在寻求治疗，希望能找到一个帮助我纠正色盲、恢复视力的有效方法。但这很难，由于我患眼疾的病程太长，美化的执念已经侵蚀了我的视神经，成为我的一种行为习惯。而当习惯进而化为本能之后，我拿自己也没有办法了。

不过，我还想为自己辩解一下。即便我接下来对她的描述不那么真实，即便仍旧会受到眼疾和记忆的影响，也应该是可以得到谅解的。毕竟，她长期占据我记忆的一隅，与我共生共存了数十年。在这么漫长的时间进程中，我的记忆很可能已经对她进行过无数次的修改，早已把真实的她修改得面目全非，与我构思的人物混淆为一体，修改成我想象中的样子了。所以，我也只能按照修改过的记忆进行描述了。

其实我一直想把她忘记。只可惜记忆这个东西是不以人的意志为转移的。

我曾经专门向老谢咨询，问他有没有什么方法，可以促成我选择性失忆？老谢是心理学专家，我的老朋友，一直充当我的私密垃圾筒。老谢诧异地白了我一眼，说有点常识好不好？选择性失忆是受到外部刺激或脑部碰撞后，人体自动启动的保护性防御机制。我说对呀，我就是需要启动自我保护程序，来防御记忆对我造成心理伤害嘛。老谢说你听清楚了，启动的必要条件是受到外部刺激或脑部碰撞！我说就没有别的办法吗，比如催眠、心理暗示什么的？老谢说那些都没用，我对你的突发奇想爱莫能助。我忍不住打击他说，你平时招数不是挺多的吗，怎么到我这里就没招了？

老谢也不示弱，立刻说有啊，你可以用脑袋去撞墙，人为制造脑伤害。我悻悻道，要是撞墙能行，我真想去撞墙。老谢乐得不行，格外关切地对我说，不过脑袋撞坏后，选择忘记什么可就不是你能控制的了。我说要是能选择，我首先选择把你忘掉。老谢立刻热切地伸出手说，谢天谢地，咱俩总算达成共识了。

2

她从朦胧的水雾中现身，逆着光向我走来。昏黄色的灯光从她的背后照射过来，为她湿漉漉的身体镶上了一圈金色的轮廓。

这是我第一次见到她。是在新兵报到的当天，我与她在野战医院的洗澡堂里赤身相遇。她就这样带着炫目的光晕，裹着升腾的水雾出现在我的面前。

那一刻，我感到了一阵莫名的眩晕，似乎有一只无形的手按下了暂停键，眼前除了她，我什么也看不见，什么也听不见了。估计那个时候，我身体里那个叫作魂儿的家伙已经趁机出窍了，否则我不会傻傻地僵在那里动弹不得，心里明明白白地知道不该这样死死地盯着人家看，但却怎么也挪不开眼睛了。

我不知道她为什么会给我带来如此强烈的震撼。我不是没见过别人的身体，在那个缺少私人空间的年代，大家都是在公共浴池里洗浴，自然常常要裸身相见。所以，我对各种各样的赤身裸体早已是司空见惯了。只不过之前我好像从未关注过身体，从没发觉身体竟然是美的，而且会美得这么令人不可思议。

她在我面前停了下来，像我盯视着她一样，也那样默默地盯视着我。目光对视的那个瞬间，我看见从身体里逃出的那个魂儿，凌空与她对撞在了一起，撞出了一片明亮的火花。火花闪烁间，一种无法言说的愉悦感瞬间穿透了我。我忽然明白过来，我与她之间已经接通了，我们的交流可以无须语言，没有任何障碍了。我顿时兴奋得不能自已，身体激动得微微颤抖，连气都喘不匀了。

我俩就那样对视着，谁都没开口。我不知道对视了多久，也许只有几秒，但这几秒钟信息交流就已经足够了——

我知道你为什么这样看着我。

你真美。

我知道，但是从来没有人像你这样死盯着我看。

我也不知道自己为什么会这样，对不起。

没关系，我喜欢你这样，不像别人总是偷偷地看，在背后议论我。

她们羡慕你。

她们嫉妒我。

我也嫉妒。

不，你不是嫉妒，你是动念了。

动念？

是的。你多大了？

十……五，不，我马上就十六了。

着急了？

是，这批新兵里只有我没、没……

我知道，你还没成人。

所以我很自卑，很担心……

别担心，快了，你已经动念了。

什么意思？我不懂。

之前你的身体一直沉睡着，现在你的心念动了，心念一动，身体就会苏醒过来。

苏醒？

是的，像开花一样，花苞苏醒了，花很快就会绽放的。

我也能绽放吗？像你这样？

当然能，只要你愿意。

我当然愿意！

那你得好好爱惜自己。

怎样才能好好爱惜自己？

别怕。

别怕？

对，别怕。

……

如同被咒语击中了般，我突然打了个冷战，感到了害怕。

我被自己吓到了。刚才溜出去的那个魂儿肯定已经回到身体里了，不然我不会猛然惊醒，不会突然反应过来，发现自己竟然这么不知羞耻，竟然在公共浴池里盯住别人看，竟然会认为身体是美的。

这不是我，我不该是这样的！

从小到大，我一直是一个羞怯的女孩。在我成长的过程中，一直有各种声音不断地对我进行暗示，告诉我女孩子应该怎么做，不应该怎么做，哪些是女孩子可以想可以做的，哪些是不能想不能做的。我一直听所有的话，希望做所有人眼中的好女孩，这样的失态令我慌张，我从未发觉自己的内心如此不洁，从未像此刻这般厌恶自己。一种强烈的羞愧感和自责感紧紧地攫住了我，我快步冲到淋浴头下，把水拧到最大拼命地冲洗，好像这样就能把里里外外的污垢彻底清洗干净。

水不断地从头顶上倾泻下来，砸在我仰起的脸上。我一动不动地感受着水柱冲击在脸上的疼痛。我要让自己记住这疼痛，我要告诫那个从身体里溜出去的魂儿，今后给我老老实实待着不许随便出去。

3

她叫苏塔。

从没有人像她这样，一见之下便对我产生了魔力般的吸引力。我克制不住地想要接近她，到处寻找她，悄悄观察她，制造与她偶遇的机会，想方设法吸引她的注意。

但自那天之后，她却再也没有搭理过我。

本来我很高兴被分到了外科当护理员，因为她就是外科护士，但当我在科里见到她，热情洋溢地迎上前时，她却一脸的漠然，好像从来就没见过我这个人似的，以至于我都开始怀疑，我俩的裸身相见是不是真的发生过。我只能沮丧地想，也许，我穿上衣服后的变化太大，看上去完全不是一个人了。

我很快就发现，她在野战医院是个被大家挂在嘴上的人。

不知道为什么，她不论做什么都能落入他人口中，被人们反复咀嚼。其实她平时与大家的关系还不错，从没见她与谁过不去，也没见她跟谁有矛盾，但她就是躲不开大家的嘴。令我感到不解的是，虽然大家公认她的护理技术好，对病人的照顾细心周到，护士长甚至承认她是野战医院最好的临床护士，但大家对她的评价似乎并不高，感觉上好像都认为她是个思想挺落后的人。

这里面我最看不懂的就是护士长，说不清护士长到底对她好还是不好。能看得出来护士长的确很看重她，像参加抢救、重症特护这类对护理技术要求高的工作，护士长总是第一个想到她，第一个派她去。但护士长又是最喜欢把她挂在嘴上，最喜欢讲她的各种糗事，最喜欢当面数落她的。

护士长说，苏塔哪哪都长得挺完美的，就是脑子不完美。她脑袋里面缺东西，不信拿出来称称，肯定脑容量不足。

护士长说，苏塔你到底长没长脑子呀？还敢把这套军装穿出来？你觉得腰是腰腚是腚改得挺美是吧？忘了全院大会点名批评你改军装了？告诉你，上次要不是我做工作，你早背上处分了！赶快回去换掉，不许再穿这套军装了！

护士长说，你们说苏塔傻不傻呀，派她帮助锅炉房卸煤是想给她一个表现机会，她可倒好，又是口罩又是手套把自己捂了个严实，就怕别人不知道她怕苦怕累。结果是活儿一点没少干，好儿一点没落着。

护士长说，苏塔你注意点影响，没见那几个男病号总盯着你吗？连换药都非找你换。别跟我说你一点责任也没有，你不释放荷尔蒙，人家能迷糊吗？

护士长说，苏塔你动动脑子好不好，你怎么总也分不清哪些话敏感，哪些话不能说。那几个男兵就是故意使坏，谁还看不出来大土豆上面长个小土豆像什么，可人家谁也不说。就你嘴欠，你一个女兵，乳房这话也好意思当众说出口，就不怕人家说你思想意识不好，说你满脑子低级趣味？

护士长说，你知道苏塔为什么总是心不在焉像个梦游神似的吗？因为她的魂儿总不在她身上，只有工作时间在，其他大部分时间都跑到另一个世界神游去了。

后面这句话是护士长单独对我说的，当时听得我心中蓦然一惊，原来魂儿在不在是能被别人看出来的，这也太可怕了，看来我真得把身体里的那个魂儿看紧点。

护士长接着说，我看你这个新兵素质不错，想嘱咐你一下，工作当然要做好，生活作风方面也要严格要求自己，千万别像苏塔那样。你看苏塔是老兵了，工作也不错，为什么进步慢？就是因为在生活作风方面总是被人质疑。说老实话，苏塔也没做什么出格的事，她就是太不注意自己的言行了。人长得本来就惹眼，自己再不谨慎着点、收敛着点，能不引起别人的反感吗？

我忽然有所警觉，护士长是不是看出来我对苏塔感兴趣了？是不是在故意敲打我？

我该怎么办？

4

苏塔的话应验了。

自那天她断言我的心念已经动了之后，我好像真的感觉到了身体在苏醒。

那是我从未体验过的一种奇妙感受，身体最隐秘的部位开始了悄然萌动，似乎有一股神秘的力量在一步步地激活沉睡着的细胞。那些被激活的细胞在新鲜活力的充盈下，不断地膨胀着，壮大着，唤醒着生命意识中潜在的原始冲动。

我很惊讶。在此之前，我与自己的身体相处得一直都不太好。我所接受的社会教化告诫我，女孩子专属的身体部位是内隐的，因此女孩子对身体的感受也应该是内隐的，是不应该外化，不应该去格外关注的。这对我的认知产生了很大的影响，使我相信身体是等而下之的，甚至怀疑身体是带有原罪的。所以，我始终不太情愿接受自己的身体，总是尽量忽略、刻意回避。身体，似乎成了一个令我困惑的存在。我相信我的身体一定也感受到了我的疏离，所以一直静默着不肯生长，导致我到了发育年龄还像个小女孩似的干瘪瘦小，如同错过了灌浆的果子，独自在枝头尴尬地摇曳。

身体的变化令我在兴奋的同时感到了害怕，有一种对原有的秩序即将被新的力量打破的恐惧。每一天，我都能感受到体内涌动着的新的力量。这些力量不断地聚集，释放出越来越多的能量，并以能量的形态一次比一次猛烈地冲撞从前的边界，试图挣脱长久以来的束缚，重新寻找和界定一种全新的自由姿态。

每当感到害怕的时候，我就会想到苏塔，会下意识地想到那句令我疑惑不解的话——别怕。我也不知道苏塔这句话为什么会对我产生这么大的作用，只要在心里默念着"别怕"，真的就能让我心情放松下来，让我转向对自己身体的关注，让我去悉心感受身体的每一个细微的变化。很快我就惊讶地发现，自己那瘦小干瘪的身体迅速充盈起来，如青竹拔节般转眼间就变得丰满圆润了。

多年以后，婚姻中的我在万般无奈间，突然脱口说了句"别怕"。

我丈夫莫名其妙地看着我问，你说什么？

我顿时怔住了，蓦然想起了苏塔。

当时我正陷于身体带来的婚姻困境之中，那一刻忽然醒悟到，我现在的困境或许与从前的苏塔有关。

5

护士长是野战医院的团支部书记，她对我的表现十分满意，经常在各种场合表扬我。我很快就在这茬新兵中脱颖而出，率先入了团。

苏塔仍旧懒得搭理我，我也放弃了接近她的努力。反正现在我有了自己的新天地，有了更多的愿望、追求和向往，已经不像刚来时那么惶惑、那么无助了。何况，随着对情况的逐渐熟悉，我发现大家对苏塔的印象都不太好。加上护士长又常常敲打我，说近朱者赤近墨者黑，让我积极靠近组织，多向先进人物学习。我于是就渐渐对苏塔失去了兴趣。

后来就到了那个流火的黄昏。

与往常一样，下班前我独自去营区后面的山脚下，处理当天的医疗垃圾。焚烧的过程中我就发觉身体有些异样，肚子隐隐作痛。待到焚烧之后，挖坑掩埋灰烬时，我忽然感到肚子里面搅动起来了，五脏六腑被撕扯着下坠。我惊慌失措地扔掉铁锹，捂着肚子跌坐在地上。

我先看到的是解放鞋，顺着脚往上看，就看到了苏塔。

与苏塔对视的瞬间，我的心灵开关再次启动，又进入了那种无须借助语言的无障碍交流。

别怕，你来月经了。

我不知道。

你很快就知道了。

你为什么说月经，不像大家那样说例假、倒霉呢？

正常生理现象，为什么不能直接说？

……太敏感了，怕难为情吧。

那就用鄙视、厌恶的词代替？

大家都这样。

那是她们不爱自己。

我不懂你的意思。

自轻自贱就是不爱自己。

我也觉得来月经挺羞于启齿的。

为什么？那是女人身体的绽放，是女人生命的完美。来月经标志着女人的成熟，有了月经的女人才拥有了完整的生命，拥有了创造生命的独特能力。你难道不想拥有这样的能力，不爱这样的自己吗？

我挺矛盾的，既希望自己绽放，又害怕绽放的困境。

别怕，你闭上眼睛向内观看自己的身体。

我什么也没看到。

你有轻度色盲了。

不可能，我入伍体检没问题。

但你近期有视锥细胞视色素流失现象。

是吗？我没有感觉。

别急，静下心，放慢呼吸。眼观鼻，鼻观嘴，嘴观心……

我看到了……

看到了什么？

我看到了不断变幻的色彩，这些色彩流动着，带着生命的冲动，展现着生机勃勃的意志和向往。

还好，你只是有点色弱，无大碍。

以后不会色盲吧？

那要看你自己了。

我……

安静，你听到声音了吗？

……听到了，有一个很奇妙的声音。这个声音好像能带着感知的翅膀飞翔起来，超越语言的边界，直接抵达心灵。

很美妙吧？

太美妙了！

这么美好，还有什么理由不好好爱自己呢？

是啊，有什么理由不……

我突然感到身体里有一股力量在涌动，似乎是一种极具生命力的原始冲动，还没待我反应过来，那股强劲的力量就突破了我的身体屏障，欢呼着冲了出来。

我惊跳起来，看着身边如花朵般滴落的鲜血……

夕阳刚好落在了山顶，正是黄昏最动人的时刻，火红的余晖涂满了天际，满目都是惊心动魄的流火。

我不知道苏塔是什么时候离开的。

我甚至不能确定苏塔是否真的来过。

后来，我曾无数次地追忆那个流火的黄昏，细数发生在那个时间、地点的所有细节。但几乎每一次都有所不同，以至于我至今都不能肯定，那天是不是真的见到了苏塔，至今都不能确认，我与苏塔之间是不是真的有过那一番超越语言的交流。

<h1 style="text-align:center">6</h1>

老谢始终对我在野战医院的那段经历充满了质疑。当听到我充满自信地宣称，那是我身体和精神同时飞速发育成长的时期后，老谢凝视我良久，缓缓地说，精神分析学的研究结果证明，人的性模式应该是在六岁就基本定型了，但到青春期还会有一次重组的机会。你在野战医院的那段日子，正是你进入青春期后重组定型的关键时期，这也是你人生中最后一次修改、固定这一模式的机会。

我听了个云里雾里，说好吧，那有什么问题吗？

当然！老谢加重语气说，你可能至今也没有意识到，正是在那个时期，你的身体和精神的发育受到了双重的压抑。你后来出现的一系列问题，恐怕都与那个时期的经历有很大的关系。

我断然否认，说不可能，野战医院是我入伍后干得最好、进步最快的一个时期，可以说是我的黄金时期。我当时一下子从新兵中脱颖而出，成为整个野战医院的先进典型，还被选举当上了团支部委员，很是风光一时呢。

也许正是这些东西制囿了你。这类看似风光的事物会刺激你，使你产生过量的多巴胺，而多巴胺不仅会带给你亢奋和欢愉的快感，还会让你成瘾，让你迷恋上这一类风光事物的刺激，就此进入多巴胺循环带来的快乐。我想，当你落进这个循环之后，一定沉醉其中，很是迷恋吧？

沉醉其中是有的，谁没有虚荣心？谁不想追求进步？不过上瘾还不至于，你是不是有点过分强调多巴胺的作用了？

你当然不愿意相信，你热烈追求努力做出成绩的背后，很可能是你身体里的一个化学物质在起主要作用。但是你得知道，这个叫作多巴胺的化学物质，的确能作用于你的神经系统，参与调控你的生理状态和精神状态。如果我没猜错的话，你的失眠症就是从那个时期开始的吧？

……还真是。

嗯，根据我对你的了解，以我的经验来分析判断，基本可以推断出，你在那个时期不仅身体受到过创伤，精神上也受到过严重的创伤。你别急着反驳我，得仔细想想，回到源头去寻找，这个过程可能并不愉快，但尽量别回避……

渐渐地，我眼前出现了一个黑洞洞的水塘，正是我梦中常见到的那个。我好像特别害怕这个黑家伙，它身体塌陷在那里，睁着一只阴森森的独眼，咽喉蠕动着大口大口地吞咽口水，皮肤上布满了肮脏滑腻的青苔。

梦里总是有人在身后推我，让我跳进去与它搏斗。每次我心里都怕得要死，不敢面对那只独眼发出的死亡凝视。我拼命躲闪着不肯上前，慌乱地环顾四周寻求帮助，却发现所有人都在身后默默地盯着我。我看到了他们复杂的目光，看到他们从目光中伸出了一只只手，看到那些伸向我的手并不是要拉我，而是在合力把我往下推……在以往的噩梦中，接下来就是我跳进了水塘，在黑水里沉浮挣扎直到惊醒。但这次，就在我要跳下之前，眼前却突然一亮，出现了一个镶着金色轮廓的人影。她向我伸出手试图拉住我，但此时我的身体已经失重，身不由己地跌落了下去。就在我下落的那个瞬间，我看到了她的脸……

苏塔！我大叫一声，猛地睁开了眼睛。

我满头大汗、气喘吁吁地好半天才缓过神来。仔细回想刚才的情形，忽然心有所悟，那个反复出现在我梦中的水塘应该是蓄水池，是的，就是野战医院的那个蓄水池！过去我从未把这个梦与现实联系在一起，苏塔的出现提示了我，使我一下子反应过来了，之前的那些梦都是我过去经历的映照。我怎么也没想到，那个给我带来过伤害的蓄水池，竟然化身为水塘，频频来梦中与我纠缠。

记得当时是早春，天气还很冷，野战医院在经历了几次突然停水之后，决定启用备用蓄水池。备用蓄水池在室外，由于废弃多年无人打理，早已破败得不成样子了，池子里积了半米高的脏水，内壁上长满了青苔。团支部决定利用团日活动清理蓄水池，号召共青团员积极参加。谁都知道这活儿又脏又累，心里打怵但嘴上都不说，唯独苏塔当众说自己来月经了不能去。这下弄得女兵面露窘色，男兵偷偷窃笑，但苏塔却一如既往地若无其事。我当时刚好也在月经期，下意识地去看苏塔，发现她也在看我。我明白她不赞成我去，但我更明白我不能不去。因为此前护士长特地把我拉到一边，悄悄告诉我说，现在所里正在选拔先进典型，让我在这个关键时刻积极响应团支部的号召，带头表态主动参加清理蓄水池的工作。护士长说，这是你争取进步的好机会，你要抓住这次机会好好表现，千万不要辜负了组织上对你的期望。苏塔只看了我一眼，就面无表情地转过身，头也不回地走了。

我是第一个报名参加清理蓄水池的，我也是第一个跳进冰凉刺骨的水中的。那水实在是太凉了，刚进去时觉得腿脚被冰得生疼，但很快就冻僵了，失去了知觉。接下来我的小肚子就开始疼，像抽筋一样痉挛的疼。我强忍着腹痛站在冷水里刷洗池壁，整整干了两个多小时，直到虚脱晕倒在水池里。

正是在那之后，我被评为了先进典型，还被选为了团支部委员。

也正是在那之后，我落下了痛经的病根。

7

我与身体之间刚刚修复起来的亲密关系，因为那个冰冷的蓄水池而破裂了。

开始我并没有意识到这点，我当时正沉浸在表扬和荣誉带来的兴奋中，满心都放在争取更大进步、获得更大荣誉上了。我被眼前的光环晃得眼花缭乱，视锥细胞视色素又开始流失，视力下降，根本无暇顾及身体的情绪表达，也根本无视身体对我发出的一次次警告。

事后想来，如果我能早一点意识到问题的严重性，主动想办法修复我与身体之间的关系，也许事情还有缓和的余地。但我的漠视，导致了身体对我的极度失望，不仅与我渐行渐远，还不断地找碴寻机报复。这情形真是像极了一对还没度完蜜月就闹翻了的夫妻，不待尝到对方的甜头，就已经成了枕边的仇人。

我感觉到我逐渐分裂成了两个部分，一个是我，一个是与我作对的身体，而痛经则成了我与身体间最紧密的也是最痛苦的联系。

每个月，身体都会为我刻意制造一次完美的痛经，用这种方式来提醒我身体的存在，表明身体对我的态度，发泄身体对我的怨恨。我称其为完美痛经，是因为每一次痛经都不会遗漏也不会敷衍任何一个步骤。先是小肚子开始疼，越疼越剧烈，五脏六腑像是被一只大手攥住，拧着劲往下拽。疼痛炸裂般开始从小腹向全身辐射，疼痛等级也随之一波一波地增强，从四五级的中度疼痛，迅速攀升到七八级以上的重度疼痛。这是最痛苦的一个阶段，疼得不能动，说不出话，甚至连眼皮都抬不起来。之后就会进入一种濒死的感觉，全身毛孔突然张开冒出冷汗，脸色苍白手脚冰凉，头失重般飘浮起来，脑子里的东西全部散掉，感觉不到自己的存在了。最后是恶心、呕吐，恨不能把五脏六腑都吐出去，恨不能断念从此不活了。

偶尔，我会在痛经之后，想起苏塔的话："有了月经的女人才拥有了完整的生命，拥有了创造生命的独特能力。你难道不想拥有这样的能力，不爱这样的自己吗？"还有她最常说的那句"别怕"。

我想告诉苏塔，我怕了，我是真的怕了。我想当面问问苏塔，我也想爱自己，但我怕别人说我自私，说我怕苦怕累。可能与身体相比，我更爱自己在他人眼中的印象，但这难道不是爱自己吗？那么，谁能告诉我，怎样才算爱自己？究竟应该怎样爱自己？

我去找苏塔，这才想起好像有很长时间没看到苏塔了。

护士长说，苏塔休探亲假回省城了。

护士长说，苏塔探亲假延期了。她突然阑尾炎急性发作，在军区总医院做了阑尾切除手术。

护士长说，苏塔有慢性阑尾炎，早就劝她做手术，她就是不肯。

护士长说，苏塔的脑回路跟正常人不一样。明明白白告诉她，阑尾是个没有功能的蜕化器官，切除不会对身体有任何影响，你们谁也想不到苏塔是怎么回答的。

护士长说，苏塔说我是完整的，完整的身体才是完美的，完美的身体没有一处是可有可无的。我得保证我的完整，不能随便放弃任何一个部分。

护士长说，苏塔就是太矫情，拖着不做差点出危险，到头来还不是得把阑尾割了去。完整？谁敢保证自己这辈子一直完整？

护士长说，苏塔是化脓性阑尾炎穿孔，术后腹腔感染，还得在医院多住一段时间。

开始那些日子，大家虽然经常把苏塔挂在嘴上，也多有褒贬，但还算正常。随着苏塔住院时间的延长，大家的口气就逐渐发生了变化，变得越来越暧昧，越来越多义，越来越不确定了。

这种变化令我感到不安。从大家躲闪的表情和意味深长的语气中，我嗅到了一丝渐渐逼近的危险气息，总感觉可能会有什么不好的事情发生。

果然，很快就有一个爆炸性的消息迅速传开了——苏塔并没有住在普通外科，而是住在了妇产科。

妇产科！

这是医院里诸多科室中，最具有隐秘色彩，最能调动人的想象力，最容易引人想入非非、制造幻象的一个科室！

8

护士长来电话，说野战医院的原址要拆了，她联络了几个老战友准备一起回去看看，问我能不能去。我算了一下日程，时间冲突实在去不了。护士长失望地说，可惜你不能去跟野战医院做最后的告别了，你可是从那个地方成长起来的。我说是啊，真挺遗憾的，野战医院撤销编制那次我就没去成。护士长说就是嘛，那次去了好多人，虽然中间出了点事情，但分别多年能聚在一起重回老医院，大家还是很愉快的。我问，出什么事情了？护士长迟疑了好一会儿才说，说出来恐怕都没人相信，过去听说老医院闹鬼我就从来不信，结果那次真让我们撞见了。我一惊，说，不会吧？护士长说，不只是我，好几个人都看见了。我说，怎么没听你们回来说过呢？护士长说，是我嘱咐大家，回去后谁也不许提这件事的。我问，真有鬼？护士长说，谁知道呢，也许真有。我说，我可记得你是彻底的唯物主义者。护士长叹了口气说，是啊，可有些事情真是解释不清。

我离开野战医院之后，曾经听到过一些风言风语，说医院里经常有病号反映，说自己看到了奇怪的事情。病号的说法基本一致，都说是在半夜看见一个身穿白大褂的女护士去查房。虽然看不清面孔，但感觉那个女护士很漂亮，不时地给这个看看输液情况，为那个掖掖被角，很暖心很温和的样子。起初病号还以为是值夜班的护士来查房，但后来才发现当班的是别的护士，而且科里并没有这个人。仔细回想越来越觉得奇怪，那个护士从没有出过声，走路也是无声无息，轻盈地在病床间飘来飘去。最奇怪的是她出入病房从没开过房门，谁也说不清她是怎么进出的。后来这事就在部队渐渐传开了，都在传说野战医院闹鬼，而且越传越邪乎，弄得影响很不好。上级领导对此很恼火，派工作组追查谣言，最终认定是值夜班护士半夜查房这件事，被思想意识存在问题，封建迷信思想严重的人给鬼神化了。为此，多次在全院开展思想教育，批判唯心主义的封建迷信思想，要求大家自觉改造思想，抵制装神弄鬼的不良风气。

上次护士长他们回野战医院聚会的时候，医院撤销编制的善后工作已近尾声，病号都已经转走了，病房全部空了出来，院里就安排他们住在病房里。护士长说她自己住一个小病房，刚睡下不久，就迷迷糊糊地感觉有人进了房间，来到她的床边。她心里很奇怪，记得自己睡前明明是锁过房门的，怎么能进来人，怎么能悄无声息地就到了自己的床边？她想面向那人转过身去，但身体沉沉地动弹不得。想睁开眼睛看看是谁，却怎么也睁不开。只听得身后的气息浅浅的，带着一丝若有若无的花香，感觉应该是个女人。这人好像俯身看了她很久，仔细地为她披了披被角，然后轻轻地把手放在她的后背上抚摸了几下。那只手好凉，护士长只觉得被手触过的地方如融冰入骨，寒意从后背迅速蔓延，很快全身就冰透了，她竟然被生生地冻醒了。醒来刚睁开眼睛时，她似乎看见一个白色的影子在门口闪了一下，但她当时冷得浑身打战，顾不上仔细看了。待佝偻在床上裹紧了被子之后，她才觉出了异样，此时眼看就入夏了，房间里并不冷，何况自己还盖了床被，怎么就能冷成这个样子？莫不是发烧了？她伸手摸了摸自己的额头，冰凉，肯定不发烧。此刻，她才猛地想起那只冰凉的手，茫然四顾，病房里并无他人。她急急忙忙跳下床，光着脚奔过去查看门锁，不由得愣住了——房门竟然是锁着的，正是她睡前锁上门时的样子。那一夜，护士长再也无法入睡，反复回想刚才发生的事，怎么也无法确认这究竟是个梦还是真的遇见了传说中的女鬼。如果是梦的话，这个梦也有点过于清晰、过于真切、过于蹊跷了。如果不是梦，真是见到了鬼，她又没有任何证据能说服自己，更不要说去说服别人。思来想去，索性就算是做了一个梦吧，护士长对自己说，就当是自己听说了闹鬼之后，昼有所思夜有所想，结果把鬼做进梦里了。她决定不跟任何人提这件事，反正说也说不清楚，还会被别人认为自己是疑神疑鬼。但吃早饭的时候，她发现大家的神情都不太对，一问才知道，好几个人昨天夜里都遇见了蹊跷的事。虽然大家讲的具体地点、细节不太一样，但都与那个传说很相似，都是一个看不清面孔但感觉很漂亮的女护士，穿一袭白衣无声无息地在房间里飘动，气息中带着淡淡的暗香。这个多人互证的结果，顿时把大家惊得目瞪口呆，越想越感到毛骨悚然。他们本来还计划多住几天，结果当天就结束活动匆匆返回了。

听护士长的讲述仿佛是跟着她在夜路蹒跚前行，周围一片昏暗，眼前视物不清，脚下磕磕绊绊。但不知其中有什么东西勾着我，令我心有所动，不知不觉地就跟了下去。我记不清跟了多久，跟到了哪里，只记得走着走着，身体里的魂儿就跳脱出来，把我拐上了另一条路。我身不由己地跟着我的魂儿一路狂奔，奔向当年的野战医院，奔向那个落日的后山，奔向那个流火的黄昏。

我又看见了那个场景：正是黄昏最动人的时刻，火红的余晖涂满了天际，满目都是惊心动魄的流火。

我看见那时的我站在山下，仰头看着缓缓落下的夕阳，橙红色的光洒在我充满憧憬的脸上，照着我单纯的青春梦想。

我看见夕阳中一个镶着光圈的美丽身影，逆着光迎着我走来……

护士长在电话里着急地呼唤着，问我是否在听，为什么半天不说话。

我一时回不过神，过了好半天才反应过来，说我在听。

护士长说那就先这样吧，回来再联系。

我说护士长，我想……麻烦您点事。

护士长说行，什么事你说吧。

我沉吟了好一会儿才低声说，能麻烦您替我去看看苏塔吗？

电话那头沉默了很久，无声地挂断了。

9

苏塔休病假回来之前，已经被人放在嘴巴里嚼烂了。

最初的想象是从充满隐秘色彩的妇产科出发，经过不断地充实、丰富，最终落到了一个充满悬念的，具有无限拓展可能的结论——人工流产。

护士长在团支部大会上怒斥自由主义泛滥，要求大家学习毛主席的《反对自由主义》，重点对照自由主义的第二种表现："不负责任的背后批评，不是积极地向组织建议。当面不说，背后乱说；开会不说，会后乱说。心目中没有集体生活的原则，只有自由放任。"虽然护士长没具体说指的是哪些事哪些人，但谁都听得出来是在敲打那些散布谣言，说苏塔是去做流产的人。

那段日子的我变得格外脆弱敏感，只要是听到或感觉到有人在咀嚼苏塔，我身体的某个部位就会出现疼痛反应，就好像我的神经与苏塔是连在一起的，就好像他们不是在咀嚼苏塔，而是在咀嚼我的神经。

为了结束这种痛苦，我比任何人都盼着苏塔回来。

苏塔终于回来了，看上去似乎没什么变化，只是苍白了些。

但自从苏塔回来以后，我就一直心神不宁。我也不知道自己担心什么，为什么不安，但就是担心，就是不安。我总有一种要发生什么事情的感觉，常常会莫名地出现如面临深渊般，唯恐失足跌落的恐慌。

我开始处处留意苏塔，想寻找机会单独跟她说话。但我很快就发现，她只要有空闲时间就不停地找各种各样的人交谈，我根本找不到与她独处的机会。我越来越感到奇怪，苏塔本不是这样的人，她一直是孤独的，自我的，不从众、不随俗的。我不知道她为什么会有这么大的改变，我试图理解她是因为那些传言，才不得已做出改变去迎合他人。但我不愿相信，这不是苏塔，我不喜欢也不接受这样的苏塔。隐隐地我总觉得有什么地方不太对头，总觉得好像有什么事情要发生。

苏塔仍旧不搭理我，视我如无物，迎面相遇时，目光穿过我的身体，落在我身后不可知的遥远的地方。

我的担心、不安和预感到底还是应验了。

大概是在苏塔回来两周之后，医院召开全院大会。我那天坐在最后一排，目睹了事情的全部经过。当时会场已经安静下来，准备宣布开会了。苏塔此时进入会场，众目睽睽之下从后面径直走到前排一个女药师的身后，清晰地叫了声她的名字。就在女药师应声回头之际，苏塔突然扬手扇了她一个耳光，然后转身就走了。

全场静音，所有人都蒙掉了。直到女药师哇的一声大哭起来，会场才骚动起来。

我追着苏塔跑出会场，只见苏塔一出会场整个人就垮了下来，脚下磕绊着，喝醉了酒似的摇摇晃晃地差点摔倒。我赶紧冲过去扶住她，她面如死灰，浑身颤抖，两眼直勾勾地看着刚才打人的那只手，一下子瘫倒在我身上。

我把苏塔送回宿舍的一路上，一直在心里对她说话，不管她能不能听到。

我说，我知道你想说什么，你不必说，我都知道。我知道你回来后的这段日子，一直在查谣言源头。你捋着线索一个一个地找人谈，将心比心地让人家告诉你来源，直到查出了最初造谣的那个女药师。我知道你苦于自己只有一张嘴，无法向所有人解释清楚，不得已才出此下策，用这么疯狂的办法洗清自己。我知道你这样做自己也很痛苦，你无法因此得到解脱，反倒是更深地伤到了自己。

我忽然控制不住地哭了起来，我说，苏塔你不知道我这段日子有多紧张，多担心，多害怕。我多么希望你能像过去一样，对那些东西不屑一顾，置之不理。你是一个那么自我、那么不惧他人目光的人，但你终究还是怕了谣言，终究还是没能好好爱自己，终究还是应了那句不自爱必自辱的老话。

我在心里大喊，苏塔你不是说要好好爱自己吗？你不是说别怕吗？

我看见苏塔眼里突然涌出了泪水。

10

我丈夫第一次看到我痛经的样子，当即吓了个半死。安痛定完全没用，直到医生给我打了一支杜冷丁，我才慢慢地缓过来。等我已经都缓过来了，他还没缓过来。看他那副面色苍白、满头大汗、呼吸急促的模样，活像痛经的是他，而不是他老婆我似的。

后来我猜想，也许就是那一次在他的心里留下了阴影，为我们日后的夫妻生活埋下了隐患。

老谢基本支持我的看法，说我很高兴你有这样的自审能力，能意识到在夫妻关系中你是主要问题方。我赶紧说你过分了吧？我可没说我是主要问题方。不能我递给你个棍子，你回手就往我身上抡吧。老谢毫无歉意地说，一点也不过分，你虽然有认识，但还不到位，我这是帮你提高认识，一步到位。我说有时候我真挺烦你这个人的，我看你对别的病人都挺耐心挺委婉挺有医德的，怎么一到我这里你就医德表现严重不佳。老谢说你不懂，心理治疗的主要原则就是因人而异，这款药就是专门为你配制的。

也许我真的是主要问题方，虽然我嘴上不愿意承认。我和丈夫的夫妻生活一直不太顺利，我们之间没有感情问题，我们都很努力。可是我们的努力就像是赤脚行走在乱石堆上一样，每一步都精神紧张、小心翼翼、提心吊胆，但到头来还是每一脚都能刚好踩到石头尖上，把双方硌疼弄怕。心理医生朋友说我们两人都存在着功能性障碍的问题。我问，是什么原因造成的？朋友说，一般造成功能性障碍的原因有三类，一个是生理因素，一个是心理因素，另一个是文化因素。我判断你们俩的情况，应该属于心理和文化复合因素导致的精神焦虑。我说，不对，我应该属于生理因素，我痛经。朋友白了我一眼说，你发育正常又没有器质性病变，所以你的痛经不完全是生理因素，其中有很大程度的精神因素。你应该是在身体和精神的发育方面都受到过创伤，这才形成了你的压抑性人格。而压抑性人格在夫妻生活中最容易表现出精神方面的障碍。关键是你的表现还会直接导致对方的操作性焦虑，出现欲望障碍、唤起障碍或疼痛障碍。这就是我说你是主要问题方的原因。

我想起新婚的那天晚上，丈夫无奈而又满怀怜悯地看着我说，你太压抑了，你怎么会这么压抑……

有个问题我一直没想明白。老谢说，按说你是在医院工作过的人，对人体的生理结构、人的生理现象都很了解，不应该有这么强烈的不适感和排斥心理，除非有创伤性体验，可是你……

我的眼前突然闪出了一扇门，白底的门牌上印着三个黑字：换药室。如溺水一般，水忽然就没过了头顶，我一下子沉入水底，沉入了无边的黑暗之中。

11

与平时一样，我那天大约是在十一点半进的换药室。

我负责打扫换药室的卫生，这个时间上午的处置基本都做完了，我可以在十二点之前把换药室收拾利索。

我进去时，苏塔正在给七床病号备皮。七床明天要做腹股沟斜疝手术，按术前准备要求，下腹部手术需要把下身全部剃干净。我下意识地看了一眼，七床躺在诊疗床上，裤子已经褪了下去，苏塔正在用软毛刷蘸着温水，在备皮的部位上刷肥皂。

都是常规工作，苏塔也知道我通常都是在这个时间打扫卫生，所以我俩连招呼都没打，只背对背地各自忙自己手上的事情。

我收拾了换下来的敷料、绷带、用过的器械，刷洗了工作台、水池。大概十分钟之后，我出去了一趟，把医疗垃圾送出去。

待我回来的时候，看见苏塔站在门外。我以为她备完皮了，但发现她脸色白得吓人，似乎靠墙支撑着才能站住。我从没见过苏塔这么慌乱，赶紧问她怎么了。她看了我一眼，我立刻明白了，马上转身跑去找护士长。

护士长赶来之后，就没再让苏塔进换药室，也没让我进换药室。护士长一个人进去，跟那个病号在里面待了好长时间。

无论是苏塔还是护士长，谁也没告诉我，在我离开的那几分钟，换药室里究竟发生了什么事。我只是觉得出事了，猜测事情不小。而且后来事情好像是越来越大了，因为上级机关都被惊动了。

苏塔再一次稳稳地挂在了大家的嘴巴上。

开始的舆论还是倾向苏塔的，指责七床思想意识有问题，竟然在女护士为他备皮时想入非非，出现不堪后果。但渐渐地说法就变了，有人说苏塔从来备皮时间都很长，而且她从不像有些护士那样图省事用凉水，总是用温水刷肥皂。说实话，温手温水长时间接触，病号当然很难控制自己。还有人说苏塔平时在科里就挺招人的，总有男病号围着她转。她自己要是自重，病号敢胡思乱想吗？还是她有问题。再说了，几乎每天都有病号备皮，怎么别的护士从来都没出过这样的事？

不知道这些话有没有传进苏塔的耳朵里，传进了多少，反正苏塔是依然故我，对他人说什么都毫不在意。

出乎意料的是，护士长在这期间竟然什么都没说。

据说，一开始护士长把七床臭骂了一顿。七床当时痛悔不已，一再央求护士长千万别把这件事说出去，说如果让部队知道了，自己的前途就完了。护士长也不想把事情搞大，毕竟这种事情好说不好听，说出去对谁都不好。护士长就把这事压下了，让七床安心手术，等术后身体恢复了再说。

疝气修补是小手术，术后过几天拆完线就没事了。七床出院前，护士长让他当面向苏塔道歉。没想到苏塔却说，算了，不用道歉了。护士长很生气，说苏塔你脑子里是真缺东西，这么大的事，哪能这么轻易就放过他了？苏塔却云淡风轻地说，其实也没多大事，自己当时的确是吓坏了，但事后想想也不过就是人的正常生理反应。苏塔说，我不想逼着人家承认什么思想意识问题，不想追究这件事了。

后来我曾无数次地想，如果当时苏塔同意让七床向自己道歉，或是留下七床的书面道歉，这件事是不是就不会发展到后来的地步了。

那段日子我总做溺水的噩梦。梦里没有光，只有水，无边无际的水。我在梦里一直拼命地奔跑，内心里充满了挣脱和逃离的冲动，充满了压抑和莫名的恐惧。我不知道自己想要躲避什么，似乎是想躲开身后有着相同面孔的人群，又似乎是在追赶前面的什么人。

常常就在快要追赶上的时候，我突然发现前面那个被追赶的人就是我，是那个对我充满了成见和不满，动不动就想逃离我的灵魂。我很难过，我不想那家伙离开我，虽然我俩不和，相处得并不愉快，但我还是希望不要分开，希望自己是个完整的人。每次在后面追赶的时候，我都特别无奈，喊喊不应，追追不上，越想快跑越拉不开腿，腿好像特别沉，路上的障碍也特别多，我觉得自己可能永远也追不上、找不回我的灵魂了。

这个不断重复的噩梦，虽然每次的内容都不尽相同，但我最终落水的结局却始终没变过。这也是这个梦最令我害怕、最让我绝望的地方。我生来怕水，每一次在梦里都想躲过水，但总也躲不过。无论我怎么跑，无论我往哪里躲，最终都会莫名其妙地落入水中。我拼命地在水里挣扎，不肯沉入水底，但我的身体却总是趁机违背我的意志，使劲地把我往水底拖。子宫总是在这时开始伺机报复，在我的小腹里起劲地搅动，把五脏六腑扭结成块，像铅球一样坠着我往下沉。

水迅速地没过了头顶，我随即沉入一片黑暗之中。我无法呼吸，无法思想，进入一种可怕的濒死状态……

12

起初，部队派人来调查备皮事件时，谁也没想到事情后来会发展到不可收拾的地步。

虽然护士长答应了要为七床保密，不向部队反映这件事，但野战医院与部队的联系千丝万缕，没过多久这件事就传到了部队。

如果七床不是准备提拔使用的干部，这件事的影响也许不会这么大。但七床是部队的军事骨干，是重点培养准备重用的干部。这次住院就是让他把身体上的小毛病解决掉，准备出院后就提拔他到新的岗位去担任主官。但就在准备上会研究的关键时刻，传出了他在住院期间曾经发生过备皮事件。

通常情况下，出现了问题就得调查，要待调查结果出来后再决定是否上会研究。如果调查结果证实确实有问题，或者一时无法确定性质搁置下来，就会错过这一批的干部提拔任用。而一旦错过了，即便之后调查清楚没问题了，原来的位置也已经安排了别人，一切又要从头开始了。所以，对七床来说这件事的调查结论很重要，可以说是直接决定着他的前途命运。七床当然想尽量解脱自己，因此在向部队说明情况时，就坚持说是由于护士在备皮过程中有不当操作，才导致了自己意外失控。

护士长得知这个情况后差点气疯了，大骂七床是歪曲事实，是要流氓，是不要脸。护士长的态度立刻变得十分强硬，面对前来了解情况的部队来人，指责七床的思想意识、道德品质存在严重问题。护士长认为正是由于他的思想不健康，有非分之想，所以才在护士为他备皮时无法自控，造成不良后果。护士长强调这件事对当事护士造成了很大的伤害，给目前的护理工作带来了极坏的负面影响，导致现在女护士为男病号做处置时心理负担很重。鉴于此事产生的严重后果，强烈要求部队必须对涉事者进行教育并严肃处理，并向当事护士及医院公开道歉。

很快，院领导就来找护士长了。院领导批评护士长对部队来人态度过激，说护士长你也是老同志了，考虑问题要全面，处理问题要冷静。你也不想想，部队摆明了是想提拔这个人，下来了解情况就是为了证明主要问题不在他身上，否则为什么会把研究干部的常委会推后召开，专门等这个调查结果出来呢？护士长说那也不能颠倒黑白诬陷我们护士呀。政委说谈不上诬陷吧？人家找苏塔谈的时候，苏塔的态度就很好，自己承认那天备皮的时间长了点，七床可能是有点耐受不了，所以才出现了状况。护士长当即就傻眼了。

护士长去骂苏塔，说苏塔你让我说你什么好？我说你脑子里缺东西还真是高看你了，你不是缺东西，是没东西，你根本就没长脑子！这种事能往自己身上揽吗？我在前面替你堵枪眼，你可倒好，轻轻松松地就在背后给我补了一枪。你可真敢给自己找麻烦呀！好，这事我不管了，我可告诉你，惹上麻烦别来找我！

麻烦果然很快就来了。部队调查备皮事件的报告出来后，应该可以顺利过会了，上上下下各方面都松了口气。本来事情就可以到此为止了，但部队上报选拔干部情况时，附上了备皮事件的调查报告。这个报告引起了上级领导的重视，领导责令主管部门下去整顿野战医院的医疗作风，要求严肃处理备皮事件的当事人。

　　谁也不知道人心的逆转是怎样悄然发生的。从一开始群情激奋地抵触，到默不作声地接受，再到最后主动反映情况……也许，出于孤独个体的心理需求而产生的群体感，本身就是一种想象中的错觉，以为可以借助力量，以为可以共进退，以为在关键时刻可以获得支撑，但只要有强力介入，稍有风吹草动，群体就会如堆絮般随风飘散。

　　苏塔面临的处境就是这样，尽管她从不曾寄希望于群体。

　　整顿医疗作风工作组进入野战医院之后，立刻展开了深入的调查。通过各方了解发现，苏塔在生活作风方面一直存在问题。据群众反映，苏塔特别喜欢接触男病号，常常替别人为男病号换药、做各种处置，所以科里的男病号总围着她转。再有，苏塔说话特别不注意影响，很多涉及人体或生理的话，别人都不好意思说出口，苏塔却从来都是随口就说，毫不在意。还有，苏塔组织纪律性很差，一贯自由散漫，喜欢独来独往，不愿意参加集体活动。工作组了解到，就在不久之前，还发生过一次苏塔当众打人的恶性事件。就因为个别同志对她的行为提出质疑，苏塔就利用召开全院大会的机会，在众目睽睽之下大打出手，扇了对方的耳光，在群众中造成了极其恶劣的影响。据群众反映，苏塔之所以这样我行我素、有恃无恐，其主要原因就是主管护士长对她的长期袒护。比如打人事件发生之后，护士长就多方斡旋做工作，最后只给了苏塔一个口头警告处分。

　　工作组对备皮事件的调查十分仔细，包括什么时间进的换药室，进去后先做了什么，后做了什么，其中每一个步骤各用了几分钟。我被叫去询问时，面对眼前那两个神色严肃的人，脑子突然像被清空了似的，一片空白。我搜肠刮肚地回忆那天的每一个细节，胆战心惊地回答他们的问话。记得他们对时间抠得很仔细，着重问我进换药室时是几点几分，离开时是几点几分。说实在的，谁能把时间记得那么精确，我只能说出来个大概。他们还问我苏塔用的是不是温水，我说应该是吧，按操作要求就得用温水，苏塔的操作从来都是最规范的。他们又问我看没看见苏塔备皮的动作，我说我们俩是背对背站着，各做各的事，互相看不见，我就是送医疗垃圾往外走的时候看了一眼。他们立刻追着问，你看见了什么？我说没什么，正常备皮。他们说你详细说说备皮的动作。我就开始发蒙，然后就说了句至今还令我后悔不已的话。我说就是正常备皮，一只手这样扶着，一只手用备皮刀这样刮。说完这话，我看到他俩互相看了一眼，当时我还很不解，心想这有什么可奇怪的。

我给护士长讲谈话过程时，见护士长的眉头越拧越紧，就知道有什么地方不对劲了。我刚说完，护士长就劈头盖脑给了我一句，平时怎么没发现你话这么多，你个新兵伢子什么也不懂，说那么多干什么？我说护士长我怎么了，我也没说什么呀。看着我那满脸的委屈，护士长无奈地长叹了一口气。那一刻，我看见忧虑如藤蔓般爬上了她的额头，皱褶迅速地布满了整个脸。虽然不明白为什么，但我心里感到很害怕，知道事情不好了。

果然，工作组的调查结果对苏塔很不利，下一步要以苏塔为反面典型，在全院医护人员中进行整顿医疗作风、肃清不良风气的教育。工作组做苏塔的工作，希望苏塔能充分认识自己的问题，写出一份深刻的检查材料。这样一来可以体现出整顿的成果，二来也可以减轻后期处理的程度。苏塔心不在焉地听着，平静得像是根本没听懂似的，脸上没有任何反应。她听完之后，连一句话也没说就转身走了，弄得工作组的两个人面面相觑，一时倒不知如何是好了。

院里于是让护士长去做苏塔的工作。原以为还得先做一番护士长的工作，没想到护士长倒痛快，立刻就应下来了。我想，也许是因为反映护士长祖护苏塔，使她产生了心理压力吧，否则护士长怎么会那么容易就转向放弃了呢。问题是护士长应下来后，转身就找到我，让我替苏塔写这份检查材料。护士长说，苏塔根本不会写的，她脑子没开这一窍。我说，护士长我也不会写，这不符合实际情况。护士长额头上的藤蔓立刻密集起来，目光从藤蔓的缝隙里伸出老长，打量着我说，我得提醒你一句，别被苏塔带偏了。你得记住，你跟苏塔不一样，你得要求进步，你得积极靠近组织，你得遵守纪律服从命令听指挥，特别要注意的是，你得约束自己的言行，不能犯自由主义，更不能随便质疑上级领导！我被护士长这一顿排炮轰得目瞪口呆，心里真是又委屈又害怕，眼泪止不住稀里哗啦一个劲地往下流。

护士长缓了缓情绪，递给我一块纱布，让我把眼泪擦了，然后放低声音对我说，帮帮苏塔吧，我看她这次真是有点悬了。

14

我替苏塔写的检查材料大获成功，受到了工作组和院领导的高度评价。

大概就是因为写了这份检查材料，我的文字能力和可塑性引起了上级机关的重视。谁能想到，这份我吞咽着泪水，忍着痛经的疼痛写出的检查材料，竟然成了我日后从事文字工作的投名状，成了我与文字打交道的起点。

写这份检查材料的那几天，大概是我的视锥细胞损害最严重，视色素流失得最快，视力下降最厉害的时段。我能够明显感觉到眼睛的色弱程度在加重，从轻度分辨困难，逐渐发展到了重度分辨障碍。这些文字严重影响了我的视力，大概就是从那时起，我的眼睛开始出现视物不清、模糊边界等认知问题，这为后来病情发展成红绿不辨的重度色盲埋下了隐患。每当我写得心力交瘁时，苏塔就会在我耳边说，你得爱惜自己的眼睛，再这样流失视色素，你真的会变成色盲的。每次我都会无奈地对她说，可是我想帮你……抬头却发现苏塔并不在，她其实从来就没来过。

不出所料，我挖空心思替苏塔写的检查材料，苏塔一眼都没看。

整顿工作进入尾声，工作组提出要召开全院整顿医疗作风总结大会。会上除了领导做总结报告，还要求苏塔在大会上发言，汇报自己通过参加整顿提高认识的心得体会。也就是让苏塔上台，念我给她写的检查材料。护士长说这是最后一关了，只要苏塔上台念了，后面对她的处理就不会太重。否则结果不可想象。受处分都是轻的，开除军籍遣送回家都是可能的。

护士长知道说服苏塔很难，知道苏塔几乎不可能同意上台发言。但护士长不想轻易放弃，她必须做苏塔的工作，不管行不行，也得尽到责任。

开大会的头一天，护士长决定在苏塔的宿舍住一晚上，准备通宵做工作说服苏塔，劝苏塔在大会上发言。护士长的决心是下定了，说不管苏塔同不同意发言，第二天也要把她拖到会场上去。

谁也没想到，苏塔竟然没用劝说，几乎是立刻就同意了，弄得护士长鼓足的斗志都没来得及昂扬，就偃旗息鼓地打道回府了。护士长回来后半天都缓不过神，兴奋得满地打转，一个劲地跟我念叨，说没想到我还真把苏塔看错了，看来苏塔也不是不可救药，真到关键时刻她也是知进退的。

不知为什么，我却一点也高兴不起来，心里乱七八糟的，说不出是什么滋味。我问护士长苏塔的情绪怎么样，护士长说挺好的，说好了明天我找她一起去开会，然后我俩又说了会儿话，后来看洗澡时间到了，她就收拾东西去澡堂洗澡了。

当天晚上我又做噩梦了，梦见我去洗澡堂找苏塔。洗澡堂里还是那样雾气腾腾，但苏塔并没有如我希望的那样从水雾中走出来。我焦急地寻找她，把每一个赤裸的人都当作是她，满怀希望地贴到脸上去看，但发现哪个都不是。令我感到不舒服的是，被我揪住的每个人都对我翻出白眼，好像我是个恶人，是个令人痛恨的小人。我心里感到很害怕，忽然反应过来这些人是一伙的，她们早就商量好要收拾我，想把我扔到水里淹死。我开始逃，拼命地逃，但腿像被粘住了似的，怎么也抬不起来。我眼巴巴地看着那些赤裸的女人向我围了过来，许多的手伸向我，合力把我往水里推。不要，不要，我大声喊了起来，我不能下水，我来月经了……我被推进了水里，冰冷的水一下子漫了过来，肚子被冷水激得一下子就疼起来。我开始下沉，水没过了胸口，没过了脖子，没过了头顶。我喘不上气了，觉得自己马上就要死了，气若游丝间心里闪过了一个念头，我现在可能就是在去地狱的路上吧……

从梦中醒来后，我发现身下一片殷红。我对着那片红愣愣地想了半天，怎么也想不明白。我是刚刚来过月经的，离下次月经还早着呢，而且我的生理期一贯是延迟的，怎么突然又来了？但愿见红大吉，是个好兆头吧。

我和护士长提前去苏塔宿舍，准备叫上她一起去开会。

敲门，门没开。

推门，里面插上了。

使劲敲，没声音。

大声喊，没回答。

护士长的脸色一下子变了，喊我赶快去找人来撬门。

我撒腿就跑，心跳捶鼓般在耳朵里咚咚直响，捶得脑袋都要涨破了。

门终于打开了。

苏塔在。

但苏塔已经不在了。

苏塔平躺在那里，身上穿着那套改过的合体军装，面容宁静，美得不可名状……

15

就是那次在困境中我脱口说出了"别怕"之后，丈夫好奇地追问我，我才不得已给他讲了苏塔。果然不出所料，或许是我的表达问题，抑或是他的观念问题，反正丈夫完全无法认同苏塔。这也是我从来不跟别人提苏塔，从来不跟别人谈论苏塔的原因。

丈夫的关注点显然都在事情发展的过程和结果上，比如工作组如何收场，苏塔的定性及后续安排，七床是否提拔，苏塔家属的反应等等。

我并不为此失望，虽然我顿时情趣全无，即刻翻身下床。但我知道男人就这德行，尤其是混迹过官场的男人。我一边起身穿衣服，一边对丈夫说，其实只有一个问题与你有关，是你最该问的，可惜你一直没问。丈夫问，什么问题？我说，月经。丈夫问，月经怎么了？我说，就是从苏塔离开的那天起，我的月经出现紊乱，此后长期月经不调，导致至今不孕。

其实我很少这样带情绪地跟丈夫讲话，因为我在夫妻生活中对丈夫一直是怀有愧疚的。按老谢的话说，就是我在夫妻关系上有很强的负自我意识，而负自我意识的来源就是痛经产生的痛感记忆。痛感记忆是我的魔咒，每当痛感记忆被唤醒，我就会从所有的美好中惊醒，立刻陷入恐慌惊惧之中。老谢给我的分析是，由于负自我意识的存在，我在进入夫妻生活时，常常会分出一部分自我做旁观者。旁观者既有自身焦虑，又要强迫性地去关注对方的反应，必然造成精力和活力的分散化，妨碍身体的感受度和适度性反应，从而影响生活质量。我没有办法消除痛感记忆，没有办法减轻负自我意识，没有办法不做旁观者，所以我更加体谅丈夫，十分注意维护丈夫的心境。

我冲了个澡让自己平静下来之后，就回到床上耐心地向丈夫一一解释了他提出的所有问题。

整顿医疗作风总结大会没开成，工作组被召回匆匆撤离，医疗作风整顿不了了之。据说，工作组回去后被上级领导痛批。他们本来是想借这个机会表现能力的，结果邀功不成，反倒留下了政策水平低不堪重用的印象。

出了这么大的事，七床的提升自然是泡汤了。听说七床倒还有几分血性，他痛恨自己为提升昏了头，痛恨自己说谎诬陷苏塔，导致了不可挽回的后果。在精神极度痛苦的情况下，他一时失控以刀自伤，留下了终身残疾。

苏塔的死对外宣称是意外死亡。野战医院给苏塔开了个小范围的追悼会。护士长在追悼会上致悼词，几度哽咽后情绪失控，最后竟放声大哭起来。参加追悼会的人几乎都哭了，护士们哭得最悲愤。那么多天堆积在心里的压抑，终于在这一刻释放出来了，为苏塔，为所有的无辜，自然也为自己。

苏塔的家人没来。有很多的猜测：因为自杀不光彩？因为听说了很多苏塔的不光彩传言？因为苏塔与家庭的关系本来就不密切？反正一个家人也没来，苏家好像是打定主意不认这个女儿了。苏家传来的话是这样说的，丧事部队就看着办吧，部队怎么处理都行，怎么处理我们都没意见。

野战医院经过研究，把苏塔葬在了后山。在苏塔的坟前立了一块很小的碑，上面只简简单单地写了四个字——苏塔之墓。

从此，苏塔就孤零零地留在了后山上。

护士长来电话，说他们回野战医院的一行人已经回来了。

我问，你们这次还是住在医院里吗？

护士长说是，眼看营房就要拆了，怎么也得最后再住一次吧。

我犹豫着问，那地方，还闹鬼吗？

护士长说，跟你说实话吧，我这次坚持住病房就是想试试能不能再遇上。

我隔了半天才怯怯地问，护士长，你是不是也感觉上次那个是……苏塔？

护士长也隔了半天才回答，我希望是。

我说，其实你上次讲的时候我就感觉是她。

可是这次她没来。护士长显然很遗憾地说，在病房住的每个晚上我都盼着苏塔能来。晚上睡不着的时候我就忍不住地想，当初我怎么一点也没察觉到她有自杀的想法呢？如果我事先看出了苗头就会阻止她，那样苏塔也许就不会出事了。

我赶紧说，护士长你千万别这么想，我为苏塔的事咨询过心理医生，心理医生说苏塔应该属于理智性自杀。医生说理智性自杀是经过理智思考后采取的自杀行为，通常不会有很明显的心理异常表现，反倒常常会表现得格外平静，一般人是很难察觉出来的。

护士长长叹了一口气说，这么多年过去了，我心里还是放不下这件事。

我说是啊，我也是。我虽然跟苏塔的接触不多，但她对我的影响很大。每次想起她对我说的那些话，我都会感到惭愧，觉得我没有好好爱自己，活成了自己不喜欢的样子。

护士长停顿了好一会儿才说，有句话我一直犹豫着不知道该不该跟你说。

我说，护士长有什么话你尽管说。

我一直想提醒你，护士长显然很迟疑，我想提醒你，你其实没见过苏塔。

护士长……

你听我说，护士长说，苏塔是在你来野战医院的前一年出事的。

不可能，我急切地说，可是我的确见过苏塔。

也可能是我给你讲苏塔太多了吧，护士长说，你进入得太深，把想象和现实混淆到一起了。

我的脑袋顿时混乱了。

你先别着急，护士长说，有时间咱俩好好捋一捋。毕竟已经过去这么多年了，咱俩都该放下了。

可是……

好了，先不说这些了。护士长说，你不是让我替你去看看苏塔吗？我去了，我替你买了束鲜花去了后山。苏塔的坟还在，看样子近期好像有人打理过。我看到苏塔的坟前摆着一束鲜花，上面还系着白色的缎带。我走上前，看到缎带上写着两句诗。

两句什么诗？我问，你还记着吗？

我抄下来了，护士长说，我想你这个文人会感兴趣的。我念给你听——君埋泉下泥销骨，我寄人间雪满头。

我忽然哽咽了，这是白居易的《梦微之》呀，是谁送给苏塔的呢？

护士长说，下面有落款。

我颤抖着嗓音急切地问，是谁？

护士长说，落款上写的是七床。

七床？

七床！

……

巴桑的大海

一

　　我跑长途做运尸人那些年，大抵都是从城里的医院往乡下运送死去的病人，却从没想过会遇到一个溺水者。那是初冬季节，租车的是一位来自草地的中学教师——呼德尔，三十多岁，死者是他的同乡，叫巴桑，据说是在远洋捕鱼船上做船员，因台风遇险而死，他要拉死者回来，到故乡安葬。草地的牧人去大海里捕鱼，我还是第一次听说。我开口说了个价格，对方也没有还价，一单生意就算成交了。我们从巴镇出发，行程有一千五六百公里，到达渤海湾的一个码头。渔船公司委托船长接待了我们。船长五十开外，是个山东大汉，满脸歉意，安排我们住宿，并请我俩在一家高档餐厅用餐，席间一再说：巴桑是个好人，他很能干，是我见过的最好的船员。又拿出一张汇款单据给呼德尔看，说：按出海人的规矩，每个船员都会留下遗嘱，遵照巴桑先生的遗愿，我们已经把他的抚恤金和保险金汇给了海参崴的杉蔻女士，至于他的所有安葬费都由我公司负责。谈到这些，我自觉地回避，到室外去吸烟。那天夜里，呼德尔和船长聊到很晚，直到餐厅打烊。

第二天一早，我们在殡仪馆的停尸间里见到死者，他身边摆满鲜花，身上覆盖着白色蒙布（上边银光闪闪，似乎沾有零星的鱼鳞）。几个殡仪人员把死者抬起，放进我面包车的冷冻箱，令人诧异的是，这具尸体好像没有下肢。此时呼德尔已与船长握手道别，大个子船长一直目送我们离开，直到望不见为止。

说实话，那趟差我接单时就有点打怵。按我们那儿的民间说法，溺水而死的人阴魂不散，又湿又重，一般跑长途的司机不会拉运这样的尸体，它随时能压垮你的车子，或者拖拽你的车轮。瞧，麻烦事说来就来了。先是天公不作美，昨晚，辽东半岛突降十年一遇的大雪，高速封路，奔丧不能停留，我干脆走乡村公路，那会儿还没时兴导航，只能边问路边行车。厚厚的积雪被车辆碾得泥泞不堪，车轮不时打滑，我把紧方向盘，这种路况只能以四十迈的速度行驶，又不宜播放音乐，无聊透顶，唯一能消磨时光的，就是和同行人闲聊。呼德尔看起来情绪不佳，他坐在副驾驶位置，遥望窗外的远方，似乎还沉浸在失去亲友的哀恸之中，我和他搭了好几次茬，他才肯开口说话。

你和这位朋友感情很深？我问。

呼德尔点点头：是的，他从小和我一起长大，是我最要好的朋友。

他怎么去的远海捕鱼？

说来话长，呼德尔凝神片刻，说：不记得是哪个萨满讲过，有时需要散去山上的云雾，才能看清山顶。巴桑也如此，他是个有很多故事的人……

我望了望讲述者，摆出一副愿意倾听的样子。

呼德尔就打开了话匣子：这样，我还是从他小时候说起吧。师傅，你听说过"阴兵过境"吗？

什么是"阴兵过境"？

那是民间的一种说法。离我们牧村几十里的山谷里，有一个很神奇的洞，经常能听见千军万马厮杀的声音，牧村的老人都说那是十三翼之战时，成吉思汗兵败躲避到这个山洞留下来的。

你亲耳听到过？

是的，亲耳听到过，另一个伙伴就是巴桑，是我俩一起听到的……那会儿我和巴桑也就十来岁，一次小学组织夏令营，去的就是那个山谷。是孩子王布仁的主意，趁老师不备，要偷偷带我们去那个赫赫有名的山洞探秘。巴桑从小没有双腿，经过一段怪石嶙峋的石塘林时，他落到了后面。到了山洞，没有一个孩子敢进去。布仁提出来，谁敢进山洞，他愿意赏赐一瓶汽水。诱惑足够巨大，仍无人响应。等巴桑凭借两条胳膊走到我们面前时，布仁有了坏主意，他先让大家闭嘴，然后对巴桑说：刚刚我们都进了山洞，现在就差你了！巴桑满脸尘土，把目光落在我的脸上，我瞅瞅布仁，并不敢揭穿。布仁催促他：还不赶快爬进去！几个小伙伴也起哄：爬进去！爬进去！巴桑两只手拄着鹅卵石，支撑着他黑瘦的身体，一耸一耸地向山洞里行去，直到隐没不见……

所有人都屏住呼吸，想听到那一声比野兽还尖利的嘶吼，或是巴桑的一声惊恐的惨叫，可是没有，山洞里一点声音都没有。过了好一阵儿，布仁忍不住呼喊起巴桑的绰号——没腿青蛙！却听不到任何回应。不知是谁说了一句：他是被怪物吃掉了吗？话音刚落，一个家伙撒腿就跑，其他孩子随之一哄而散。布仁想唤住他们为时已晚，他不得不快马加鞭追赶他们去了。我一个人留下来，忐忑极了，一步一步挪向洞口，直到走进偌大的阴森而漆黑的山洞里，我小心地呼唤：巴桑！巴桑！山洞空旷，除了我的回声，似乎还有水滴叮咚，再也没有别的动静。我不得不再往里面探步，阴暗潮湿的地上影影绰绰能见到发着白光的碎骨，有什么东西向我扑面而来，我吓得躲避开去，原来是几只蝙蝠扑棱棱从头顶掠过。就在我差点放弃的时候，里面传出了巴桑的声音：我在这儿……我硬着头皮摸索到他身边，他在黑暗中睁着明亮而好奇的眼睛，对我耳语说：你听！我沉下怦怦的心跳，侧耳谛听，只听得山洞里面隐约传来潮水汹涌之声，仿佛正有节奏地拍打着海岸……

我惊奇着，掏了烟递给讲述者。

呼德尔语气肯定地说：那是大海的喘息，我和巴桑听得真真切切，而且山洞里不时还传出海水的鱼腥气……我俩也曾举着火把往最里面探寻过，大约一里地之后，洞穴却朝着地下去了，像个无底的深渊，声音好像就是从那里传出来的。巴桑丢下去一块石子，似丢到一片云雾里，连个回响都没有。

你俩没听到阴兵过境的声音吗？

没有，我想那一定是大人们听错了，因为有暴风雨的时候，山洞里的波涛声会很大，时断时续，由远及近的，在山洞里听，有时甚至震耳欲聋，里面似乎有海鸥的鸣叫声，鲸鱼的喷瀑声，可能大人们把这些声音误听做人喊马嘶了……巴桑让我用绳子把他顺到谷底去，我没敢做，巴桑没有腿，万一绳子断掉，他想爬都爬不上来……

他怎么会没有双腿的？我问。

那还是巴桑六七岁的时候，和同村的一个稍大的少年去哈拉哈河边玩耍。他俩在河里摸到了一个锈迹斑斑的铁家伙，呈锥形，死沉死沉的，比十条大鱼还要重。两人费了好大劲才把它拖到岸上，以为拾到了什么宝贝，研究半天也没找到打开的门道或缝隙，只好举了大石块猛砸一气。那个黑乎乎的铁家伙倒是打开了，却是在震耳欲聋的爆炸声中四分五裂的，火光和硝烟把两个孩子掀出好远。最后那一下是稍长的少年砸响的，他的肢体被炸得七零八落，巴桑离得稍远，结果也失去了两条腿……后来大人们说，那是一枚炮弹，是诺门罕战役时，日本人和苏联人、蒙古人打仗，丢弃的。

我噢了一声。

呼德尔说：我之所以从这个山洞讲起，是因为巴桑向往大海的情结似乎就是从这里开始的。说起这些，就不能不提到巴桑的身世。拜苍天所赐，他天生就是个苦命的孩子……巴桑从小没有母亲，他父亲达里，原本是最好的牧马人，也是牧业生产队的队长。巴桑三岁那年春天，整个牧业旗闹雪灾，刮白毛风，半米之内都看不到人和物，大雪铺天盖地，雪花像白色的绒毛一样大，但绒毛落下来没有声音，这样的雪花可不是，噼里啪啦地响成一锅粥似的，被狂风吹着，满世界一片混沌……那雪是湿的，落在身上一边融化一边结冰。在这样的大风雪中，牲畜最容易迷路，顺着风雪疯跑。不出所料，生产队的几百匹马不见了，达里是生产队长，带着所有马倌去风雪里寻找。生产队书记曾劝阻他：孩子那么小，又没有母亲，你就不要去了吧。达里都没顾得上回答，拎着酒瓶子和雨衣就跨马而去了……几天之后，人们在几百公里之外的科尔沁沙地找到他时，他已冻死在那里……

牧村里有几户人家要抱养巴桑，大队书记巴雅尔权衡再三，还是把小巴桑交到了孤寡老人斯琴额吉的手里。这位老人家一辈子吃斋念佛，整天拿着一大串菩提子佛珠数来数去，为给菩萨磕头，膝盖和额头都跪磕出了茧子。斯琴老额吉的心地真比得过活菩萨，这点我就可以作证。小时候，我亲眼看到老人家在夏营地的蒙古包里养过两条蛇，没人知道它俩是怎么进到毡包里来的，总之去她家的牧人都要小心翼翼，说话不可高声，以免惊扰到蛇，这是老额吉定下的规矩。那时出于好奇，我们几个小伙伴经常去巴桑家看两条大花蛇孵蛋。有一次，在半路我们遇到了其中的一条，它足有牛角那么粗，几个孩子恶作剧，捡了一根棍子挑逗它，结果被放羊回来的斯琴老额吉撞了个正着。老人家平时慈眉善目，看到我们从来都满脸笑意，从来没见她发过火，可那天老额吉却怒不可遏了，她抡起拐棍追打我们，不停地责骂我们，仿佛那是她生养下的孩子。伙伴们一哄而散了，她还骂个没完呢，直到太阳落山，直到晚风吹断了她喋喋不休的声音。

再有，那次巴桑被炸飞双腿，若不是斯琴老额吉没日没夜地呵护，百倍悉心地照料，不停地向佛祖为巴桑祈福，巴桑可能熬不过那场厄运。

二

从早上开到中午，车子刚到瓦房店。在一个三岔路口，我停下解手，顺便问问路，一个开大货车的师傅给我们指了指大石桥方向。午后天气转暖，阳光将道路融化成雪水，我计划天黑之前怎么也要赶到辽阳，否则傍晚气温下降，道路结冰，将更难行驶。

小时候，巴桑家坐落在村子东边的草坡上，那是两间黄泥土屋，院落是用红柳枝编成的，被风雨侵蚀成干灰色。有两道长满蒿草和车前子的车辙通往他家。童年的巴桑就用那团肉瘤在土路上蹦来蹦去，稍大些，知道廉耻后，就秘不示人了，只用两只手走路。

那时，除了我，没有一个孩子愿意和他做朋友，他们总是欺辱他，耻笑他，给他起各种绰号，什么没腿青蛙老头鱼螃蟹半截人怪物等等。那时，牧业生产队已经解体，每家都分到了马和牛羊。牧村的孩子们基本上都会骑马，我们在草地上赛马，使劲吆喝，任意驰骋，十几匹马一溜烟尘射向草原深处，那感觉棒极了。每每这时，巴桑只有远远地仁在土墩上望着的份儿。他和斯琴老额吉虽然也分到了一匹枣红马，可他没有腿，夹不住马鞍，根本没法骑马。有时，伙伴们返身回来，会打马绕着他嗷嗷地叫嚷起哄，将他矮小的半截身体湮没在飞扬的尘土里。

一次，巴桑问我，在马背上是什么感觉。我想了下，告诉他，应该像在大海里行舟，草原在马蹄下就像无边的海浪，马背上的人在它的上面起起伏伏，而风好似海潮一样灌满你的耳朵……巴桑听了，默默地转身用双手走开了。没想到，那天傍晚就出了事，十几岁的巴桑用一条绳子将自己绑在马鞍上，马没跑出几百米远，他就被甩下了马背，像一袋面那样重重摔在了地上……斯琴老额吉抱起浑身是土的巴桑，用她那双干瘪的布满蚯蚓般的青筋的手拍打着巴桑的脸蛋，呼唤了好半天才把他叫醒。巴桑满头是血，平静地看着斯琴老额吉，好像什么都没发生……巴桑的右臂脱臼了，斯琴老额吉带他去看赤脚医生时，他的右手掌朝外翻垂着，晃晃荡荡的，可他一声也没吭。

这件事发生后，巴桑一直在家休学，有很长一段时间没有伙伴见到过巴桑，我们还以为他安心在家养伤呢。令人没想到的是，他再次出现在我们面前竟是骑马飞奔的情景。那天黄昏，我们放学后正在河边玩闹，一个少年乘着枣红大马从牧村中蹿出来，速度极快地掠过我们身边，向远方落日处驰去。是布仁最先看到并认出的他，目瞪口呆地望着马上的人：巴桑？是巴桑？我们纷纷转头去看，都有点不敢相信自己的眼睛。那是布仁第一次叫巴桑的名字。等巴桑跑了一大圈回来，我们都盯着他的身下瞧，可那里根本没有什么绳索，巴桑是端坐在马鞍上的。接着，我们又被另一个发现所震惊——他的马鞍上没有马镫，那下面空空荡荡！事实上，他要马镫也没有用处，马奔跑起来，上下晃荡应该十分碍事。可要知道的是，我们这些十几岁的孩子攀上马背不仅依靠腿和马镫，有时甚至还需要手拉套马杆来帮忙。

布仁冲他喊：嘿，别告诉我是拉拐都站不稳的斯琴老额吉把你扶上马背的！

巴桑用余光扫了一眼布仁，然后大声告诉我们：是阿爸，我的阿爸！

他这么说可不得了，谁都知道巴桑的阿爸死了，那个好骑手死了，虽然我们牧村有如是传统，男孩第一次上马都要由自己的阿爸亲自扶上马背，可是一个死去的人怎么会做到这一点，很明显是巴桑在说谎。

你确定是你那个死去的阿爸？布仁问。

巴桑使劲点点头，没容布仁再追问，他已调转马头疾驰而去了。

三

我听呼德尔讲述这些时，怎么也与车后的溺水者联系不到一起，仿佛在听别人的故事。是啊，在呼德尔的口中，巴桑那么鲜活，而死者那么冰冷。车快没油了，好不容易找到一个乡村加油站，我赶忙将车加满油，顺便问下女加油工，到辽阳还有多远。女加油工看了我一眼说：大哥，你走错方向了，这条路去往丹东。我一惊，三岔口的路牌明明写着大石桥，怎么会拐到这条路上，这意味着我们从西海岸跑到东海岸去了。我朝雪地上呸了几口，感到晦气得很。上得车来，我狠砸了下方向盘，不得不调转车头，一边向呼德尔求证，呼德尔说，他也记得路牌上写的是大石桥……好吧，本来大雪封路，这又走出几十公里冤枉道。

情绪所致，我不再顾及冰雪路面，加快了行驶速度，心里赌气地默念：管它什么邪，我可不相信。

呼德尔显然有着很强的表述欲。

知道"达里"蒙语是什么意思吗？呼德尔说。加满油后，车厢内弥漫着汽油味，他将车窗摇下，透了透空气。

你说的是巴桑父亲的名字？

没等我回答，他便公布了答案：是的，是大海的意思。

这有什么含义吗？我问。

呼德尔说：没有，但它对巴桑具有非凡的意义。他父亲死去时，巴桑太小了，他根本不记得父亲长什么样。在乡邻的描述中，达里少年时就曾获得过十个牧业生产队的赛马冠军，长大后更有着高高的个头，强壮得像头牤牛似的体魄，而且能吃能喝，放牧、套马、摔跤样样在行。直到达里死去很久，牧村遇到什么棘手的事，还有人会说，要是达里活着就好了。相比之下，巴桑是那么弱小，还有残疾，人们都不敢相信他是达里的儿子。每当牧村人说起父亲，巴桑都会睁大憧憬的眼睛，听得心驰神往。

那天一大早，巴桑敲开了我家的门，紧张兮兮地附耳对我说，昨晚达里来看望他了。这话让我吃了一惊。为了证明这是真的，巴桑特意拿来了佐证：一枚海螺。这是达里给我留下的，他还摸了我的头，夸我骑马骑得好呢。他还说什么了吗？我接过那枚残破的海螺看了看，心惊肉跳之余，感觉好像在哪儿见过。他没说什么，就转身走了。我问他，你要去哪儿？你猜他怎么说？巴桑顿了一下说：他说他要去寻找大海……我噢了一声，问：他为什么要去寻找大海？我也不知道，大海是世界上最广阔的地方吗？应该是，我说。巴桑把那枚海螺放在耳边听了一会儿，然后迫不及待地递给我说：你听，里边好像有人在喊，巴——桑——巴——桑——我接过来贴在耳旁，却什么也没有听见……

巴桑坚信父亲为他做的一切，第二天他就把海螺穿起来挂在了脖子上。不过，布仁可不会轻易被哄骗，那时他的父亲已经当上了牧村的村长，这使得他更加耀武扬威。一天傍晚，布仁与几个伙伴抓到了巴桑，让他交代到底是谁扶他上马背的……布仁手里拿着马粪球，让昂沁（村会计的儿子）和另一个帮凶按住巴桑的胳膊和脑袋，说：你要是再敢撒谎，我就把马粪塞进你嘴里。说，到底是谁？巴桑从眼里吐着火舌：是我阿爸！布仁给了他一个嘴巴：那是个死人，你骗不了我们！是我阿爸！就是我阿爸！你想让我们把达里从坟墓里挖出来给你看吗？不，我阿爸他没有死，他去寻找大海了！胡说，昨天我们都找到埋葬达里的那块草地了！不，达里没有死，我的阿爸没有死！巴桑拿出宁死不屈的劲头。

布仁命令帮凶掰开巴桑的嘴，一边喊着：这是你自找的！我们要堵上你这张撒谎的嘴……

其实我是知道实情的，可懦弱的性格让我保持了沉默，我真不配做巴桑的好朋友。就在这时，小我一岁的妹妹阿丽玛冲到布仁他们身边：你们放过他吧，我知道他是怎么上的马背，是我哥哥亲眼看到的……所有孩子都转头看阿丽玛和我，巴桑的头此时已被昂沁踩在地上，布仁一副狞笑的样子：不用你说我也能猜到，是不是像矮猪那样攀着墙头，或者是搬来他家最高的梯子和板凳，爬上去的？伙伴们捧着肚皮哈哈大笑，在我们的乡俗里，这样的笑话是形容最没用的人的。不，那不是事实，我终于站了出来，对他们说：恰恰相反，巴桑比我们都勇敢，他，他是拽着马尾巴上的马背……

布仁定定地望着我的眼睛：你也学会了撒谎！不，这是真的，我可以对着长生天发誓……我的手心里全是汗水。布仁这才丢掉了手里的马粪球，小帮凶们也放开了手，大家都知道，只有最厉害的骑手才会抓着马尾巴上马。走吧，有腿有脚的咱们踢足球去！布仁领着兵马悻悻然地走向不远处的足球场。

巴桑坐起身来，抓起那几颗马粪球使劲向他们的背影抛去：不，是我的阿爸扶我上马的，就是达里……他怒骂着：你们这些混蛋……

那次，所有小伙伴算是领教了巴桑的倔强，而阿丽玛似乎对巴桑有了特殊的好感……

巴桑是个极懂事的孩子，他很小就担当了家里的小劳力，里里外外的活计他总是和斯琴额吉抢着干。除此之外，他还要细心百倍地侍弄他的枣红马，与他的坐骑形影不离。与此同时，巴桑的马术可是越来越棒了，甚至超过了我们所有的伙伴。他只靠双手，就可以在马背上闪转腾挪，上下翻飞，像做体操鞍马动作那样，把整个牧村的人都震惊了。对此，布仁相当不服气，作为孩子王，他不仅有过硬的拳头，更有强势的性格。他给巴桑下了挑战书，并用一串精美的马铃铛当赌注，他输了即时奉上，他赢了，巴桑将喝一碗马尿。我和阿丽玛劝巴桑不要应战，巴桑却握紧了拳头，说：我倒是想和他比试比试……

那次，他俩赛的是平地抓羊。我暗暗为巴桑捏着一把汗，阿丽玛表情更为焦虑，她跺着脚，双手合十，为巴桑不断做着祈祷。随着一声口哨响，两匹马扬尘而去。布仁先抵达目标，他一个鹞子翻身，单腿蹬着马镫，俯身下去，准确无误地提走了地上的羊头。叫好声一片。再看没有双腿的巴桑，这个动作对他来讲本身就不公平，他像猿猴那样一手攀住马鞍，凭着一臂之力探身而下，眼见着接近地面，却失手跌落下来，阿丽玛不由得尖叫了一声，那一刻，我们这些旁观者都闭上了眼睛，然而悲剧并没有发生，巴桑紧握的马缰绳挽救了他，让他凭借臂力重新抬起身子。此时，枣红马已飞身掠过目标……那一碗马尿是昂沁给接的，满满当当一大碗，浊黄色的液体还冒着热气。巴桑望了一眼人群中的阿丽玛，脸色通红，嘴唇颤抖着转过头去，阿丽玛捂住了眼睛蹲下身去……巴桑掐着鼻子，咕咚咕咚喝掉一半的时候，就呛出鼻涕眼泪，一股脑呕吐出来，直吐得昏天黑地……我看到阿丽玛挤出孩子群，一边哭泣一边跑掉了，两条辫子像燕子的翅膀那样飞来飞去。

不过，这不是最后的结局。我要说的是，就在两个月之后，巴桑终于赢得了布仁，这回他是单手抓着马肚带拾走的一小根羊骨棒，布仁看完巴桑完成的动作，他连马缰绳都没碰一下，直接放弃了。不过出人意料的是，巴桑并没有要布仁那串马铃铛，他只低头去看布仁身后那几条牧羊犬，其中一条正趴在地上舔舐后腿上的伤口。那条狗是在布仁领导的一次追击野猪群的活动中受了重伤，后腿被一头公猪给咬断了，外皮的伤口还没愈合呢。

巴桑指了指那条残狗：我不要你的马铃铛，我想要它。

布仁惊诧了，瞧了半天巴桑：你确定要的是这条，而不是那条？

巴桑点点头。

可别反悔。

巴桑摇了摇头。

布仁也晃了晃脑袋，重新把马铃铛戴在自家的马脖子上，踢了四眼狗一脚：真是物以类聚啊，去吧，去找你的新主人吧。

那天，阿丽玛没有亲眼看到巴桑的胜利时刻，因了上次的阴影，她拒绝再目睹这一切。黄昏的时候，巴桑带着他的瘸腿狗来到我家门口，我母亲一向可怜这个没有父母的孤儿，这时便唤他进屋吃一口饭。巴桑执意不肯进来，问我母亲：阿姨，家里有没有涂抹伤口的药水和纱布？母亲说：是你受伤了吗？巴桑摇头，指指手里牵着的狗：是它的腿化脓了。阿丽玛立即放下碗筷，自告奋勇，说：我知道在哪儿放着。忙不迭地去翻找。

我和阿丽玛把住牧羊犬，巴桑悉心地为它清理伤口，缠上纱布。我问巴桑，为什么偏偏选中了这条没用了的狗，它的伤即便好了，那条腿也会残疾。阿丽玛抢过话来：我懂得巴桑为啥选了它，如果是我，我也会……

巴桑抬头望了一眼妹妹，好半天说了一句：谢谢你，阿丽玛。

从那以后，没腿的巴桑就和三条腿的牧羊犬形影不离地走在一起了，远远看他俩走路的样子，一个一耸一耸地前移，一个一蹦一蹦地随后，着实有几分滑稽。当然，巴桑的身旁还会有他最喜爱的枣红马。

四

夏日的傍晚比飞机在天上拉的白线还要长，从日落到天黑至少要两个多时辰。要不是巴桑来找，我和妹妹难得有这个清闲，要知道少年时的我们就开始帮助母亲做家务，喂猪打狗，饮羊归圈。我们仨一路蹦跳说笑着来到村外的草原。此时的草原宁静极了，昆虫们不再躁动，纷纷躲到草丛里去，云雀刚刚还在天空迎着落日和最后一抹夕光炫舞，这会儿就像一块石头那样，直直地砸向地面，瞬息不见了踪影。太阳徐徐落到天边去，先是把一大片云霞的边缘熨红了，接着，暗淡的山岗也被它点燃了，直到把我们三个少年的脸烧着了，烧得红彤彤的。

落日可真美！阿丽玛蹲坐在那里，用双手托着腮，脸上一副痴迷的表情。

巴桑抚摸着他的狗，也望向天边。说实话，在那天傍晚之前，我从未仔细端详过这位伙伴。人往往会对自己身边的事物熟视无睹，对于巴桑的印象多半出于怜悯和同情，所以总认为他是个弱者，弱者就不会有什么突出之处，多半与瘦小、孱弱、病态相关联。但那天傍晚，许是夕光的照耀形成的明暗影对比，更许是他用残疾之躯赢得了一个强壮的对手让我刮目相看，总之在我无意间注视他的那一刻，忽然发现巴桑的脸庞是那么明朗。他有着剑一般的眉毛，眼睛虽然细小但炯炯有神，黑珍珠般发着亮光。他的鼻子并不像我们的塌鼻子那样又矮又短，而是挺拔有力地直翘起来，衬在一张轮廓分明的乌红色的脸膛上，显得那么俊美。包括他的嘴，都仿佛为了衬托这张脸而长在恰到好处的位置，嘴唇有棱有角。此时他面朝最后的夕阳，神情肃穆的样子更显出一份少年不该有的刚毅。那一刻，一个神话中的少年英雄形象从我脑海里闪现，让我不由自主地喊出：海力布！

巴桑和阿丽玛被惊扰到，把头转向我。我摆了摆手说：没什么，我刚刚看到巴桑的模样，感觉有点像传说中的猎手海力布。

你说的是那个最后变成石头山的海力布？阿丽玛问。

我点点头，反问阿丽玛：你不觉得有点像吗？

巴桑好生奇怪，问：你俩在说什么？

呼德尔在说一个英雄，你没听说过吗？阿丽玛说。

巴桑摇头。

阿丽玛来了兴致，一双燃烧着夕阳的眸子对着巴桑，用那种稚嫩的未成年少女的温婉动听的声音讲起了故事——

据说很久以前，在我们大草原上有一位少年猎手叫海力布，他有着英俊的面容，顽强的毅力和高超的射箭技艺。他每天出去打猎都会给整个乌力楞（氏族）带回好多猎物，人们都称赞他为最好的“莫日根”（打猎能手）。有一天，他又出去打猎，明明是白天，可是天空却一下子黑下来。海力布抬头一看，一只大得不得了的老鹰扑扇着遮天蔽日的翅膀从远处飞来，两只鹰爪像铁锚一样粗，正抓着一条小白蛇，小白蛇不断扭动身躯呼喊着救命。海力布赶忙奔到山顶，拼尽力气搭弓射箭，那嗖嗖带响的箭正中鹰爪，老鹰惨叫一声，松开了爪子，小白蛇从空中跌落……

谢谢你救了我。小白蛇说，我是大海的女儿，东海龙王的公主，你能把我送回家去吗？我的父王会报答你。

海力布把小白蛇缠在身上，一路将它送回大海。龙王在大海的深宫里接待女儿的救命恩人，问眼前这个英俊的少年，为了报答你，我要将女儿许配给你，但有一个条件，就是女儿必须留在我身边，你愿意留下来吗？这时，小白蛇已经变成了一位亭亭玉立的公主。海力布想了一想，说，我虽然喜欢你的女儿，可我还要打猎，我离不开我的草原，那里有我的亲人们，我更要和他们在一起。

小白蛇失望地哭泣。龙王手捻龙须说，你是个好样的"莫日根"，既然这样，我就赐你一块宝石，你再打猎时含在嘴里，就会打到更多的猎物……

海力布回到家乡，回到草原，按龙王所言，把那颗宝石含在嘴里，神奇的事情发生了，他竟然能听懂所有动物的语言，于是，他每天能够打到更多的猎物了，天上的飞禽地上的走兽……

阿丽玛正娓娓地讲着，巴桑却皱起了眉头，捂着胸口……

怎么了，你哪儿不舒服吗？阿丽玛问他。

没有，我刚刚在想，海力布既然能听懂动物的语言，怎么还会去猎杀它们？他用一只手抱住牧羊犬的脖子，和它头与头相挨，说：如果是我，我会和飞禽走兽做朋友，绝不去伤害它们……

看到巴桑的样子，阿丽玛有点不知所措，她走过来，摸了摸牧羊犬的脊背，一边对他说：别傻了，巴桑，那只是个神话传说，你干吗当真呀！

为了缓和气氛，我假作放松地双手抱头躺在草地上，一边开起玩笑：海力布也真傻，龙王的公主都不娶，非得回草原。要是我，我就当龙王的乘龙快婿。巴桑，你呢？你怎么想？

我想，我不会是海力布，更不配娶什么龙王的女儿，不过我倒是最向往大海，有一天我会去看看龙王……

巴桑的话让我们哈哈大笑，我们又相互追逐打闹起来。

太阳隐身后，余晖让它身后的晚霞火红了好一阵子。后来头顶上泼墨般的流云渐渐消隐于黑暗，最后一条木炭似的晚霞也燃成了灰烬。那天我和巴桑、阿丽玛三个人在草原待到很晚，直到星星在天空登场，一小块月亮原来是在南面的天空悬着的，却一直被忽略，现在终于显露出来，晶莹剔透。而蹲守在草原一隅的三位少年正被命运的夜雾所笼罩，对于我们而言，一切皆是未知。

不久之后，不幸的巴桑又失去了他的一个重要伙伴，这使他刚刚增长的一点自信又被现实击个粉碎。事由出于斯琴老额吉的忽然患病，一辈子吃斋念佛的她却再也吃不下东西，腹痛难耐。巴桑求来村人，把老人送到医院诊治，原来是肚子里长了一个碗底大的东西，必须手术治疗，这可需要一大笔费用。依仗老人在牧村的名望和良善的人缘，村民各尽所能，纷纷掏了腰包，可仍凑不齐手术的花费。巴桑把眼神落到自家那匹枣红马身上，这是他和老额吉唯一值钱的家当了。

枣红马被牵走的前一天晚上，巴桑就像送别自己的兄弟姐妹那样，与它依依不舍地分离。黄昏的时候，他最后一次骑乘了这个伙伴，他不让它迅跑，只是抱着它的脖子在马背上信马由缰，任它的心意游走。在村外，他遇到了布仁家的几十匹马的马群，布仁冷眼望着巴桑和他的马，问他：嘿，小子，听说你把它卖掉了？可惜呀，我还想赢回我的瘸腿狗呢。巴桑趴在马背上，好像没听见他的话……曾给过他力量和希望的马儿，就这样离开了他，那一晚上，他的泪水浸湿了枕头。

枣红马是被科尔沁南部农区的人买走的，他们要用它拉车耕地。当巴桑和买马的人交换马缰绳那一瞬，倔强的巴桑却抱住马的前肢不肯撒手了，他泪流满面，不断呼唤马的名字，后来是村人不得不将他与枣红马强行分开。人们劝说他：等老额吉的病好了，以后还会再养马的。

好在老额吉患的不是恶疾，术后慢慢好转起来，待她知晓枣红马被卖掉的事情，好不懊恼，甚觉对不起孩子，有一段时间像是魔怔了，逢人便说，不该把巴桑的马卖掉，哪怕让她这把老骨头就这么去了……

入秋的一天，老人家拄着拐棍颤颤巍巍找到我家，问看到巴桑没有，巴桑失踪了。村人们以为巴桑这个孩子多愁善感，不免有些担心，大家分头去找，寻遍了远远近近的草地，却不见他的踪影。人们怀疑是不是布仁他们搞的什么鬼。布仁的父亲找到他那个到处惹祸的儿子，拿了马鞭子让他说出巴桑的下落。布仁扭曲着脸说，这不是他干的，他根本不知道巴桑去哪儿了。挨了几马鞭之后，他还是矢口否认。后来我提醒大人们：巴桑没准去寻找大海了。大海？人们惊诧着。他曾经和我说过，他最向往大海，他要去找父亲……可是整个蒙古草原都在内陆，哪里有什么大海。牧村人只把我的话当作小孩子的胡言，说什么也不肯相信。就在这时，与巴桑一起失踪的三条腿牧羊犬独自回来了，浑身邋遢，肮脏不堪，主人却生死不明。几个骑手跨上马背，让牧羊犬领路，发现巴桑是沿着村旁那条哈拉哈河一路行去的。

骑手们从罕达盖出发，直奔哈拉哈河下游而去，但河水在中段时流入蒙古国去了，直到额布都格附近才折返回来。几个男人从早到晚走了百余公里，来到河流的终点，那个叫作贝尔的浩大湖泊，芦苇摇曳，湖鸥在水面飞翔……人们在一处破烂的鱼窝铺里找到了巴桑，他头敷毛巾浑身发烫，脸黑得像木炭一样。是这家打鱼人救起的他，当时他趴在湖岸边奄奄一息，打鱼人还以为那是一条搁浅在岸被晒干了的黑鱼呢。鱼窝铺的主人后来跟牧村的骑手们说：这个小家伙别看残疾，可有毅力呢，他就是靠着双手一直走到这个湖边的。打鱼人发现晕倒的巴桑时，他的掌心和手中的石块已被血痂黏合在一起，分不开了。沿途虽然有河水解渴，可巴桑带的干粮和炒米很快就吃光了，没有什么食物可吃，几天里，他只在浅滩里徒手捉到几条小鱼小虾，采一些可以食用的花果野菜，和牧羊犬一起充饥。秋日头顶炙热的太阳没有把他烤焦，铺天盖地的蚊虫也没把他吃掉，这对于一个十多岁的孩子而言，不能不说是个奇迹。

五

……晦气的事情接连不断。我和呼德尔从错路上返回，走了近一个小时，就要折回大石桥时，路面上毫无征兆地突显出一个大冰包，我躲闪不及，面包车猛地侧滑，直接扎到路基下面去了……我惊出一身冷汗，万幸车子没翻，呼德尔也无大碍，只是头撞到前挡风玻璃，擦破点皮……

天色阴沉，冷风呜呜咽咽。我下车查看车胎，呼德尔问：车子还能爬上去吗？我瞧了瞧路基的坡度，没有言语。事出蹊跷，已不是路途不顺了。我重新发动汽车，加大马力，却总是在接近路面时卡顿在那里。我取了铁锹，清理了车轮前的障碍，还是没用。没辙，我只好回到车内，等待拦截过路车救援。

因心里忐忑，我借机检查了下后面的冷冻箱，没有发现什么异样，回头问呼德尔：你相信人有鬼魂吗？

当然，按萨满的教义——万物有灵。呼德尔肯定地说。

那么，巴桑也一定有灵魂……我们拉他回家，他应该是高兴的，不会为难我们，对不对？

是啊，没有谁比巴桑更善良了。呼德尔一副认真的表情。

两个人上了车，呼德尔又接续前言——

那次，巴桑从湖边被骑手们带回来，没有人去问他出走的缘由，人们都心照不宣。而巴桑一直在高烧中昏睡，等他醒来，斯琴额吉老泪纵横，抱着他的头说：我的孩子，额吉知道你心疼枣红马，要不咱们把这两间土屋卖了，去把马儿换回来。

巴桑面容平静，用手指为老人擦去泪水，说：没有，额吉，我早忘记它了。我沿着河去，只想知道它是不是也通向大海……

我和阿丽玛去看望巴桑，他躺在床上，没有一点我们想象中的那样抑郁，相反，他黝黑的面孔似乎更为俊朗，眼睛像星星般晶亮。

阿丽玛见到巴桑忽然有了几分羞涩。为了安慰巴桑，阿丽玛和我与他说了很多的话，我们还谈到了理想。

我说，我长大了要当老师，站在讲台上，拿着一根粉笔在黑板上画来画去，然后随便叫起哪个学生，让他回答问题，多威风。

阿丽玛说，她要当一名医生，为所有的乡亲们解除病痛。

轮到巴桑，他思量了一会儿，说：我要，我要走遍全世界。

这个想法让我和妹妹感到吃惊，一个没有腿的人要走遍全世界，无异于痴人说梦。可巴桑却一副斩钉截铁的样子，他说，他就要走遍全世界。

少年的时光无论多么苦涩也是欢乐的。特别是巴桑和阿丽玛朦朦胧胧、不可言说的爱情（如果这也算爱情的话），令我这个见证者至今回忆起来，也甚感美好。

十六岁那年暑假，我和巴桑都刚好初中毕业，我们俩彼此帮助，去草场收割秋草。那会儿还没有什么打草机，一切都得靠体力，那是牧业生产里最重的体力活儿。巴桑别看矮人一截，但他的臂力出众，挥舞起钐刀把我远远地甩在身后。那年因为雨水丰沛，留作秋季打草的草场一片榛莽，草深处接近腰际，那比麦地还要繁茂不知多少倍的草地，用"百花盛开"来形容绝不夸张。那是怎样一片争奇斗艳的七色花海啊！铺天盖地的是粉色风毛菊、野火球、野麦花、红车轴草；摇曳如海的是枣红色的榆果；紫色的是石沙参、穗花，野苜蓿也使出浑身解数，盛开出繁星点点的小紫花来；密如繁星的还有小黄花北柴胡、小白花防风草和石头花；同样开细碎白花的还有高过所有野草的草中的骆驼——叉分蓼（酸浆草）；而一枝独秀的野百合花，像花中的黄冠王后，傲然独立在万千花间；那些寂寞的车前子此时都不甘落后，纷纷抽出了绿色的长穗……那数不清的草种啊，那大野茫茫的草海、花海啊，无边无涯，一直连绵到天的尽头。巴桑和我挥一阵子钐刀就仰躺在厚厚的草毯上歇息一会儿，望着天空中的流云浮想联翩。下午太阳偏西的光景，阿丽玛骑着马儿从远处快速奔来，给我俩送来新熬的奶茶和大米肉粥，还有一口袋果子奶干。这都是她亲手做的，小我一岁的她已出落成亭亭玉立的大姑娘了。

见到阿丽玛，本来光着上身的巴桑赶忙穿上了衣服，乌黑的眼睛里满是那种少年才有的既单纯又热烈的光泽，那是因爱情而散发的渴望。那天下午的时光真是愉快极了，我们三个人吃得肚皮鼓鼓，在无遮无挡的太阳下边晒着秋阳。四野苍茫，堆满一捆捆的草垛，仿佛大地上散落的星盏。阿丽玛性格活泼，望着秋风瑟瑟的起伏跌宕的草原，禁不住唱起歌来：

　　老哈河水长又长，岸边的稻花起波浪。
　　美丽的姑娘诺恩吉雅，出嫁到了遥远的地方……

那是一首忧伤的科尔沁民歌，不过因了年轻人在一起的欢愉和喜悦，我们并没有品觉出伤感。阿丽玛唱罢，巴桑背靠草垛也唱起了民歌《达娜巴拉》，然后是我唱……在草地长大的孩子，每个人的口袋里都装满了长调短歌。我们放弃了劳作，无意中给自己安排了一个轻松自在、无所事事的秋假，我们也不必给偷懒找到什么理由，只是尽情地享用这份青春时光。歌子一首接着一首，你方唱罢我登场，没有谦让，毫不停歇。直到夕阳西斜，直到落日沉沦，暮色清澈，长庚星在山岗上眨起眼睛……阿丽玛的歌声那么嘹亮、悠扬，像猎猎飞舞的缎子在晚风中飘荡，飘到远山，飘到天边，又折返回来，缠绕在我们的耳畔。有那么一瞬，巴桑无缘由地哭了，他的两只手因为握刀柄久了，已粗糙僵硬得合拢不来，他就用这叉开着的十指捂着脸，泪水却从指缝里泉涌而出。那会儿，我知趣地离开了。夜幕中，阿丽玛拥住巴桑，两个人久久地依偎在一起……

六

暑假后巴桑却辍学了，斯琴额吉年老体衰，他作为男孩要顶立门户，而我要继续求学，去镇上的高中读书。等我再见到巴桑时已是一年之后，经过劳动锻炼的他仿佛一下子长成了大人，不仅脸庞更为硬朗，而且具有了健硕的上肢、宽阔的胸脯。也就在那个时候，还在读初中的妹妹情窦初开，真正爱上了这个残疾的小伙子。这件事遭到了我家人的反对，原因明摆着。同时追求妹妹的还有村会计的儿子昂沁，其时，他的父亲已调到苏木（乡）任财务主管。

可想而知，昂沁的家境在我们牧村无人可比，连布仁都自愧不如。那时的昂沁穿着时髦，城里年轻人最流行的燕尾头，西服、老板裤，三接头锃光瓦亮的皮鞋，俨然一副富家公子哥的打扮。他学习成绩虽然一般，但凭借父亲的关系顺利进入我们镇上的重点中学，这使他骄傲得不可一世。在镇子上时间久了，昂沁难免学来一些流里流气的毛病，吸烟喝酒打仗斗殴更不在话下。不过，镇子里那些招蜂引蝶的女孩他倒没看上一个，只变着法子向阿丽玛献殷勤。为了讨好妹妹，他每周末回来必给她带些城里的新鲜玩意作为礼物，什么毛毛熊、明星画等等，可阿丽玛从来都不肯接受，先头还好言相劝，后来不得不言词激烈地斥责他，让他不要再送这些东西，否则他将是不受欢迎的客人。

巴桑与昂沁有一次在我家里遇到一起，后者压根没瞧得起他的对手，无论哪一方面，昂沁都优越感十足，与巴桑不可同日而语。昂沁眯着眼睛，带着蔑视的眼神，由上至下吐了一口烟圈，直喷到巴桑的脸上，带有明显的侮辱和挑衅。

是重点中学教会的你吐这玩意吗？巴桑挥开烟雾。

原来你也在这儿，抱歉，我还真没瞧见你。昂沁装出一副无辜的样子，抽出一根香烟递给巴桑：嘿，没抽过这个吧，来一根，嗅嗅味道。

阿丽玛见状，拉起巴桑的手，冲着昂沁气恼地说：读重点中学的人不仅眼睛近视，而且都是高射炮眼睛，只会向上看。走吧，巴桑，咱们出去。

巴桑却甩开了阿丽玛的手：对不起，我是来找呼德尔的……

对于阿丽玛，巴桑是自卑的，自卑到从始至终不敢接受这份感情，甚至于否定他对阿丽玛的爱慕。他当时内心的痛苦该有多么巨大，我们不可想象。有时，他宁愿阿丽玛答应昂沁，那样他就脱离了苦海，可他又那么鄙夷昂沁的品行，就像鄙夷一摊烂泥。

昂沁却来找巴桑了，他万万想不到阿丽玛能喜欢一个"残废"，这使他妒火中烧。俩人约好在村旁的红柳茅子里见面。巴桑还以为昂沁要与他决斗，但是没有，昂沁只说了以下的话：你没有资格和我争阿丽玛，你能给阿丽玛什么？给她幸福吗？你连自己都照顾不了！阿丽玛还要上学，而现在你只是一个地道的牧民，你只能耽搁她的前程！

巴桑默默地听着他的话，这些话昂沁不说他也都在心里千百次地思量过，所以他不想反驳，只想让这条条皮鞭抽打自己，让自己头脑清醒。

昂沁自以为戳到了巴桑的痛处，语言更加恶毒：……再有，别崇拜你的阿爸了，他就是个酒鬼！整个牧村都知道他是怎么死的，他是因为喝醉了酒才被风雪冻死的，你也想像你阿爸那样做个酒鬼吗？

你胡说！

可以想见巴桑当时的震惊与羞辱。是的，作为他内心最后的骄傲和活下去的勇气，阿爸是不可亵渎更不可动摇的，那是他的守护神！彼时，他发了疯似的冲过去，用他健硕的臂膀拦腰将昂沁摔倒在地，随之是雨点般的拳头，要不是昂沁的呼救声引来了大人将他俩分开，昂沁肯定会被巴桑捶个半死……鼻青脸肿的昂沁一边哭泣，一边像个女人那样咒骂：好你个巴桑，你竟敢打我，咱们走着瞧……

巴桑怒气未消，挥拳追去，昂沁早已屁滚尿流地逃之夭夭了。

可无论如何，昂沁的那番话还是如箭中的，从此让巴桑彻底远离阿丽玛了，无论我妹妹怎样寻他，他只四处躲避，铁了心肠。伤心欲绝的阿丽玛独自乘马飞奔，泪水好似迎面的籁籁细雨。

就在那个秋天，与巴桑相依为命的斯琴老额吉去世了，只把那串磨得熠熠发光的菩提子佛珠留给了他。巴桑将老额吉埋在了夏营地的向阳坡上，再将事先挖下的草皮一点一点恢复原样，那是草地蒙古人的丧葬方式，斯琴老额吉就了无痕迹地归于大地了。说来奇怪，斯琴老额吉去后，那两条蛇也相继不见了踪影，仿佛它俩只为陪伴这位菩萨般的老人，老人走了，它俩也无意驻留。

斯琴额吉去世后的几天，或许是为了消解内心的悲恸，巴桑又一次沿着哈拉哈河而去，不过这次他却是逆流而上，那里有我们小时候到过的山洞，那是他心中的大海所在。他没有带那条三腿牧羊犬，后者已老得迈不动步了。

当巴桑凭借记忆，满身泥土终于找到那片石塘林时，眼前的山洞已荡然无存，它变成了一片杂乱不堪的采石场，据说这里发现了玉石……巴桑雄狮一样蓬乱着头发，古铜色的身体泛着层层汗渍，他望着夕阳之下的这片乱石堆，感到自己受了莫大的欺骗，连长生天都在骗他。他发了疯似的驾着自制滑车在怪石塘里横冲直撞，直到遍体鳞伤，冲着远方嘶吼、愤骂：达里你在哪儿？大海你在哪儿？……

回到牧村的巴桑疲惫不堪，一蹶不振，正值叛逆年龄的他开始酗酒，每日喝得烂醉。一次，他酒后瘫在街头的烂泥里，瓢泼的大雨都淋不醒他。阿丽玛闻讯跑来，却被巴桑使劲推搡开：你走！你走！

阿丽玛跌坐在地，雨水兜头，痛哭流涕：巴桑，没想到你会变成这样……

昂沁也没得逞，我的妹妹后来转学到了舅舅家所在的城市，离开了这个令她伤心之地。

阿丽玛背着书包和行李坐大巴车走的那天，巴桑托人给她捎来一张纸条，大意如下——

阿丽玛妹妹：

　　原谅我吧，巴桑配不上你！知道吗，你是我心中最美的草原百合，它很早就开了，在我心里开得满满的，有时都装不下了，压得我喘不了气，有时我都要疯掉了！可是我不能接受你，也不能和你说……你会找到真正的幸福，可那个人不该是我。原谅我吧，百合花会在我的心里一直开，开一辈子……

读过纸条，阿丽玛泪如泉涌。窗外秋雨蒙蒙，草原寂静而忧伤，仿佛在烘托一段少年懵懂爱情的结局。

就在阿丽玛走的那天，唯一陪伴巴桑的牧羊犬卧在荒草间再没醒来。

巴桑把它埋在自家院子里，让它的头冲着黄泥土房，然后一个人向夏营地走去。在那里他住了好长一段时间，据见到他的人说，他天天对着草原和落日发呆，跟谁都不说一句话。

要不是一个马戏团路过我们村落，巴桑的命运或许会和他父亲一样，最终只能死在酒上。那个夏日，两辆大卡车尘土飞扬地来到了村外的草地，一班花花绿绿的异乡人从卡车上卸下好多大铁笼，里边装着老虎、蟒蛇、黑熊、猴子、鹦鹉，还有几匹高头大马。草地上破天荒地搭起偌大的帐篷，几十里地的牧村人都闻讯赶来，异乡人守着门和长廊贩卖门票以及各种稀奇古怪的东西。巴桑的门票是我给买的，他一边提着酒瓶子，一边毫无顾忌地滑到人群最前面，与一群少年追捧着小丑，好像他也是个不知廉耻的孩子。几个少年捉弄他，他滑着破烂平板车追撵他们，冲他们高声叫嚷。

……轮到那几匹白马上场，表演马术的人在两匹马之间跳来跳去，可他的骑技着实不怎么样，两匹马相错稍远，他像蛤蟆那样纵身一跃，一口啃到了马屁股上，受惊的马尥了两个蹶子，把他掀下了马背。牧民们开始低声嘟哝：这把式还不抵巴桑呢！是啊，巴桑可比他强着呢。于是，人们异口同声地呼喊起来：巴桑！巴桑……此时，人群前面的巴桑正提着酒瓶子醉眼蒙眬呢。

马戏刚结束，那位穿西装的大腹便便的经理就向巴桑走过来。观众大多散去，巴桑应邀走上舞台，几匹马被重新驱赶出来，巴桑把酒瓶子丢在一旁，拽着马尾巴上了马背……

对巴桑的骑术毋庸多虑，仅仅几个动作，大肚子经理就惊叹不已，等巴桑一下马，他便急不可耐了。巴桑那会儿还未醒酒，对这个陌生人的提问，譬如是否愿意加入他的团队，可不可以接受训练按马戏团的要求做表演等等，他仿佛没有听懂，眼睛直愣愣的如在梦中。后来是这些乡亲替他做了主，拿起他的手指在两张合同纸上按了手印。巴桑就这样决定跟马戏团走了，消息轰动了整个牧村。

那天晚上，布仁来找我，从车上卸下来一个崭新的轮椅，对我说：帮我把这个给巴桑吧，以你的名义……我接过这个亮闪闪的铁东西，布仁猛吸几口烟卷：说我送的他会拒绝，明白吗？我领会了，冲他点点头。让巴桑体面地走吧，我亏欠他的不止一个轮椅……布仁说。

七

我在路上拦截到一台越野车，终于将面包车拉出了泥沼。此时天色渐晚，这一天的行程还没有三百公里，我心下焦急，加紧赶路。过了大石桥已是黄昏，异乡的旷野却有种说不出的阴森，令人惴惴不安……

一辆屁股冒着黑烟的大货车却挡在了前面，车速缓慢，而这条乡村公路只够一辆车通过，无法错车。我不得不耐住性子，嗅着它放出的臭屁跟在后边。眼见着大货车钻进前方的桥洞，竟在一团浓烟中戛然而止了，正正好好把洞口堵个严实。司机慌忙跳下车来，抱歉地告诉我们，发动机抱瓦了……

我对呼德尔做了个无可奈何的表情：真是见鬼！呼德尔摇了摇头。这回无路可走了，只能后退到镇郊。此时天色已黑，我俩不得不找个旅店住下。呼德尔安慰我：事已至此，不如哥俩喝两盅去。

我心烦意乱，也想喝点什么。一路上的聊天，让两个萍水相逢的人拉近了距离。我俩找了家小馆子坐下，不一会儿便有了酒意。呼德尔重拾话题：

……巴桑走之后，整个牧村里，他唯独和我联系。不久，我接到了他的来信，里边附着他在马背上的演出照片。巴桑虽然只读到中学，却很有文采，字迹也不潦草。因为是他第一次写给我的信，所以我记得清清楚楚：

呼德尔：

我的好朋友，见字如面。我来马戏团一切都好，现在我开始驾驭四匹马了，人们都叫我铁臂人巴桑。我们去周游各地，甚至还去了朝鲜，见到了很多过去没有见过的人和事。我已戒酒，每天和喜爱的马在一起，我很快乐。感谢你送给我的轮椅，它真漂亮，我从此不再矮人一截。在你收到这封信时，我们又要去南方演出了，所以不要给我回信，有空闲我会写给你的。

想念你的巴桑
1996 年某日

那张照片被整个牧村传了个遍。

我没记错的话，有三四年的时间，铁臂人巴桑一直待在那个马戏团里。那时，他给我写的信很频繁，都是介绍他在全国各地的所见所闻。每次来信，我都读给关心他的人们。可后来有一年多的时间，巴桑不再来信了，这让我好生奇怪。他的信件已成为我生活的一部分……很久以后巴桑才告诉我，那是因为他已辞去了马戏团的工作，原因出自一匹叫作班克的老马，这匹马在马戏团服役了差不多十年，腿脚大不如前。那次他们在河北某地演出，巴桑驾马表演，在跳跃障碍时，班克犯了错误，前腿没有跨过路障，一个前倾绊倒在地，折了一条前肢。

兽医查看了班克的伤势，对大肚子经理摇了摇头，意思是这匹马不顶用了。经理瞅了瞅巴桑的脸色，爱马如命的巴桑追上兽医，哀求：王兽医，这匹马没问题的，求你帮帮忙，把它的腿骨接上。王兽医低头瞥他一眼，一口河北腔：啥？你这是啥话？我要是能接上还犯得上求啥？巴桑还想说些什么，兽医已被大肚子经理扶着肩膀走出了马厩。

马戏团这几匹马是巴桑对故乡和少年的感情寄托，更能唤起他对枣红马的记忆。为照顾受伤的班克，那一晚巴桑几乎没有合眼，他亲自为它消毒伤口，买来绑带缠裹骨折之处，喂它平时最爱吃的饲料，一遍又一遍地刮刷毛皮，尽可能地给班克以安慰。自从巴桑来到这个马戏团，这几匹马就成了他朝夕相处的伙伴，最忠诚的搭档。他对马儿情同手足，自己舍不得吃的都喂给马儿吃，照顾它们比照顾自己还要仔细，所以马儿就对他俯首帖耳，与他亲密无间。这在舞台上表演时就能看得出来，他和它们配合得是那么和谐流畅，天衣无缝。每次巴桑的马戏都是整个节目里最高潮的部分，每次都会赢得最多的掌声。可如今，班克要掉队了，作为战友般的伙伴，巴桑哪里舍得。

临到清晨，巴桑小睡了一会儿，没等第一缕阳光探进窗子，他就一骨碌爬起来，赶忙提了清水去饮班克。等他来到马厩，却不见了班克的踪影，就四处寻找，大声吆喝。打扫圈舍的老师傅停下扫帚，对他说：你是在找班克吧？一早上就被带走啦，经理让人牵到马市上去了。巴桑闻言大惊，忙不迭地跨马追去。

后来巴桑在信中对自己大加责备，早不睡晚不睡，悔不该就那个时辰睡了觉……那个大肚子经理怕卖掉班克使巴桑难过，因而特意背着他，隐瞒他，这个好意连佛祖都不能原谅。等巴桑来到马市为时已晚，班克已变成了一堆马肉，一堆头蹄下水……

我能想象到巴桑当时的悲痛，他蹲坐在街头失声大哭，差点呕吐出肠胃……巴桑后来从马贩子那里花大价钱买下了班克的马皮，马贩子看出他对这匹马的感情，便敲了他的竹杠，巴桑连价都没还。那带着班克气息和鲜血的马皮，被他一直带在身边，无论他走到哪里……

巴桑就此离开了马戏团，任凭大肚子经理怎么挽留，他头也不回地走了。

那是一个秋日，巴桑的信件又来了，我迫不及待地打开信封，里面掉出一打照片：巴桑站在巨大的远洋捕鱼船上，正置身大海之中。

呼德尔：

　　你读这封信的时候，我已经乘坐远洋捕鱼船去往太平洋捕鱼了。你一定会很惊讶，我何以做这个选择，那是因为我心中一直有一片大海。还记得小时候，我俩一起去山洞里听海的涛声吗……我在马戏团赚了些钱，找了一家海洋学校，现在已实习期满，我拿到了海员证……祝贺我吧，呼德尔，我就要出发了，未来七个月时间，我会一直在这艘大船上……

你不知道读这封信时我有多么激动，巴桑的梦想实现了，他终于看到真正的大海了……我举着信札向牧村奔跑，想让每一个人知道，一个牧村长大的没有双脚的孩子，他能走多远……

八

说到这儿的时候，呼德尔热泪盈眶了……作为听众，我也为巴桑所动。两个人一时无语。不知怎的，我忽然觉得巴桑不再是个陌生人，好像是我的老相识那样，并且对他肃然起敬。

那次远航作业，他们是去捕钓鱿鱼，光行程就需要五十多天，穿越整个南太平洋，最后到达秘鲁、智利和阿根廷的公海。后来巴桑的信总要间隔三两个月才来，那一般都是他来到了岸上。那些信件穿起了他在海上的生活，我这才知道，其实巴桑远洋捕鱼并没有我们想象的那么光鲜，包括他应聘这份工作都很不容易。因为没有双腿，很多渔船公司都把他拒之门外，后来就是那位山东籍船长慧眼识珠，发现了巴桑满是硬茧的双手和超出常人的强壮的臂膀。大个子船长开的是一艘秋刀鱼捕捞兼鱿鱼钓船，最主要的作业就是放网和收网，投钩和收钩，渔船上除了甲板和冷冻舱的方寸之地，需要双脚的时候不多。巴桑这才有幸踏上渔轮。

第一次出海，渔船离开陆地向大海驶去时，巴桑的心情可想而知。随着海水越来越深邃、幽蓝，船身也随着海浪一刻不停地起伏，巴桑没想到自己会晕船晕得那么厉害，他呕吐不止，头痛欲裂，接连吐了两天，把胆汁都吐出来了。六月天气已十分炎热，在海上，明晃晃的太阳直射在无遮无挡的渔船上，加之噪音轰鸣的柴油发动机连续运转，整个船舱热气蒸腾，简直能把人烤熟。巴桑虽然是初次下海，不过他很快就融入这大海的颠簸了。他在信中说：还记得你说过的在马背上的感觉吗？你说骑马就像在大海里行舟……现在我真实体会到这种感觉了。

船员住宿舱狭窄而潮湿。住在巴桑对铺的是条精瘦的南方汉子，他可真是只老海鹰了，在渔船上蹲了二十几年，被海风吹成了肉干的黑红色，整天龟缩着脖子，驼着背，沉默寡言，一双鹰眼却滴溜溜地转。人们管他叫"大黑牙"，源于他的一口黑不溜秋的牙齿，都像炭棒那样支着，而且站立不稳四下晃动，缝隙大得可以塞进一条小鱼，令他吃什么都不香甜。老单身汉带着一堆 A 片，一得闲就窝在被子里瞧录像，哎哎呀呀的叫声让巴桑好不烦恼。看到兴起，他便满脸窃笑用手势招呼其他船员分享，大家都伸着脖子凑过去，巴桑索性用衣服蒙住头脸。

别的船员是为了谋生，巴桑却是为了热爱大海。他适应着渔船上的一切，包括漫长航线上的无聊和寂寞。而他也确是一名体力超凡、精力充沛的船员，能胜任渔船上的所有工种。

长期繁重的体力劳动过后，他们会获得短暂的假期，那是渔船在沿海港口休整或补给期间。那些寂寞过久的老船员会带着巴桑到岸上，教他怎样在各种肤色的女人身上花掉美元，可巴桑对此似乎没有一点兴趣，相反他总是游荡于街头巷尾，把他的钱大把大把地撒给那些身有残疾的乞讨者，和他们连比画带英语地说上一阵儿。为此，他还一知半解地学会了很多国家的语言。为什么只施舍给残障人？原因不言自明。

近七个月的钓猎鱿鱼期过后，巴桑又会去往北太平洋上捕捞秋刀鱼，就这样循环往复……

还是说说四年前春季那次去白令海峡的经历吧。那次，他们的渔船穿过日本海，航行至海参崴时，船上的制冷压缩机坏了，不得不耽搁几天，就近停靠在港口修理。正是这个偶尔的时机，让巴桑邂逅了那个来自图瓦的女孩——杉蔻。当时她正在街头售卖楚吾尔（乐器）和口弦琴。

后来，巴桑在给我的信中说：

> 知道我第一次见到那个女孩的感觉吗？我的心就像被秋刀鱼咬到了那样疼。她用楚吾尔吹出各种奇妙的音乐，里边有马嘶、鹿鸣、鸟叫，甚至还有大海的声音。而且她还会弹拨口弦琴……杉蔻会说蒙古语和俄语，也会点中国话。我求她帮我挑一只楚吾尔，让她教我吹奏……

能读出巴桑那次出海的愉悦心情，连信中的大海都变得"清澈见底，无限碧蓝，成群的鱼儿在海底来往巡游，海狗在海面蹿来蹿去……"

巴桑那次捕鱼，意外地在渔网里拾到了一枚浅蓝色珍珠，它掩藏在一只褶纹冠蚌里面，有小拇指甲大小，船工们都说他发财了。巴桑把它捧在手心里，却另有打算……等两个月后返航时，巴桑找到船长，请求渔船途经海参崴时歇一歇。船长明了其意，哈哈大笑着拍了拍巴桑的肩膀。

歇脚的那天，该是巴桑一生中最快乐的一天……

你见过那个女孩的照片吗？我举起酒杯和呼德尔共饮。

他俩一开始相恋，巴桑就给我寄过杉蔻的生活照：乌红色的高高的颧骨，两只细小的眼睛，其中一只被柔顺的长发遮住，鼻梁上长着雀斑。不过她笑起来的样子真好看，牙齿整整齐齐，雪白如玉，纯净的眼神像三个月大的小鹿……

巴桑在信中说：看到她的照片，你肯定觉得眼熟，她不知哪儿长得很像阿丽玛……说实话，这一点我早看出来了，她俩不知哪儿有点神似。巴桑很少提杉蔻的身世，所以我对她所知甚少，只晓得她的年龄大概比巴桑小十几岁。如此而已。

后来，巴桑说他每当休假都会去往海参崴，在那里和图瓦女孩厮守一阵，直到签证结束。在远东的海滨港口，白天，俩人一起去街头摆摊卖乐器，夜晚，巴桑躺在杉蔻的怀里，就像小时候躺在斯琴老额吉的怀里。巴桑说，杉蔻身上有种熟悉的无法言说的味道，那应该是他未曾谋面的母亲的味道。

还有更重要的事要说呢，接下来的几年里，杉蔻几乎一年给他生一个孩子，五年下来竟然生下了五个……

嚯，好家伙！我感叹道。

是啊，没想到巴桑枪法这么棒，弹无虚发，简直百发百中啊！呼德尔咧嘴一乐，露出雪白的牙齿。

他没想留在俄罗斯吗？我问。

呼德尔说：嗯，他肯定想过，只要杉蔻答应嫁给他，他就可以获得俄罗斯的永久居留权……可是，为了养活这一堆孩子，巴桑只有拼命工作，他恨不得天天待在海上。

所以两个人只能聚了又散，来了又走。不过，一个浪荡子终于有了牵挂，就像一只四处飘荡的风筝，终于有了一根线作为牵扯。巴桑在信中对我说：我爱他们，他们就是我的一切，我要赚更多的钱，让他们像公主和王子一样幸福……

是的，巴桑这几年出海更加频繁而漫长，把赚来的钱都汇给杉蔻。而他再寄给我的信中总是在不厌其烦地描述他休假时与杉蔻和孩子们相聚的情形，通过他的信件，我能想象到那种幸福时刻：杉蔻家灰色屋顶的木刻楞前，高大的秋千上，街巷里，鸽群中，大海边，到处是他们一大家子浪漫而温馨的嬉戏画面……特别是他最小的儿子，刚刚蹒跚学步，巴桑给他起了一个雄伟的名字，叫作扎那，蒙语意为大象。他把扎那举过头顶，置于七彩的光环中，那种开怀大笑的样子，令人为之欣喜，为之感动……这些都是我能想象到的，不过令我奇怪的是，巴桑从没有寄给我他们的全家福，这一点也不像他的性格，我写信提醒过他，却总是被他忘记了。

九

那次，巴桑在海上出事，差点把他和杉蔻的幸福葬送……

他们的渔船从西太平洋向南行进，路过菲律宾的达沃港，渔船休整的间隙，巴桑干了一件蠢事，他把一个七八岁的乞讨男童带到了船上。没人知道他是怎么避开大家眼睛的。那是个天生的畸形儿，皮包骨头，只会爬行，可这会儿连爬行的气力都没有了，浑身滚烫，病得要死。巴桑把他像病猫一样藏起来，直到渔船离港。纸包不住火，率先发现男童的是船工宿舍里的人，他被裹卷在巴桑的被子里，露出两只臭球般惨白的眼睛，干裂的嘴巴里仿佛只剩下了一口气。船工"大黑牙"那会儿扭动着脖子，发现怪物一样大叫了一声。

事情败露了，高个子船长叫走了巴桑，表情严肃地问他，到底是怎么回事。巴桑沉默了半天，说了一句话：我看他要活不成了，所以想救救他。胡闹！你这么做是帮他偷渡，是要犯法的！船长在甲板上来回踱步，捏着下巴想了许久，对巴桑说：你给我出了个大难题，我总不能让人把他丢进大海里去！眼下只有一个方法，你让所有的船员帮你保密，我答应你在自己的床铺上养他，等返程时，你想办法把他再送回去。

　　船长总算网开一面。巴桑悉心有加地照顾着男童，给他喂淡水，敷退热的湿毛巾，擦洗身子，并找来各种退烧的药片，日夜守护在男童的身旁。直到第三天早上，男童睁开的眼睛里有了光亮，用蚊子那么大的声音告诉巴桑，他的名字叫奥古斯汀。

　　四十余天后，渔船终于返航至科罗尔，站在船舷上就可以望到菲律宾黛青色的马德雷山脉了。男童体力恢复，被巴桑喂养得像条黑泥鳅，整天在床铺上爬上爬下。巴桑教给他蒙古语，让他管自己叫阿爸，向人问好时说：善拜喏。那天傍晚一切如常，巴桑和船工一同在渔舱里作业，忽然，他似乎听到了什么声音，转头环顾工友，唯独不见了"大黑牙"。不知怎的，一种不祥的预感让他放下手里的活计，疾速奔向底舱。男童的呼喊声隐约如厉浪，床铺前，"大黑牙"正将他骑在胯下，用毛巾捂住他的嘴巴，而这个老淫棍晃动着光光的屁股……巴桑如同一头巨鲸那样冲撞过去，随后暴风骤雨般的拳头倾泻而下……

　　船长设法把男童送回了达沃港的岸上。"大黑牙"的十几颗炭棒似的牙齿只剩下右侧的两颗，鼻骨骨折，另外断了两根肋骨。他信誓旦旦要告发巴桑。结果渔船一进达沃湾，巴桑就被菲律宾海事局和一群警察带走了。

　　巴桑涉嫌绑架儿童，"大黑牙"还反咬一口，诬告他猥亵鸡奸奥古斯汀。如果罪名成立，巴桑将面临在菲律宾被终身监禁。船长和船员们无不为巴桑叫屈。奥古斯汀因为未满法定年龄，他的证言警察局不予采信。船长找到"大黑牙"，要他摆正良心，"大黑牙"鼻梁上绷着纱布，像极了小丑，他张大空洞洞的嘴巴，敲着他蜡黄的牙床，说：我的牙齿呢？他把我吃饭的家什打掉了！瞧着吧，让巴桑把我的牙齿找回来安上，再把下半辈子的养老钱准备好，对了，还要当着所有船员的面给我赔礼道歉，为我恢复名誉，我就看在船长的面子上，饶他一回。

大个子船长听了，说：你到我身边来一下，我有话和你说。

"大黑牙"凑到船长跟前，船长挥拳过去，"大黑牙"硕果仅存的两颗牙也飞了出去。

那次多亏了大个子船长，他四处托关系，为巴桑找到了一位华人律师，加上所有船员为巴桑作证。警局没有足够的证据证明巴桑携走奥古斯汀是为了绑拐，涉嫌猥亵鸡奸因为发生在中国渔船上，要由中方警局侦办，巴桑这才得以跟随渔船回国。整个案件，由于新闻媒体的介入，引起当地公众的关注。更多的市民了解了案情，相信巴桑，站在巴桑的一面。达沃市市长亲自到医院探望奥古斯汀，并在电视上发表演讲，要求慈善机构关注残障儿童的健康，并请孤儿院妥善抚养奥古斯汀。

巴桑他们的渔船从港口起航的一刻，出人意料地，码头上不知什么时候围聚来许多市民，手捧鲜花，为渔船送行。一位白发苍苍的华裔老人向渔船喊着：巴桑先生好人！中国好人！

"大黑牙"没有得逞，所有船员都鄙夷其所作所为，无人理睬他，避之唯恐不及。自讨无趣的"大黑牙"整天缩在床铺上，借骨折之名再不下地，要求船长指派船员轮流伺候他，每天哼哼唧唧，满肚子委屈。

巴桑最后以轻伤害罪，被中国法庭判处六个月监禁。而"大黑牙"则由于被侵害人无法出庭作证而逍遥法外。他后来拿到了巴桑赔偿的钱，用其中的一小部分镶了一口金牙，再和别人说话时，就努力张大嘴巴，故意给人看他嘴里的金光闪闪。

法庭宣判那一刻，巴桑反应强烈，泪流满面，反复呼喊杉蔻和孩子们的名字。船友们知道，那是他在担心妻儿们，没有他的供给，一个母亲很难抚养那么多孩子的。

主审法官同情巴桑，庭下找到大个子船长，语重心长地建议渔船公司，等巴桑出狱后能够续签劳动合同。船长说自己正有此意，不仅如此，还要在他服刑期间预支一部分薪水作为他妻儿的抚养费。

巴桑是我们的老船员了，我们要帮他渡过难关。船长说。

十

呼德尔已有了七分醉意：记得我说过的话吗？有时需要散去山上的云雾，才能看清山顶……

大个子船长信守诺言。六个月后，巴桑出狱，又回到了渔船上。巴桑想念杉蔻心切，他找到大个子船长，要去白令海峡捕鱼。可渔船刚刚才钓鱿鱼归来。船长当然知道巴桑的心思，权衡再三，终被他打动。这次，大个子船长干脆让巴桑担任渔船的轮机长，此前，巴桑已做过大副和大管轮。渔船就这样起航了……

临行前，巴桑就把这个消息写信告诉了杉蔻，并约定了见面的日期。那天上午，海参崴秋高气爽，港口安谧，大海风平浪静，阳光和暖又柔软，像徐徐落下的金色绸缎，铺洒在蔚蓝的海面。巴桑的渔船如约而至，他在甲板上远远地望到岸上的杉蔻，她一只手抱着儿子扎那，身边围绕着大大小小的孩子们，身着盛装，手捧鲜花，早已等候在那里，此时正向中国渔船挥手致意……那会儿，巴桑要有双腿肯定会蹦起来，他大声呼喊着他们的名字。船长微笑着看着这一切，向巴桑竖了竖拇指……

船一靠岸，巴桑就滑动轮椅冲向了杉蔻，轮椅前后左右系着的大包小裹都是他给他们精心挑选的礼物，所以，你若看到巴桑的样子，还以为是一辆运货车正无人驾驶……

呼德尔说到这儿，停顿了一下，又点燃了一支烟，才继续他的讲述。等大个子船长看清那些孩子，惊讶得嘴巴都合不拢了，那是些怎样的孩子，简直让人不敢相信！他们有的没胳膊，有的没腿，有的眼盲，有的脑瘫，奇形怪状……

我惊讶得差点把一口酒吐到碗里，瞪大眼睛瞅着呼德尔。

是的，没错，那都是些残障孩子，他们都不是巴桑和杉蔻所生，或者是从孤儿院领养的，或者是街头的弃儿……

这就是巴桑所说的——他的孩子们！你能想象到吗？呼德尔说。

我摇了摇头，表示不可思议。

他俩情投意合，立下心愿，要救济抚养残障儿童。这就是巴桑做的，他拼命赚钱，杉蔻舍弃了一切，只为了这份本不该由他们做的公益事业。

其实，在收养这些孩子之前，巴桑就开始他的义举了。大个子船长给我看了巴桑留下的一个日记本，那里面记着他多年以前的开支，那时，他就把所有赚到的钱，通过一个慈善机构，汇给了那些在二战中负伤的老兵，哪个国家的老兵都有。这个有夹在日记本里的汇款凭据为证。

大个子船长和我探讨了巴桑做这些事情的动因。他还回忆起有一次，他们的渔船在南澳大利亚领海遇到一艘日本捕鲨船，一条条深海刺鲨被捕钓上来，活生生地割去鲨鱼翅，再抛入大海。鲨鱼因为没有了双臂，只能垂直沉入海底，在海面留下一大片一大片殷红的血浪……

他们的渔船的船员都挤在甲板上看热闹，"大黑牙"更是目不转睛，嘴角露着憨笑。就在这时，人群里传来一声嘶喊，准确地说是一种惨叫，令人毛骨悚然的惨叫，声嘶力竭，把所有人都吓了一跳。声音是巴桑发出来的，他那一刻简直是疯掉了，浑身战栗，蜷作一团，用双手捂住眼睛，那种声音绝对不是人类能发出来的：暴勒嚯——暴勒嚯——暴勒嚯……

暴勒嚯在蒙古语里是什么意思？船长问我。我告诉他，是不要。

船长的话把我拉回遥远的过去，让我想起那个童年时被炮弹炸飞的巴桑。他当时没有昏厥，他眼睁睁看到自己下肢全无，而他的同伴成了七零八落的肉酱、残肢，甚至草丛里还沾着一摊白花花的脑子，他疯了，发出的就是这样的呼喊，暴勒嚯——暴勒嚯——不停地喊，直到大人们把他包扎起来送到镇上的医院，他也停歇不下来，谁也阻止不了他……那呼喊声甚至很长一段时间都回荡在我们牧村，那是巴桑从每晚的睡梦中发出的，每次都把整个村庄的人喊醒……

船长说那次巴桑好几天都无法工作，蹲在甲板上脸色苍白，止不住地发抖，痛苦的吁喘让他的胸脯像汹涌激荡的海浪。

为了一对久别重逢的人儿，大个子船长决定在海参崴多停留一个晚上。巴桑接过杉蔻怀里的男婴，那该就是叫作扎那的小儿子，用胡子扎他的脸蛋，张开大嘴咬他。回过头来，巴桑热情地邀请船长到自己家里做客，船长二话没说，欣然应允。巴桑又和其他孩子们左拥右抱，小家伙又蹦又跳，兴高采烈。这时，船长无意间注意到杉蔻身上的几个细节，她右边的衣袖里空空荡荡，而年轻的脸上，一只眼睛里面仿佛没有瞳孔。

　　城郊一处破落的木板房就是巴桑和杉蔻的家了。没有高大的秋千，也没有鸽群，院子里是一群肮脏不堪的流浪狗，见到陌生人就围过来吠叫。杉蔻向它们温柔地说了些什么，狗们仿佛听懂了，热热闹闹地与几个孩子嬉戏去了。

　　屋子里光线柔和，把一种茸茸的温暖镀在俄罗斯式的简单陈设上。房间更多的空间则被玩具占据，那些玩具陈旧得褪了颜色，有的打了补丁，却都干净得像孩子们的衣着。白灰涂抹的一尘不染的墙面上，却偶有孩子们的涂鸦，墙角上方供奉的是圣母玛利亚的画像。令船长奇怪的是，神龛上竟然有一串佛珠。

　　船长和呼德尔说到这儿时，后者打断他，问：那是不是一串菩提子，摩挲得闪闪发亮的菩提子？

　　船长点点头。

　　没错，那该是斯琴老额吉的佛珠。呼德尔说。

　　杉蔻用图瓦的鹿奶茶招待客人。船长刚端起杯子，几个趔趔趄趄的孩子便闯进来，屋子里立马天下大乱，所有的整洁一去不返了。巴桑扯大嗓门吆喝这个，驱赶那个，也无济于事。看着这一切，杉蔻像个孩子那样咯咯咯乐得前仰后合，随后她注意到打扰了客人，向船长报以歉意的微笑。

　　那天晚上，大个子船长破例喝了酒，与巴桑两个人推杯换盏。他为着这样一个特殊组合的家庭而感动。与呼德尔说这些的时候，船长眼里不时涌动着晶莹的泪花。杉蔻一直忙着看管几个孩子。最大的女儿十岁左右，已经能帮助母亲了，她是个脑瘫儿，走起路来左摇右摆，却异常懂事，尽力地看护弟弟妹妹。就这样还"事故"频出，一会儿这边打翻了一碗苏伯汤，一会儿那边又抓伤了谁的脸。杉蔻并不懊恼，乐此不疲地忙来忙去，抽空还要过来喝上一杯酒。

船长问巴桑，为什么要这么做？

巴桑被沃特加酒烧红了脸，他低下头想了下，对船长说：这没有什么，我喜欢这些孩子，别看他们外表残缺，可他们的心和正常孩子一样。斯琴额吉说过，每个孩子的心都是一颗天上的星星……

那天晚上，满天都是豆大的星星，大个子船长说他这辈子没见过天上有那么多星星，全都挤压在杉蔻家的屋顶上，好像要将这个简陋的木板房压扁了似的。

船长和巴桑都喝多了酒，最后像兄弟那样搂着彼此的脖子。巴桑会的蒙古歌可真多，什么《达娜巴拉》《黑缎子坎肩》，唱了一首又一首。歌声像炉膛里的火，将整个夜晚都照亮了。说来奇怪，巴桑唱歌时，几个打闹不休的孩子都安静下来了，像一群立耳侦听的土拨鼠那样，围住巴桑阿爸，包括那个五六岁的聋哑女儿，也认认真真地望着巴桑翕动的嘴巴，自己的小嘴随之一张一合。

巴桑终于唱累了，唤过杉蔻来，一边拍着船长的肩膀说：您还没听到过，杉蔻还会唱蒙古歌呢，是我教给她的。杉蔻，你给船长唱一首《诺恩吉雅》吧……

《诺恩吉雅》？呼德尔问。

船长说：对，没错，是《诺恩吉雅》！我还记得两句歌词呢——

老哈河水长又长，岸边的稻花起波浪。
美丽的姑娘诺恩吉雅，出嫁到了遥远的地方……

呼德尔点点头，长出了一口气。

船长反问道：怎么了？

哦，那是我妹妹阿丽玛唱过的歌……

停顿片刻，呼德尔又问：这几个孩子没有一个是巴桑和杉蔻的吗？

船长说：你不知道吗？巴桑失去双腿的时候，也失去了生育能力。那次在达沃市，为了"奥古斯汀"案件，菲律宾警察验明过他的"正身"，才排除了"大黑牙"的诬告。

讲到这儿，呼德尔的泪水夺眶而出……

十一

这天晚上，大个子船长与巴桑一起，在杉蔻家留宿了，他们和孩子们挨在一起，相互搭肩载腿的。是船长主动要求留下来的，他要感受一下和星星挤在一起的感觉。巴桑更是睡得四仰八叉，鼾声如雷，仿佛他从来没睡过觉一样。直到第二天天光乍亮，船长被不停喧响的闹钟唤醒。

渔船要黎明起航，差点耽搁了航程。俩人爬起来，胡乱穿了衣服，巴桑一一亲吻了睡梦中的妻儿，轻轻关上房门，一高一矮的两个男人迎着曙光向港口赶去。

那次航行一切如常，巴桑一直沉浸在与亲人久别重逢后的喜悦中。第一次当上轮机长的他尽职尽责，更为了报答渔船公司和大个子船长。

半个月后他们的渔船到达了阿留申群岛北部，在那里他们遇到了台风。

一切都不稀奇，在北太平洋上，无风三尺浪，一旦有风，更会白浪滔天。渔民们都以三米、四米、五米浪来形容浪高，高浪达到十二米毫不新鲜。每天，所有渔船最关注的就是天气预报，如有大风，渔船必须就近躲到避风港。那次捕捞秋刀鱼的渔船特别多，不仅有中国的，还有俄罗斯、日本和韩国的各式渔船。为争抢资源，他们按先后顺序划分了自己的海域……

那天一早，气象预报有三米浪，按海上规则，所有的渔船都不能出海。大个子船长也要将船停去港口，巴桑却要冒一把险，这是一个机会，意味着大海上只会有他们这一艘渔船，收获可想而知。他要的是尽快完成捕捞任务，赚到更多的钱。

如果单是这三米浪，大个子船长和轮机长巴桑是可以对付的。他们的渔船在白浪翻腾中驶入目标海域，大海灰暗，一整天不见太阳。在夜幕降临前，巴桑他们已经探测到了庞大的刀鱼群，渔船缓慢行驶，只等天色一黑，便停稳渔船，打开遍布船身的灯，吸引鱼群自投罗网。此时，大量鱼群已被诱集到捕捞区，右舷集鱼灯开始熄灭，左侧依次亮起。

有那么一刻，大海像折腾累了似的，风浪稍静，仿佛一头猛兽蹲坐下来小憩。巴桑和船员们抓紧这个时机，大家一字排开，站在船舷的左侧，即将启动收网工序。所有白炽灯统统关闭后，围绕着渔船的海面呈现出一片红宝石般的光亮，而它的四周却是漆黑如深渊一般，只能听到海水的喘息。就在这时，毫无征兆地，大海猛然间躁动了，风向是一瞬间转变的，海面变成了万匹脱缰的野马，恶魔般的大浪好似一座座摩天大厦，向渔船倾塌而下……不仅如此，脚下也在隆隆开裂，无止境地下陷，再猛地掀翻，把渔船送到令人眩晕的高处，再跌落、跌落，紧接着又一座大厦崩塌，碎石四溅，落在船员的头顶，漫卷着船上的一切……在结满冰的甲板上，船员被刺骨的海浪推过去再操回来……

此时，只有巴桑是镇定的，与其他船员相比，没有双腿的他因阻力小而站得更牢，并且他面对着惊涛骇浪竟没有一点惧色。现在他必须迅速用卷扬机收绞起网，鱼群遇到来自海底的鼓荡正在四处逃窜，他先收环纲，再提绞下缘纲，这样，刀鱼就被牢牢困在网中，再把网身整个吊起，固定在船舷上。渔船共有六台绞车，本来是十几个人干的活儿，此时只剩下了一半船员在坚守岗位……

渔船摇晃如过山车，恶浪劈头盖脸，疯狂地卷向甲板，像无数只巨手抽打着巴桑。来吧！达里！他冲着巨浪狂喊着。来吧！快来吧！他反复喊着这句，声音和嘴巴不断被海水灌堵。他吐掉腥咸的海水又去嘶吼：来吧，达里！对，就这样，真痛快……

渔网终于被吊起来，却有些异样，一股说不出的力量使渔网左冲右突，像是有烈马在挣脱着缰绳。嚯，等网提出水面，才看清是一条大个的深海鲨鱼，正随同刀鱼群卷在其中拼命挣扎。几个船工兴奋起来，呼喊着：大鲨鱼！大鲨鱼！快快收网！

暴勒嚯！暴勒嚯……大个子船长隐约听到了这个熟悉的呼喊声，那一定来自巴桑……瞬间，那呼喊声就被风浪吞没了，波涛更加凶猛，铺天盖地而来，几个船工连滚带爬，纷纷撤回底舱。巴桑却迎着巨浪而上，他要设法将鲨鱼放归大海……借着船体摇摇荡荡的灯光，所有的船员们都看到了这一幕，有人在呼唤他，要他退回舱里，但是整个世界只剩下大海咆哮的声音，巴桑或许压根没有听见，他执拗地做着要做的事，直到把渔网撕开一条长长的口子，鲨鱼逃脱而去……

就在这时，一座比山峰高耸的恶浪眼瞅着砸向巴桑，它的核里包藏着摧毁一切的力量，巴桑的身体瞬间被卷进了大海……

大个子船长在驾驶舱里目睹了整个过程，一时惊骇得目瞪口呆……

十二

第二天，风刹浪小时，俄罗斯的搜救船在海面上找到了巴桑。当时他正四肢伸展，倒扣在海里，舒舒服服的样子像是睡在杉蔻家里一样，跌宕起伏的海水好似梦境飘摇……

呼德尔已醉意醺醺，此刻如释重负地靠在椅背上，眼神黯淡：巴桑就这样死去了……悲壮吗？惋惜吗？可是一切都结束了……

就这么结束了？我喝光了杯里所有的酒，有点缓不过神来。

是啊，结束了。呼德尔抹了一把鼻涕，抬起头来朝向窗子，街上行人稀少，街灯熄灭。

唯一没结束的是，巴桑和杉蔻领养的那些孩子，他们的未来……呼德尔眼泪又止不住流下来：大个子船长临别前对我说，他们渔船公司要成立一个慈善基金会，以巴桑的名字命名，专门资助那些残疾孤儿，当然包括杉蔻的那些孩子……

我和呼德尔各开了一个房间。我要好好静一静，想一想，特别是返程时这一路上的遭遇，可大脑却仿佛停转了，只泊在了巴桑的一生。

一夜无眠。凌晨前，我好像顿悟了什么，随即又模糊不清了。我轻轻敲开呼德尔的房门，把他摇醒。

我在想，为什么昨天我们的车事故频出……我对他说。

呼德尔睁着惺忪的眼睛看着我。

你觉得，与故乡相比，巴桑会不会更喜欢大海？

你的意思是——

我觉得我们无意间做了错事……

呼德尔比我更懂得巴桑，他思虑片刻后点点头，使劲握了握我的手。

高速开通，返回渤海湾的路畅通无阻。

天未破晓，沿途有朦胧的雪光为我们照亮，我和呼德尔神情肃穆，像是在为一个平凡而又不平凡的人去完成一件神圣而庄严的使命。车到老虎山海岬时正是清晨。此时冬日的海岬一片肃冷和静寂，朝阳从层层云霞和海面深沉的雾气中缓缓隐现。我将面包车开到一处陡峭的悬崖之上，它的下面就是铁灰色的波澜壮阔的大海。我和呼德尔打开车厢，将盛装巴桑的冷冻箱抬举出来，迎着玫瑰色的映射着七彩光环的阳光，慢慢走向崖顶……片刻之后，顺着峭壁的陡坡，冷冻箱就像一具棺椁，徐徐落去，直至溅起水花，沉入海中……

呼德尔的脸颊上映着金色的霞光，此时正眯着眼睛望着脚下那一片苍茫的无边无际的水域，对我说：我们做得对，只有大海能盛得下巴桑。

海风凛冽，我屏住呼吸，说：我怎么觉得巴桑没有死，他好像又要去远行一样。

会的，他会去更远的地方……最后一句，被淹没在大海的波涛声里。

选自《百花中篇小说丛书》，百花文艺出版社 2022 年版

黑城之恋

上篇　等待城墙再次成长

　　我们的关系没有确定，但都心里有数了。这天晚上，我从家里出来，发信息给她，你到服务中心这里来。知道了，她说，我白天路过的时候，看见那里有人。但现在，外面太黑了，我害怕。那我来接你，我说。不用了，你来接我更害怕。你怕什么？我说。怕什么？你说我怕什么？大半夜的跟一个男人出去，好吗？你到底来不来？再过半个小时看吧，这会儿我看电视呢，她说。那你看吧，不用来了，我回去了，我说。你这个人真没意思，她说。你把我晾在这里算什么意思？我就是开个玩笑。我可不想开玩笑。好了好了，我现在就出来。

　　我点了一根烟，离开路灯的光圈，站在了黑暗里。楼上办公室的灯亮着，谁在那里？徐金盛，还是都成仓？或者是妇联主席党慧明。这女人的精力实在是太充沛了，干事那叫一个雷火。我再往黑处走了几步。约在这里见面实在不安全，但刚才办公室好像没人，我记不太清楚了，我应该朝上面看了一眼，黑漆漆一片。但更有可能是我想着要看，结果却没看，我心里装着事。四月的夜晚冷飕飕的，我冻得一哆嗦，这才发现自己没有穿衬裤，但这怎么可能。我开始分析为什么没穿衬裤，什么时候脱掉的？我居然想不起来。往前推，去西宁那几天我穿着呢，我记得在枫林酒店，我洗澡时还在犹豫要不要洗一洗。回来后四天无所事事，但肯定没有脱掉，因为那几天天气很冷。接着去藏毯厂帮朋友看地毯，心血来潮地离开马路，从田野间走路回来，直接越过黑城，走向那段病恹恹的明长城，在那里逗留了很长时间……然后再往前，一直走到了拉脊山脚下，坐在一块很大的遮风效果极佳的石头背后很长时间——那段时间想了什么？在手机上读网文，听了歌，拍了照片，那天是3月28号吧——下午四点过后，起身，活动了僵硬的双腿，回家。膝盖骨里空荡荡的，酸涩感很强。饿得双腿软绵绵的，头冒虚汗。身体这么糟糕吗？我开始害怕起来。那种害怕很复杂，不是单纯地担心疾病，不能恢复正常、意外的受伤、痛苦的煎熬以及死亡这一终极恐惧都让我感到害怕。但那时候，我依然穿得很正常。再往后的日子，就是来了一拨客人的这几天。这已经不知道是这一年多时间里的第几拨参观团了。但这次来的这些人有些不一样，他们都是书画家、摄影家、戏剧家还有作家，来黑城采风。我知道的时候已经是第二天上午了，书记徐金盛领着他们在石头街上漫步参观，到处指指点点。我站在汪生全家的大门口，看着他们慢慢地走到小广场上，很有兴致地欣赏我们村的几个妇女的广场舞。一曲结束，他们说说笑笑了一阵子，有个卷发红脸膛男子走到广场中央，说要唱一段秦腔。他叫上来一位女士，简单地酝酿了一下，唱起来。我还是第一次当面听人唱秦腔，很有意思。他俩既走台又演唱，表演得很尽力。围过来的人多了，大声叫好，要求再来一段。两位答应着，休息了片刻，又唱起来。

等我到镇上买了膨胀螺丝，租了电钻，又到锦华饭店门口开上车回来时，他们在办公楼底下，支着大铁锅，在揪面片儿。显然，这种午饭他们很喜欢。我放慢车速，数了数，他们有十一个人，其中有五位女士。我用借超长电线的机会去找玉婷，才知道昨晚上有两位女艺术家住在了她家。半夜里，她们兴致很高，要去走走石板街，看看月亮，是我陪她们去的。玉婷说，昨晚的月亮真大呀，又亮又清晰。石头朝着月亮的一面都在发光。她们激动坏了，看来她们很少这样。

哦，肯定是的。我说，在城市里，哪有月亮的光，都被灯光吃了，还有汽车尾气和乱七八糟的气体。

回来时已经四点了，我都冻死了，她们舍不得回来。我觉得她们这样的人真好，喜欢生活的美是真诚的。

我有些奇怪，难道我们不真诚吗？不一样，我们看见的生活是实实在在的生活，她们却能看见不一样的东西，那应该是隐藏起来的更好的一些什么，但我们看不见。

也许是这么个理，但是你想过没有，我们能发现的很多事情他们却不知道。一时说不上来具体的，但是你好好想想，心里就是有那么一种感觉，我们的很多秘密他们不知道，这种秘密不是那种秘密，是大的那种，就好像……

我知道你的意思，她说，可是我更想成为她们那样的人。

她们是干什么的？

是作家。

她们带书了吗？自己写的书。

她们说太沉了，没带。但是我上网查了，她们写了很多书。

都是些什么书？

有一本好像叫《重返现场》。

是小说吗？

好像是。

肯定不是网络小说，网络作家没时间采风。我接过电线。此时，我们在她家被当作库房的旧房子里，里面很暗。窗户本来就小，现在又钉上了木条用以加固，幽森森的。我靠上前去，她一闪身，到了门口。中午那会儿，有戏曲家要唱秦腔，你来听吗？

你会去吗？

我当然去。

那我也去。昨天我也听了，功底深厚，唱得好。

我很羡慕那位女老师，她的气质真好，你发现了没有？

哪个？

就是唱秦腔的那位女老师啊。

哦，没错，的确非常好。我想，那应该是常年在舞台上练习的效果，就像军人总是昂首挺胸一样。

但我做不到，她说。我看出来她真的对自己感到失望了，好像受到了很大的刺激。

不是做不到，是我们从来没有机会，也没有必要去那样做，我们做自己就好了，她们也是在做她们自己，因为职业或者艺术，你才会觉得她们很不一样。

我好像有点驼背，你觉得呢？

没有啊，我没看出来，有吗？

有的。我知道，我走路的时候喜欢耷拉着肩膀，就好像累得抬不起头一样。

这是一个习惯，改一改就好了。

她父亲去县里了，她妈就在广场上练舞，再过几天，村里的舞蹈队就要去参加比赛演出了，因此这些天，广场的音乐从早到晚不消停。她妹妹因为疫情，从兰州大学放假回来了，正透过卧室的窗户观察我们。你妹妹在监督我呢，好像害怕我把你拐跑了。我朝文洁挥挥手。她面无表情地看着。

司马昭之心，路人皆知。

那你什么态度？

不是明摆着吗？

我还是不太明白，你忽远忽近的。

从她家出来，绕过了挖断的巷道，经过古井的时候，有四五个艺术家在那里聊天，聊的正是这口井。这口古井已经有一千年了，是北宋一位叫王厚的威州团练使的政绩。他在崇宁三年时率军攻打青唐城——就是现在的西宁市——逼得青唐王子溪赊罗撒逃到了溪兰山中，再逃至青海湖，最后，又到了溪兰宗堡——就是现在我所居住的地方，黑城——被王厚围堵歼灭。据《续资治通鉴》记载，这口井是为了解决当时的守城将士们的吃水问题开掘的。但因为水质优良且从不断绝，故一直使用到1996年，黑城通了自来水，才被封存。我小时候，可没少喝这口井的水，冬天的时候，帮母亲来提水——再后来自个儿来挑水——也没少受罪。当时并不觉得有什么好的，水就是水，难道还能变成饮料？但现在回想——尤其是喝了自来水一对比后——真是大不一样。这井水的那种干净至纯的感觉，太珍贵了。

我回家前先到土主庙那里看了看。那位画家还在画画，旁边已经有一幅完成的作品了。我在他旁边站了一会儿，他没有看我，很专注地工作着。他画的是石头街的一截，古城墙和那几棵古树都跃然纸上。他身后，土主庙边上的那棵披满了红绸的老树正在发着新芽子，在他斜对面，古城墙豁口下是水泥硬化路，绕着黑城一圈。但在二十年前，这个豁口是没有的，我小时候常在城墙上玩，可以完完整整地走一圈，走到南城门了，手脚并用爬过去，接着走。城墙有两三步宽，看起来很高很危险，我却从未掉下来过。因为上墙，那些年母亲揍我的次数数不清。现在，她已经有十来年没有打我了，所以她将这些精力放到了对那些往事的回忆上。几天前，我陪她到城外散步回来，经过北墙根时她又说起一件事。说那一年，我也就八九岁，一场大暴雨过后，城里到处是泥潭，院子里积了一大汪浑水，墙根小小的排水洞效果不显，我父亲正在镟大排水洞，但一转眼，我不见了。接着她和父亲心有灵犀地朝墙头一看，我蹲在城墙上，笑嘻嘻地看着他们。适合上墙的地方就在土主庙旁边，他们都不知道我是怎么用这么快的速度跑到土主庙那边上墙又踩着城墙跑回来的。当时我吓得脑子嗡的一下，这可不是平时，母亲说，墙是黄土墙，雨一泡，滑得跟鱼背一样，随便一下，就会栽下来。你父亲气得当晚就犯心脏病了，你这个二流子。她嗔怒地瞪我一眼，看着城墙，陷入了回忆。母亲说的这件事我毫无印象，她以前说的很多我闯过的祸，除了她，估计没人记着。以前不觉得怎么样，但自从父亲走后，她的记忆力越来越好了。我发现，她可以追溯到事件最轻微的细节，而后，由此引生出更多的事件。刚开始的时候，大部分事件都没有我参与——我想那是因为我还没有出生，或者太小了——但到了后来，尤其是最近两三年，主角大部分都是我，好像我正是在她的故事中慢慢长大，然后引导着事情的发展。

我赶在中午到来之前干完了活。母亲花很长时间绣了一幅巨大的百鸟朝凤图，我拿到西宁市精心装裱。客厅沙发背后一直空着，就等这副杰作呢。这是母亲刺绣多年来最呕心沥血和雄心勃勃的一幅作品。她多次表明，这是留给我的纪念。我会当传家宝传下去的。每次我都这样说。她虽然呵斥我不正经，但心里却很高兴，绣得更加仔细认真。有时候一坐大半天，抬起眼来，茫然无神，一副心神耗费过度的样子。但她不听劝，执拗的态度体现在作品的进度上，这么大的一幅图，她不到两年便完成了。整个黑城，以及周边村寨，我认为没有可以与这幅作品媲美的刺绣。其配色的精湛、细节的完美、构图的大气令人惊叹。这真的是一幅可以当作传家宝的宝贝，因为里面有母亲倾情投入的精气神和一个母亲对儿子和家的全部情感。

当我将百鸟朝凤图挂上去，拉开窗户上的窗纱，一屋生辉。效果之好，让她高兴得合不拢嘴。看来我是白担心了，搭配得很好啊，你看呢？她满怀信心地问。简直就是不得了，我说，这还不把别人眼热死？以后我们出门，得把门锁牢。胡说，谁会偷这个。就是因为这个才会心动，其他的东西哪有这个宝贵，我得小心一些。

她从各个角度观赏、审视。她复杂的感受我无法准确描述，总之，最后她心满意足地去做午饭了。我说去还电线，出门径直走到小广场。综合办公室楼下，几个婶婶又开始做大锅饭了，跳舞的依然还在努力。艺术家们参观了一上午，回到了这里，有的坐在凉亭里喝茶，有的站着闲聊。文婷从办公室楼上下来，在大铁锅旁边绕了一圈，慢慢地来到广场。两位戏曲家开始准备表演了。黑城好运小卖部门前下棋的几个老头丢下棋子，背着手也踱过来。我和文婷站在一起，朝她笑笑。我妈的刺绣挂上墙了，我说。肯定非常好看，我想去看看，她说。那你下午过来吧，我说。我不好意思，太不好意思了，她一个劲地摇头。也不着急，反正以后你有的是时间看，可以看一辈子，我小声说。不要脸。她躲开我一些距离。下午我去镇上，你要去吗？我不跟你一起去，她说。这时候，男戏曲家说了几句对黑城的感受和感谢的话，要开唱了。他们唱的是《秦香莲》中的一段，有六七分钟长。

听完一曲，满足地吐出一口气，我已经决定好好研究研究秦腔，既然这么喜欢，那就尽情地去听吧，去唱吧。这是一个高级的爱好，没有人会反对。我发现文婷的目光一直追随着那位女戏曲家，她的羡慕再次显露无遗地表现在脸上。要不要去认识一下？不用，有什么意义呢？可以学习唱戏啊。她看了我一眼，我什么时候说过喜欢唱戏吗？我被噎得没话说。她已经变得兴味索然，没有交谈的兴致了，她甚至都不再看任何人一眼。她走后一会儿，我抖抖手里的电线，追了上去。

音乐响起，争分夺秒的婶婶们又开始跳起来了，我说。

她们怎么了？她们的现在，就是我的将来。她情绪低落，说话很冲。

很好啊，老年人，开开心心身体健康就是一切。我说错什么了吗？

我只不过是说了句实话，你就不耐烦了。她毫不客气地推开我，说，推土机来了，让开。

你们家的推土机长这样，这是挖掘机。

反正我看到了几十年后的自己，我是农村女人，又有什么区别。

不一样的，时代发展这么快，说不定到时候就没有那么多农村了，我们都成了城里人。

可是意义没有变，我还是和她们一样，做着一样的事。

我们的事情不都一样吗？大同小异的事，生活也这样。我被搞糊涂了，我能理解她心中的不甘与反抗，但正是这种态度在我看来是完全没有必要的，因为大众就很好，我很不想让她因为不甘心而去辛苦做事。那你想干什么？你可以不跳广场舞啊。再说，到了那个时候，谁知道有没有广场舞。

这么说，你其实心里也是这么想的。她一副果然如此的表情。

你明明知道我不是那个意思，我说。我的火气也上来了，但我不想让她看出来。

那你什么意思？她依然不依不饶。就算……她有些哽咽。就算到时候

419

我不跳广场舞，可我也是一个农村的老太婆，我永远成不了另外一种人，我早就知道了，因为我没有上好学，没有学历没有知识，也没有什么才华，无论我羡慕什么想要干什么我都没有那种才华，我越想做别的事就越觉得最适合做的就是一个农村妇女，你说我怎么办？我该干什么？我是想唱戏，可是我得有那个天赋得有一副好嗓子啊，得有一副好身材啊，你看看我这个矮子，你再看那个老师，看看她的条件你再看看我，你跟我说我能干什么？我可以干什么？

我想抱抱她，被推开。巷道里空静，挖管道的工人不在，昨天新翻出来的泥土吐露着农村的气息。我仰着头，看着城墙根那一排杨柳的干干的枝条垂下，贴着土墙乘凉。听着她轻轻的抽泣声，我心里一阵刺痛。如果去爱一个人的前提是要了解她，那我所做的还远远不够，是根本不合格的。我根本不了解她的心思，不知道她在想什么，不知道她精神的苦楚，我只是想得到她，让她成为我的妻子。但是，然后呢？我没有想过，或者，是潜意识中有了固定的传统的不需要去追寻的答案：一个农村的家庭妇女。是这样吗？我真不知道了。此刻的答案，很有可能已经被篡改了，我已经不承认了。

好一会儿后，她渐渐平复下来。我握住她的手，心里一阵发虚。现在，不管她怎么想，我认为自己还没有做她男人的资格，但又因为这个突然的事件，我更觉得有信心了，因为我知道了她的苦闷，我可以和她一起去抗争去奋斗。别担心，我说，无论你想干什么，我都会陪着你，和你一起努力。我还会和你一起变老，就算是去跳舞，我也和你一起跳，不和别的老太婆跳。

你讨厌，我才不去跳，要去你去，你和那些大妈打情骂俏，你最适合干这个。

行啊，只要你没问题，我完全没问题。

你要是敢和别的女人多说一句话，我就捅死你。

我的天哪，你还没进家门就吃上醋了？我可怎么活啊。

你现在后悔完全来得及，我可以放你一马。

晚了，现在九头牛也拉不回我了。成功地逗她开心，我将电线递给她，朝大门内张望，再一次看见文洁正看着我们。我张张嘴，涌上喉咙的难听话还是算了吧，再怎么说她也没错，又是未来的小姨子，又是很有上进心的大学生，给点面子吧。文婷似笑非笑地觑着我。一看你的表情，就知道准不是好话。知道文洁怎么说你吗？说你是个狡猾的善于伪装的人。我伪装什么了？我说，我爱你是真的。肉麻。她说你肯定心里在骂她，她从你的表情上看得清清楚楚。这么说来，她比你了解我，干脆你们姐妹都嫁给我算了。请你转告她，我也会好好爱她的。她朝妹妹招手让她出来。我掐了一下她的脸蛋落荒而逃。文婷在身后喊，你要是能和她争辩半个小时，我就什么都听你的。我迟疑了一下，但随即强忍回头的冲动离开巷子。

4 月 28 日这天晚上十一点多，我看完了《一念永恒》最后一章。这部网络小说我断断续续看了半年，总体感觉还是挺不错的。回想自己这十来年的阅读水平，觉得有所进步。我记得第一次读网文还是 2010 年的冬天，那天我去找都成毅。他正在读小说。他用手机读，用的是一部灰屏的诺基亚手机，他每读一行便要摁一下音键翻出来一行。但一行只有十几个字，所以他要一刻不停地摁键。我问他为什么不设置成翻页，这样摁一次键可以读到一页文字，最起码有五十个字吧。他说他不习惯那样读。正是他引导我读网文的。我读的第一本书是关于三国的，但名字现在已经想不起来了。但我记得第二本书是《寻秦记》。那本书太好看了，我一口气读了两遍，并受到此书的影响，喜欢上了战国先秦时期的历史。有关这方面的书籍或者影视，我会多看几眼。我和都成毅由此成为阅读伙伴，经常交换阅读体会，分享好书。他是一个很有身份的人，从过去到现在一直是。他很看重家族荣耀，绝不干有辱门风的事情。小时候，我们几个常常闯祸的小子中，他是最有顾虑的一个，长大后也是最稳重的一个。他的先祖，是南京江宁府上元县乐人，始祖官至清五品钦差，后迁至青海，入籍湟中县，并在民国年间移至黑城村落户。说起他祖上的事迹，尽管都成毅也一知半解，但他在这方面的收集和整理上是有一些功夫的，说起那许多年前在南京城里正月十五的花灯，那欢乐时刻发生的意外，又因为这些意外而造成的流放，前往这遥远的青海边疆路途上的遭遇……家族坎坷艰辛，代代奋斗代代相传的精神，如同家谱一样清晰地传承在他的体脉血液中。事实上，不只是他汪氏家族，黑城的解氏、都氏、刘氏、田氏，还有我这一脉人丁稀薄的冯氏，祖籍都在南京，都是那一次意义深远的元宵节中的"罪犯"。那些无法一一证实的陈年旧事，于后辈的猜测与推断中弥补出一个个家族迁徙的轮廓。而这些从中国南方来的祖先，经过几代后，又成为地地道道的北方人。所以对我们这些后人而言，所谓的南北之分，早就在先祖们的迁移中化为乌有，剩下的，只有一颗中国心。

夜晚总是流淌进历史的大河中，让清醒着等待的人经历某种精心安排的时间去回顾体验。我睡意尽去，心如撞鼓。于是穿好衣服，走到外面石板街上。夜晚的黑城寂静无声，仿佛回到了远古时期，有一种胆怯却好奇的懵懂意味。我心里喜滋滋的，很快走尽石板街，从北门出了城。延续多年的习惯，迈着多年来形成的步子，我开始再一次绕走我的黑城。这次没有数步子。也不用数，这个小游戏我玩得太多了，在我养成散步的习惯之前——也就是从八九岁开始的——我便养成了丈量黑城的习惯。东面213步，西面214步，南北分别是202步和200步。这是近两年比较准确的数字。但在以前，我的成长没有定型之前，数字的变动是很频繁的，几乎每个季节都不一样。这个小游戏陪伴了我很长一段时光，特别是在我心情不好的时候，我会独自享受这个在别人看来万分枯燥乏味的游戏。我会一圈接一圈地走，走一步数一步，把每一步控制得差不多，越精准越好，乐此不疲。当然，儿时的游戏现在成为生活的一部分，并且是最难以割舍的那一部分。这些年我渐渐地才有些明白，我是把生活中日常的一部分很自然地转化为一种更有意义的形式，我将去长途旅行的步伐浓缩在了黑城身上，具体在了少年时的城墙上。黄土坯的墙头，收缩了世界的比例，我不用离开，就可以走完整个世界。这就是我这些年从来没有离开过的原因。我总有一种感觉，或者更像是一种仿佛受到保护的直觉：这黑城的城墙，受尽岁月和历史的盘剥，经历了高原的沧桑巨变后，重新焕发生气，宛如枯树抽芽，将再次成长起来。说不定在某一天，我再次走出家门，悠悠地拐过北门，倚着墙根，沿着庄稼密匝匝的田埂踱步，恍惚间，这段厚腾腾的城郭产生新的步数，它已悄然生长了一截，围绕它的庄稼荡漾，它也在春意沉醉的晚风中扬起一片得意的微尘。

下篇　谁在承风岭遥望黑城

　　文婷戴着黑色的口罩，一顶同样黑色的却印有一个金边大蝴蝶的鸭舌遮阳帽，她迟疑不定的样子把我搞笑了。但她很严肃，这里有摄像头你不知道吗？谁闲得没事会去查看监控记录呢？别担心，我安慰她。你说得真轻巧，我们就不能去外面吗？我怕你不愿意。你是我肚子里的蛔虫吗？她带着点你以为你知道什么的嘲讽口气。好吧，那我们到外面去。你先走。干吗？会有人看见的。她坚持不和我一起走。到下面的路上等我，她说。那里车来车往，更招人好奇，我说。哎呀，就一会儿嘛，我们一起到地里去走走。好好好，我先走了。

　　时间是十点半，四月底的夜风带着微凉的大地复苏的气味，像无心睡眠的游客一样在石头街上晃荡。街上空无一人，两边崭新的刷了黄色油漆的门面在路灯照耀下闪着亮光，和地上的石板一样让人感到有点陌生。我很快走到了土主庙前，往后看看，从左边走出城堡。没过一会儿，她快步走来了，急匆匆拉着我的袖口，就离开路面，走进一片没有耕种的地里。我任由她做主，很高兴她对我的态度有了变化。

　　你要带我去哪里啊？我害怕了。

　　那你回去啊，你不是有很多要聊天的女朋友吗？我是不是耽搁你宝贵的时间了？

　　停停停，我投降。你这个伶牙俐齿的小妖精。

　　是你先惹我的。

　　对对，是我的错。

　　你叫我出来，有什么事？

　　没多大事，就是想见见你。

我们天天见面。

是啊，但还是不够。

少来，我才不会感动呢。你这个人的嘴，骗死人的鬼。

大晚上的，不要乱说。

我待不了多长时间，我是撒谎跑出来的，那两位老师还在看电视呢。

她们怎么样？

特别好，我越来越羡慕她们了。

别羡慕，因为她们也在羡慕你。

为什么？

因为你年轻又漂亮，住在一个历史文化悠久的古香古色的小城堡中，还有很多暗恋你心仪你的小伙子。

得了吧，就算我很享受这种夸奖，我也不感激你。你见过她们吗？她们一个比一个漂亮，而且，而且在气质这一块，她们拿捏得死死的。

我好像没见过，但那天中午她们好像不在。

那天她们去藏毯厂了。

这些艺术家还要待多长时间？

好像再过两天就走了。

你们已经成为朋友，以后你可以去找她们。

嗯。她突然不说话了，默默地走着，好像陷入了一场耗神的回忆中。过了好一会儿，她才发现我们的手紧紧地握在一起。但她没有挣脱的意思。在这块两亩见方的地里，我们来来回回走了几遍，她说要回去了。你从北门回，她说。你先回去吧，我再待一会儿。干什么？别着凉了。她说，哦，我知道了，你还要约会。我突然抱住她，亲吻了她。她挣脱的巧妙令我吃惊，一愣神，她已然消失在地头的路上，脚步声清晰可闻。

我磨蹭了片刻，感到虚惊一场。至于惊了什么，却不得要领。我想，是因为她终于表明了态度吧。然而我很早就明白她的态度——她没有说，却等于说了——并且相当笃定我们会走到一起，但是这个吻却意义非凡，是定情之吻，说是订婚之吻也未尝不可。

我又朝夜的深处走了一会儿，也不知道想去哪里，但不想回家的情绪还是很强烈的。况且我也已经习惯了黑暗，眼睛派上了用场。我仿佛被一股力量引领，正在径直地朝拉脊山的方向走，很快便走到硬化路面上。远处庄子里有狗叫，附近除了路灯，还有几辆施工的翻斗车停在路边的空地上。一大块蓝色铁皮不知什么时候被风吹到了这里，有棱尖的一个角很深地插进了地里，整体的形状像毕加索简化版的公牛。我走到这里，再没有往前，折返向回黑城的小道，绕过北门的畜牧养殖基地，回到家里。母亲还没睡。才回来，她说。外面走了走，我说。她关了电视，去厨房慢吞吞地喝茶，又走回客厅，看了一会儿自己的杰作。我刷了牙洗了把脸从卫生间出来时，她还在那里站着。你再不睡，小心又失眠。我说，我现在一过十二点不睡着也会失眠。那是因为你有心事。你和文婷的事，能成吗？她突然有些忐忑，似乎在害怕我的婚姻结果，这种充满各种意外和不确定性的感情之事，是最难以控制的。当然能成，她家里的人都知道我们的事，谁也没有出来反对，文婷说她爸爸很平淡，说明是同意的，我说。你明天带她来家里，我和她说说话。好的，她正好想来看看你的这幅刺绣，我说。那个丫头是个心灵手巧的机灵人，要是她想学，我就把我的这点手艺全部教给她，她说。嗯，这个以后再说吧，以后有的是时间，我说。时间不多了，你这个憨头啥也不知道，她突然恼怒地说。好好好，明天你自己跟她说。你说我去她们家里一趟成吗？你去干什么？根本没必要，到时候让媒人去就可以了。我说，至于什么时候去，我和她商量一下。

我敢说，所有为情所困的人都是合格的失眠症患者。第二天，我一脸疲倦地去了镇上的农商行，汇了一笔款子到玉树。我和玉树的万德才让合作虫草买卖有七八个年头了。我们双方都很满意。每年我从他那里收购几批虫草，再通过早已建立完善并且很稳定的网络渠道发到南方各省。虽然没有做大做强，但每年都会有新的顾客加入我建立的虫草群。这个群我没有起关于虫草的名字。当时心血来潮，觉得卖什么就叫什么没意思，就起了个"不要让生命晃动的必要"这样一个古古怪怪的名字。最早只添加了五个人，都是浙江人，而且还是我认识的所有的外省人。当时，说实话我并没有抱多大希望，更没想过将这一行干长久。但是世事就是这么奇妙，群里的一位大姐成了我的贵人，她先是购买了一批量不大的虫草，很快又买了三百根。接着，她将她的亲戚和朋友都介绍给了我，这些人又介绍了一些人……几年下来，群里有了1300人，最多的是浙江人，然后是福建人和广东人。这些南方人成为我经济稳定的强力支持者，得益于他们，我不用到外面打工谋生，可以在家陪着母亲，整日里无所事事，像一个乡村的二流子。每年五、六、七三个月的鲜草期，是我收入最多的时候，其他的时候，我好像在领工资一样，每个月或多或少，都会有一笔干虫草销售的收入。我购置了一个专门用来放虫草的冰箱，现在已经快空置了。这笔钱汇给万德才让是用来进山收购虫草的。我坐在家里，静候佳音。回想起来，是很多因素相互关联起来，才促使我成为一个贩卖虫草的生意人。但实际上，我不是。我很有一种觉悟，无论我真正要干什么，都绝不会成为真正的生意人。那么我究竟想干什么呢？这就和文婷一样，我也不明白。好像我一直在找，却很难找到。开始的几年，因为太过于无所事事，我有些焦灼。脑子里想了很多点子，最后一一去除。最接近于我内心的热爱，又很想干的事情是画画。我买了各种颜料、笔、画布、画册、画架和一些零零碎碎的工具，下载了很多教授油画的付费视频课。我认真学了五天，给自己放了一个周末的假，然后再也没去动画笔。我耐心地考虑了两个星期，放弃了画画，将培养出来的耐心用在了之后几年的生活中，焦躁不安的感觉没有了。

对于我的没有目标的生活母亲一点也不担心，我能够挣到足够的钱养家糊口，又不用外出打工让她担心，她觉得这很好。至于将来，她说，啥事情都有头有尾，你别担心，该你想干事情的时候，谁也拦不住。母亲说得当然对，事情就是这样。我还没到时候。于是我开始读书，发现了网络世界的虚幻中存在的那一部分真实，居然比在现实中更让人重视。但是，现实之真与虚幻之真的结合，好像一个混血儿，因为背景的不同，衍生出的问题更多更棘手。宽泛地说这些和我没关系，可无论如何，我都或多或少地利用了这种现象，给自己谋取了一份利益。但是渐渐地，我竟产生了一股反感。我知道这源于太安逸，安逸的对抗种子抵达我心智边缘后扎根下来，盘根错节地成为一道解不开的难题，好像在告诉我，无论我将来有什么糟糕的命运都是罪有应得，因为我现在过早地过上了安逸的生活。我不知道那些和我一样甚至更年轻的选择躺平的人心灵有没有收到警告，反正我是收到了，但没当回事。我对自己说，得了吧，你根本没躺平，你不是每天都在忙吗？瞎忙也是忙。再说，谈恋爱是一件真正重要的事，是顶顶要紧的事。

我给文婷打电话。我在镇上呢，你来吗？你怎么不来接我？她埋怨道。我怕我小姨子，我说。巧了，她说她也怕你，她说。怕我还那么欺负我，这就是女人的反话吗？行，你等着吧，我们马上过去，你在哪儿啊？文洁也要来吗？她来干什么？文洁，他问你想干什么？文婷在那边喊。好了好了，我开玩笑的，你们一起来，我请你们喝奶茶，我说。

我开车到了麒麟河边上，停好车，在"时光梭巡"奶茶店门口等她们。万德打来电话，说明天就进山。受到疫情影响，今年的虫草价格上涨了不少，所以我也要涨价了。我想是不是在虫草酒这方面努力一下。这是一条路，可以走走看。你出多少就能卖多少。不算不知道，在我的账本上，从去年五月到今年四月，这十一个月里，虫草酒总共卖出了1750瓶，每一瓶都是三斤装的，里面放十五根虫草。有百分之十的利润。已经很可以了，虫草的利润大部分时候没有这么高。我想起来第一次去拜访文婷父母的时候，给她爸带的就是两瓶虫草酒，由此自然而然地谈到我的虫草生意。当他得知我一年在虫草上能挣那么多的时候，他非常吃惊，很怀疑我的话。我干工程，一年累死累活也挣不到这么多。他说，特产这么挣钱吗？这要看人脉资源，我说，大部分做虫草的挣得不多，我只是运气好一点。也不全是运气，你有这个头脑。他开始对我好言好语起来。我们喝了一斤都成仓家自酿的青稞酒，他说出了自己的秘密。我有六十万外债收不回来，都是工程款。但是，我跟家里说的是二十万，我怕她们太担心，他说。

我等了半个小时，她们从我身后出现。文洁大大咧咧地拍我的肩膀，戏谑道：姐夫你好。听说姐夫你要娶我当小老婆？文婷在一旁掩嘴而笑。我张了张嘴，尴尬地笑笑，开玩笑开玩笑。我还当真的呢姐夫，姐夫你变了。我终于见识到了文洁的厉害，不敢接话，请她们进入奶茶店中，上了二楼。她们一个要了珍珠奶茶一个要了椰果奶茶。茶饮来了后，文洁吸了一口，说还行，没有我想的那么糟糕。小地方的小店，你将就着喝，我说。

　　是啊姐夫，这里没意思，你什么时候带我们去西宁玩儿啊？

　　很快很快，等忙完这段时间。

　　这段时间是多久啊？她不依不饶。

　　呃，也就两个月。

　　两个月？我都回学校，都忘了你这个人了，你真没诚意。

　　也是也是，不能让小姨子忘掉姐夫，那就过几天吧，我安排时间，提前通知你。

　　这还差不多。姐，你男人狡猾得很哪。

　　闭上你的臭嘴，文婷去掐文洁的腰，你再胡说我看看。

　　你们两口子要谋害亲妹妹。文洁挣脱出来，挪到我这边坐下，大大咧咧地盯着我看。我看着文婷，文婷看着文洁。我们奇妙地僵持了片刻。在这两姐妹面前，我充满了挫折感，我想这更多的是源于她们的默契带给我的压力，因为我和文婷没有这样的默契——就是那种不用说话不用看对方，仅凭感觉就能心领神会——而我也不敢保证，今后的我们会有这样的默契，我没有见过这样的夫妻，所以我不知道。

　　我说得很少，大部分时候都是文洁在说。她的思绪跳脱得很，一会儿这里一会儿那里。我这是第一次如此近距离观察她。她几乎长年在外面上学，即便小时候，这么小的城堡里，我也没有多少对她的印象。好像一转眼，她便以大姑娘的模样出现在眼前。平心而论，她长得比姐姐更漂亮，皮肤有一种南方人的白，很干净。但是，她的性格却让人不喜，总有一种掌控欲，说话很强硬，语气没有文婷温柔。虽然严格来说文婷说话也很冲，但是在大部分时候，她是很平和的。她会生气，却也会调节自己去妥协。我觉得这一点很重要，要是以后结婚，永远是我的错，尽管也可以，但终究是不平衡的。我揣测文洁将来的婚姻，一片暗淡。她已经不小了，性格想要改变几乎不可能。而且，这么小话就这么多，年龄再大一些……我几乎看见了一个絮絮叨叨没完没了的怨妇。

从奶茶店出来，沿着麒麟河走了一会儿，我们随便找了个小吃店，点了两个小炒和一份羊肚汤。这家店的招牌菜就是这汤，也的确有几分滋味。只要了一碗米饭。这姐妹俩对待吃饭都有一种与生俱来的警惕，半天才吃一口，在我看来完全就是浅尝辄止，猫都比她们吃得多。她们看着我吃，我也吃不下，草草扒拉几口。文洁吵着嚷着要去爬山。

我们沿着明城墙慢慢走。这一段长长的残破的古长城，曾几何时，担负了多少的重任，又经历了多少人间的战火演绎。说老实话，以前，我其实不在意这些，无论过去发生过什么，那都是已经远去并对我的生活产生不了动摇的历史，我不想知道，当然可以。即便是现在，哪怕是将来，抛开身份的好奇和对本地历史意义的追寻，我依然可以对此一无所知，没有非知不可的必要。但是，转变是在我开始读书后发生的，我读那些网络上的历史架空小说，又读唐明清的小说，很自然地培养出历史观，有了考证的兴趣，这是我没有预料到的。虽然我不是这方面的专家，也无意去刨根问底，我只是想了解一下真正的历史背景，以便在读书时有自己的思考。这样一来二去，储备了一些历史知识，可算是意外之喜。我已经觉察到了自己在阅读方面的转变，对网络小说的热忱正在消退，我今年的阅读比例就是很好的说明，历史书籍和纯文学作品占据了大多数时间，除了《一念永恒》，我甚至想不起来今年还读了什么网络小说。而且，我已经打算找一些家乡的地方志之类的书籍，花时间好好研究研究。既然阅读的道路将我引导至这个方向，那我也乐于接受，去追根溯源一下。至少，我得弄清楚我的祖先在南方是什么人，来这里又发生了什么。一条线的脉络如果一头清晰地出现在我身上，并扯动着我的心脉的话，那么就是另一头在召唤。我现在越来越明白，一个人活过二十五岁，便会进入一个成熟期，这种成熟不是平常认为的那种成熟，而是以一种觉悟了的心态，开始寻找自身的一些东西，又去除一些怀疑的东西。来来去去地折腾，总会有结果出现的。当然，我现在并不想知道，我才刚刚开始一段旅程，姑且将这一段人生称为寻根吧。这种现象也在文婷的身上出现了。我之所以喜欢她，不是因为她漂亮，是她的某种困惑和追问与我志同道合，我们有话说。尽管我们到现在都没有在这方面好好地、开诚布公地谈一谈，可是这不紧要，因为从一言一行中，我们已经交流了无数次，在更深的精神和意识中，我们交谈了无数次。我很庆幸能遇到她。

我们拐上一条通往弟兄山的小道。经过一个养牛的大棚时，从里面跑出来一只白狗，看样子是藏狗和农村土狗杂交的品种。它跑向我们，自来熟地摇着尾巴，跟着我们走了一段路，直到看见一群西门塔尔奶牛和放牛的一个男人，才丢下我们跑去那里。

再往前的路，转向山下，我们离开土路，拣了一条上山的羊肠小道，弯弯绕绕地在树木和沟渠间盘旋而上。走了将近一个小时，抵达山顶。天气晴好，空气干净，极远的地方也轮廓清晰，而脚下村庄、工厂和田野，尽收眼底。黑城有如一座平地隆起的点将台，方方正正地矗立在那里。也许是家在这里的缘故，我们怎么看，都觉得这一带的风景中，黑城最美。但更有可能本身如此，黑城是一座古堡，是承载着太多太多历史生命的古城。

会当凌绝顶，我们谈兴大发，天南地北地胡扯了一通。文洁说到黑城的历史，说是清朝的一个叫杨应琚的官员督建的。我说不是，黑城的历史更早，早在宋朝的时候就已经在此建城了，只不过那时候叫溪兰宗堡，后来翻建或是改建后，才改名为黑城的。

对啊，所以之前的是溪兰宗堡而不是黑城，这是两码事。

怎么就是两码事了？这城从宋朝开始就是一脉相承的，不能这么分割，这就好比一个人因为生病做了一个重大的手术，之后就变成另外一个人了吗？他就非得要改名字吗？

你这个不学无术之徒，溪兰宗堡在上新庄，怎么被你弄到一起了，这是一回事吗？

不学无术之徒？在你眼中，没上过大学，对一些事情一知半解的就是不学无术之徒了？好一个清高的人啊！我气急而笑。我知道不是我搞错了，错的是她。不知道她是从哪儿得到的结论，或者说她对自己居住的古城历史其实没有多少兴趣——就像以前的我一样——只是在一知半解道听途说上添加了自己的臆断。既然这样——即便不是这样——我又和她争论什么呢？何必呢？

好了好了，几百年前的事情有什么可争的，不管是这个城还是那个堡，不都在我们这一片土地上吗？能跑到哪里去？好不容易爬个山，你真是扫兴。文婷生气地转身往回走了。我追上去，很真诚地道歉。我是真的觉得自己有些过分了，一个女孩子嘛，这个年龄，不关注历史，不对这些感兴趣才是正常的，这在中学生的考试中体现得明明白白，那些历史考得好的，大部分是男学生。我居然和一个女学生争论历史问题，真是不对，平白在文婷面前失了肚量。所以我道歉的态度很好，也很诚恳地对文洁说了对不起。她也显得很不好意思，开玩笑说都怪你，要不是你抢走了我的姐姐，我也不至于这么气急。

第二天，艺术家们打道回府，回到自己的领地去创作了。他们乘车离开时我们很多人到北门送别。文婷和住在她家的两位老师依依不舍地道别，我听见她们在说文婷你一定要去找我们……

黑城重归平静。生活按部就班。五月份到来，城墙根的树木率先垂范，枝叶仿佛一夜间繁茂鼎盛。黑城笼罩于一片绿荫之中，古色古香。我一连忙了十几天，虫草的生意第一茬告一段落。头草是最好的，这是我在这个群里再三强调的，所以当头草一出来，销售相当强劲。我先前预判，由于疫情影响，我的客户的收入也肯定锐减了，尤其是那些开店做生意的，更不好过，所以对今年的虫草销量并不乐观，但是恰恰相反，今年比任何一年都卖得好。

虫草卖得好，货源却出了问题。今年上去的一批挖虫草的人被遣返了，不管是出于疫情控制的必要还是为了生态，反正不让挖虫草了。但这不是绝对的，当地人依然可以去挖虫草，只不过少了那么多专业挖草大军，虫草的数量必然锐减。谢天谢地的是万德才让不负我的期望，虽然前期猛然被打个措手不及，但反应过来的他迅速调整策略，利用亲朋好友和乡亲的优势，稳住了收购渠道，保证了虫草数量。他庆幸地说，他们村和隔壁村都没有做虫草生意的人，要不然还真难说。半个月里我大部分时间都在西宁，回来的时候去了一个花店，买了一束玫瑰花。但店主告诉我，现在送女朋友更讲究搭配，她建议我送向日葵，其寓意是：入目无他人，四下皆是你。有你时，你是太阳，我目不转睛；无你时，我低头，谁也不见。她让我把这几句话写在精致的卡片上。她在向日葵周边搭配了香槟玫瑰和蓝星花，一个亮丽而不失雅致的花束便完成了。

我平生第一次给女孩子送花，心里有些激动。花束像一个女孩一样文静地坐在副驾驶位子上，一路上我扭头看了多次，相信也无声地笑了多次。我将车停在她家的巷道口，观察周围有没有人。我终究不好意思让别人看见我拿着花扭扭捏捏的样子，而我在这方面也终究大胆不起来。我给文婷打电话，让她出来。干什么？她那边很吵，好像是洗衣机在转动。就一会儿，我在你家门口，我说。

过了一会儿，出来的是文洁。

有啥事？我姐忙着呢。她走过来看见花，笑容就有了。

一会儿时间也没有吗？什么事情那么忙？

她手里有活儿。她看着花说，这是送花来了？你好浪漫呀，这花真漂亮。

我心里非常非常失落，那么兴致高昂地来，却如此扫兴。但我尽量没有表现出来，将花递给她说，请帮我转交给你姐，本来，这是我平生第一次送花给女孩子，想着亲手交给她的。

要不我去叫她出来，或者你进去？

不了，你转交给她吧。

她拿着花回去，走得很慢，在很认真地研究着花。进大门前她转过头，朝我挥挥手。我狠狠地捶打一下方向盘，回家去。刚刚停好车，文婷来电话了。我没接。她一连打了五个，我都没接。我要用这种方式告诉她我很生气。

她在微信里发来了语音信息，语气很温柔，说不知道是这么重要的事，正好在和面要蒸馍，手上全是面，就让文洁去了。她一连说了三个对不起，我的气也消了。我回复说没关系，只是心里有些失落，你以后要为此补偿我。她回复说，嗯嗯，我一定补偿，我心里也突然很不好受，感觉特别对不起你，这也是第一次有人送花给我，而且还是我从来没有奢望过的。我说，为什么没有奢望，是对我没有信心吗？我就那么直男吗？她说，也不是，就是觉得好像这种浪漫离我们很远，很不真实。我说，那你就错了，而且以后也要有觉悟，我可是一个很浪漫的人。她说，哦，是吗？那你还对谁浪漫过？是怎么浪漫的？我说，你刚刚收了我的花，就不能不攻击吗？她说，我就是好奇嘛，好奇也不行？我说，卡片你读了吗？她说，读了，读了好几遍。但之前文洁给我念了一遍。我很感动，但也羞死了。我妈就在旁边听着呢。不过，还是特别开心，谢谢你。她缀上一个吻的表情。我说，那你先忙去吧。我也给她一个吻。她说，嗯嗯好的。最后说了一句，文洁快羡慕死我了。

接下来的两三个小时，我都不知道自己干了什么。快到傍晚时，我发现自己坐在院子里垫着厚软垫子的石凳上——我想我是从自己的卧室里出来的——看着母亲在菜园里忙碌。她在翻地，要种菜了。

你怎么又自己干上了？我不是说过我来抽个空种上吗？我接过她手里的铁锹，她已经把地翻得差不多了。

我看你在想事情，就没叫你。翻深一点，整整一铁锹都踩下去……

行行，我知道了，你去做饭吧。

已经做好了，早上我搓了青稞面鱼。

种子呢，今天就撒上吗？

你别管，你把地翻完就行了，我明天自己种，你不知道怎么种。

下午，我网购的一批书到了。有《东坡诗集》《人间词话》《老残游记》《西京杂记》《博物志》。《史记》我已经有一套中华书局点校版的，这次又买了岳麓书社版，为了更有利于阅读，还配套买了《史记的读法》一书。另外，经人介绍，我也买了《续资治通鉴》和《西宁府新志》。

这是我第一次如此大规模地买书，竟然有一种喜悦的成就感，好像我已经读完这些书，并据为己有了。晚上在自己的房间里，看着摆上小书架的这些书籍，心境有所变化，仿佛这里成为一个"更安全的地方"。不得不说，我这次大量地买书，决心做一个"读书人"是有诱发原因的。那些艺术家作家的到来是一个契机，因为那天在村委会议室的欢迎会上，我们几个有闲空的村民也去陪席。艺术家们谈吐不凡，我受到刺激，生出不甘之心。所以别说文婷，我也感慨良多，并做了决定。我没有和文婷说，是虚荣心好胜心使然，在她面前，我不由自主地就想显得自信一些，摆出一副智珠在握的样子去开导她……其实我内心惘然忐忑，未来的人生，该去怎么安排？是随意而去，到哪算哪，还是逼迫自己一把，压榨出隐藏的那股力量？一边是安逸但会很平庸，一边虽艰辛却能有作为。我劝文婷顺其自然，是因为我不想她那么辛苦那么痛苦，但我自己却不甘心。我隐约有一种直觉，认为朝着地方历史、民俗文化方向搞搞研究，可能会有所收获，但这谁说得准，无论搞什么，对我来说都是摸着石头过河，难免磕磕碰碰，说不定到了中途，我就力竭，被淹死了。不过我还是下了决心，买了这些书想先学习起来，做一些尝试。世事无常，以前在学校读书的时候，我读过的课外书全部加起来可能都没有十本，现在居然要一套一套地去读。这些书摆在眼前，并没有吓到我，反而引发一股豪情，这让我信心十足起来，觉得求知学习之路可期。

我先开始读《青海地方史志文献》上册。十点多的时候，文婷发了微信语音，问我在干什么。我说在读书。上进的孩子，她说。将要娶一个优秀的女孩做妻子，我当然要努力上进了，不能让她瞧不起，我说。除了你瞧不起别人，还有人会瞧不起你？说这话你负责吗？我什么时候瞧不起人了？我说。有啊，你明明就在瞧不起我，她说。我怎么瞧不起你了，这又从何说起？我说。上次，那应该是十几天前，还是几个月前？反正我觉得很久了，你答应了我要单独带我去登山望远，却想不到是随口一说，你不是瞧不起我是什么？我恍然大悟，的确，那次和姐妹俩登山回来后我答应过她，却真的忘了。但眼下我无论如何也不会承认的。我的打算是等到最好的季节带你去，既然你这么说我必须得行动了，那就明天吧，我们去登山。

到了夏天七月份我们再去一次，说不定那时候你已经是我的未婚妻了。我说。你想得美，八字还没有一撇呢，你想得美。想要我可以啊，先去过老头老太太那一关吧。哦对了，还有文洁那一关。她说。文洁已经都叫我姐夫了，她肯定是站在我这边的，我的小姨子对我最好了。至于岳父岳母大人那里，我们一起努力！我说。你的最好的小姨子已经变卦了，她说你不好，不是姐夫了，因为你没有给她送花。哎呀哎呀，我不能给你送花的时候还给她送花，这是我的心意诚意的问题。不过，你跟小姨子说，姐夫我下次买两束大大的花给她赔礼道歉。我不说，你自己去说吧。行行，我自己说。那我们说定了，明天早上十点，我们在明长城遗址石碑那里集合，不见不散。我准备一些吃的东西，我们登山野炊去。

母亲还在看电视。这段时间她迷上了电视剧《人世间》，只要那个频道播放着，不管看没看过她都看。我说了明天和文婷去登山，她很高兴，起身就要去准备食物。我劝住她，说到超市里买现成的东西就行了，不必麻烦。但她觉得还是准备一些好，比如烙几张薄饼，或者做些馅饼。我看劝不住，就让她明天早上再做。我们十点才出发，时间足够。

第二天九点半的时候，我已经将车开到明长城遗址石碑那里，等候文婷。我在想，她会用什么方法甩脱文洁。我担心文洁会跟着来，她能做得出来，她才不管我欢迎不欢迎。或许她会故意来，成心让我难受。

文婷一个人来了，精心打扮了一番，我看呆了。她脸红了。她恼怒我幸灾乐祸似的笑意，一路上埋怨我，说再也不打扮给我看了。

行驶了不长的时间，拉脊山的一脉群山尽在眼前。这条山脉，不知从何时开始叫拉脊山了，但在过去的历史中，它叫承风岭。我更喜欢这个名字。我找了个地方将车驶下公路，停在路边。我从后备厢取出大背包背上。里面装得满满的，很沉。这个专业的登山包是我从西宁一家野旅专卖店里买的，其中还有配套的小壶小锅小灶什么的。自从买了后，一直没用过。我撅着屁股往山上爬，她在后面咯咯笑个不停。我很久没有好好运动了，这骤然一发力，很快便累得气喘吁吁。第一个山头总算翻了过去，对面是更高的山坡，风景也好，就是远了一点。但看她兴致很高，我话到嘴边又咽了下去，实在不好意思就此停下脚步。她想帮忙背一会儿，但我是绝不允许的。你只要照顾好自己就是最大的帮助，我说。

瞧你说的，我难道是娇生惯养的城里人吗？

你细皮嫩肉的，我怕你受伤。再说，哪有让女士背包的道理？

自尊心还挺强，我怕你累瘫了。可别逞能啊，逞能没好结果。

你难道不能说点好听的，或者你对我撒娇也可以，我或许就有无穷的力量了。

你慢慢来吧，我先走了哦，我在前面等你。

她故意轻松地走在前面，有意无意朝我露出戏谑的表情。

你的屁股好圆啊，又大又圆，我也故意大声说。

你你，你闭嘴你这个流氓。她从上面冲下来，狠狠地掐住我胳膊，羞着脸咬嘴唇。这下，她不敢走在前面了，她犹自愤愤不平地盯着我说，你才是真正的大屁股，难看死了。

难看就难看，再难看也是你的男人。

你就这么肯定？

哦，难道你还有疑虑？

有啊，怎么没有。事情的变数可多了去了。夜很长的，所以梦也不会少。

只要我们是彼此唯一的梦。

我们是彼此唯一的梦。她念叨一声，莞尔一笑，那么梦醒了呢？

梦醒的世界，是我们夫妻的恩爱日常。

哼，花言巧语，被你骗的女孩子肯定不少。

我要怎么做你才会相信？我们住得这么近，你什么时候见过我做过出格的事情？我的过去，一片浓郁的荷尔蒙，一点脂粉气都没有。

谁信呢，我又不是你什么人，干吗监督你？再说，你很优秀吗？我才不会在乎呢。

口是心非，前年春天你记得吗？我在北门遇见你，你问我去哪里，我说去大通的花儿会上约连手，你看看你当时的脸色。

你胡说，我才没有。她又张牙舞爪地冲过来打我。

怎么没有，你明明吃醋吃得脸色都变了。我忍受着被她掐捏的疼痛继续逗她，你还哭了吧？说不定骂了我一年呢。

她恨恨地瞪着我。

好了好了，开个玩笑。你没有生气吧？她哼了一声，走在前面了，这次，她故意扭着屁股，像上山的小狗熊。

好不容易翻过一座更高的山，我已经累得满脸又热又涨，心跳半天难以平复。我们走了将近两个小时，却只翻越了两座山头和半个山坡。这段时间里，我和文婷边走边聊，气都喘不上我也想和她说话。她好似明白我的心情，有一会儿看我的样子好像很感动，几次都想帮我背包，我死活没有同意。我也不知道这包为什么会变得如此沉重，除了水，我记得里面也没有太多有分量的东西。但我们总算找到一个可以欣赏好风景又平坦的地方，安顿下来。此时已经是中午了，我饿得胃里发酸。休息了一会儿，找来三块大一点的石头摆成三角用来当锅叉。我从包里取出小茶壶和水壶，感觉包一下子便轻了不少。文婷好奇包里还有什么，零零碎碎地掏出来一大堆东西。她低声说，登个山，你这么认真干什么？这是我和你第一次单独出来旅行，必须要认真对待。我觉得我今天很会说话，把她感动了好几次。剩下的事情她无论如何都不让我干，她让我坐在羊毛毯子上休息，她像勤快的小媳妇忙着做饭。虽然大部分食物是现成的，但她还是用小小的平底锅将能热的食物都重新热了一遍，她说吃多了凉的荤食会不消化。我很幸福地坐着，看着她，陪她聊天。虽然山川美景尽在眼前，但我无心欣赏，在我的眼中，她已然是唯一的风景。饭菜摆在毯子上，我倒了茶，我们相对而坐，笑盈盈地碰杯而饮。然后我狼吞虎咽地吃起来，夸她做的饭好吃。上得厅堂下得厨房，得妻如此，夫复何求？吃完饭，我打开了那瓶红酒，倒在茶杯里，她不喝，我说这是我受苦受累的罪魁祸首，我不想再背它下山。我们碰饮。她喝得少，心情很好。眼下的美景令人自豪，因为这里是家乡。明长城伏在山下，虽断壁残垣却浑厚依然，恢宏之气不衰反增；傍边的方形大墙亦是古朴傲然，尽显要塞风范。而我们身后，铁浮屠般的悠长山脉逶迤绵延，沟沟壑壑纵横捭阖，青绝处闪光，冰暗处纳凉。多多少少，大大小小，崖石依小山，低梁从大峰，挤挤挨挨，却阵列分明。此情此景，激发出一种豪迈豪情，冲破我遗存的那点踌躇，助力我下定了决心。我冲大山发出号叫，发凌云之志：我要读圣贤书，上进求知。我爱家乡，更爱她的过去，我愿意去了解她理解她，我要书写她。黑城，拉脊山——我更愿意叫你承风岭——以及这片土地更广泛意义上的风风雨雨，我愿意书写。我要当一个为故乡著书立说的作家。天生我材必有用，既然别人可以做到，既然我相信自己能做到，我就要行动起来。假以时日，可叫人刮目相看。我对文婷说出我的志向。我对她说，文婷，我跟你说过你不比任何人差，你甚至比他们优秀，所以你可以做任何你想做的事。无论你想干什么，我都支持你，请你也支持我，我们相互扶持一起走，走出一条自己的路来。以前，我知道你心怀不甘，你想有一番作为，但是我心疼你，我怕你受苦受累。但现在我想通了，如果不让你称心如意，你会更痛苦，你将来不会原谅自己。所以你开始战斗吧，无论你干什么，我们一起干吧！苦与累算什么，只要我们一条心，我们加油干吧，干出个名堂来给天下人瞧瞧……

文婷说你醉了吧？她走到我身前，轻轻地贴进我怀里。我们结婚吧，她说。好，结婚。如果你父母不答应，我就缠着他们，直到他们答应，你放心，这方面我拿手。文婷扑哧一下笑了，说哪有你这样的，厚脸皮。

远处的黑城静卧于庄稼地纵横的田野中，艳艳烈阳下蒸腾着烟云，幻姿摇曳，与承风岭上的人儿相映生辉。

山上的一对恋人，慢慢下山了。忽然，一句回音飘荡在山间：加油啊，青年们！加油啊，青年们！

原载《民族文学》2022 年第 12 期